Angelika Daiker

# Kontemplativ mitten in der Welt

DD 48 - 7/93

W0351408

Kleine Schwester Magdeleine von Jesus

Ordensgründerin der Kleinen Schwestern Jesu
26. April 1898 – 6. November 1989

Angelika Daiker

# Kontemplativ mitten in der Welt

## Die Kleinen Schwestern Jesu

### Frauen im Spannungsfeld von Mystik und Politik

Herder
Freiburg · Basel · Wien

Die Deutsche Bibliothek – CIP-Einheitsaufnahme

**Daiker, Angelika:**
Kontemplativ mitten in der Welt : Die Kleinen Schwestern Jesu; Frauen im Spannungsfeld von Mystik und Politik / Angelika Daiker. –
Freiburg (im Breisgau) ; Basel ; Wien ; Herder, 2. Aufl. 1993
ISBN 3-451-22484-4

Umschlaggestaltung: Bernd Baader, Stuttgart

Zweite Auflage

Alle Rechte vorbehalten – Printed in Germany
© Verlag Herder Freiburg im Breisgau 1992
Herstellung: Freiburger Graphische Betriebe 1993
ISBN 3-451-22484-4

# Vorwort

Es sind im wesentlichen zwei Erfahrungen, denen sich die vorliegende Arbeit verdankt.

Zum einen ist es die Begegnung und die Freundschaft mit den Kleinen Schwestern Jesu. Sie sind mir in den Jahren meiner Gemeindearbeit immer wieder zu einem Ort der fruchtbaren Auseinandersetzung mit meinem eigenen Weg in der Kirche geworden. An der Lebensweise der Kleinen Schwestern ist mir eine Dimension von Kirche begegnet, die ich in der Gemeindearbeit wenig erfahren habe. Diese Art, Kirche zu sein, ließ mich nach Impulsen für die eigene Praxis fragen. Die persönliche Begegnung mit Kleiner Schwester Magdeleine, ihr Tod und der Wunsch, die Erinnerung an sie lebendig zu erhalten, haben die Arbeit immer mehr auf ihr Leben hin verdichtet.

Dankbar bin ich den Kleinen Schwestern in Deutschland, Österreich und in Rom, die ihr Leben in schwesterlicher Offenheit mit mir geteilt, mich in vielen Gesprächen unterstützt und meine Arbeit durch ihr Interesse gefördert haben. Ganz besonders danke ich Kleiner Schwester Jeanne, Kleiner Schwester Iris-Mary und Kleiner Schwester Annette, die mir in großem Vertrauen den Zugang zu allen wichtigen Schriften ermöglicht haben.

Zum andern ist es die Erfahrung des pastoralen Prozesses einer Diözesansynode, die die vorliegende Arbeit angeregt hat. In der Diözese Rottenburg-Stuttgart wurde 1983 eine Diözesansynode zum Thema „Die Weitergabe des Glaubens an die kommende Generation“ angekündigt. In Dankbarkeit erinnere ich mich an den verstorbenen Bischof der Diözese Rottenburg-Stuttgart, Bischof Dr. Georg Moser, der den Grundstein für diese Arbeit legte, als er mich zur Synodalin für die Diözesansynode berief. Die Erfahrung, die ich als eine von 30 weiblichen Synodalinnen unter 300 Synodalen insgesamt gemacht habe, ist letztlich zum Impuls für diese Arbeit geworden. Vor allem war es die kontroverse und sehr lebendige Diskussion des Jugendarbeits-Papiers und seiner Grundthese über

Mystik und Politik, die am Anfang meiner Arbeit stand. Diese Grundthese ist deshalb auch zu einem inhaltlichen Leitfaden geworden.

Danken möchte ich vor allem Herrn Professor DDr. Paul M. Zulehner von der Katholisch-Theologischen Fakultät der Universität Wien. Während der Rottenburger Diözesansynode hat er diese Arbeit durch sein Engagement angeregt, hier in Wien hat er sie durch kritische und ermutigende Anregungen begleitet. Danken möchte ich auch Herrn Professor Dr. Josef Weismayer, dem zweiten Gutachter.

Mein Dank gilt nicht zuletzt allen, die mich auf verschiedene Weise bei der Fertigstellung der Arbeit unterstützt haben – besonders meiner Wohngemeinschaft am Stephansplatz.

Ich widme meine Arbeit der Kleinen Schwester Magdeleine, die mir in der persönlichen Begegnung, in ihren Schriften und in der Erinnerung anderer Kleiner Schwestern zur „Gotteslehrerin“ geworden ist.

Wien, 6. November 1990,
am ersten Todestag
von Kleiner Schwester Magdeleine *Angelika Daiker*

# Inhalt

## DRITTER TEIL
## DIE PRAXIS EINER ORDENSGEMEINSCHAFT

## ANHANG

# Vorbemerkungen

## Hinweise zum Sprachgebrauch

Da meine Quellentexte fast ausschließlich in französischer Sprache vorliegen, sind einige Hinweise zur Sprache erforderlich.

1. Sofern deutsche Übersetzungen vorliegen, werden diese verwendet. Wird in der Fußnote auf den entsprechenden französischen Quellentext verwiesen, wurde eine eigene Übersetzung vorgezogen.

2. Das Französische kennt eine Reihe männlich geprägter Begriffe, die z. T. auch von den deutschsprachigen Kleinen Schwestern übernommen wurden, wie z. B. „Fraternität". Darin spiegelt sich die französische Herkunft des Ordens. Außerdem ist für die Kleinen Schwestern der ganzen Welt Französisch die gemeinsame Sprachbasis. Die Kleinen Schwestern der deutschsprachigen Länder suchen nach neuen Begriffen, stecken jedoch in dieser Suche in einem Prozeß, der noch nicht abgeschlossen ist. Deshalb habe auch ich mich entschlossen, noch von „Fraternität" zu sprechen, obwohl dies für eine Frauengemeinschaft nicht der geeignete Begriff ist. Es ist mir wichtig darauf hinzuweisen, daß ich solche sprachlichen Nuancen nicht für unwesentlich halte, mich jedoch an die noch übliche Sprachregelung innerhalb der Gemeinschaft halten wollte.

3. In der Regel ist mit dem Begriff „die Fraternität" die gesamte Gemeinschaft der Kleinen Schwetern gemeint. Mit „Fraternitäten" sind jedoch auch die einzelnen Gemeinschaften vor Ort gemeint. Ob die gesamte Fraternität oder eine der Fraternitäten gemeint ist, wird aus dem Kontext ersichtlich.

# I.
# Zum Aufbau

Die beiden im Vorwort beschriebenen Erfahrungen bilden die inhaltlichen Grundlinien der vorliegenden Arbeit:

Im *Mittelpunkt* steht das Leben der Kleinen Schwester Magdeleine und die Praxis der Kleinen Schwestern Jesu. Den *Rahmen* bildet die Frage nach einer Kirche im Spannungsfeld von Mystik und Politik.

Zunächst geht es darum, in einem vorbereitenden *ersten Schritt* sich den beiden Begriffen anzunähern.

Diese *Annäherung an die Begriffe Mystik und Politik* wird aus einer inhaltlichen Klärung der angezeigten Spannung bestehen und einer Begründung der Wahl gerade dieser beiden umstrittenen Begriffe.

In einem *zweiten Schritt* wird die Spannung von Mystik und Politik als ein wesentlicher Aspekt der gegenwärtigen Kirchenpraxis dargestellt: *Mystik und Politik in Theorie und Praxis der Kirche.* Ausgehend von der These, daß in dieser Spannung eine zentrale Herausforderung an die Kirche von heute steckt, geht es um eine Weiterentwicklung ihrer gegenwärtigen Praxis.

Der *dritte Schritt* nimmt das Leben der Kleinen Schwestern Jesu in den Blick: *Die Praxis einer Ordensgemeinschaft.*

Um dem Leben der Kleinen Schwester Magdeleine und allen Kleinen Schwestern jedoch kein von außen kommendes Konzept aufzudrängen, beschreibe ich zunächst die geschichtliche Entwicklung der Ordensgemeinschaft und die Leitmotive, unabhängig von diesem Spannungsfeld von Mystik und Politik.

Der *vierte Schritt*, ein *pastoraltheologischer Ausblick*, fragt nach Impulsen, Herausforderungen und Ermutigungen für eine Weiterentwicklung der gegenwärtigen Praxis der Kirche. Im Rückgriff auf die Ausgangsfrage nach einer Kirche zwischen Mystik und Politik wird auch zu fragen sein, inwieweit die Kleinen Schwestern in dieser Spannung zu sehen sind und was aus ihrem Leben zu lernen ist.

# II.
# Inhaltliche Vorbemerkungen zum Thema

## *1. Frauen im Spannungsfeld von Mystik[1] und Politik*

Wer von „Frauen im Spannungsfeld von Mystik und Politik" spricht, löst Assoziationen aus: Teresa von Avila[2], Caterina von Siena, Hildegard von Bingen ... Man denkt an die sogenannten „großen" oder „klassischen" Mystikerinnen, an Visionen und Ekstasen und meistens an eine für den gewöhnlich Sterblichen bzw. „Durchschnitts-Frommen" unerreichbare Intensität an Frömmigkeit und Gotteserfahrung. Diese Frauen lösen Befremden aus, oft auch Bewunderung. Ihr „großer" Weg ist für unsere kleinen Verhältnisse viel zu groß. Ihre Radikalität wirkt zu anspruchsvoll und fordernd. Ihre Erfahrungen scheinen einer vergangenen, gotterfüllteren Zeit anzugehören.

Daß jemand aus der Kraft seiner Gottesbeziehung „politisch" wird, Päpste und Fürsten zu bewegen vermag, wie die Heilige Caterina von Siena, steigert noch unsere Bewunderung, gelegentlich auch unsere Skepsis. Wir spüren, wie schillernd und vielschichtig diese großen Mystikerinnen sind.

Wenn sie uns innerlich nicht mehr loslassen, können sie zu „Hebammen" unserer eigenen Gottessehnsucht werden. Und damit beginnen sie in jener Weise zu wirken, die der inneren Dynamik ihres Lebens zutiefst entspricht. Denn gerade darin gibt sich der lebendige Gott, der ihr Leben bewegt hat, als der immer und zu jeder Zeit aufs neue lebendige Gott zu erkennen, und so wird die vorliegende Arbeit auch zu einem Bestandteil der eigenen Biographie, der eigenen Betroffenheit, und eine nur distanzierte Wissenschaftlichkeit ist unmöglich.

Wenn von „Frauen im Spannungsfeld von Mystik und Politik" gesprochen wird, denken die wenigsten an Frauen unseres Jahrhunderts, an „moderne Mystikerinnen". Doch warum sollte Gott nicht auch in unseren Tagen ähnliche abenteuerliche Geschichten mit Menschen wagen?

Auf der Suche nach solchen Frauen bin ich auf viele Biographien[3] gestoßen, in denen Gott in besonders offensichtlicher Weise mitgeschrieben hat. Exemplarisch soll in dieser Arbeit das Leben der Ordensgründerin der Kleinen Schwestern Jesu, der Kleinen Schwester

Magdeleine von Jesus[4], dargestellt werden. Da ihr Leben untrennbar mit der Ordensgemeinschaft verwoben ist, wird es auch um die Gemeinschaft insgesamt gehen.

## 2. Frauen in der Kirche

Als Frau in der Kirche gilt mein besonderes Interesse Frauen, Mystikerinnen, weil sie in einer von männlichen Theologen und Amtsinhabern geprägten Kirche einen besonderen Stellenwert haben.

So ist es bemerkenswert, daß gerade zwei der großen Mystikerinnen, Teresa von Avila und Caterina von Siena, 1970 durch Papst Paul VI. zu Kirchenlehrerinnen erhoben wurden. Damit wurden sie nicht nur, wie viele andere Frauen, in ihrer vorbildlichen Lebensführung gewürdigt, sondern auch in ihrer Kompetenz als Theologinnen, als Lehrerinnen für die Kirche.[5]

„Und Teresas Proklamation als Kirchenlehrerin zeigt ja, daß man früher keine solchen Frauen anerkannte, nicht weil es keine dieses Titels würdige Frauen gab, sondern weil man diesen Titel nicht an Frauen vergab aus Gründen, die eben in der zeit- und kulturgeschichtlichen Einschätzung der Frau wurzelten."[6]
Vom offiziellen Lehramt ausgeschlossen, hatten diese Frauen zu ihrer Zeit keine Möglichkeit, sich in der wissenschaftlich-theologischen Auseinandersetzung Gehör zu verschaffen – auch wenn sie trotzdem theologisch prägend wurden. Als Kind glaubte Caterina von Siena, sie müsse sich als Knabe verkleiden, um so wie die Predigerbrüder apostolisch und missionarisch wirken zu können. An den klausurierten Zweig der Dominikanerinnen dachte sie für ihre Berufung nicht.

„Da es für Frauen nicht möglich war, als Autoritäten in der theologisch-philosophischen Gelehrsamkeit aufzutreten, suchten sie nach anderen Wegen, ihre Meinung zu den in ihrer Zeit heiß diskutierten Themen beizutragen, politischen Einfluß zu nehmen und Zeitkritik zu üben. Sie fanden dazu Gelegenheit vor allem bei der Ausdeutung ihrer Visionen."[7]

Während also die Männer in eigenem Namen ihre Anschauungen über das Wirken Gottes darstellen konnten, mußten die Frauen ihr prophetisches Sprechen durch visionär-mystische Offenbarungen legitimieren. So meint Elisabeth Gössmann, daß Hildegard von Bingen, die den Vulgatatext der Bibel kannte und der die lateinischen Kirchenväter vertraut waren, sogar ihre literarische Bildung bewußt herabsetzte, um als ungebildete Prophetin zu gelten und sich so Gehör und Autorität zu verschaffen.[8]

Andererseits galt gerade im Spanien des 16. Jahrhunderts den Mystikerinnen die besondere Aufmerksamkeit der Inquisition – zum einen weil sie Frauen waren, zum andern weil sie stark vertreten waren in der Volksbewegung der „alumbrados“, deren Suche nach einer Verinnerlichung des christlichen Lebens zur Kritik an den Schultheologen wurde. Frauen liefen daher besonders Gefahr, der Häresie verdächtigt zu werden.[9]

Daß sie sich trotzdem mit einem erstaunlichen Mut nach vorne gewagt hatten, wird in dem umfangreichen Band zur „Frauenmystik im Mittelalter“[10] hervorgehoben: „Mehr als ihre männlichen Geistesverwandten haben sich besonders im späten Mittelalter Mystikerinnen berufen gefühlt, aktiv in das Leben von Kirche und Staat einzugreifen, das in kontemplativer Schau Erfahrene im Handeln innerhalb der Gemeinschaft umzuwandeln.“[11]

Es ist richtig, daß die großen Mystikerinnen die Benachteiligung der Frauen nicht so sehr problematisiert oder thematisiert, sondern sie überstiegen haben, indem sie sich faktisch darüber hinwegsetzten.[12] Doch darf nicht übersehen werden, daß sie die Minderbewertung und Unterschätzung der Gotteserfahrung von Frauen wahrgenommen und auch mutig zur Sprache gebracht haben. So beklagt sich Teresa von Avila über „die Männer, die meinen, jede gute Fähigkeit bei einer Frau verdächtigen zu müssen“, und wirft ihrer Zeit vor, „daß sie starke und zu allem Guten begabte Geister zurückstößt, nur weil es sich um Frauen handelt“.[13] Mutig und selbstbewußt setzt sie dagegen: „Es sind nämlich viel häufiger die Frauen als die Männer, denen der Herr seine Gnade mitteilt. Ich habe das selbst beobachtet und hörte es auch den Heiligen Fray Pedro de Alcántara sagen, daß Frauen auf diesem inneren Weg weiter kommen als Männer.“[14]

Diese Arbeit, von einer Frau über Frauen geschrieben, versteht sich auch als ein Beitrag zur feministischen Theologie.

Interessanterweise bringen einige Vertreterinnen der feministischen Theologie die zu diskutierende Spannung von Mystik und Politik ebenfalls als Anliegen zum Ausdruck. Es geht hier jedoch nicht um eine Abgrenzung zur Männermystik, sondern darum, Frauen mit ihrer Geschichte und mit ihrer mystischen Dimension besonders in den Blick zu nehmen.[15]

## *3. Mystikforscher/in als „Grenzsubjekt"*

"Es ist also geboten, sich der Mystik auf dem Boden der eigenen Glaubensüberzeugung und mit der Inbrunst eines Menschen, der Gotteserfahrung sucht, zu nähern. Wo es in verantworteter Form geschieht, ist es wissenschaftlich berechtigt."[16]

Persönliche Betroffenheit und eigenes Suchen waren von Anfang an die eigentlich treibenden Kräfte für diese Arbeit, vermutlich das kostbarste Kapital, oft jedoch auch die Quelle grundsätzlichen Infragestellens. In der Auseinandersetzung mit dem Leben der Kleinen Schwester Magdeleine und den Kleinen Schwestern insgesamt wurde klar, daß die eigentliche „Promotion", die gesuchte Weise, sich „vorwärts zu bewegen" („Beförderung"), nicht auf dem hier eingeschlagenen Weg möglich sein würde, sondern einzig im Vollzug eines solchen Lebens.

Einem Leben, das sich im Spannungsfeld von Mystik und Politik bewegt, liegt eine solche Weite zugrunde, daß es nicht möglich sein wird, sie in einer wissenschaftlichen Arbeit auch nur annähernd zu erfassen. Es entspringt vielmehr einem „unfaßbaren" Gottvertrauen, einer unendlichen Sehnsucht nach Gott, die immer neue Ausdrucksformen sucht. Eine Darstellung und Reflexion dieses Lebens muß hinter dem gelebten Leben zurückbleiben.

Nach Josef Sudbrack entzieht sich überhaupt die Mitte des mystischen Phänomens einer distanziert-wissenschaftlichen Untersuchung. „Je tiefer einer in die mystische Erfahrung eindringt – von außen oder aus eigener Erfahrung –, desto eindeutiger verbindet sich die Beschreibung der Erfahrung mit der Weltsicht des Beschreibenden."[17]

In der Auseinandersetzung mit Mystik, die Joachim Seyppel als eine „Grenzform"[18] beschreibt, wird ein Prozeß in Gang gesetzt, in dem der/die Mystikforscher/in zwangsläufig zum „Grenzsubjekt"[19] wird.

„Wir haben es also bei Mystik nicht nur mit einem literarischen Grenzobjekt zu tun, der Mystikforscher wird durch Mystik zum Grenzsubjekt der Literaturwissenschaft gemacht: er steht da auf der Grenze, wo er einerseits noch Wissenschaftler, andererseits nicht mehr Wissenschaftler ist."[20]

So wird auch jede Arbeit über Mystik sich immer wieder an der Grenze bewegen – an jener Grenze, wo das Thema sich der sprachlichen Erfassung entzieht, wo beschriebene Erfahrungen zu eigenen

Erfahrungen werden. Eine solche Arbeit kann nur ein vorsichtiges Herantasten sein. Sie ist gezwungen, mit Begriffen zu arbeiten, die zu eng sind, mit Systematisierungen, die sich selbst hinterfragen.

Die Gefahren dieser „Grenz-Expedition“ sind Teil des Themas. Man kann sich ihnen nicht entziehen, sollte sich ihrer jedoch bewußt sein. Es wird also nötig sein, sich als Subjekt ganz in die Untersuchung hineinzugeben, gleichzeitig sollte die eigene Verwobenheit bedacht werden. Sie ist untrennbarer Bestandteil einer solchen Arbeit. „Über Grundfragen des Lebens kann und darf nur der Mensch sprechen, der sich selbst einbezieht in das Fragen und Sprechen. Wer sein eigenes Suchen und Sehnen, seinen Glauben und seine Erfahrung draußen läßt, hat kein Recht, sich in die Mystik zu vertiefen.“[21]

## *4. „Faszinationsformel“ Mystik und Politik*

Alfons Auer nennt auf der Diözesansynode der Diözese Rottenburg-Stuttgart die diskutierte Spannung: „Je mystischer wir Christen sind, desto politischer werden wir sein“ eine „Faszinationsformel“[22]. Wer sich von dieser Formel „faszinieren“ (lat. fascinare: bezaubern, behexen) läßt, wird also in ein „Zauberland“ geführt. Dieses „Zauberland“ zwischen Mystik und Politik entzieht sich einer systematischen Darstellung. Beschreibend, erzählend kann versucht werden, eine Vorstellung von diesem nie völlig erfaßbaren Land zu geben. In dieser Arbeit wird also nicht nur zwangsläufig der/die Mystikforscher/in zum „Grenzsubjekt“, sondern der Gegenstand der Untersuchung, jenes „Zauberland“, wird zum „Grenzland“[23].

Tatsächlich stand auch am Anfang dieser Arbeit die Faszination. Ich war fasziniert von dem Prozeß innerhalb der Diözesansynode, die sich gerade an der Diskussion über Mystik und Politik als sehr lebendig erwiesen hat. Fasziniert war ich auch von Frauen, die mit ihrem Leben in die Weite dieser Möglichkeiten hineingegangen sind und ihren je eigenen Weg der Konkretisierung gefunden haben.

Die Warnung Dietmar Mieths vor einer „Radikalitätsromantik, die in ein paar einfachen, aber großartigen Ansprüchen an der Komplexität des Lebens vorbeizugehen versucht“[24], hat sicher auch im Hinblick auf diese „Faszinationsformel“ ihre Berechtigung.

Um den Gefahren dieses „Zauberlandes“ zu entgehen, muß sich die Faszination in konkretes Leben verwandeln, in ein Leben, das sich ganz an Gott festmacht und so für den andern fruchtbar wird. In den Kleinen Schwestern sind mir Frauen begegnet, die dieser Faszination deshalb nicht erliegen, weil sie den Mut haben, die große Sehnsucht konkret in der Banalität des Lebens festzumachen.

Dietmar Mieth warnt auch davor, in dieser Formel eine „Automatik" zu sehen, weil „der Weg nicht automatisch aus der Intensität der Gotteserfahrung zur Extensität des Engagements erfolgt".[25]

„Die Welt ist viel zu komplex, als daß man damit rechnen könnte, sie von einem Punkt aus, nämlich von der Intensität einer Erfahrung mit der Tiefe, wirklich aus den Angeln heben zu können."[26]

In der Tat ist es richtiger, hier von einer „Dynamik" zu sprechen. Es ist keineswegs garantiert, daß sie nicht zum Opfer einer menschlichen Einseitigkeit wird. Die Stimmigkeit dieser Formel läßt sich theoretisch nicht beweisen, Gegenbeispiele können genug gefunden werden. Ob jemand in der Dynamik bleibt oder der Gefahr erliegt, die Mystik von der Politik oder die Politik von der Mystik vereinnahmen zu lassen, muß sich jeweils im konkreten Leben erweisen. Deshalb steht hier weniger die theoretische Frage nach dem Verhältnis von Mystik und Politik im Vordergrund als das Leben der Kleinen Schwestern als Ausdruck dieser inneren Dynamik.

## *5. Die Kleinen Schwestern Jesu*

Wenn Joachim Seyppel schreibt, „die Frage, was »Mystik« sei, haben viele gestellt, nur nicht Mystiker selbst"[27], dann läßt sich dies auch in bezug auf die Frage, wer ein »Mystiker«, eine »Mystikerin« sei, sagen. Die Mystiker/innen selbst wären die letzten, die sich diese Frage, gar im Blick auf ihre eigene Person, stellen würden.

Im Gespräch mit vielen Kleinen Schwestern ist mir bewußt geworden, daß es der Kleinen Schwester Magdeleine zutiefst widersprechen würde, sich selbst als mystisch (oder als politisch) zu definieren. So kann und darf es in dieser Arbeit auch nicht darum gehen, sie mit ihrer Weite in diese beiden Begriffe einzusperren. Vielmehr sollen sie sozusagen als „Lesehilfen" dienen, um jene Botschaft Gottes an die Kirche zu entschlüsseln, die sich im Spannungsfeld von Mystik und Politik finden läßt.

An verschiedenen Stellen schreibt Kleine Schwester Magdeleine über ihren Ärger, in Zeitungen und Zeitschriften verzerrt dargestellt worden zu sein. Berichte über ihre ersten Vorträge, die über das Leben der Kleinen Schwestern in Touggourt informieren, kommentiert sie am 23.11.1940 so: „Es stimmt nichts, vom Anfang bis zum Schluß. Alles ist erfunden, um das Publikum zu amüsieren, was keineswegs das Ziel dieser Vorträge ist.“[28] Und am 1.1.1956 in einem Brief an die Kleinen Schwestern: „Wir erleben gerade schwierige Zeiten. Man spricht über uns in den verschiedensten Zeitschriften. Man schmückt unser Leben aus und entstellt es damit.“[29]

Möglicherweise ist jede/r Außenstehende in der Gefahr, eine verzerrende, unvollständige Darstellung zu schreiben. Deshalb wurde der Dialog mit den Kleinen Schwestern zu einem wesentlichen Bestandteil der vorliegenden Arbeit.

Diese Arbeit ist nur möglich geworden, weil die Kleinen Schwestern mit einem großen Vertrauen ihr Leben immer wieder mit mir geteilt haben, mir zu Schriften Zugang verschafft haben, die bisher noch nicht veröffentlicht sind.[30] Dem Leben der kleinen Schwestern ist es zutiefst eigen, daß es ein „kleines“ Leben ist, d.h. ein Leben, das sich der gierigen Publicity unserer Zeit entzieht, um mit denen, die nicht im Rampenlicht von Karriere oder Skandal stehen, das alltägliche, verborgene Leben zu teilen, das „Leben von Nazaret“. So soll das Bemühen, diese „Verborgenheit“ zu schützen und zu respektieren, von anderen Interessen nicht in den Hintergrund gedrängt werden.

Weil das Leben der Kleinen Schwestern ein „kleines“ Leben ist, hineingepflanzt in die Banalität und den Reichtum des Alltags, ist es letztlich als Leben jedes Menschen denkbar, auch außerhalb der Fraternität der Kleinen Schwestern. So will diese Arbeit eine Ermutigung und Herausforderung an alle sein, deren Sehnsucht Suche ist nach einem in Gott verwurzelten und dem Menschen zugewandten Leben. Sie will sich daher nicht selbst genügen, sondern zielt auf jene Menschen, die sich auf der ehrlichen Suche nach konsequentem Christsein gerne inspirieren lassen.

Sie will jene anfragen, die nur mit bewunderndem Blick vom Leben der Kleinen Schwestern schwärmen und in ihrer Bewunderung die Verwirklichung ihrer eigenen Sehnsucht delegieren und zwischen ihrem „normalen“ Leben und dem Ordensleben der Kleinen Schwestern eine unüberwindbare Kluft sehen.

Da dem Leben der Kleinen Schwester Magdeleine keine durchreflektierte Theologie zugrunde liegt, kann und will diese Arbeit auch keine systematische Darstellung dieses Lebens sein. Sie versucht, beschreibend und erzählend zu erfassen, welchen geistlichen Quellen dieses Leben entsprungen ist bzw. heute immer noch neu entspringt und welche Früchte für die Menschen sichtbar und greifbar werden.

Kein menschlicher Plan liegt der Fraternität der Kleinen Schwestern zugrunde, sondern die Gottessehnsucht einer einzelnen Frau, die mit unbeirrbarer Konsequenz und Intuition ihrer Liebe Raum verschafft hat und andere ermutigt, ihrer eigenen Sehnsucht zu trauen und ihr den ersten Platz einzuräumen.

# ERSTER TEIL

## Annäherung an die Begriffe „Mystik“ und „Politik“

# I.
# Mystik – Politik: Beschreibung einer Spannung

„Man kann mit Fug und Recht die Gesamtgeschichte der christlichen Spiritualität um die Frage nach Aktion oder Kontemplation, nach Tätigkeit oder Gebet, nach Einsatz oder Einsamkeit anordnen.“[1]

Mit einigen Begriffspaaren ist hier eine Spannung aufgezeigt, die sich nie erschöpfend zur Sprache bringen läßt und deshalb immer neu umschrieben wird. Es lassen sich weitere Pole anfügen, die ebenfalls diese Spannung zum Ausdruck bringen: „Kampf und Kontemplation“ (Taizé)[2], „Innerlichkeit und Engagement“ (Marcel Légaut)[3], „Mystik und Politik“ (Johann B. Metz)[4], „Engagement und Spiritualität“ (Bärbel von Wartenberg-Potter)[5], um nur einige zu nennen. Vielleicht ist es unsere größte Versuchung, diese Pole, um deren innere Einheit wir genau wissen, auseinanderzureißen.

Als Geschöpfe Gottes leben wir in einer Verwiesenheit, die unser ganzes Leben zu einer „Sucht“ nach Gott macht. In dieser „Sehn-Sucht“ wird unser Leben zu einem Bemühen, Ihn zu finden und sich von Ihm finden zu lassen. Wir versuchen, unsere Lebenswurzeln nach Ihm auszustrecken und so mit Ihm eins zu werden. Sprachlich versuchen wir, dieses Bemühen durch Begriffe wie „Kontemplation“, „Gebet“, „Einsamkeit“, „Innerlichkeit“, „Mystik“, „Spiritualität“[6] zu erfassen.

Gleichzeitig hat Gott uns als seine Geschöpfe in eine Welt hineingeschaffen, für die wir Verantwortung tragen. Sie ist uns gegeben und anvertraut, damit jede Schwester und jeder Bruder gemäß ihrer Gottebenbildlichkeit zu leben vermögen.

Diese Verantwortung versuchen wir sprachlich in Begriffen wie „Aktion“, „Tätigkeit“, „Einsatz“, „Widerstand“, „Kampf“, „Engagement“, „Politik“ zu erfassen.

Wichtig ist, einem Mißverständnis vorzubeugen, das in der additiven oder unterscheidenden Zuordnung der Begriffe seinen Grund hat. Die Verbindung der Begriffspaare durch „und“ bzw.“oder“ legt die Assoziation nahe, es ginge um zwei sich ergänzende oder auch sich widersprechende, alternative Begriffe. Eine Frucht dieser Auflösung der Polarität ist die mißverständliche Unterscheidung von „kontemplativen Orden“ und „tätigen Orden“.

Dagegen soll es in dieser Arbeit gerade um jenen inneren, verwobenen Zusammenhang gehen, der die beiden Pole in ihrer gegenseitigen Bedingtheit begreift. Sprachlich läßt sich dieser Zusammenhang durch die komparative Verbindung des „Je ...um so“ ausdrükken, wie es die Diözesansynode der Diözese Rottenburg-Stuttgart im Anschluß an Johann B. Metz und im Einfluß von Paul M. Zulehner[7] als theologischem Berater der Synode formuliert hat: „Je mystischer wir Christen sind, um so politischer werden wir sein.“[8]

Die Bewahrung dieser inneren, spannungsvollen Einheit, die stets neu auszubalancieren ist, wird besonders zur Herausforderung in einer Zeit, die dazu neigt, einerseits durch ein „Entweder ...oder“ die Vielschichtigkeit des Lebens auf kompromißlose Entscheidungen zu reduzieren oder andererseits durch ein „Sowohl ... als auch“ Unterschiede und Entscheidungen zu nivellieren und in die Beliebigkeit zu stellen.

Inwieweit die Reflexion dieser Spannung selbst zum Spiegel für die ihr innewohnende Problematik wird bzw. dieser Problematik zu begegnen versucht, läßt sich am Modell von „vita activa und vita contemplativa“ exemplarisch aufzeigen. Es geht dabei nicht um bestimmte Begrifflichkeiten, sondern um die Schwierigkeit einer Zuordnung und Bewertung der beiden Pole.

## *1. Das Modell „vita activa – vita contemplativa“*[9]

Ein Blick auf Ursprung und Entwicklung von „vita activa und vita contemplativa“ macht auf Implikationen des Modells aufmerksam, die untrennbar mit der ganzen Geschichte der Kontemplationslehre verbunden sind. Diese Implikationen lassen sich nur im Blick auf den griechisch-philosophischen Ursprung des Modells begreifen. Eine kritische Sichtung der philosophischen Reminiszenzen ist deshalb notwendig. Die christliche Integrierung des Modells in die Spiritualität der Väter ist ebenfalls kritisch zu betrachten und auf eine Relativierung der kontemplativen Wertüberlegenheit des Modells hin zu befragen. Es geht also nicht um eine lückenlose und umfassende Darstellung des Modells, vielmehr ist von Interesse, die Problematik des philosophischen Modells und seiner christlichen Integrierung zu sehen.

### *Ursprung des Modells in der Philosophie*

Das Modell geht auf die, besonders seit Platon und Aristoteles gebräuchliche, Gegenüberstellung von „bios praktikos“ (bzw.“bios politikos“) und „bios theoretikos“ zurück. Hintergrund dieser Einteilung in das sittlich-politische und in das philosophisch-beschauliche Leben bilden die drei Lebensformen des Menschen. Aristoteles unterscheidet in der Nikomachischen Ethik ein animalisches Leben, ein Leben der Ehre und ein Leben der Hingabe an die Philosophie.[10] Die Suche nach einer spezifisch menschlichen Lebenseinteilung führt Aristoteles jedoch über diese drei Stufungen hinaus. Gesucht wird, was nur dem Menschen eigentümlich ist. Und so verweist alles spezifisch Menschliche ganz auf das rationale Zentrum des Menschen. Aristoteles klammert alle anderen Funktionen des Menschen aus, indem er sie als nicht genuin menschlich bezeichnet.

Wichtig ist dabei, den Doppelcharakter des Rationalen bei Aristoteles zu bedenken. Es gibt eine „autarke Rationalität“ und eine „abhängige Rationalität“. Der autarken Rationalität entsprechen die Tugenden des Verstandes, das spekulative Vermögen und die philosophische Wahrheitsfindung. Der abhängigen Rationalität entsprechen die Tugenden des Charakters, das abwägend-reflektierende Vermögen, künstlerische Produktion und sittliches Handeln. Diese beiden Ebenen der autarken und der abhängigen Rationalität geben bei Aristoteles die Unterscheidung zwischen „vita contemplativa“ und „vita activa“ wieder. Diese Unterscheidung setzt also innerhalb der höchsten Stufe, im rationalen Zentrum an und ist keineswegs mit den drei Seelenstufungen gleichzusetzen. „Das animalische, d. h. vegetative und sensitive Leben entfällt überhaupt. Das Leben der Ehre, das von der Irrationalität der Strebevermögen gekennzeichnet ist, wird insofern eingegliedert, als es sich in rationaler Abhängigkeit befindet, und der praktischen Lebensebene zugeordnet.“[11]

Die Einteilung des Aristoteles hat also einen rein rationalistischen Standort, von dem aus alle übrigen Seelenkräfte in ihrem Rang bestimmt werden. Zum andern ist sie durch Aktivität gekennzeichnet. Es geht um einen Leistungsvollzug der in der Veranlagung vorgegebenen Wesensvorzüge, „eine passive Dimension ist in dieser Vorstellung ebenso ausgeklammert wie die gnadenhafte Bestimmung der existentiellen Entfaltung“.[12]

Die soziale Dimension erscheint ganz verkürzt, denn Glück ist für Aristoteles im wesentlichen Selbstvollzug und Selbstbesitz und nicht Empfangen und Hingabe. Für Aristoteles sind „vita activa“ und

„vita contemplativa“ zwei übereinanderliegende Ebenen. Eine Durchdringung beider Prinzipien oder ein sie umgreifendes Einheitsideal ist nicht gegeben, obwohl sie nicht ganz unabhängig voneinander sind: „Die Ordnung im Bereich der reinen Geistigkeit setzt die Ordnung der Sittlichkeit voraus; das sittliche Handeln der »vita activa« ermöglicht erst die Unabhängigkeit und Selbstzwecklichkeit der »vita contemplativa«. Insofern also die »vita activa« zur »theoria« hinführt, hat sie über die ihr genuin eigene Vollkommenheit hinaus Anteil an der höchsten Vollkommenheit.“[13]

Obwohl auch für Platon das höchste Glück in der Hingabe an die Philosophie besteht, gibt es in seiner Gesamtschau einen anderen Akzent: „Platon legt nicht nur Wert auf die Reinheit und Absonderung der »theoria« von der Vielfalt der Erscheinungen, sondern auch auf ihre umgreifende Funktion: so wie das Eine das Prinzip des Vielen, das Sein das Prinzip des Seienden, das Gute das Prinzip alles Guten ist, so ist die »theoria« als Gesamtschau Prinzip aller Erkenntnis, auch der praktischen Einzelerkenntnis. Die beste praktische Vernunft ist daher die theoretische Vernunft; der Philosoph ist zugleich der beste Staatsmann. Die Kontemplation schließt zwar die Praxis aus, insofern diese nicht ihr besonderes Objekt ist, sie schließt aber die Praxis ein, insofern alle Objekte nur von ihrer obersten Einheit her richtig erfaßt werden können.“[14] Bei Platon gibt es bereits den Gedanken der Fruchtbarkeit der Kontemplation, der dann in der christlichen Mystik eine große Rolle spielen wird. „Das Wohl der Gemeinschaft und die religiöse Überzeugung verlangen vom Philosophen, daß er das Glück der Schau dreingebe, um die ganze Welt daran teilhaben zu lassen.“[15]

So bot das kontemplative Einheitsideal Platons den Kirchenvätern eher einen Ansatz zu einer christlichen Deutung des Modells als die Systematik des Aristoteles, die die Zurückgezogenheit des Weisen der Lebensgestaltung gegenüberstellt. Der geistige Aufstieg zur höchsten, philosophischen und religiösen Kontemplation ist bei Platon vom Eros begleitet und ist somit nicht nur rationale, sondern auch affektive Hingabe und Intuition. Insofern ist die platonische Kontemplation umfassender als die aristotelische.

„Die Loslösung von der Praxis und die Hingabe an die Praxis stehen bei Platon in einem direkten Spannungsverhältnis, das bei Aristoteles in der Systematisierung verschwindet. Ein religiöses Einheitsideal ist deshalb zwar bei Platon, nicht aber bei Aristoteles denkbar.“[16] Doch auch bei Platon muß gesehen werden, daß sein

Einheitsideal ganz im Bereich des kontemplativen Lebens bleibt. Eine Vergeistigung der Aktion durch die Kontemplation ist denkbar, nicht aber eine Verleiblichung der Kontemplation in der Aktion.

*Christliche Integration und Weiterentwicklung* [17]

Eine biblische Begründung des Modells ist nicht möglich. Obwohl einige der Väter entsprechend der Deutung des Origenes in der Maria-Martha-Perikope (Lk 10,38–42) eine biblische Begründung des Modells und seiner Merkmale gesehen hat, muß heute gesagt werden, daß diese Perikope nichts für die Wertüberlegenheit hergibt und nicht auf das Modell hin zu interpretieren ist.[18] Der Grund für die christliche Übernahme ist also nicht im Neuen Testament zu suchen. Die Integration war vielmehr eine geschichtliche Notwendigkeit, bedingt durch die Begegnung von christlicher Theologie und griechischer Philosophie.

So gibt es keine biblische Begründung des Modells, wohl aber eine biblische Ausgangsbasis, die eine christliche Deutung des Modells ermöglichte. Das christliche Modell der Väter geht zwar von einem philosophischen Ordnungsgefüge aus, es muß sich jedoch auch an einer Theologie des Neuen Testaments messen lassen.

Damit begegnen sich zwei grundlegend verschiedene anthropologische Betrachtungsweisen. Die philosophische Anthropologie geht von einer Vorrangigkeit der Geistseele (nous) gegenüber den leiblichen und irrationalen Funktionen des Menschen aus, und das „Religiöse“ hat seinen Sitz in einer besonderen Fähigkeit des menschlichen Geistes. Nach der biblischen Anthropologie umfassen hingegen die Merkmale des menschlichen Lebens jeweils den ganzen Menschen, und die christliche Religiosität umgreift den Menschen in all seinen Verfaßtheiten. Für die christliche Kontemplation ist nicht die natürliche Veranlagung, nicht die Leistung des Menschen entscheidend, sondern die sakramentale Begnadung, das Heilshandeln Gottes. An die Stelle der entscheidenden Verstandestugenden, wie sie besonders Aristoteles behandelt hat, treten nun die theologischen Tugenden des Glaubens, der Liebe und der Hoffnung. Die Grundlage der Kontemplation basiert nun nicht mehr auf den intellektuellen Fähigkeiten, sondern auf den Merkmalen der Existenz, nicht mehr der „nous“ hat entscheidende Bedeutung, sondern das „pneuma“ Christi, das durch die Taufe dem Menschen zuteil wird.

Diese Umwandlung des Kontemplationsgedankens verändert

auch das Modell „vita activa – vita contemplativa“. Es geht nun um die Spannung zwischen eschatologischer Heilsberufung und immanenter Heilsverwirklichung – eine Spannung, die dem Gegensatz von Aktion und Kontemplation im philosophischen Modell nicht mehr entspricht.

„Eschatologische Heilsberufung und immanente Heilsverwirklichung betreffen alle Lebensformen des Christen, wenn auch in verschiedener Weise. Diese verschiedene Weise besteht aber nicht darin, daß einige Lebensformen die eschatologische Heilsberufung darstellen und andere die immanente Heilsverwirklichung, sondern darin, daß einige Lebensformen eschatologische Heilsberufung und immanente Heilsverwirklichung in der Weise darstellen, daß die eschatologische Heilsberufung in besonderer Weise zum Ausdruck kommt und daß andere Lebensformen beides in der Weise darstellen, daß die immanente Heilsverwirklichung in besonderer Weise zum Ausdruck kommt. So integriert die christliche »Kontemplation« im Gegensatz zur Autarkie der philosophischen Kontemplation die Fruchtbarkeit im Bruderdienst und im schöpferischen Werkschaffen, ohne ihre kontemplative Akzentuierung zu verlieren, während die christliche Aktion die kontemplative Glaubenserkenntnis und Gebetshoffnung impliziert, ohne ihre aktive und weltzugewandte Akzentuierung zu verlieren.“[19]

Für eine christliche Integrierung des philosophischen Modells lassen sich folgende wichtige Voraussetzungen festhalten:

1. „Die aristokratische Esoterik, Autarkie und Unfruchtbarkeit, die das kontemplative Leben im philosophischen Modell kennzeichnen, muß von den biblischen Forderungen der Bruderliebe und der Fruchtbarkeit überwunden werden.“[20]

2. „Eine Abwertung der praktischen Tätigkeiten des Menschen an einer höheren kontemplativen Lebensform findet sich an keiner Stelle des Neuen Testaments.“[21] Der eschatologische Vorbehalt des Christen ist damit nicht zu identifizieren, er warnt den in der Welt tätigen Menschen nur vor ängstlicher Sorge.

3. Eine Rangordnung zwischen kontemplativer und aktiver Lebensweise ist im Neuen Testament nicht gegeben, eine Rangordnung kann es nur im Sinne des jeweiligen Erfüllungsgrades der theologischen Tugenden, vor allem der Liebe geben, um so mehr, als beide Lebensweisen von den theologischen Tugenden betroffen sind.

4. Die Merkmale der christlichen Existenz lassen sich nicht dualistisch auf verschiedene Lebensweisen festlegen.

5. „Die christliche Integrierung des philosophischen Modells verlangt also seine inhaltliche und formale Umwandlung."[22] Im historischen Rückblick muß kritisch gefragt werden, inwieweit eine christliche Integrierung die Voraussetzungen beachtet hat.

Obwohl das kontemplative Einheitsideal Platons den Kichenvätern eher einen Ansatz zu einer christlichen Deutung des Modells bot, finden sich in der christlichen Integrierung beide Ansätze, „und es findet sich in der gesamten christlichen Tradition bis zur deutschen Mystik kaum ein formales Element des Modells, das sich nicht auf das philosophische Verständnis bei Platon und Aristoteles zurückführen ließe".[23]

Die Übernahme und Verwandlung des Modells „vita activa – vita contemplativa" in die christliche Literatur setzt mit den Alexandrinern Klemens und Origenes im dritten Jahrhundert relativ spät ein.

*Kontemplatives Einheitsideal der Alexandriner*

Klemens von Alexandrien und Origenes greifen die platonische Form des Einheitsideals auf. Ihre Art der Integrierung bedeutet also keine formale Verwandlung, wohl aber schließt das christliche Kontemplationsverständnis eine inhaltliche Umwandlung ein. Der kontemplative Aufstieg behält zwar aus seiner philosophischen Herkunft die intellektualistische Färbung, vollzieht sich jedoch im Unterschied dazu in allen Dimensionen: in Erkenntnis, Liebe und Gebet. Christliche Kontemplation überwindet damit also den einseitigen erkenntnistheoretischen Ansatz und integriert als Entfaltung der christlichen Existenz ontologische, ethische und erkenntnistheoretische Vorstellungen in der Vereinigung mit Gott.

Die Haltung der Alexandriner gegenüber dem aktiven Leben ist doppelpolig: es ist einerseits aszetische Disposition und andererseits Frucht der Schau. „Als aszetische Disposition steht es unter dem der stoischen Philosophie entliehenen Ideal der »apatheia«, d.h. der Unbewegtheit des Geistes gegenüber sinnlichen Regungen, als Frucht der Schau unter der Forderung des christlichen Liebesapostolats in der rechten Verkündigung und der Sozialfürsorge."[24] Damit ist die „vita activa" als eigenständige Dimension, die der Kontemplation gegenübersteht, nicht erfaßt. Sie bleibt immer auf das kontemplative Leben bezogen. Das christliche Leben bleibt somit im wesentlichen kontemplativ bestimmt. Wo die Aktion als eigenständig erfaßt wird, muß sie letztlich der Vorrangigkeit der

Kontemplation weichen, bei Origenes noch ausgeprägter als bei Klemens.[25] Für den geistlichen Aufstieg unterscheidet Origenes drei Stufen: „Die erste Stufe ist das praktische Leben, der sittliche Kampf, dessen Ziel die Apatheia ist. Die zweite Stufe bildet die Betrachtung der geschaffenen Dinge, durch die wir aufsteigen zur dritten Stufe, der liebenden Vereinigung mit Gott.“[26]

Bei Origenes entfernt sich der kontemplative Aufstieg immer mehr von der „vita activa“, je mehr er sich dem Endzustand nähert, in dem es nur noch die Gnosis[27] gibt.

Bei Klemens hingegen dient der gnostische Aufstieg auch der freieren Entfaltung der Liebestätigkeit.[28] „Die Verähnlichung mit Gott wird keineswegs einzig durch das Erkennen erreicht, dazu sind auch Tugenden nötig. Die guten Werke müssen der Gnosis folgen wie der Schatten dem Körper; nie sind sie von ihr getrennt, nie auch kann die Gnosis mit bösen Werken zusammen bestehen. Klemens bemüht sich, das vollkommene Gleichgewicht zwischen Tätigkeit und Erkenntnis aufrecht zu erhalten, zwischen Wissenschaft und Aszese, die für ihn gleichsam die zwei Hände sind, mit denen wir die Vollkommenheit umfassen.“[29]

Kritisch ist zu diesem Modell des kontemplativen Einheitsideals zu sagen, daß es zwar etwas Richtiges sieht, wenn es Aktion und Kontemplation zu ergänzen sucht, es führt jedoch nicht zu einer Rechtfertigung jener aktiven Lebensformen, die ihr Heil nicht in der Kontemplation, sondern in einer Gottverbundenheit inmitten der Tätigkeit suchen.

### *Kontemplative Spiritualität*

In der Mönchstheologie des Evagrius Ponticus ist das aktive Leben nur noch Stufe der Kontemplation. Es ist für die Spiritualität insofern bedeutsam, als es die Sitten reinigt. Die Mönchstheologie hat „ein gleichsam überhellenisches, christlich nicht mehr tragbares Schema ausgebildet, in welchem das aktive Leben (praktiké) nur noch als Mittel und Vorstufe zur Kontemplation Gottes in der Welt (theoria physiké) und schließlich Gottes allein (theologiké) dient.“[30] Der Selbstgenügsamkeit der philosophischen und intellektualistischen Kontemplation wird damit weiter Vorschub geleistet.

Wir haben hier „ein aszetisch-gnostisches Ideal, das die »vita activa« auf eine aszetische Selbstheiligung beschränkt und letztlich die Gnosis über die Caritas stellt“.[31] Die für die Menge unerreichbare Heiligkeit wird ganz der Dimension der „theoria“, der Gnosis, zugeordnet. Um die Menge zu retten, muß bei Evagrius die „praxis“ zu einer wenn auch unvollkommenen Kontemplationsstufe, der „theoria praktiké“ werden.

Dieses Modell enthält eine kontemplative Stufenordnung der Vollkommenheit, die die christliche Spiritualität im Altertum und im Mittelalter zu einer hierarchischen Spiritualität verformt hat. Kritisch ist zu diesem aszetisch-gnostischen Ideal zu sagen, daß es einer christlichen Integrierung des Modells nicht entspricht, sondern wesentliche christliche Errungenschaften dem philosophischen Ordnungsgefüge, seiner Esoterik, seiner Autarkie und seiner Selbstgenügsamkeit opfert.[32]

*Würdigung beider Lebensformen*

Bei Basilius dem Großen und Gregor von Nazianz „werden beide Lebensformen in ihrem besonderen Sinngehalt anerkannt: das kontemplative Leben als Aufschwung zu den göttlichen Geheimnissen in Glauben, Erkennen und Lieben und das aktive Leben als Christusdienst in der Liebe, die sich immer wieder in den Werken bezeugen muß“.[33]

Für Basilius ist Christus selbst die wahre Regel der Spiritualität. Durch seine Inkarnation ist er der Archetyp des menschlichen Lebens überhaupt.

Wo das Modell auf Christus bezogen wird, kann die kontemplative Einseitigkeit überwunden werden. Doch auch in diesem Ideal der Ergänzung aktiver und kontemplativer Lebensformen in der Kirche und im gemeinsamen Christusdienst steht die aszetische und soziale Seite der „vita activa“ noch im Vordergrund. So wird die „praxis“ als Vorstufe zur „theoria“ aufgefaßt und nicht als eigenständiger Weltdienst des Christen.

Zu den Ansätzen der Alexandriner, der Mönchstheologie und zum Versuch einer Würdigung beider Lebensformen läßt sich zusammenfassend sagen:[34]

– Die christliche Übernahme des Modells ist nicht einheitlich und führt nicht zu seiner vollständigen Verwandlung.

– Die Welt-, Leib- und Tatfeindlichkeit des philosophischen Modells wird nicht überwunden.

– Der intellektualistische Akzent verschwindet nicht völlig.

– Bei allen Versuchen der Gleichstellung bleibt doch die Wertüberlegenheit des kontemplativen Lebens über dem aktiven.

– Formal bleibt die christliche Integrierung dem philosophischen

Modell verhaftet und tradiert somit oft unbewußt den philosophischen Dualismus zwischen immanenten und transzendenten Tätigkeiten.

– Es findet jedoch eine weitgehende Umwandlung des Gehaltes statt, wobei die Tugenden des Verstandes durch die theologischen Tugenden von Glaube, Hoffnung und Liebe ersetzt werden.

*Augustinus: Höhepunkt der christlichen Integration*

"Bei Augustinus findet die Übernahme des Modells in der Patristik ihren Höhepunkt und zugleich einen Überwindungsversuch. Er ist der Hauptvermittler des Modells für das Mittelalter.“[35]

Da seine Sicht des Modells ekklesiologisch und christologisch ist, kann es die Vorgegebenheiten des philosophischen Modells hinter sich lassen. „»Vita activa« und »vita contemplativa« sind für ihn Formeln für Immanenz und Transzendenz in Christus, in der Kirche und in der christlichen Existenz.“[36]

Augustinus gibt dem Modell eine heilsgeschichtliche Deutung, jedoch nicht als Entwicklung von der Aktion zur Kontemplation, sondern als Überwindung der Spannung in der endgültigen Einheit in Christus. „Was sich »vertikal« als Einheit in der Differenz darstellt, die beiden Naturen in Christus, Transzendenz und Immanenz in der Kirche, stellt sich geschichtlich-horizontal als Spannung zwischen «Schon« und »Noch-nicht«, zwischen »Nicht-von-der-Welt« und »In-der-Welt«, zwischen eschatologischer Heilserfüllung und immanenter Heilsverwirklichung dar.“[37]

Entscheidend ist bei Augustinus eine dialektische Typologie, in der sich eine vertikale und eine horizontale Sicht durchdringen:

a) In der vertikalen Sicht werden die Elemente Kontemplation und Aktion übereinander gelagert und statisch betrachtet: in der Linie Rachel-Maria-Johannes sieht Augustinus Präfigurationen des Jenseits; in der Linie Lea-Martha-Petrus Präfigurationen des Diesseits. Zwar wird hier auch die vita activa, die durch Lea-Martha-Petrus präfiguriert ist, gelobt, denn sie ist irdisch fruchtbar, frei von Schuld, notwendig und Dienst an Christus und den Brüdern. Aber sie bleibt nicht, ist vom Signum der Vorläufigkeit, Unruhe und Besorgnis geprägt.

b) In der horizontalen Sicht werden die Elemente Aktion und Kontemplation nebeneinander in der dynamischen Entfaltung der Geschichte betrachtet. In horizontaler Sicht läßt sich die Vorrangigkeitsfrage nicht mehr so deutlich beantworten. Hier stehen sich nicht mehr irdische und himmlische Kirche, jetzige und zukünftige Existenz gegenüber, sondern zwei Aspekte der Kirche „in statu viae". Hier sind Lea-Martha-Petrus nicht mehr Weg, Rachel-Maria-Johannes Ziel christlicher Existenz, sondern beide sind Wege, Lebensformen in der Kirche, die auf die Vollendung in Christus zuschreiten.

In Lea / Rachel hat diese Figurenreihe ihre äußerste Spannung, bei Petrus / Johannes rückt sie immer mehr zusammen. Dabei scheint es, daß über Leas „Fruchtbarkeit" und Marthas „Gastfreundschaft" bis zur Übertragung der Kirchenführung an die tätige Liebe des Petrus das aktive Leben allmählich die Führung übernimmt. Die Rangordnung der vertikalen Sicht gilt in gewisser Weise auch in der horizontalen Ordnung, denn von der eschatologischen Herrlichkeit aus betrachtet, muß die Kontemplation über die Aktion gestellt werden. In der Ordnung der irdischen Kirche aber steht die Aktion über der Kontemplation, denn die Führung wird ja dem Petrus anvertraut. In der Wertung sind Aktion und Kontemplation einander also in verschiedenen Ordnungen wertüberlegen: „die Aktion in der immanenten (horizontalen) Ordnung der Kontemplation, die Kontemplation in der transzendenten (vertikalen) Ordnung der Aktion".[38] Die „vita activa" besitzt zeitliche, die „vita contemplativa" ewige Priorität. Das eine kann ohne das andere nicht sein.

Aus dieser Zuordnung entsteht Augustins Bestimmung des christlichen Lebensweges als „vita mixta". Die augustinische „vita mixta" ist der Versuch, die Einheit von Aktion und Kontemplation nicht nur in Christus und in der Kirche, sondern auch im christlichen Leben zu erfassen. „Vita mixta" ist das christliche Leben selbst, das sich je nach Berufung aktiv oder kontemplativ akzentuiert darstellt. Im konkreten Leben erweist jedoch auch sie sich als kontemplativ gefärbtes Einheitsideal, und auch Augustinus hat die mönchstheologische Einseitigkeit des Modells nicht ganz überwunden.

### *Das Modell im Mittelalter*

Im Mittelalter ist das Modell zur festen Formel geworden. Seine Merkmale und die augustinische Typologie gehören zum Bestand mystischer Traktate und Schrifterklärungen. Es lassen sich vier Möglichkeiten der Verhältnisbestimmung beschreiben:

a) Das aktive Leben wird als Vorstufe und Vorbereitung zur Kontemplation gesehen. Im Blick ist hier vor allem die christliche Aszese.

b) Die Aktion wird als Fruchtbarkeit der Kontemplation begriffen.

c) Um der Kontemplationsmuße willen wird die Loslösung des kontemplativen Lebens vom aktiven angestrebt, insofern es sich an äußere Tätigkeiten hingibt.

d) Im Bemühen der dialektischen Verbindung werden Aktion und Kontemplation in der »vita mixta« zusammengebracht.

Insgesamt läßt sich die Geschichte der Verhältnisformen von Aktion und Kontemplation als fortschreitende Integration des aktiven in das kontemplative Leben auffassen. „Darin liegt einerseits eine weitgehende Emanzipation des Kontemplationsgedankens, aber andererseits auch eine konsequente Aufwärtsentwicklung des aktiven Lebens in der Spiritualität. Indem sich die Kontemplation immer mehr auf die Aktion bezieht, wird diese selbst verinnerlicht, gewinnt an Tiefen und bezeugt die Immanenz des Transzendenten auch im »rein« immanenten Handeln.“[39]

Die fortschreitende Integration der Aktion in das kontemplative Leben läßt sich am Beispiel der Ordensgeschichte zeigen: Von der griechischen Mönchstheologie bis zur cluniazensischen Reform einschließlich war die „vita activa“ im Orden hauptsächlich Aszese. Bei den Zisterziensern wird durch die Aufwertung der Arbeit die „vita activa“ aus ihrer aszetischen Beschränkung befreit. Jedoch erst der Dominikanerorden verlegt den Schwerpunkt seiner Existenz auf das Apostolat in Predigt und Lehre. „Danach bedeutet nun auch im Ordensleben die »vita activa« mehr als eine bloße Präparation zur Kontemplation; in ihren höchsten Akten wird sie zum eigentlichen Ziel der kontemplativen Lebensführung.“[40]

Bei Thomas von Aquin enthält diese Sicht jedoch wiederum eine klare Hierarchie, indem er zwischen einer „höheren“ und einer „niederen“ Aktion unterscheidet.

Thomas muß hier ausführlicher erwähnt werden, weil bei ihm als Aristoteliker eine neuerliche Bindung an den philosophischen Ausgangspunkt stattfindet. Während in der patristischen Integrierung „affektive Gottessehnsucht und mystisches Gebet dem ursprünglichen Intellektualismus des Modells Widerstand geleistet“[41] hatte, wird bei Thomas die im Modell bereits vorhandene ideologische Gefahr noch verstärkt. Seine grundlegende These lautet: „Vita contemplativa simpliciter melior est quam activa.“[42] Die Bewertung der Kontemplation gewinnt er allein vom Intellektuellen her. Neun Gründe des Aristoteles für die Wertüberlegenheit des kontemplativen Lebens belegt er mit Bibelstellen. „Der entscheidende Beweisgedanke, auf den all diese Gründe mehr oder minder hinauslaufen, ist der, daß der Verstand die höchste und dem Menschen wesenseigenste Fähigkeit ist.“[43] Ein Leben, das auf geistige Erkenntnis hingeordnet ist, bildet demnach die höchste menschenmögliche Lebensform.

Prägend wird seine Grundanschauung von den beiden Wegen, dem Weg der Gebote und dem der Räte. Zur Vollkommenheit in der Liebe sind zwar alle berufen, durch die evangelischen Räte wird jedoch eine spezifische Vollkommenheit erreicht. Der Weg der Gebote ist das Minimum, das davor bewahrt, den Dingen dieser Welt gänzlich zu verfallen.

Nicht weniger folgenschwer ist seine Trennung von Gottes- und Nächstenliebe. „Die Vollkommenheit besteht erstrangig in der Gottesliebe und zweitrangig in der Liebe zum Nächsten.“[44] Mit einer großen Eindeutigkeit wird die Gottesliebe der Kontemplation und die Nächstenliebe der Aktion zugeordnet. Fragwürdig ist auch die Zuordnung des Fruchtbarkeitsgedankens zur „vita activa“, wobei das kontemplative Leben in den Verdacht der aristotelischen Selbstgenügsamkeit gerät. Die Dimension der inneren Fruchtbarkeit und die soziale Funktion der christlichen Gotteskontemplation wird dabei übersehen.[45]

Bei Thomas überschneiden sich in der Bewertung der Kontemplation zwei wesensverschiedene Gedankenreihen. „Einerseits wird ihr Vorrang vor der Aktion in ihrem inneren, rein intellektuell bestimmten Wesen fundiert, anderseits ihre Verdienstlichkeit am Grad der Liebe bemessen.“[46] Da diese jedoch dem Wesen intellektueller Kontemplation äußerlich bleibt, so folgt, daß die intellektuelle Kontemplation als solche (ohne Liebe) ohne sittlichen und übernatürlichen Vollkommenheitswert bleibt, womit die erste Wertordnung wieder aufgehoben ist.

Die Grundformel „Kontemplation über Aktion“ verliert ihre Geradlinigkeit im neuen Ordensideal der Mendikanten, die aus der Fülle der Kontemplation, und ohne diese preiszugeben, in die Aktion übergehen („contemplata aliis tradere“). „Diese, und nur diese Aktion, die »ex plenitudine contemplationis derivatur«, ist der »einfachen Kontemplation« vorzuziehen.“[47]

So kommt es bei Thomas zu einer Unterscheidung zwischen „der »niederen« (Werke der Barmherzigkeit) und der »höheren« Aktion (Predigt der Dominikaner)“[48]. In seiner Sicht des Ordensideals gibt es eine klare Rangordung: Auf der ersten Stufe stehen die Mendikanten, die das monastische Leben mit dem Dienst der Verkündigung verknüpfen, auf der zweiten stehen die auf Beschauung ausgerichteten Orden und auf der dritten die Orden, die sich äußeren Tätigkeiten hingeben.

Zusammenfassend ist zu sagen, daß sowohl die Patristik als auch die Scholastik die Lehre von Kontemplation und Aktion nicht zur vollchristlichen Entfaltung gebracht haben. Der Grund liegt vor allem darin, „daß die Kontemplation wegen einer zu starken Anlehnung an die individualistische Auffassung bei den griechischen Philosophen nicht in ihrer wahren Fruchtbarkeit erkannt wurde“.[49] Die kontemplative Spiritualität in der Patristik und Scholastik, die das aktive Leben zu integrieren sucht, läßt die Frage nach einer aktiven Spiritualität offen. „Ihre Aktion wäre eine andere als die des kontemplativen Menschen, da sie nicht sekundär als Vorbereitung oder Auswirkung der Kontemplation, sondern als primärer Lebensinhalt angestrebt würde. Ihre »Kontemplation« wäre eine andere Kontemplation als die des kontemplativen Menschen, denn sie manifestierte sich in der Wirkeinheit mit Gott, nicht in einer der »visio beatifica« vorausgehenden Teilnahme an der göttlichen »Muße«.“[50]

Einen Ansatz in dieser Richtung bietet die „dynamische Spiritualität“ Meister Eckharts.

### *Auflösung der Verfestigung im Denken Eckharts*

Bei Meister Eckhart ist erstmals die ausdrückliche additive Zuordnung von Gotteserfahrung *und* Weg in die Welt aufgehoben. Es geht ihm „um Gotteserfahrung *als* Weg in die Welt. Das Engagement des Christen ist nichts Zusätzliches, nichts Abgeleitetes, sondern es ist die Sache selbst“[51]. Meister Eckhart überwindet den in dem Modell der griechischen Philosophen begründeten Dualismus der christlichen Frömmigkeit durch die Gedanken der Fruchtbarkeit und der Freiheit.

„Die Aktion des kontemplativen Menschen reagiert hier nicht mehr auf die von außen bedrängende Verpflichtung, sondern sie erwächst aus der Kontemplation selbst, in der die göttliche Dynamik frei wird; die Einheit der Erkenntnis und der Liebe wird fruchtbar in der Einheit des Wirkens. Die »Kontemplation« des aktiven Menschen bedarf nicht so sehr der Muße, sondern sie besteht in der Freiheit inmitten der sorgenden Verantwortung für die Dinge; die Freiheit des aktiven Menschen ist seine Transparenz für Gottes Wirken.“[52]

Meister Eckhart überwindet auch die abstrakte Wertung der christlichen Lebensformen in der Vorrangigkeitsfrage des Modells. Die Frage der Überordnung der Beschauung über die äußere Tätigkeit, der Gottes- über die Nächstenliebe, ist für Eckhart nicht mehr von Bedeutung. Ihm geht es um „Abgeschiedenheit“ als Lösung von jener Ichbefangenheit, die in den kreatürlichen Verflechtungen letztlich sich selbst, nicht aber Gott sucht. Der Feind der Spiritualität Meister Eckharts ist weder die Kreatur noch die Umwelt noch die Tätigkeit, sondern der Egoismus. „Die Gottesliebe beansprucht keinen anderen Raum als die Nächstenliebe, sondern sie vollzieht sich in ihr.“[53]

Eckhart erreicht in der Figur der Martha eine besondere Aufwertung der Spiritualität des aktiven Lebens. Der Marthatyp wird nicht nur gerechtfertigt, sondern sogar zu einem Ideal christlicher Spiritualität umgestaltet.[54] Eckharts Ideal liegt in der durch die Freiheit verinnerlichten „vita activa“.

„Gott lebt im Werk des Menschen, ob der Mensch es weiß oder nicht weiß, will oder nicht will, denn durch die »scintilla animae« (Funke) vollzieht sich das zugleich schaffende und vollendende Werk der »creatio continua« und »incarnatio continua«. Des Menschen Heil liegt darin, dieses göttliche Werk in der Freiheit wirkend mitzuvollziehen und ihm nicht seine vergöttlichende Wirkung durch Sünde und Ichbefangenheit zu behindern.“[55]

Mit Eckhart, so Dietmar Mieth, stehen wir am Ende eines verschlungenen Weges, der erst von biblischen Grundansätzen der Einheit von Hören und Tun, Gebet und Tätigkeit, Gottes- und Nächstenliebe „in die hellenische Geisteswelt mit ihrem Dualismus von Schauen und Wirken, Muße und Tätigkeit hineinführt und dann fortschreitend wieder zur Bibel zurückführt“.[56]

### *Ignatius: „Gott finden in allen Dingen“*[57]

Mit der Formel „Gott suchen und finden in allen Dingen“ hat Ignatius von Loyola einen neuen Spiritualitätstyp geprägt, der bis heute nichts an Bedeutung verloren hat.

„In diesem In-allen-Dingen-Gott-Suchen haben wir die ignatianische Formel der höheren Synthesis der in der Religionsgeschichte üblichen Zweiteilung der Frömmigkeit in eine mystische der Weltflucht und eine prophetische der gottgesandten Weltarbeit.“ [58]

Immer und zu jeder Stunde Gott finden zu können, das war das Ziel der ignatianischen Mystik. „Der so mit Gott Vereinte konnte sich ganz der Arbeit hingeben, in aller Arbeit aber blieb er bei Gott, denn auch in allem Tun »fand« er ihn. Die Gottvereinigung und der Dienst des Alltags sind bei ihm eins geworden.“[59]

Die beiden geschichtlich geprägten Begriffe „actio“ und „contemplatio“ finden sich bei Ignatius nicht. Man findet auch schwer andere Begriffe, die ihnen sachlich entsprechen. „Ihrer Bedeutung am nächsten kommen wohl die Begriffspaare *oratio-actio* und *interiora-exteriora*.“[60]

Diese Zweiheit wird jedoch gleich auf eine übergeordnete Zweiheit bezogen: „unio cum Deo“[61], womit nicht nur das formelle Gebet gemeint ist, sondern Aktion und Kontemplation in gleicher Weise umfaßt sind. „Ausdrückliches Gebetsleben ist notwendig, aber es ist nicht mehr das in sich ruhende Höchstziel eines beschaulichen Lebens, es ist vielmehr exercitium, d. h. »Übung« jener Gesinnung und Haltung, die nicht auf Gebetszeiten beschränkt ist, sondern das ganze aktive Leben erfüllen soll.“[62] Die Vollkommenheit hat nichts mit dem Ausmaß der Übungen zu tun, sondern mit der liebeerfüllten Ausrichtung des ganzen Tuns auf Gott. Sie verwirklicht sich nicht in religiöser Kontemplation, wenn darunter formelles Gebet, Betrachtung und andere „Übungen“ verstanden werden, sondern in der Vollkommenheit der Aktion, die rein um Gottes willen übernommen, auf ihn ausgerichtet und für ihn vollbracht ist. Es geht bei Ignatius also um eine Gebetshaltung, die das ganze Leben durchdringt, und er hielt es geradezu für eine Unvollkommenheit, wenn einer des langandauernden Gebetes bedarf, um sich mit Gott zu verbinden.

Das Ideal wäre, daß das ganze Leben so auf Gott hingeordnet ist, daß es auch durch allen tätigen Umgang mit Menschen und Dingen nicht aus der „unio cum Deo“ herausfällt, sondern zu einem einzigen Gebet wird.

Das zu umschreiben versucht die von Hieronymus Nadal stammende Formel „in actione contemplativus“.[63]

Von Platon und Aristoteles ausgehend, über die Integrierung dieses griechischen Gedankenguts in der Patristik und einer neuerlichen Rückbindung in der Scholastik wurden Stationen der Entfaltung des Modells von „vita activa und vita contemplativa“ bis hin zu Meister Eckhart und Ignatius von Loyola aufgezeigt. Nicht alle in diesem Zeitraum durchdachten und gelebten Variationen konnten hier dargestellt werden, noch ist es im Rahmen dieser Arbeit möglich, ihnen bis in unsere Zeit nachzugehen. Anliegen dieser Darstellung war es jedoch, auf jenen Ursprung des Modells aufmerksam zu machen, dessen Erbe in jedem Versuch der Neuformulierung greifbar wurde und bis heute noch greifbar wird. Mit Hilfe des historischen „Durchblicks“ sollte eine Vorstellung von der Bandbreite und dem Reichtum der hier thematisierten Spannung gegeben werden. Weiterhin wird gelten, was Hans Urs von Balthasar zu den Begriffen von Aktion und Kontemplation geschrieben hat: „Die noch ungeschriebene Geschichte dieses klassischen Begriffspaares dürfte zu den verschlungensten und unübersichtlichsten gehören ...“[64]

## *2. Die Auflösung der Spannung*

Die Zuordnung von „vita contemplativa und vita activa“ erweist sich auf der Ebene der Reflexion als sehr schwierig und hat deshalb in verschiedensten Phasen der Theologiegeschichte auch immer neue Formen und Formeln angenommen.

Die Balance und Spannung, die denkerisch schwer zu halten ist, ist in der Praxis noch viel stärker von ihrer Auflösung bedroht.

Aus der Kirchengeschichte sind extreme Formen von Dualismus bei den Häretikern bekannt, die bekämpft wurden, „so bei den Messalianern[65], die zwischen Gebets- und Tätigkeitschristen unterschieden, so bei den Katharern[66] mit ihrem Leib-Geist-Dualismus“.[67] Oft sind diese Einseitigkeiten nicht so eindeutig zu benennen, weil sie in verschiedenen Nuancierungen auftreten. So kennt sowohl die Auflösung zum Politischen als auch zum Mystischen hin verschiedene Variationen.

### *Die Auflösung hin zum „Politischen“*

Diese Auflösung nennt Josef Sudbrack den „Sündenfall der Spiritualität ins Politische“. Sie kann sich in verschiedenen Akzentuierungen ausdrücken:

a) Als mystische Begeisterung, die unmittelbar für politische Zwecke, für Ideen des Fortschritts oder der Revolution eingesetzt wird. Ein Beispiel ist die enge Verquickung der zarten Mystik der Hoheliedkommentare des Bernhard von Clairvaux mit den politischen Einsätzen für Papst und König.[68] Demutsmystik ist hier in kirchlichen Triumphalismus und Imperialismus umgeschlagen. Ein weiteres Beispiel für eine solche religiöse Emphase ist Teilhard de Chardin, der bei Verdun mit Christusvisionen auf das Schlachtfeld zieht.[69]

b) Als Strategien, die mit Mitteln der Politik, mit Einsatz von Macht und Gewalt der Mystik zum Durchbruch verhelfen wollen.

Mit den Mitteln der Politik soll das Gottesreich selber auf Erden gebaut werden. Doch haben solche „Ayatollisierungen der Politik“ stets ein Reich geschaffen, das vom Gottesreich total verschieden war.[70]

c) Als Versuch, mystische Erfahrungen zu mißbrauchen, um Macht über andere auszuüben. Als Beispiel nennt Dietmar Mieth jene „nützliche Domestizierung einer religiösen Innerlichkeit, die den Bürger in den Schranken der Obrigkeit hielt“.[71]

### *Die Auflösung hin zum Mystischen*

Die Verkürzung, die sich aus jeder Verantwortung für die weltlich-politische Dimension herausnimmt, ist nicht weniger verhängnisvoll, wenn auch in ihren Auswirkungen weniger greifbar. Leonardo Boff nennt diese Auflösung „die spiritualistische Reduktion“.[72] Auch sie kennt verschiedene Akzentuierungen:

a) „Mystik“ kann auf einen Weg zur eigenen Selbstvervollkommnung reduziert werden. Was in der Welt passiert, wird unwichtig. Dorothee Sölle spricht in diesem Zusammenhang von einer „Art kostenloser Spiritualität“, die sich aus der politischen Verantwortung davonschleicht, indem sie sich mit Gott anfüllt und damit zufrieden ist.[73]

Greifbar wird dies heute in der New-Age-Bewegung. Die „Reise nach innen“ wird hier zum charakteristischen Zeichen.[74]

b) Im Rückzug auf mystische Erfahrungen können die eigenen politischen Optionen verdeckt werden. Man wehrt sich nicht gegen politische Entscheidungen, stimmt innerlich vielleicht sogar zu, ohne es jedoch explizit auszudrücken.

c) Ganz klare politische Interessen können bewußt verdeckt werden, indem nicht offen darüber diskutiert wird. Mit dem Hinweis auf vorrangiges Interesse an „Mystischem“ entzieht man sich der Auseinandersetzung.

Diese verschiedenen Versuchungen der Einseitigkeit, die jeweils Variationen kennen, sind kritisch zu hinterfragen. Ob es die Vereinnahmung der vita activa durch die vita contemplativa oder umgekehrt ist, ob es ein unmerkliches oder bewußtes Auseinanderdriften, vielleicht sogar Polarisieren ist, die eigentliche Sprengkraft der Spannung geht dabei jeweils verloren.

In der Kirchenpraxis wird das Auseinanderdriften der beiden

Pole an dem deutlich, was Segundo Galilea zwei „Spiritualitätstypen“[75] nennt. Er meint damit die Aufspaltung in „religiös-Kontemplative“ und „militant-Engagierte“ in der Kirche. Die „militant-Engagierten“ in ihrer extremen Variante sehen im Gebet frömmelnde Ablenkung. Neben dem politischen Engagement bleibt kaum Zeit zum Gebet, allenfalls wird das Engagement als Form des Gebets aufgefaßt.

Die „religiös-Kontemplativen“ halten im Extremfall das Politische für „Teufelswerk“, das von Gott ablenkt. Oft wird politisches Engagement kurzschlüssig mit „kommunistisch“ gleichgesetzt, und „wer kämpferisch für Gerechtigkeit eintritt“, muß sich „als verkappter Marxist verdächtigen lassen“[76], wobei sehr undifferenziert mit dem Begriff umgegangen wird. So müssen sich politisch engagierte Christen auch immer wieder die Frage gefallen lassen, ob sie „Marxisten“ seien.[77] Mit der veränderten Situation in Osteuropa wird diese Frage zu einem verständnislosen Vorwurf.

Die Vielfalt des Phänomens „Mystik“, die sich nur auf Kosten unzulässiger Verkürzungen eingrenzen ließe, ist der Grund für eine gewisse Zweideutigkeit in der Geschichte. So sagt Dietmar Mieth zurecht, daß es kaum eine christliche Mystik gibt, „der man nicht auch Schattenseiten nachweisen könnte“.[78] Die Gefahr der Einseitigkeit und Verfälschung ist mitgegeben, und es ist wichtig, sich dessen redlich bewußt zu sein.

## II.
## Entscheidung für Mystik – Politik

Neben dieser Schwierigkeit, das Verhältnis von „vita activa und vita contemplativa“ zueinander zu bestimmen und nicht vorschnell aufzulösen, tragen die beiden Begriffe „Mystik und Politik“ noch eine eigene Problematik in sich. „»Mystik« und »Politik« sind zwei Begriffe, die nicht unverdächtig sind. In Verbindung mit Theologie pflegt man sie manchmal in Gänsefüßchen zu setzen.“[79]

Deshalb ist es wichtig, diese Problematik deutlich zu sehen.

## 1. Mystik[80]

### *Ein mißverständlicher und mißbrauchter Begriff*

Die Bücherregale füllen sich mit „mystischer Literatur“, und immer mehr findet man sie außerhalb der theologischen Abteilung.[81]

Wer das Wort „Mystik“ sparsam und bewußt verwendet, ist erstaunt, wie oft es in ganz unerwarteten Zusammenhängen anzutreffen ist.

In einem Aufsatz über Wortgebrauch und Theoriebildung[82] weist Otger Steggink auf den diffusen Wortgebrauch von „Mystik“ hin: Auffallend ist zunächst die weitverbreitete Verwendung des Begriffs in der sogenannten „esoterischen“ Literatur, wo „das Wort »Mystik« verbunden mit Spiritismus, Hypnotismus, Hellsehen, Telekinese, Kartenlegen und Handlesen, Ufologie, Aura-Fotografie, Biofeedback und anderen paranormalen und okkulten Phänomenen“[83] auftaucht.

Undeutlich, auch abwertend, wird „Mystik“ im allgemeinen, alltäglichen Sprachgebrauch verwendet, wenn es herhalten muß „für alles, was vage, irrational, instinkthaft und schwärmerisch ist“.[84] Andererseits ist jenes soziale Phänomen zu beobachten, das man als „mystische Mode“ bezeichnen kann. In einer Welt der totalen Berechenbarkeit und der Machbarkeit ist damit der „Trend nach »etwas anderem«“ gemeint, der Trend „nach »einer Wirklichkeit, die nicht zur berechenbaren Welt der Dinge gehört«“[85].

Der Begriff wird also in so vielen Bedeutungen gebraucht, daß er fast bedeutungslos geworden ist.

Um diesen inflationären Sprachgebrauch muß jeder wissen, der den Mystik-Begriff verwendet. Ein Versuch, sich in dieser Zeit der Mystik-Inflation durch Kompetenz und qualifizierte Arbeit der reichen Tradition christlicher Mystik zu nähern, ist die Gründung der „Gesellschaft der Freunde christlicher Mystik e.V.“ im Dezember 1987.[86] Ihr Ziel ist eine „Hinführung zu mystischen Traditionen, um auf den Reichtum des christlichen Glaubens aufmerksam zu machen und ihn somit zu vertiefen“.[87]

### *Ein undefinierbarer Begriff*[88]

Eine weitere Schwierigkeit besteht darin, daß „Mystik" nicht nur sehr diffus verwendet wird, sondern sich als Begriff gar nicht prägnant definieren, systematisieren läßt und letztlich jede Definition übersteigt. „Mystik will nicht definieren oder »begrenzen«, genausowenig wie sie selbst wünscht, definiert oder »begrenzt« zu werden."[89]

„Mystik als Existential ist uns gegeben, ohne daß es sich doch rationalistisch ohne weiteres »definieren« läßt; wir können es beschreiben, ohne uns auf Spekulationen über Ursprung usw. einlassen zu müssen."[90]

Das „Dictionnaire de spiritualité" weist auf eine Vielzahl von kritischen Textausgaben mystischer Autoren nach dem zweiten Weltkrieg hin, deren Bemühen weniger war, mystische Lehre systematisch darzustellen, als diese einfach zu „beschreiben".[91]

Joachim Seyppel warnt davor, am Anfang einer Arbeit zur „Mystik" der Versuchung zu erliegen, eine „Wesensbestimmung" abzugeben, die doch allenfalls am Ende stehen kann.

Gleichzeitig muß davon ausgegangen werden, daß wir schon immer ein bestimmtes „Vorverständnis" von Mystik mit uns tragen, daß wir also Assoziationen zu diesem Begriff haben, ohne jedoch exakte Definitionen geben zu können.

Dieses Vorverständnis muß sich im Verlauf der Auseinandersetzung immer wieder hinterfragen und erweitern lassen.

### *Zur Wortbedeutung und Geschichte des Begriffs*

Sprachlich wird Mystik vom griechischen myein abgeleitet. Der Vorgang des Augenschließens, Nach-innen-Schauens wird damit angegeben. Daneben sieht man historisch eine sprachliche Assoziation und einen sachlichen Zusammenhang mit dem griechischen Wort myéein, „in die Mysterien einweihen". Bouyer weist jedoch darauf hin, „daß das hier Verborgene ein ausschließlich rituelles Geheimnis ist".[92] Es geht nicht um eine „Geheimlehre", sondern um Einzelheiten eines Ritus.

„In der hellenistischen Religiosität ist das »Geheimnis«, das im eigentlichen Sinn »mystisch« genannt wird, nicht irgendeine geheimzuhaltende religiöse Erfahrung, sondern ein Ritus in seiner äußeren Gestalt."[93]

Schließlich gibt es einen sprachlichen Zusammenhang zu mystérion, „Geheimnis". In der christlichen Tradition sind damit das Mysterium und die Mysterien des Glaubens gemeint.

Nach Louis Bouyer ist es nicht zulässig, in der Verwendung des Begriffs „Mystik" einen „Einbruch hellenistischer Religiosität in das Christentum" zu sehen, weil es hier im Unterschied zu den Griechen nicht nur um die Einführung in formale Riten geht, die zur Erfahrung des Heiligen führen, sondern inhaltlich klar bestimmt um das Christusgeheimnis.[94]

„Die christlichen Texte, in denen das Wort mystikós erstmalig ausdrücklich religiös und lehrhaft gebraucht wird – wie es vorher noch nie geschah! –, können ganz grob in drei große Gruppen eingeteilt werden: in eine biblische, eine liturgische und eine spirituelle."[95] Zwischen diesen drei Anwendungsgebieten gibt es jedoch keine feste Grenze.

a) Biblisch: Schriftexegese

Für Klemens und Origenes wird mystisch das Wort, das alles bezeichnet, was mit der Schriftexegese zusammenhängt, also mit der Aufdeckung des geistlich-allegorischen Sinnes der Bibel zu tun hat. „In der gläubigen Schriftexegese, wie sie klassisch von Origenes ausgebaut wird, gilt es, durch den vordergründigen (Literal-)Sinn durchzudringen in jene Dimension, in der sich das Christusmysterium (das auch das der Kirche als seines Leibes, und der Christen als Gliedern seines Leibes ist) offenbart ..."[96]

Es geht also darum, daß die gesamte Bibel und die ganze Geschichte des Gottesvolkes ihren Schlüssel in Christus finden. Diese allegorische Schriftauslegung, d.h. die Erklärung der Schrift in Christus-bezogenem Sinn, nennt Klemens eine „mystische Auslegung".

„Für die griechischen Väter ist »mystisch« vor allem die göttliche Wirklichkeit, die Christus uns gebracht hat und die uns das Evangelium entschleiert; in ihr wird uns der tiefe und gültige Sinngehalt der ganzen Schrift mitgeteilt."[97]

b) Liturgisch: Eucharistie

Der Gebrauch des Wortes „mystisch" geht von seinem biblischen Ursprung über auf eine Verwendung im eucharistischen Zusammenhang. Es soll die eucharistische Wirklichkeit mit ihren Gnaden herausgestellt werden. Ein doppeltes Bemühen ist zu sehen, „einmal die eucharistische Wirklichkeit, d.h. Christus selbst und seine von ihm untrennbaren Gnaden herauszustellen; zum anderen zu betonen, daß diese Wirklichkeit als sakramentale verschleiert sei“.[98] Beides, die gegenwärtige Wirklichkeit und die Verborgenheit Christi, begegnen in diesem Brot und machen es zu einem „mystischen Brot“.

Die Väter aus der Zeit Konstantins beginnen erstmals, Wortprägungen aus dem heidnischen Ritual auf die christlichen Riten anzuwenden. Anspielungen auf die heidnischen „Mysterien“ und die Vorstellung vom paulinischen „Mysterium“ (Jesus Christus) werden übereinander gelagert. In diesem Zusammenhang wird das Wort „mystisch“ auch für die Ganzheit der christlichen Sakramente verwendet. Gregor von Nyssa spricht von der „Vereinigung mystischer Bräuche und Symbole“.[99]

Zu betonen ist, daß das Wort neben seiner sakramentalen Bedeutung immer auch den biblischen Sinn beibehält. Beides voneinander zu trennen, würde ein ganzheitliches Verständnis verhindern.

c) Spirituell: Unsagbares andeuten

Der Gebrauch des Wortes „mystisch“, um „eine unsagbare Weise der erfahrungsmäßigen Erkenntnis göttlicher Dinge anzudeuten“[100], kommt unserem Verständnis heute sehr nahe. Erstmals scheint Origenes das Wort „mystisch“ auf eine bestimmte Art von unmittelbarer, erfahrungsmäßiger Gotteserkenntnis angewandt zu haben. Dies geschieht vor allem in Texten, die sich mehr oder weniger unmittelbar mit der Schriftexegese beschäftigen. Bei Origenes durchdringen sich einerseits Exegese als religiöse Erfahrung und mystische Beschauung im modernen Sinn. Denn vor allem jener wird die Schrift erfassen, der zutiefst eins wird mit den Wirklichkeiten, von denen sie spricht.[101]

Mystisches Leben, mystische Erfahrung, im ursprünglichen Sinn verstanden, ist immer jene Wirklichkeit, von der die ganze Schrift spricht und die den Inhalt der gesamten christlichen Liturgie ausmacht. Es geht bei den Vätern also niemals um eine nur vom subjektiven Standpunkt aus betrachtete psychologische Erfahrung, sondern um die „Erfahrung einer unsichtbaren objektiven Welt: jener Welt, die nach der Schrift in Jesus Christus zu uns gekommen ist, jener Welt, in die uns die Liturgie in dem gleichen immer in der Kirche gegenwärtigen Jesus Christus seinshaft eintreten läßt.“[102]

## *Mystik als „christlich-theologischer Begriff"*

Hans Urs von Balthasar hat auf die Problematik hingewiesen, die in der Verbindung der beiden Worte „christlich" und „Mystik" liegt: Diese Verbindung lege nahe, davon auszugehen, „daß man sich im allgemeinen einen Begriff davon gebildet hat, was Mystik ist, und daß man »christliche Mystik« als eine Ab- oder Unterart dieses Allgemeinbegriffs ansieht"[103]. Um solch vorschnelle Konklusion zu vermeiden, weist er in sieben Aspekten auf die Strukturgleichheit von christlicher und nichtchristlicher Mystik hin[104], um dann auf die Eigenart christlicher Mystik einzugehen.[105]

Hier kann es nicht darum gehen, sich gegen nicht-christliche Formen der Mystik abzugrenzen[106], doch soll mit Hans Urs von Balthasar und Dietmar Mieth auf zwei unverzichtbare Kriterien hingewiesen werden: Sie nennen zum einen das Kriterium des theologischen Gehalts und weisen darauf hin, daß christliche Mystik sich nie rein formal erfassen läßt, sondern inhaltlich Christuserfahrung ist.[107] „Christliche Mystik-Geschichte ist Theologiegeschichte der Inkarnation. Der Gekreuzigte (Leidensmystik) und der Auferstandene (Lichtmystik) gehören dazu."[108]

Als zweites Kriterium ist das der praktischen Verifikation genannt. Nicht die Intensität der Empfindung, nicht die visionäre Größenordnung[109] oder andere Formen phänomenaler Außerordentlichkeit sind entscheidend für die christliche Mystik, sondern die Änderung des praktischen Lebens. „Die Erfahrung darf nicht um ihrer selbst willen gesucht werden, die Gemeinschaft mit Christus mündet in einem Sich-in-Dienst-Nehmen-Lassen durch das Evangelium."[110]

Josef Sudbrack will als „Hilfen zur Unterscheidung der Geister" ebenfalls an zwei Kriterien[111] festhalten: „Mystik ist stets Gnade, Geschenk und methodisch nicht zu erzwingen (der letzte Grund ist ihr dialogischer Zug, d.h. hier: die *Freiheit* des anderen); Mystik vertieft das Geheimnis des letzten Sinnes, den wir Gott nennen (»enthüllte Mystik« ist eine Contradictio)."[112]

Christliche Mystik muß sich also immer wieder an klaren Kriterien hinterfragen lassen, widersetzt sich jedoch einer elitären Verengung. Deshalb wird hier auch von einem weiten Mystik-Begriff ausgegangen. In allen umfassenden Darstellungen zur christlichen Mystik wird eine Verengung des Begriffs abgelehnt. Das „Dictionnaire de spiritualité" weist darauf hin, daß besonders durch die Vertiefung der exegetischen und patristischen Studien sich in den letzten Jahrzehnten das Verständnis von Mystik wieder ausgeweitet hat. Mystik sei nicht mehr den sehr hohen Formen der Kontemplation vorbehalten, sondern meine jeden Menschen, der am Geheimnis Christi Anteil habe.[113]

„Mystik wurde elitär“[114] – mit dieser Aussage beschreibt Josef Sudbrack eine Situation heute, die es zu überwinden gilt. So meint auch Karl Rahner: „Die Mystiker sind nicht eine Stufe höher als die Glaubenden, sondern Mystik in ihrem eigentlichen theologischen Kern ist inneres, wesentliches Moment des Glaubens, nicht umgekehrt.“[115]

Mystik als Sammelbegriff für „außerordentliche religiöse Phänomene“ soll hier nicht näher betrachtet werden, da diese ein elitäres Verständnis fördern. Mystische Erfahrung kann von psychologisch außergewöhnlichen Phänomenen wie Ekstase, Stigmatisation, Elevation usw. begleitet werden, doch sind dies keine wesentlichen Momente der eigentlichen Mystik. Diese Phänomene werden zwar gelegentlich als Charakteristikum von Mystik mißverstanden. Die großen Lehrer der Mystik unterstreichen jedoch, daß die außergewöhnlichen Phänomene nur der Preis für unsere menschliche Schwäche seien.[116]

Die Frage nach einer Differenzierung von Mystik als „normaler“ Entfaltung des christlichen Lebens im Heiligen Geist und als Privileg „außergewöhnlicher“ Erfahrungen ist deshalb hier nicht von Interesse.

Ein besonderes Anliegen der vorliegenden Arbeit ist es, das „Kriterium der praktischen Verifikation“ und damit die politische Dimension nicht als unter- oder übergeordneten Aspekt sondern als untrennbares Moment der Mystik zu begreifen.

Es geht um eine Einheit, ein Ineinander von Mystik und Politik. Theologisch grundlegend ist das Ereignis der Inkarnation Gottes in dieser Welt: „Wo Gott und Mensch sich in Jesus Christus verbinden, werden Mystik und Politik eine unauflösbare Einheit. Man kann dann wohl zwischen beiden unterscheiden, darf sie aber nicht voneinander trennen.“[117]

Es geht darum, „in den verschiedensten Weisen der Bewegung und des In-der-Welt-Seins der Menschen die Möglichkeit der Durchformung und der Beziehung zu Gott zu erkennen und zu durchschauen“.[118]

## 2. Politik

*Ein zwei-deutiger Begriff*

Politik als politisches Handeln, das sich aus umfassenden Lebensbezügen wie der Religion oder dem existenzsichernden Ringen mit der Natur als Besonderheit herauslösen läßt, bildet sich erstmals bei den Griechen heraus. „»Tà politiká« sind die mit der Polis zusammenhängenden Angelegenheiten“[119] – wobei die Polis nicht irgendein Sozialverband ist, sondern das Gemeinwesen, „in dem freie Menschen die Gestalt ihres Miteinanderlebens bestimmen und vollziehen, indem sie über die Lebensordnung in ihren ideellen (Recht) und materiellen (Nutzen) Dimensionen befinden“.[120] Politik schließt Ungleichverteilung von Verantwortung nicht aus. Extreme Ungleichheit von Freiheitsrechten und Machtchancen oder die Verkehrung des Miteinander der Polisbürger zu existentieller Fremdheit oder Feindschaft lassen die Politik jedoch zu einem Grenzfall ihrer selbst verkommen.

„Der aristotelische Politikbegriff besagt also: Gemeinsame Lebensgestaltung in Freiheit und Gleichheit nach dem Maß der Humanität.“[121]

Im Altertum und im Mittelalter war die Politik nur einer bestimmten Personengruppe vorbehalten, so z.B. dem stimmberechtigten Bürger in der griechischen Polis oder dem Adel mit dem König an der Spitze. Man wird also sozusagen in die Politik hineingeboren, da nicht jeder Stand an der Politik partizipieren kann. Insofern kann hier zwischen der „Politik“ und dem „Politischen“ unterschieden werden: Während das Politische alle betrifft, betrifft die Politik nur Institutionen, deren Inhalt und die Menschen, die unmittelbar damit zu tun haben.[122]

Im griechischen Stadtstaat ist Politik das auf die dortige staatliche Ordnung bezogene Tun, und diese Grundbedeutung ist dem heutigen Politikbegriff geblieben. Allerdings muß heute zwischen einem engeren und einem weiteren Politikbegriff unterschieden werden.

*Politik im engeren Sinn*

In Kontinuität zur ursprünglichen Bedeutung des Begriffs wird Politik verstanden „als Fähigkeit eines für den Bereich der gesellschaftlichen Verantwortung und Entscheidung Spezialisierten, erfolgreich nach den Regeln des Machtgewinns, der Konsensbildung und Konfliktlösung zu handeln“.[123] Diese engere Form von Politik ist an Institutionen geknüpft und ist immer ein Handeln „im Rahmen des Möglichen“.

Während in der Antike und im Mittelalter Politik einer ganz bestimmten Menschengruppe vorbehalten war, Subjekt der Politik also immer nur einige wenige waren, so wurden die Zugangswege zur Politik immer offener. Trotzdem machten nie alle Politik und zwischen dem Berufspolitiker und jenem Bürger, der allein durch seine Teilnahme an Wahlen sich politisch betätigt, besteht ein großer Spannungsbogen.

Wesentliches Moment der Politik im engeren Sinn ist die Verfügung über Machtmittel. Ohne Zugang zur Macht ist Politik nicht denkbar.[124] „Politik ist jedenfalls immer Führung auf der Grundlage von Vollmacht bzw. Machtbesitz.“[125] Da jedoch Machtmißbrauch und Willkür vermieden werden sollen, ist die Teilnahme an der Politik immer auch mit der Pflicht verbunden, „über Macht, Ziele und Erfolg u. a. Rechenschaft abzulegen“.[126] Konfrontiert mit einer Wirklichkeit, die in der Realisierung ihrer Möglichkeiten begrenzt ist, wird Politik zu einer „Kunst des Möglichen“.

In der Frage nach der Macht gibt es von christlicher Seite grundlegend andere Zugänge zur Politik. So z. B. Edward Schillebeeckx: „Die politische Bedeutung der Kirchen muß auf der mystischen Dimension der Kirche und darf nicht auf weltlicher Macht gründen.“[127] Eine Art von „Macht“, die nicht machbar ist, die im Extremfall zur Ohn-Macht wird, soll Ausgangspunkt des politischen Engagements sein.

Hier geht es in erster Linie um diese Dimension von Politik, die gerade in ihrer Macht-losigkeit Zeichen des Protests setzt, die den Macht-losen gilt. Damit soll jedoch nicht bestritten werden, daß es für einen Christen vielfältige Elemente einer politischen Praxis gibt. Paul M. Zulehner optiert deshalb auch für ein parteipolitisches Engagement[128], also für ein Mitwirken an einer Politik im engeren Sinn. „Die wichtigste Form politischer Arbeit von Christen ist aber nach wie vor die parteipolitische Tätigkeit. Gerade in den Demokratien werden durch sie die maßgeblichen Entscheidungen vorbereitet und durchgeführt. Es ist bedauerlich, daß zur Zeit so wenige Christen den Weg in eine politische Partei finden.“[129]

Zwangsläufig wird durch ein solches Engagement ein Konflikt mit den Implikationen der Macht provoziert. Dieser Konflikt sollte nicht verharmlost werden. Er kann jedoch auch nicht als vorschnelles Argument verwendet werden, sich als Christ aus jeder Form des parteipolitischen Engagements herauszuhalten.

### *Politik im weiteren Sinn*

Weil der demokratische Verfassungsstaat die politische Mündigkeit und Einflußnahme möglichst vieler Bürger braucht, konnte sich im Zuge der Demokratisierung die enge Auffassung von Politik immer mehr in Richtung auf die Partizipation aller an gesellschaftlicher Macht und Verantwortung erweitern.

Die Ausweitung des Begriffs hängt auch mit dem Wechsel vom Leitbegriff des Staates zum Leitbegriff der „Gesellschaft“ zusammen. „Insofern der Bürger aktiv »gesellschaftsbezogen« handelt, handelt er »politisch«.“[130] In einem weiten Verständnis von Politik kann deshalb jedes gesellschaftlich relevante Handeln, auch in der kleinen Gruppe als „politisch“ bezeichnet werden.

Nimmt man die äußerste Form dieses weiten Begriffs, so wird zwangsläufig jedes Handeln und Unterlassen des Menschen, auch das betont apolitische, zu einem politischen, da es sich seiner gesellschaftlichen Relevanz nicht entziehen kann.

Beide Auffassungen von Politik kennen jeweils eine Extremform, die es zu vermeiden gilt. „Zwischen einem zu engen Begriff der Politik, der diese im Grunde als Staatsrechtskunde und entsprechendes kundiges Verhalten der Gewaltenträger versteht, und einem zu weiten Begriff, in dem sich jedes Spezifikum des Politischen zugunsten des Sozialen verflüchtigt, ist die Mitte zu halten.“[131]

Eine inhaltliche Präzisierung und Konkretisierung bekommt der Politik-Begriff durch den Aspekt der Gerechtigkeit. So definiert Paul M. Zulehner Politik als jeglichen Einsatz für mehr Gerechtigkeit.[132] „Insofern die Zustände der Menschheit heute geprägt sind durch ein Meer von Ungerechtigkeit, von ungerechten Verteilungen der Lebenschancen, zielt Politik hin auf eine gerechtere Verteilung der immer knapper werdenden Lebenschancen auf unserer Erde.“[133] Grundlegend orientiert sich diese Politik an einer anhand des Exodusberichtes skizzierten „Politik Gottes“, die sich folgendermaßen bestimmen läßt:

1. Gott ist interessiert am Leid der Menschen, er hört und sieht es. „Der Herr sprach: Ich habe das Elend meines Volkes in Ägypten gesehen, und ihre laute Klage über ihre Antreiber habe ich gehört. Ich kenne ihr Leid.“ (Ex 3,7)

2. Das Leid, das Gott anrührt, wird konkret benannt als Unterdrückung und als Ausbeutung. „Jetzt ist die laute Klage der Israeliten zu mir gedrungen, und ich habe auch gesehen, wie die Ägypter sie unterdrücken.“ (Ex 3,9) „Einen Fremden sollst du nicht ausnützen oder ausbeuten, denn ihr selbst seid in Ägypten Fremde gewesen.“ (Ex 22,20)

3. Gott bleibt angesichts des wahrgenommenen Unrechts nicht neutral. Die „Sünde, die zum Himmel schreit“[134], läßt Gott nicht gleichgültig, er optiert zugunsten der Armen und Armgemachten. „Wenn du sie ausnützt und sie zu mir schreit, werde ich auf ihren Klageschrei hören. Mein Zorn wird entbrennen, und ich werde euch mit dem Schwert umbringen ...“ (Ex 22, 22f)

4. Dieses Handeln Gottes geschieht durch Menschen, die er in seinen Dienst ruft. So Mose: „Und jetzt geh! Ich sende dich zum Pharao. Führe mein Volk, die Israeliten, aus Ägypten heraus!“ (Ex 3,10)

Wenn im folgenden von politischem Engagement die Rede ist, so ist die Form des partei- oder berufspolitischen Engagements eines Christen nicht von vornherein ausgeschlossen. In erster Linie ist es jedoch in jenem weiten Sinn des Einsatzes für eine gerechtere Verteilung von Lebenschancen gemeint.

## *3. Zwischenbilanz: Entscheidung für die Begriffe „Mystik – Politik“*

Der Versuch einer Annäherung an die Begriffe Mystik und Politik hat uns auf unwegsames Gelände geführt. Wir sind einer Spannung begegnet, deren „ungeschriebene Geschichte“ zu den „verschlungensten und unübersichtlichsten“ gehört.[135] Hellenisches Bildungsgut, das in die christliche Tradition eingeflossen ist, hat Inhalte und Begriffe geprägt. Den gleichen Worten wurde einmal der alte griechische, einmal der neue christliche Sinn unterlegt. Da die christliche Tradition sich erst sehr spät vom antiken Schema loslöst und in Thomas von Aquin nochmals eine Rückbindung erfährt, sind auch wir davon geprägt. Ohne um diese Tradition zu wissen, ist es heute nicht möglich, in redlicher Weise von diesem Spannungsfeld zu sprechen. Wir sind eingebettet in die Geschichte eines Denk- und Lebensmodells, und die verschiedenen „Schichtungen“ lassen sich nicht mehr voneinander trennen. Wir können heute nicht von „Mystik und Politik“ sprechen, ohne etwas von den Ge-Schichten zu erahnen, die dieses Modell in sich trägt.

Ein ambivalentes Erbe ist uns anvertraut: einerseits der Reichtum eines immer neuen Ringens um ein Leben zwischen „vita activa und vita contemplativa“, zwischen „Mystik und Politik“, aber auch die Armut, die der Versuchung zur Einseitigkeit und zur Auflösung der lebenswichtigen Spannung immer wieder nachgibt.

Es gäbe Gründe genug, sich dieser abgründigen Spannung nicht zu stellen, es gäbe noch mehr Gründe, nicht ausgerechnet die beiden mißverstandenen und mißverständlichen Begriffe von Mystik und Politik zu benützen und weniger umstrittene zu wählen, um inhaltlich von der gleichen Spannung zu reden. So ist hier auf dem Hintergrund der Annäherung an die Begriffe eine Begründung, eine Erklärung angebracht:

a) Gerade die Ge-Schichten, die uns in ihrer Ambivalenz begegnen, machen deutlich, daß sie etwas zu unserem eigenen Ringen um einen Weg der ganzen Nachfolge zu sagen haben. So wie die Geschichte der christlichen Spiritualität um die Frage nach Aktion oder Kontemplation, nach Tätigkeit oder Gebet, nach Einsatz oder Einsamkeit anzuordnen ist, so finden auch wir die Geschichte unserer Spiritualität in dieser Spannung. Sich ihrem Abgrund zu entziehen, hieße, sich der eigenen Suche nicht ganz zu stellen.

b) Die beiden Begriffe haben eine Tradition, an die es anzuknüpfen lohnt. Gerade als Korrektur eines heute falsch verstandenen, elitären und privatisierten Mystik-Begriffs, wie er in der New-Age-Bewegung vorkommt, sollen der Schatz dieser reichen Tradition für uns lebendig gemacht und Impulse für eine Spiritualität und Seelsorge unserer Zeit gesucht werden.

c) „Mystik“ und „Politik“ bringen die angezeigte Spannung zugespitzter als andere Begriffspaare zum Ausdruck und reizen zum Widerspruch. Diese provokative Implikation, die hier nicht gesucht, sondern durch die verbreitete Verknüpfung der Begriffe vorgegeben ist, soll als Chance gesehen werden.

d) Diese Arbeit weiß sich einem pastoralen Prozeß verpflichtet, der durch die Diözesansynode der Diözese Rottenburg-Stuttgart angestoßen wurde. Mit den Begriffen „Mystik“ und „Politik“ wird bewußt an Formulierungen dieser Diözesansynode angeknüpft.

e) „Mystik“ und „Politik“ sind Begriffe mit einer gewissen Aktualität. Sie greifen Anliegen auf, die unserer Zeit (wieder) zur Frage geworden sind.

Um die pastoraltheologische Ausgangsbasis zu klären, wird nun im folgenden dargestellt, inwiefern die Kirche bereits in der Auseinandersetzung um diese Spannung steht.

# ZWEITER TEIL

## „Mystik und Politik“ in Theorie und Praxis der Kirche heute

# I.
# Theologische Reflexion

Ausgangspunkt dieser Arbeit ist die These, daß im Spannungsfeld von „Mystik und Politik" eine Anfrage an die Kirche von heute steckt, der sie sich in Theorie und Praxis stellen muß. Inwiefern sie dies bereits tut, wird exemplarisch an einigen theologischen Positionen und an konkreten Praxisfeldern aufgezeigt.

## *1. Karl Rahner: „Der Christ von morgen – ein Mystiker?"*[1]

In einer Reihe von Aufsätzen hat Karl Rahner die Dringlichkeit des Anliegens von Mystik und Politik immer neu zur Sprache gebracht. Noch heute wird ein Zitat gerne aufgegriffen und in seiner Aktualität unterstrichen, das in einem erstmals 1966 veröffentlichten Aufsatz zu finden ist: „... im Wissen um die Belastung des Begriffes »Mystik« (der recht verstanden, kein Gegensatz zu einem Glauben im Heiligen Pneuma ist, sondern dasselbe) könnte man sagen: der Fromme von morgen wird ein »Mystiker« sein, einer, der etwas »erfahren« hat, oder er wird nicht mehr sein, weil die Frömmigkeit von morgen nicht mehr durch die im voraus zu einer personalen Erfahrung und Entscheidung einstimmige, selbstverständliche öffentliche Überzeugung und religiöse Sitte aller mitgetragen wird ..."[2]

In diesem Zusammenhang betont Karl Rahner die enge Verquikkung dieser mystischen Dimension mit der Welt, denn „das vorbehaltlos redlich gelebte weltliche Leben ist schon ein Stück des frommen Lebens, weil Gott die Welt selbst liebt, sie selbst begnadigt und kein Konkurrent zu ihr ist, der ihr neidisch wäre."[3]

Deshalb ist es für den Frommen auch nicht mehr möglich, sich mit seiner Frömmigkeit aus der Welt herauszuhalten, sich grundsätzlich vor dem zu schützen, was in den Bereich der Politik gehört.

„Der Christ kann nicht von vornherein von der Politik als einem »schmutzigen Geschäft« reden und von Gott erwarten, daß er andere als ihn dieses »schmutzige Geschäft« so betreiben lasse, daß er selbst in kleinbürgerlicher Behäbigkeit seiner stillen Frömmigkeit nachgehen kann."[4]

Karl Rahner betont, daß gerade die intimste Mystik zum Andern hindrängt: „...es gibt eine einsame Mystik des Menschen, in der, wie Ignatius sagt, das Geschöpf und der Schöpfer unmittelbar verkehren. Welcher Mensch ist zu so etwas fähig? Wenn man diese

Frage genauer beantworten will, wird man sagen müssen: Zu dieser innersten mystischen Erfahrung Gottes ist letztlich doch nur der Mensch fähig, der den Nächsten liebt.“[5]

## *2. „Politische Theologie“*

Im Anschluß an Karl Rahner hat die in den Aufbruchsbewegungen der Sechzigerjahre formulierte „Politische Theologie“ durch ihren profiliertesten Vertreter, Johann B. Metz, in den Begriffen „Mystik und Politik“ zentrale Schlüsselwörter gefunden.[6]

In „Zeit der Orden“ spricht Johann B. Metz von einer „mystisch-politischen Doppelverfassung der Nachfolge“[7], wobei er den Begriff „politisch“ in einem umfassenden Sinn gebraucht: „als Kennzeichnung dafür, daß die Mystik der Nachfolge nie situationsfrei ist, daß sie sich selbst nie in einer gesellschaftlichen Schicksalslosigkeit oder politischen Situationslosigkeit vollzieht, die ihr die Antagonismen und Leiden der Welt ersparen würden und die es ihr gestatteten, durch Teilnahmslosigkeit ihre eigene Unschuld zu bewahren“.[8] So wird die politische Dimension zu einer „Ortsanweisung für Mystik und Gebet“.[9] Die „politische Theologie“ sieht sich selbst im Gegensatz zu jeder Form einer direkt politisierenden Theologie oder gar einer Neoklerikalisierung der Politik.[10] Damit will sie der „Schwerkraft dieses Begriffs“[11] entgegenwirken, die ihm durch Carl Schmitts „Politische Theologie“[12] anhaftet. Drei Grundanliegen der „Politischen Theologie“ beschreibt Johann B. Metz so:

a) Sie versteht sich als „Versuch einer theologischen Hermeneutik im zeitgenössischen gesellschaftlichen Kontext“[13] und will sowohl einer reinen Privatisierung wie auch einer reaktionären Politisierung entgegenwirken.

b) Sie sieht sich als „kritisches Korrektiv gegenüber einer gewissen Privatisierungstendenz in der neueren Theologie“.[14]

c) Sie will eine „kritische Funktion in der Kirche“ ausüben und damit verhindern, daß Theologie und Kirche unkontrolliert mit bestimmten Ideologien identifiziert werden.[15]

Trotz dieser klaren Optionen wird der „Politischen Theologie“ vorgeworfen, es gehe ihr nur um eine „neue Form der Politisierung“[16] und sie komme einer marxistischen Gesellschaftsdeutung sehr nahe. Trotz Einbeziehung des „eschatologischen Vorbehalts“ werden weltliche Gerechtigkeit und politischer Friede in nicht ungefährliche Nähe zur Reich-Gottes-Erwartung gerückt. Es wird ihr empfohlen, sie solle sich wieder dem „Eigentlichen“, der Rede von Gott, zuwenden.

Auch von seiten der Orden werden kritische Anfragen formuliert. So der Jesuit Friedrich Wulf, der befürchtet, daß die Orden im Blick auf ihre funktionale Bestimmung in Kirche und Gesellschaft vereinnahmt würden. Die Mystik der Nachfolge stehe so total im Dienst einer politischen Sendung, daß der Sendende (Gott) und der in die Nachfolge Rufende (Christus) kaum mehr als solche in den Blick kommen, „sie werden nicht mehr genügend als die eigentlich zu Verkündenden, als das Heil der Menschen in all ihren Miseren wahrgenommen“.[17]

Eine zweite Anfrage betrifft die Behauptung, daß die „innovatorische“ und „korrektive“ Funktion das Eigentliche der Orden sei. Daß diese Doppelfunktion ihr eigentliches Wesen als gesellschaftliche Institution ausmachen soll, hält Friedrich Wulf für eine Überforderung und auch für eine Verengung. Denn als „Gemeinschaften des Gebetes und als zeichenhafte Jüngergemeinden“ sei das Spektrum des Grundauftrags der Orden doch bedeutend breiter.[18]

Ein kritischer Rückblick auf die „politische Theologie“ geschieht 1988 Johann B. Metz zu Ehren in einem Sammelband unter dem Blickwinkel dieser Spannung von „Mystik und Politik“.[19]

Dorothee Sölle geht davon aus, daß die „politische Theologie“ inzwischen längst in das allgemeine Bewußtsein übergegangen sei. Was oft als Rückzug gedeutet wird, sieht sie eher als „eine gewisse, breiter gewordene christliche Selbstverständlichkeit, die den christlichen Glauben und seine Praxis jedenfalls nicht entpolitisiert und individualistisch begreift“.[20]

Frans van den Oudenrijn dagegen kritisiert im Rückblick die Abstraktheit der Diskussion und sieht für sich die „politische Theologie“ als „Durchgangsstation“. Zentrale Elemente will er nicht zur „festen Burg“ zementieren, sondern radikalisieren.

Er beschreibt, wie er nach sechs Jahren Beschäftigung mit der „politischen Theologie“ angesichts von Arbeitskämpfen sprach- und hilflos dastand. Sowohl die Theologie als auch der Politik-Begriff gerieten ins Wanken. Im Blick auf die Theologie stellt er fest, daß er angesichts der konkreten Fragen und Probleme der Leute zunehmend die zentralen Worte des Glaubens nicht länger in den Mund nehmen konnte. „Wie »neuzeitlich« formuliert, es blieben Worte aus einer anderen, fremden Welt“.[21]

Hinsichtlich der Dimension des „Politischen“ sind seine Erfahrungen noch radikaler: „War der Politischen Theologie von Anfang an klar, daß »politisch« nicht mit dem geläufigen Politikbegriff identisch war, so war es dennoch schwer, hier die »Hubschrauber-Perspektive« zu verlassen: Es ging nicht einfach darum, in der Dichotomie »Staat-Gesellschaft« die Seite zu wechseln, sondern darum, von der alltäglichen Kampfperspektive her an einer fortschreitenden Aufhebung dieser Dichotomie zu arbeiten."[22]

Seine Kritik setzt an der Abstraktheit des Politikbegriffs an, der schuld daran war, daß der Ansatz der „politischen Theologie" auf halber Strecke steckengeblieben ist.

## *3. Die „Theologie der Befreiung"*

Eine inhaltliche Konkretisierung hat die „Politische Theologie" durch die vorrangige „Option für die Armen" (Medellin 1968) in der „Theologie der Befreiung" Lateinamerikas gefunden.[23]

Gustavo Gutiérrez macht auch kritische Anmerkungen, wenn er feststellt, „daß der Begriff des Politischen in den Schriften von Metz stets auf der Ebene des mehr oder minder Abstrakten bleibt".[24] Außerdem stellt er in Frage, „daß die Existenz einer säkularisierten Welt und die Privatisierung des Glaubens überall auf der Welt mit der gleichen Intensität beobachtet werden können".[25] Glaube, Evangelium und Kirche haben vielmehr in Lateinamerika eine komplizierte Öffentlichkeitsbedeutung.

Auf dem Hintergrund dieser speziellen Situation ist die „Theologie der Befreiung" immer als ein zweiter Schritt zu sehen: „Der erste Schritt ist das Engagement in der geschichtlichen Befreiungspraxis und die darauf bezogene Verkündigung des Wortes Gottes. Was nachträglich kommt, ist aber nur die Theologie, nicht der Theologe. Dieser muß immer schon bei der Sache der Befreiung und in ihrem Prozeß sein, um ihn verstehen und reflektieren zu können."[26]

Die konkrete Verbindung zwischen der Reich-Gottes Verkündigung und dem politisch zu führenden Kampf um Befreiung aus ungerechten Strukturen fand bei der „Kongregation für die Glaubenslehre" heftige Kritik.[27] Es wird befürchtet, daß die Befreiungstheologen angesichts der Dringlichkeit der Probleme versucht sind, „das Wesentliche aus dem Blick zu verlieren".[28] Noch zugespitzter: „Manchen scheint sogar der notwendige Kampf für Gerechtigkeit und menschliche Freiheit, beide in ihrem ökonomischen und politischen Sinn verstanden, das Wesentliche und das Ganze des Heils darzustellen."[29]

Befürchtet wird eine „radikale Politisierung der Glaubensaussagen und der theologischen Urteile“.[30] In dem Versuch, „Heils- und Profangeschichte“ nicht in einen Dualismus fallen zu lassen, sieht die Instruktion Hinweise auf einen „historizistischen Immanentismus“.[31]

Die Befreiungstheologen wissen selber um die Gefahren eines Christentums, das sich dem Befreiungsprozeß verpflichtet weiß: „Für viele kann nämlich unter solchen Bedingungen die Begegnung mit dem Herrn aus dem Blick verschwinden. An ihre Stelle tritt dann allein, was sie eigentlich motivieren und fördern will, die Liebe zu den Menschen. Eine derartige Liebe ignoriert die Gesamtheit der Fülle, die sie in sich birgt.“[32]

Doch macht Gustavo Gutiérrez deutlich, daß gerade diese doppelte Bewegung das Anliegen der Befreiungstheologie ist: der Weg über den Menschen zu Gott und gleichzeitig der Weg des sich schenkenden Gottes zu den Menschen. „Beide Bewegungen stehen in einem dialektischen Verhältnis, bedürfen einander und streben auf eine Synthese zu. Zu ihr kommt es in Christus. Im Gottmenschen begegnen wir Gott und dem Menschen. In Christus gibt der Mensch Gott ein menschliches Gesicht, und Gott gibt dem Menschen ein göttliches Gesicht.“[33]

Deshalb ist es wichtig, in einer „Spiritualität der Befreiung“[34] sich der Herausforderung einer wirklichen „Bekehrung zum Herrn“ zu stellen, die durch die „Bekehrung zum Nächsten“ hindurch gehen muß. Gustavo Gutiérrez hat diesen Aspekt der Befreiungstheologie eigens in einem der „Spiritualität der Befreiung“ gewidmeten Buch entfaltet.[35]

Einseitige Politisierungen entsprechen also nicht dem Anliegen der Befreiungstheologie, sondern beruhen auf einem Mißverständnis.

## *4. Feministische Theologie*

In der Folge und im Kontext der „Theologie der Befreiung“ haben sich andere Theologien entfaltet, die sich als „Befreiungstheologien“ verstehen. Trotz ihrer Verschiedenheit ist ihnen gemeinsam, daß benachteiligte Gruppen „ihre Unterdrückungen und ihre Befreiungserwartungen im Licht des Evangeliums neu zu verstehen suchten“.[36]

Marie-Theres Wacker weist darauf hin, daß der Entstehungskontext der Feministischen Theologie ein politischer war. „Der Ansatz ist damit dem der etwa gleichzeitig aufgekommenen »Theologien der Befreiung« vergleichbar (Leiden an einer Unterdrückungssituation und deren Analyse; neue Gemeinschaftserfahrungen und darin verwurzelter neuer Umgang mit Schrift, Tradition, gemeindlicher Praxis und theologischer Reflexion), und in diesem Sinne ist die feministische Theologie selber eine »Befreiungstheologie« ...“ [37]

Gesellschaftspolitische Konstellationen wie z. B. die Bürgerrechtsbewegungen vor allem farbiger Minderheiten in dcn USA oder die Auswirkungen des Vietnamkrieges ließen die Wahrnehmung dafür wachsen, daß innere wie äußere Ungerechtigkeit nicht über den einzelnen hereinbrechendes Schicksal sind, sondern durch machtpolitische Faktoren erst geschaffen werden. Das Bewußtwerden der eigenen Unterdrückung hatte für die Frauen zunächst auch etwas mit der Wahrnehmung fremder Unterdrückung zu tun.

Wenn von „Feministischer Theologie“ gesprochen wird, muß gesehen werden, daß diese Theologie eigentlich ein Spektrum von „Theologien“ und Anliegen in sich birgt. Dieses Spektrum gibt ihr Weite und Reichtum, macht sie jedoch auch angreifbar und umstritten.[38]

Nicht aufgegriffen werden hier die verschiedenen Versuche innerhalb der feministischen Theologie, mütterliche und frauliche Züge in der christlichen Tradition freizulegen, Frauengestalten der Bibel neu zu entdecken, Jesus ganzheitlich darzustellen und sich mit neuen liturgischen Ausdrucksformen als „Frauenkirche“ zu versammeln. Oder die Versuche, sich „Jenseits von Gottvater“, also jenseits der christlichen Tradition, neue Frauenreligionen zu schaffen. Angesichts des großen Spektrums innerhalb der feministischen Theologie kommt diese nur insofern in den Blick, als sich für einige Vertreterinnen der Befreiungsprozeß der Frauen ganz wesentlich in der hier thematisierten Spannung von Mystik und Politik bewegt.

In der „Diskussion Kampf-Innerlichkeit“, wie Catharina J. M. Halkes diese Spannung auf den Begriff bringt, mißfällt ihr das verbreitete „Entweder-Oder-Denken“[39]. „Es geht mir um ein Pendeln, ausgehend von meinem eigenen Zentrum, von meiner eigenen Quelle der Kraft, von meinen eigenen Existenzwurzeln (radices) und der Praxis des Kampfes zur Demaskierung der Wurzeln des Übels des Sexismus.“[40] Sie glaubt, daß feministische Theologie durch ihr Vertrauen in die göttliche Kraftquelle zu einem Ort mystischer Theologie werden kann. „ ...ich bin davon überzeugt, daß feministische Theologie auch einen Strom mehr mystischer Theologie mit dem Erleben des göttlichen Ausgangspunktes für Kraft, Einsatz und Ausharren hervorbringen wird.“[41]

Bärbel Wartenberg-Potter hat die Spannung von Mystik und Politik in den Begriffen „Engagement und Spiritualität“ zum Untertitel eines Buches gemacht, in dem sie beschreibt, wie die Empörung in ihr „ein theologisches Feuer entfachte und seither am Brennen hält“.[42] Ihr Anliegen ist es, daß Engagement und Spiritualität sich von Anfang an durchdringen und gegenseitig befruchten. Für sie ist eine Trennung oder auch ein Nacheinander dieser beiden Bereiche gar nicht vorstellbar: „Wenn das spirituelle Ich einmal geformt ist, ist es oft zu spät, ihm Gerechtigkeit einzuverleiben ... Meditieren, Beten, Kämpfen gehören zusammen, nicht hintereinander.“[43]

Zu nennen sind hier auch die Versuche, die „Gotteslehrerinnen“, die Mystikerinnen, „aus dem Verschweigen zu befreien und den Wärmestrom der christlichen Tradition damit zu verbreitern“.[44]

Die religiöse Frauenbewegung des Mittelalters, insbesondere herausragende Mystikerinnen, bekommen hier besondere Beachtung.[45]

Catarina J. M. Halkes wehrt sich jedoch dagegen, in voreiliger und unhistorischer Weise von einer „feminist mystique“ zu reden und damit die Mystikerinnen zu vereinnahmen.[46]

Ein zunehmend wichtiger politischer Aspekt wird der Dialog mit Frauen aus der sogenannten „Dritten Welt“, die Auseinandersetzung mit ihren Themen, das Interesse an ihrer Sichtweise und das Bemühen um schwesterliche Solidarität. Es sind Versuche, biblische und theologische Entdeckungen weiterzugeben[47], Theologie neu zu schreiben[48] und in der doppelten Identität als „Unterdrückende und Unterdrückte“ eine feministische Theologie der Befreiung zu entwerfen.[49]

## *5. Pastoraltheologische Überlegungen*

Das Bemühen, die reiche Tradition einer christlichen Mystik neu in der Kirche zu verorten, gehört zu den wesentlichen Eckpfeilern des pastoraltheologischen Ansatzes von Paul M. Zulehner. Ausgehend davon, daß es die Berufung jeder Gemeinde ist, „eine in Gott verwurzelte (= mystische) Gemeinschaft von Menschen“ zu sein, sucht er nach Wegen, „das in der heutigen Kirche verbreitete bedrohliche Mystikdefizit zu überwinden“.[50] Damit stellt er die Frage nach einer „Kultur der Mystik“ in der Gemeinde. Für diese konstitutiv ist die

Grundbewegung von empfangen-loben-austeilen, wobei die theologische Ausgangsbasis das Entgegenkommen Gottes ist.

*„Kultur der Mystik"*

1. Entgegenkommen Gottes

Es geht zunächst darum, sich diesem Entgegenkommen nicht zu verschließen, sondern es wach wahrzunehmen. „Gottverwurzelt kann eine Gemeinde nur sein, wenn sie sich dem Entgegenkommen Gottes nicht verschließt."[51] Das Entgegenkommen Gottes geschieht vielfältig, „im Innern eines jeden Menschen, in der Freiheitsgeschichte der Menschheit, im verläßlichen Glaubenswort der Bibel, leibhaftig und in unüberbietbarer Weise in Jesus von Nazaret."[52]

2. Aufnehmen Gottes

Das Entgegenkommen Gottes gilt es nicht nur zuzulassen und wahrzunehmen. Auf vielfältige Weise können die Menschen sich darauf vorbereiten, „in der Stille der Meditation und im Schweigen vor Gott, im Hineinhorchen in die eigenen Tiefen der Seele, auf deren Grund Gott selbst wohnt; in der Begegnung mit dem Nächsten, besonders den Armgemachten (Mt 25,31–46); es geschieht im Hinhorchen auf die überlieferten Glaubensworte der Bibel, im persönlichen und gemeinschaftlichen Lesen des Wortes Gottes, es vollendet sich in der mystischen Begegnung mit Jesus, dem Christus, in der Feier der Eucharistie, ..."[53]

3. Gottes-Lob

Die erste Antwort der Menschen auf Gottes Entgegenkommen ist „der Applaus, das Gottes-Lob".[54] Der Grundton dieses Lobes ist die Dankbarkeit für Gottes zuvorkommende Liebe und seine Gaben, insbesondere für die Gabe schlechthin, Gott selbst. Der Lobpreis der Gemeinde ist ein österlicher und kennt viele Variationen. „Seinen Höhepunkt findet er in der Feier des Leidens, Sterbens und Auferstehens Jesu in den Kartagen und am Osterfest."[55] Sonntag für Sonntag feiern die Christen dieses Osterfest, und das österliche Grundthema erklingt auch in den Sakramenten und im Stundengebet der Kirche.

4. Umwandlung des Menschen

Die erste Frucht der Mystik ist die Umwandlung des Menschen, biblisch gesagt die Heilung und Heiligung. Eine in Gott verwurzelte

Gemeinde kann nicht anders, als in der „Art Gottes" zu leben und zu handeln. Gemeindepraxis wird dann spurenhaft zur „Theopraxis".[56]

5. Verkündigung

Zu den Früchten gehört der Wunsch, weiterzuerzählen, was Gott an uns getan hat. So gehört die „Verkündigung" der gläubigen Erfahrungen zu den zentralen Lebensäußerungen einer christlichen Gemeinde. „Vor allem aber halten sie verkündigend in Erinnerung, daß in einem von uns, Jesus aus Nazaret, Gott mit seiner Sehnsucht nach der Schöpfung angefangen hat, ans Ziel zu gelangen."[57]

Im Bereich der „Weitergabe des Glaubens" ist die Kirche heute jedoch in eine tiefe Krise geraten, weil offensichtlich die Worte durch das Leben und die Taten nicht gedeckt werden. Diese Krise kann überwunden werden, wenn die Gemeinden auch andere „Früchte der Mystik" hervorbringen: die der „Koinonia"[58] und der „Diakonia"[59]. Zur „Kultur der Diakonia" entfaltet Paul M. Zulehner die beiden Aspekte der „Politik" und der „Caritas". Unter der Überschrift „Politische Kultur" wird auf einen Teil dieser „Früchte" im folgenden Abschnitt eingegangen.

### *"Politische Kultur"*[60]

Ausgehend von einem biblischen Verständnis einer „Politik Gottes"[61] werden von Paul M. Zulehner einige Bausteine für eine neue, biblisch orientierte „politische Kultur" entwickelt.

1. Bewußtseinsbildung

Christen werden „intim" mit den vielen sichtbaren und verborgenen Leidensgeschichten. Sie haben keine Berührungsangst mit dem Elend. „Sie werden vertraut mit der langen Liste der ungerechten Verteilung der Lebenschancen zwischen den armen und reichen Nationen, lernen den Zusammenhang zwischen Frieden und Gerechtigkeit kennen, gewinnen Einblick in die Bösartigkeit des Apartheid-Systems, befassen sich mit der ungerechten Verteilung der Lebenschancen zwischen den Geschlechtern, den Generationen, den Geborenen und den Ungeborenen, den Arbeitsplatzlosen und den Arbeitsplatzbesitzenden."[62] So geschieht im Eintauchen in die Welt der Opfer „Bewußtseinsbildung".

2. Die Optik wird zur Option
Sie treffen eine Wahl, eine Option für alle, die Opfer der ungerechten Verteilung von Lebenschancen sind. „Wer die Welt mit den Armgemachten anschaut, verbündet sich mit diesen, um mit ihnen zusammen Unrecht einzudämmen.“[63]

3. Vielfalt von Standpunkten
Trotz gemeinsamer Option wird es unter Christen zu einer Vielfalt von Standpunkten kommen. Gemeint ist jedoch eine „dynamische Vielfalt“[64], die nicht mit Standpunktlosigkeit zu verwechseln ist.

4. Kultur des Handelns
Die, die reich an Lebenschancen sind, lassen sich von Gott zumuten, mit ihm auf die Seite der Armen zu treten und mit ihnen nach einer gerechteren Verteilung von Lebenschancen zu suchen und dann zu handeln. „Die Aktionen ... sind der Gewaltlosigkeit Jesu verpflichtet. Ziel gewaltloser Aktionen ist die Überwindung von Unrecht und nicht der Kampf gegen den Gegner ...“[65]

5. Anstößigkeit politischen Handelns
Sie riskieren, für ihre Option von den Reichen und Mächtigen mit Argwohn verfolgt zu werden. „Eine gewaltfrei politisch handelnde Kirche macht sich nur bei den Unterdrückten, nicht bei den Unterdrückern Freunde.“[66]

## II.
## Kirchliches Engagement zwischen Mystik und Politik

Segundo Galilea beschreibt zwei „Spiritualitätstypen“, die sich in den letzten Jahrzehnten in der Kirche herausgebildet haben. Sie verkörpern zwei Tendenzen des christlichen Lebensstils, die heute sehr profiliert nebeneinander, z.T. auch gegeneinander stehen. „Man könnte ihre Vertreter als die »Religiös-Kontemplativen« einerseits und die »Militant-Engagierten« andererseits typisieren.

Die einen haben ein Gespür für die »religiösen« Werte im engen Sinn: für das Gebet und das Gebetsleben, für die Liturgie und die Sakramente, für die transzendenten Dimensionen des Christseins.

Hingegen sind sie weniger aufgeschlossen für die irdischen und gesellschaftlichen Erstreckungen des Glaubens. Die andern betonen das Wirken in der Geschichte, den kämpferischen Einsatz in der Gesellschaft, die »Befreiungspraxis«. Hingegen erfüllt sie mehr oder weniger ein Mißtrauen gegenüber den sogenannten »vertikalen« Dimensionen des Christentums: gegenüber dem sakramentalen Leben, dem Gebet und der christlichen Kontemplation ganz allgemein."[67]

Galilea plädiert dagegen für eine Erneuerung der Spiritualität, die das »Kontemplative« und das »Politische« miteinander verbindet.

An einigen Praxisfeldern wird im folgenden exemplarisch aufgezeigt, wie die Kirche im konkreten Engagement und im Bemühen, das Handeln mit den eigenen Ansprüchen in Deckung zu bringen, immer wieder in dieses Spannungsfeld gerät.

## *1. Die Diözesansynode der Diözese Rottenburg-Stuttgart*

Als ein konkretes Beispiel, die mystische und die politische Dimension zu verbinden, wird die Diskussion der Diözesansynode der Diözese Rottenburg-Stuttgart um „Mystik" und „Politik" vorgestellt.

„Je mystischer wir Christen sind, um so politischer werden wir sein. Jede Form, jeder Träger von Jugendarbeit muß sich fragen lassen, ob seine Spiritualität politisch genug ist und ob seine Politik aus der Gottesverwurzelung lebt".[68] Aufgrund dieser Aussage entzündeten sich lebendige Diskussionen, an denen Mißverständnisse, Befürchtungen, Klarstellungen zu den beiden Begriffen deutlich werden.

Beklagt wird die *Unkenntnis der eigenen mystischen Tradition*[69], die es verbietet, das eigene Christsein „mystisch" zu nennen. Die Diskussion nimmt auf sehr ehrliche Weise die Fremdheit der Gläubigen gegenüber der eigenen mystischen Tradition zur Kenntnis.

„Von dem, was man normalerweise mit mystisch in der Frömmigkeitsgeschichte meint, sind die meisten unserer Jugendlichen sehr weit weg."[70]

Befürchtet werden *Mißverständnisse und Mißbrauch* dieser These, da die Begriffe sich nicht in klaren, abgegrenzten Definitionen dingfest machen lassen. „Sie sind unscharf und ungenau. Sie sind nur noch in einer sehr analogen Weise verständlich. Das heißt im Klartext: Sie sind mißverständlich."[71]

Verstärkt werden die Befürchtungen vor Mißverständnissen noch durch den jeweiligen Kontext. „Natürlich kann es sein, daß das

Wort »mystisch« in einem Land, das von Pietisten gesegnet ist, nicht auf Anhieb eindeutig ist."[72]

Die *Angst vor Verzweckung des Glaubens* spiegelt die Sorge, daß Mystik zu politischen Zwecken mißbraucht würde. „Es entsteht ... der Eindruck, als ob Glaube und Beziehung zu Gott immer nur verzweckt wird zu irgendwelchen politischen Agitationen ..."[73]

„Das ist genau das, was ich vermeiden möchte: daß hier eine politische Rechtfertigungslehre gestrickt wird, indem man das als mystisch definiert, was man eindeutig nur politisch meint."[74]

Auffallend ist ein *elitäres Verständnis von Mystik*. Eine so verstandene Mystik gilt nur für wenige Auserwählte und wird als Gegenbegriff des Politischen verstanden. „Spiritualität ist, so meine ich, eine Eigenschaft, vielleicht Gnade, die nicht zur Politik befähigt. Ob Politiker immer Spiritualisten sind, möchte ich sehr bezweifeln."[75] Konsequenz dieser Auffassung ist, daß „das Politische" mit Heiligem, Sakralem nicht in Berührung kommen darf. „Ich höre als Laie immer wieder davon, daß die Kirche der mystische Leib Christi sei. Ich wünsche mir den nicht politisch ..."[76]

Groß ist die Versuchung, die *Dynamik der Begriffe* „mystisch" und „politisch" erstarren zu lassen. Diese erstarrten Begriffe werden dann zur Bedrohung.

„...daß Mystiker deswegen schon Politiker seien, kommt mir so vor als ob man hier eine mystische Rechtfertigungslehre für jeden politischen Aktionismus konstruiere."[77]

Die Zuordnung der Begriffe fällt schwer; man kann sie sich weniger in einer guten, fruchtbaren *Spannung* vorstellen, eher als unvereinbare *„Polarisationspunkte"*.[78] Als solche lehnt man sie dann ab.

Die Verbindung von Mystik und Politik läßt bei vielen ein *Übergewicht der politischen Dimension* vermuten und befürchten. Abgrenzungen scheinen notwendig: „Es muß klar sein, daß Jugendarbeit nicht ein Ort für politisches Agieren ist."[79]

„Hier kommt neunmal das Wort »politisch« vor, und man bekommt den Eindruck, daß das das Hauptziel unseres Seins sei, das lediglich durch die Mystik noch begründet und unterbaut werden müßte."[80]

Immer wieder zeigte es sich auf der Synode als besondere Schwierigkeit, *Politik* nicht einfach als *„Parteipolitik"* zu verstehen oder vorschnell mit „links" oder mit bestimmten „Ecken" zu identifizieren. „Ich möchte den Text umstrukturieren und, wie gesagt, noch einmal sagen, daß keine Parteiabsicht dahinter steht, sowohl auf der einen wie auf der anderen Seite."[81]

„Auf der Seite 67 lese ich von dem starken Aufruf, die Gesellschaft zu verändern. Meine Damen und Herren, das höre ich aus ganz anderen Ecken auch.“[82]

In manchen Wortmeldungen kommt die Sorge zum Ausdruck, daß die Aspekte der *Nächstenliebe und Diakonie* durch den Begriff Politik überdeckt und verkürzt würden.[83] „Sicher kann Politik eine Form von Nächstenliebe sein. Doch ist die Nächstenliebe so vielfältig, daß sie durch den Begriff Politik unzulässig verengt würde.“[84]

Neben diesen Anfragen und Einwänden gab es eine Reihe von Klarstellungen und immer wieder den Versuch, Hintergründe aufzuzeigen:

Paul M. Zulehner machte als Hintergrund des Papiers eine *gespaltene Situation innerhalb der Jugendszene* deutlich.

„Es ist das Auseinanderdriften von zwei großen Strömungen in der gegenwärtigen Jugendszene. Auf der einen Seite sind die spirituellen Bewegungen und auf der anderen die politisierenden Verbände.“[85] Diese Kluft gilt es zu überbrücken, und dies nicht durch Appelle, sondern durch theologische Grundlagenarbeit. Die Formulierung „Je mystischer wir Christen sind, um so politischer werden wir sein“ versucht, diesem Auseinanderdriften zu begegnen.[86]

Hilfreich war das Bemühen, durch Differenzierungen mehr Klarheit im Blick auf die *Komplexität der Mystik* zu bekommen. „Es gibt verschiedene Typen von Mystik, eine streng transzendente, wo die Welt keine Rolle spielt. So hat die christliche Mystik lange sich präsentiert. Dann gibt es Mystik, wo die auf die Welt ausgreifende Bewegung sich durchzusetzen beginnt, aber die strenge Transzendenz gewährleistet bleibt, zum Beispiel bei Franz von Assisi. »Gepriesen seist du, Herre mein, durch meine Schwester, die Sonne.« Und dann erleben wir heute eine mehr immanent orientierte Mystik. Bei Teilhard heißt es nicht: »Gepriesen seist du, Herre mein, durch die Materie«, sondern: »Gepriesen bist du, Materie«, weil er an die Gegenwart Gottes in der Welt glaubt. Oder Ernesto Cardenal sieht die Gegenwart Gottes in der Gesellschaft. Ich meine, das ist ein wichtiger Gesichtspunkt, daß diese Formel von Mystik auch von der Geschichte her gesehen möglich ist.“[87]

Ein ausdrückliches *Plädoyer für „politischen Sachverstand“* war hilfreich gegen die Befürchtung, politisches Handeln könnte unsachgemäß durch mystische Erfahrungen legitimiert werden. Es wurde deutlich gemacht, „daß mystische Erfahrungen weder den politischen Sachverstand noch das politische Sachwissen ersetzen können“.[88]

Durch *zwei „Grundvorstellungen" von Mystik* hat Dietmar Mieth in der Breite der Mystik-Deutungen und Mystik-Assoziationen eine hilfreiche Differenzierung gegeben, indem er darauf hinwies, daß Mystik hier „im paulinischen Sinne" als „neues Christsein" verstanden werden muß. „Das ist sozusagen der allgemeinere Begriff, auf den wir uns dann einlassen. Der besondere Begriff von Mystik, der mit Ekstase und Kontemplation verbunden ist, bleibt dann hier aus dem Spiel."[89]

Dietmar Mieth hat auch auf die *zwei Ebenen von Politik* hingewiesen. „Ich bin kein Politiker, aber ich würde ohne weiteres sagen: Ich bin politisch, und darin ist auch das Wort von Aristoteles vom zoon politikon, daß nämlich der Mensch ein politisches Wesen ist, wiederzuerkennen. Sie sehen daran, daß es den Begriff Politik auf zwei Ebenen gibt; und hier ist er eben auf der einen, allgemeineren Ebene der aktiven Sorge für das Gemeinwohl gemeint ... Ich möchte sogar sagen, das ist der bessere Begriff, gerade im Bereich einer Demokratie. Zu vordemokratischen Verhältnissen gehört sozusagen die Vorstellung von einigen, die sich um Politik kümmern, und den anderen, die unpolitisch sind. Aber in demokratischen Verhältnissen unserer Gesellschaft gilt in der Tat, daß der Bürger politisch ist, was nicht heißt, daß er Fachpolitiker ist."[90]

Zur Frage der *Zuordnung, Reihenfolge und Umkehrbarkeit von Mystik und Politik* hat Dietmar Mieth folgenden Hinweis gegeben: „Es ist ja mit »je mystischer, um so politischer« nicht irgendeine Reihenfolge gemeint, also etwa, daß wir erst einmal das Glas mit soviel Mystik füllen müßten und dann erst dazu übergehen könnten, das Glas mit Politik anzufüllen. Es ist doch gemeint, daß das beides in irgendeiner Weise zusammengehört, d.h. daß das Eindringen in das eine zugleich auch ein Eindringen in das andere ist, daß das Eindringen in die Kontemplation zugleich auch ein Eindringen in die Aktion bedeutet. Deshalb verstehe ich es eigentlich nicht, weshalb man hier über Reihenfolge und Umkehrbarkeit noch reden muß."[91]

Als notwendig erwies sich die *Korrektur des Zerrbildes einer „zu politischen Jugend"*. Die Angst, daß in der Jugendszene ein Übergewicht des Politischen entstehen könnte, wird durch eine veränderte Situation unter den Jugendlichen unnötig. „Heute hat sich der Wind bereits so sehr gedreht, daß wir die Jugendlichen wieder verstärkt zum politischen Engagement provozieren müssen, weil sich die Privatisierung, die Suche nach dem persönlichen und individuellen Glück so sehr verstärkt hat, daß es schwierig ist, Leute zum politischen Engagement zu motivieren."[92]

Eine Reihe der Einwände gegen den Politik-Begriff hängt an der Vorstellung von *Politik als einer verkommenen Sache,* einem „schmutzigem Geschäft“. Es wurde die Vermutung geäußert, „...daß der Politik, wie sie heute zum Teil verelendet ist, in dem etwas mehr parteipolitischen Sinne, eine Verbindung des Politischen vom Mystischen her mit dem gesamten Gemeinwesen guttäte und neue Impulse in die gesamte Gesellschaft kommen könnten“[93].

Das Beispiel der Diözesansynode zeigt, welche positive und negative Betroffenheit mit diesem Begriffspaar in der Praxis der Kirche verbunden ist. Die dargestellten Einwände, Mißverständnisse und Klarstellungen spiegeln auf sehr typische Weise die heutige innerkirchliche Auseinandersetzung zu „Mystik und Politik“.

Daß die Formulierung trotz heftiger Diskussion doch in die Beschlüsse aufgenommen wurde, ist Ausdruck eines fruchtbaren Prozesses der Auseinandersetzung und der Bereitschaft, sich der Dynamik dieser Spannung von Mystik und Politik zu öffnen.

## *2. Taizé – Kampf und Kontemplation*

“Kampf und Kontemplation“ („Lutte et contemplation“) – unter diesem Titel sind 1973 von Frère Roger, dem Gründer der Communauté de Taizé, Tagebuchaufzeichnungen aus den Jahren 1970–1972 erschienen.

Auf der ersten Seite beschreibt er geradezu programmatisch diese beiden Wörter als Schlüsselwörter: „Wo darum gekämpft wird, den Stimmen der Verborgenen Gehör zu verschaffen und auf die Menschen aufmerksam zu werden, auf die niemand hört, ist der Platz der Christen in den ersten Reihen, im Kampf für die Befreiung aller Menschen ... Der Kampf für die Menschen und an deren Seite findet seine Quellen in einem andern Kampf, der immer stärker in ihrem Innern geschieht, dort, wo kein Mensch dem andern gleicht. Dort, wo wir am Tor zur Kontemplation stehen. Kampf und Kontemplation: Lassen wir uns so weit führen, bis sich unser ganzes Leben zwischen diese beiden Pole spannt?“[94]

Zwischen diesen beiden Polen versteht sich auch das „Konzil der Jugend“, das 1970 angekündigt und am 30. August 1974 in Taizé eröffnet wurde und sich seitdem auf alle Kontinente erstreckt. Ungefähr 40 000 Jugendliche aus über 100 Ländern der ganzen Welt waren zur Eröffnung des Konzils der Jugend nach Taizé gekommen.[95]

Was sie in viereinhalb Jahren Konzilsvorbereitung entdeckt und gelebt hatten, ließ sich in den beiden Begriffen „Kampf und Kontemplation“ zusammenfassen: „Auf der Suche nach Gemeinschaft (communion) mit Gott und den Menschen werden wir sogleich in ein Spannungsverhältnis gesetzt: Kampf und Kontemplation. Zwei Verhaltensweisen, die einander auszuschließen scheinen, während sie sich in Wirklichkeit gegenseitig bedingen und in einem beständigen Wechsel ineinander übergehen. *Kampf* in uns selbst, um uns von unseren inneren Gefängnissen zu befreien, sowie von unserem Drang, andere für uns gefangenzunehmen, und um alles auszuschlagen, was die Gemeinschaft bricht. Kampf an der Seite der armen Menschen, damit ihre Stimme gehört werde, damit die Unterdrükkungen gesprengt werden, und damit wir zusammen zu neuen Gemeinschaftsformen fähig werden. *Kontemplation*, um aufzubrechen und nach Gemeinschaft mit dem auferstandenen Christus zu suchen, um dort die Gabe unseres Lebens fest einwurzeln zu lassen und um nach und nach unseren Blick umwandeln zu lassen, bis wir schließlich auf die Menschen und die ganze Welt mit den Augen Christi sehen können.“[96]

Im Eröffnungsbrief des Konzils, „Das Unverhoffte gestalten“, gibt Roger Schutz die dem Kampf und der Kontemplation gemeinsame, einzige Quelle an: „Kampf und Kontemplation haben ein und dieselbe Quelle: Christus, der Liebe ist. Wenn du betest, geschieht es aus Liebe. Wenn du kämpfst, um dem Entrechteten sein Menschengesicht wiederzugeben, geschieht auch das aus Liebe. Wirst du dich zu diesem Weg hinführen lassen? Auf die Gefahr hin, dein Leben aus Liebe zu verlieren, wirst du für die Menschen Christus lieben?“[97]

Seit diesem ersten Brief schreibt Frère Roger regelmäßig geistliche Briefe an sozialen und politischen Brennpunkten der Welt.

Das „Konzil der Jugend“ ist seit 1980 in den „Pilgerweg der Versöhnung“ übergegangen. In diesem Anliegen treffen sich Jugendliche, überall auf der Erde. Auch hier stoßen wir in der Leitidee wieder auf die Spannung von Kampf und Kontemplation, von Mystik und Politik. Einerseits geht es nämlich um den inneren Pilgerweg jedes einzelnen, andererseits um den Pilgerweg der zwischenmenschlichen Begegnung, der Versöhnung.

Durch diesen Pilgerweg war es möglich, in den Tagen der großen Umwälzungen im Osten innerlich auf die Begegnungen vorbereitet zu sein. Zu dem großen Treffen vom 28. 12. 1989 bis zum 2. 1. 1990 in Breslau waren 50 000 junge Frauen und Männer gekommen. Die Vorbereitungen zu diesem Ost-West-Treffen fanden schon statt, bevor die Grenzen gefallen waren und mußten noch im geheimen durchgeführt werden. Selbst die Anmeldung in Taizé war mit Risiken verbunden. 6 000 junge Tschechen und Slowaken waren dann angereist.[98] Das Thema, unter dem dieses Treffen stand, bewegte sich wieder im Rahmen von Kampf und Kontemplation. Es ging in Breslau um inneres Leben, Glaubensleben und gelebte Solidarität.

### *3. Un/politische Kirche zwischen Anspruch und Wirklichkeit*

Die Kirche betont gerne, daß sie ihren Auftrag als „unpolitisch" versteht, verhält sich darin jedoch genauso zwiespältig wie die Gesellschaft in ihren Reaktionen und Erwartungen. Denn so wie die Kirche zwar sagt, sie sei „unpolitisch", und sich doch zu politischen Fragen äußert[99], so werden aus der Gesellschaft Stimmen laut, die von der Kirche Stellungnahmen und Orientierung zu politischen Fragen erwarten und ihr gleichzeitig das Recht absprechen, sich zu politischen Themen zu äußern.[100]

In dieser Diskussion werden der enge, institutionell gebundene Begriff der (Partei)Politik und ein auf gesellschaftliche Verantwortung bezogenes politisches Handeln undifferenziert miteinander vermischt. Es geht darum, diese zwiespältige Haltung wahrzunehmen und zu sehen, daß auch eine „unpolitische Kirche" politisch wirksam ist. „Aller geschichtlichen Erfahrung nach ist sie dann sogar am politischsten wirksam, wenn sie in politischen Angelegenheiten völlig abstinent und neutral sein will. Dann ist sie erst recht der Gefahr ausgesetzt, den jeweiligen politischen Status quo zu sanktionieren."[101]

Ziel müßte sein, das Handeln der Kirche im Spannungsfeld von Mystik und Politik mit größerer Transparenz begreifbar zu machen.

Auffallend ist, daß es vor allem die „christlichen" Parteien sind, die von der Kirche „politische Abstinenz" fordern. Offensichtlich sind diese der Meinung, daß „das Christliche" ausreichend und ausschließlich durch die C-Parteien vertreten werde.[102]

In ihrer Entscheidung, die Politik den Parteien zu überlassen, liefert sich die Kirche unweigerlich den politischen Entscheidungen jener Partei aus, die den Anspruch stellt, „christliche Politik" zu machen.[103] Die anderen Parteien wehren politische Äußerungen der

Kirche dann verständlicherweise ab, da diese zugunsten der C-Parteien erwartet werden.

Im Anschluß an verschiedene Bürgerinitiativen der Siebziger- und Achzigerjahre gegen die Pershing-Stationierung, gegen den Bau von Atomkraftwerken, gegen die rücksichtslose Zerstörung der Natur zugunsten einer zunehmenden Technisierung, ist in wachen Bevölkerungsgruppen das Bewußtsein der eigenen politischen Verantwortung gewachsen. Die Erkenntnis, daß politisches Engagement nicht den Berufspolitikern vorbehalten und auch nicht auf gelegentliche Teilnahme an Wahlen beschränkt sein muß, hat diese Kreise zunehmend politisiert: Sei es durch persönlich-private Entscheidungen, den eigenen Lebensstil zu verändern, sei es in der Friedens-, der Antiatomkraft- oder der Ökologiebewegung, sei es in aktiver Mitarbeit bei den „Grünen“, die sich diese Themen besonders angeeignet haben.

Im wesentlichen lief diese Entwicklung neben den Kirchen, und vielfach haben gerade die politisch engagierten Christen sich von ihrer Kirche abgewandt, weil sie zu wenig Stellung bezogen hat. Andererseits waren es gerade Teile der Kirche, die z. B. die Friedensbewegung sehr stark mitgeprägt haben.[104] Die kirchlichen Jugendverbände, die sich dieser Themen angenommen haben, setzten sich dabei vielfach kirchenamtlicher Kritik aus.

In einzelnen kirchlichen Stellungnahmen und Verlautbarungen hat die Kirche versucht, ansatzhaft die Herausforderungen dieser politischen Aufbrüche aufzugreifen. Insbesondere durch den konziliaren Prozeß um Frieden, Gerechtigkeit und Bewahrung der Schöpfung hat sie sich diese Themen in engagierten kirchlichen Gruppen zu eigen gemacht.[105]

Ganz offensichtlich haben die Kirchen auch eine sehr wichtige politische Funktion bei den Umwälzungen Osteuropas innegehabt. Diese Umwälzungen hatten neben den politischen und wirtschaftlichen Faktoren auch starke religiöse Wurzeln, vor allem in Polen, Litauen und in der Slowakei, jedoch auch in Ungarn und in der DDR. Die Kirchen waren Orte, an denen Menschen sich in ihrer Sehnsucht nach Freiheit solidarisieren konnten. Inwieweit die Kirchen dabei eine tragende politische Rolle einnahmen, ist in den einzelnen Ländern sehr verschieden. An diesem Prozeß zeigt sich sehr deutlich, wie wenig die Kirche sich auf eine unpolitische Rolle zurückziehen kann. Die Veränderungen in Osteuropa werfen im Blick auf das politische Engagement der Kirchen ganz neue Fragen auf, denen sie sich in den kommenden Jahren erst noch stellen müssen.

## III.
## Standortbestimmung

Die Annäherung an die Begriffe „Mystik und Politik“ konnte einen weiten Horizont aufzeigen, ohne ihn ganz zu erfassen. Für die vorliegende Arbeit ist es jedoch wichtig, diesen Horizont im Hintergrund zu haben. Denn sie stellt sich bewußt in diese reiche und umstrittene Tradition, in eine Tradition, die von einem für das Christsein wesentlichen Suchen und Ringen erzählt, dessen Ambivalenz jedoch nicht zu verschweigen ist. Mit Hinweisen auf Mystik und Politik in Theorie und Praxis der Kirche heute wurde ein Einblick gegeben in aktuelle Formen des Ringens. Wichtig ist, diese gesamte Darstellung vor allem als Rahmen zu begreifen. Es ist der Versuch, bewußt zu machen, welches bereits praktizierte Leben und Denken Anstoß war, Gottes Liebesgeschichte mit der kleinen Schwester Magdeleine näher zu betrachten. Die Darstellung und Reflexion dieser Geschichte steht im Mittelpunkt meiner Arbeit. Durch die beiden vorbereitenden Teile sollten Verbindungen zu verschiedensten Formen des einen Suchens hergestellt werden.

Das Modell einer „Kultur der Mystik“ und einer „Politischen Kultur“ wird im letzten Teil als Arbeitsmodell noch einmal aufgegriffen, um es mit dem Leben der Kleinen Schwestern in einen Dialog zu bringen. Zunächst möchte ich diese Auseinandersetzung um „Mystik und Politik“ jedoch zurückstellen, um mich ganz der Darstellung der Ordensgemeinschaft zuzuwenden.

# DRITTER TEIL
# Die Praxis einer Ordensgemeinschaft

# I.
# Ordensgemeinschaft/en zwischen Mystik und Politik

Die vorliegende Arbeit sucht anhand der Darstellung und Reflexion der Ordensgemeinschaft der Kleinen Schwestern Jesu nach Impulsen für eine Weiterentwicklung der Praxis der Kirche.

Zunächst ist jedoch zu fragen, welche Rolle im Spannungsfeld von Mystik und Politik gerade einer Ordensgemeinschaft zukommen kann.[1]

Hat das Ordensleben überhaupt noch eine Zukunft in einer Welt, die sich als säkular definiert, als Welt der rationalen Beherrschung der Wirklichkeit?[2] Ist es überhaupt berechtigt, mit Johann B. Metz von einer „Zeit der Orden" zu sprechen? Haben Orden so etwas wie eine „innovatorische Funktion für die Kirche" und können sie als „Korrektive" eine Art „Schocktherapie des Heiligen Geistes für die Großkirche" sein?[3]

Oder, um es entgegenkommender auszudrücken, sind die Orden das therapeutische Notprogramm Gottes, also „die Orden als Gottes Kirchentherapie", wie es Norbert Lohfink ausdrückt?[4] Für ihn sind die Orden von Anfang an ein Zeichen dafür, daß die Kirche aufhörte, „Gottes Kontrastgesellschaft"[5] zu sein. „Als die Kirche krank zu werden begann, verordnete ihr Gott die Mönche, die Nonnen und die Klöster als ihre Therapie."[6] Auf der Suche, wie für die Kirche „neue Gesellschaft" heute aussehen könnte, erwähnt Norbert Lohfink besonders die Gemeinschaften von Charles de Foucauld. „Noch in neuester Zeit sehe ich den eigentlichen Impuls der Gemeinschaften, die sich auf Charles de Foucauld zurückführen, im gelebten Kontrast zu einer herzlosen Arbeitswelt und einer überorganisierten Kirche."[7]

Sind die Orden vielleicht eine Art „Kirchenschule"[8], wie Paul M. Zulehner und Johannes Haas es formulieren, ein Ort, an dem man in die „Schule der Mystik", in die „Schule der Geschwisterlichkeit", in die „Schule der Politik" gehen kann?

Und werden in all diesen Fragen die Orden nicht zu sehr der Kirche gegenübergestellt? Gehören die Orden nicht vielmehr als kirchliche, von der Kirche getragene und rechtlich anerkannte Institution zum Geheimnis der Kirche und bringen Kirche zur Erscheinung?[9]

Bärbel Fleer hat in ihrer Untersuchung über die Communauté de Taizé diese Ordensgemeinschaft als „Korrektiv der Gesamtkirche“[10] dargestellt. „Eine Kirche, die ihrer Berufung treu ist, so betont Frère Roger immer wieder, hat sich an die Seite marginaler Randgruppen zu plazieren ... Sie muß eine Kirche sein, die jede Form von Macht und mißbrauchter Autorität ablehnt, die eine Gesellschaft in Frage stellt, Privilegien anprangert und sich immer wieder neu in die Position der Schwachen begibt. Hier tritt die Communauté de Taizé als mögliches Korrektiv für den Makrokosmos (Kirche) auf, um ihn aus seiner »Schläfrigkeit« aufzurütteln und mit ihm zu einer Gesellschaft von Menschen zu werden, die untereinander teilen und solidarisch sind mit den Unterdrückten.“[11]

Da gerade das herkömmliche Ordensideal die Kluft zwischen Kontemplation und Aktion vertieft hat, ist jedoch zu fragen, ob ausgerechnet die Orden einen Beitrag zur Überwindung der Spaltung von Mystik und Politik leisten können.

Papst Pius XII. vertrat noch ganz die thomasische Auffassung vom Ordensstand als dem Stand der Vollkommenheit. Die Trennung des Laienstandes von den sogenannten Vollkommenheitsständen bei Thomas von Aquin und dessen Höherbewertung der Gottesliebe und damit der Kontemplation ist im Ordensverständnis von Pius XII. ganz lebendig.[12] Wie sehr er von diesem Denken geprägt war, wird in einer Ansprache an Ordensleute aus dem Jahr 1950 deutlich: „Das Streben nach Heiligkeit ist dem ganzen Laienstand aufgetragen, der Ordensmann aber erklimmt diesen »Heiligen Gipfel« auf einem durchaus eigenen Weg und mit Hilfe von Mitteln, die in ihrer Art vollkommen sind.“[13]

„Die allgemeine Berufung zur Heiligkeit in der Kirche“[14] ist ein Anliegen des Zweiten Vatikanums, mit dem die verengte Sonderstellung der Orden überwunden ist. Im sechsten Kapitel der Konstitution „Lumen Gentium“ wird deshalb der Ordensstand nicht mehr zwischen den Klerikern und den Laien eingeordnet. „Ein derartiger Stand ist, in bezug auf die göttliche, hierachische Verfassung der Kirche, kein Zwischenstand zwischen dem der Kleriker und dem der Laien. Vielmehr werden in beiden Gruppen Christgläubige von Gott gerufen, im Leben der Kirche sich einer besonderen Gabe zu erfreuen und, jeder in seiner Weise, ihrer Heilssendung zu nützen.“[15]

Trotzdem wirkt die vorkonziliare Sicht der Orden praktisch weiter. Den kontemplativen Ordensgemeinschaften weist das Zweite Vatikanum eine „hervorragende Stelle“ zu. So im Dekret über die zeitgemässe Erneuerung des Ordenslebens „Perfectae caritatis“: „Die gänzlich auf die Kontemplation hingeordneten Institute, deren Mitglieder in Einsamkeit und Schweigen, anhaltendem Gebet und hochherziger Buße für Gott allein da sind, nehmen - mag die Notwendigkeit zum tätigen Apostolat noch so sehr drängen - im mystischen Leib Christi, dessen »Glieder nicht alle den gleichen Dienst verrichten« (Röm 12,4), immer eine hervorragende Stelle ein.“[16]

In der Gemeinsamen Synode der Bistümer in der Bundesrepublik Deutschland wird als Akzentuierung die „gesellschafts- und kirchenkritische Funktion“[17] der Orden mehr in den Blickpunkt gerückt. Die monastischen und kontemplativen Orden müssen sich die Frage stellen lassen, ob sie in einem „realen Kontakt mit den Anliegen und Nöten der Mitmenschen und mit den wesentlichen Vorgängen in Kirche und Welt“ stehen.[18] „Das setzt voraus, daß sie nicht durch das Festhalten an nur zeitbedingten Formen und Gebräuchen in eine unfruchtbare Isolierung geraten.“[19]

Paul M. Zulehner weist darauf hin, daß gerade den kontemplativen Ordensgemeinschaften eine besondere politische Dimension zukommt, indem sie zu Zeugen der Gottunmittelbarkeit jedes Menschen werden.

„Es ist das politische Verdienst gerade kontemplativer Orden, diese Gottunmittelbarkeit des Menschen in Erinnerung zu halten. Kontemplative Orden haben daher eine eminente politische Bedeutung, weil sie die Größe und Unantastbarkeit jedes Menschen bezeugen. Am Beispiel von kontemplativen Orden zeigt sich auch, daß es eine politische Wirkmächtigkeit der Mystik ohne politischen Aktivismus gibt.“[20]

Die Kleinen Schwestern selber erheben nicht den Anspruch, für die Kirche vorbildhaft zu sein. Sie leben das Leben, für das sie persönlich berufen wurden. Es wäre schwierig, was als je eigener, persönlicher und einmaliger Weg gelebt wird, zu einem Modell für christliche Gotteserfahrung überhaupt zu erklären. Inwieweit sie dennoch Impulse über ihre Ordensgemeinschaft hinaus zu geben vermögen, ist eine von außen gestellte Frage. Zumindest können sie für andere Herausforderung oder Ermutigung sein.

In Anlehnung an Paul M. Zulehner und Norbert Lohfink entdecke ich in ihrer Art zu glauben und zu leben - bei aller Vorläufigkeit und menschlichen Zerbrechlichkeit - eine mögliche Verwirklichung von Gottes „Kirchen-träumen“.[21] „Schon immer waren die

Orden der Kirche ein Ort, wo Christen versucht haben, Gottes Traum vom Menschen in der Kirche entschlossen zu leben.“[22]

Die Gemeinschaft der Kleinen Schwestern ist kein Modell, das sich Punkt für Punkt auf Gemeinde übertragen und abbilden ließe. Sie ist keine Schule, in der die Unwissenden sich von Wissenden belehren lassen. Sie wirkt nicht als Gottes Kirchentherapie, bei der die einen die Kranken, die andern die Heilenden sind. Sie ist erst recht keine Schocktherapie, zumal die Gefahr groß wäre, daß die Schokkierten sich aus Angst so sehr verschließen, daß keine Auseinandersetzung mehr stattfinden kann.[23]

Auch wenn manches am Leben der Kleinen Schwestern für die gesamte Kirche oder für einzelne Gemeinden lehrreich, therapeutisch-heilsam oder auch schockierend sein mag, so erschöpft sich darin nicht Aufgabe und Bedeutung der Kleinen Schwestern für die Kirche insgesamt. Ihr Ringen und Suchen nach dem ihnen gemäßen Weg ist längst noch nicht abgeschlossen, ist nicht frei von menschlichen Schwächen und Fehlern. Sie sind jedoch ein unserer Zeit adäquater Ausdruck dessen, was Gott sich unter Kirche, unter der Gemeinde der in seinem Namen Zusammengerufenen erträumen könnte.

Es geht darum, sich anrühren zu lassen von diesen Gestalt gewordenen Kirchenträumen Gottes und zu begreifen, daß auch wir in seinen „Träumen“ vorkommen. Letztlich wird uns die ganze Gestalt dieser „Träume Gottes“ als Geheimnis verschlossen bleiben. Aber da es nicht das Ziel sein kann, ein Geheimnis „aufzuklären, sondern es zu bewohnen“[24], ist es unsere Aufgabe, dieses Wohnen zu gestalten. Eine Art der Gestaltung ist das Leben der Kleinen Schwester Magdeleine und der ganzen Ordensgemeinschaft der Kleinen Schwestern.

# II.
# Die Ordensgeschichte der Kleinen Schwestern Jesu[25]

## *0. Quellen und Literatur*

Die für diese Arbeit verwendeten Quellen sind zum großen Teil unveröffentlichte Texte der Kleinen Schwester Magdeleine, die bisher nur innerhalb der Ordensgemeinschaft zugänglich waren.

Unter dem Titel *„Diaire de Petite Soeur Magdeleine de Jésus"* bzw. *„Journal de route de Petite Soeur Magdeleine de Jésus"* liegt eine 91bändige Manuskriptsammlung von fast täglichen Notizen seit 1936 vor. Kleine Schwester Magdeleine hält darin alles fest, was sie seit ihrer Abreise nach Algerien erlebt hat. Es ist ein Versuch, alle Begegnungen, Ereignisse, Gedanken zu notieren, die sich untrennbar mit der Ordensgeschichte vermischt haben. Die *„Journaux de route"* enthalten detailliert Beschreibungen der Reisen in den Osten, die bisher mit größter Diskretion behandeln wurden, um die Freunde dort nicht zu gefährden.

Magdeleines „Diaires" entsprechen nicht jener bekannten Form von Tagebucheintragungen, die dem Schreibenden helfen, für sich selbst Gedanken, Erlebnisse, Stimmungen festzuhalten und zu reflektieren. Während diese Form des Tagebucheintrags in der Regel keinen Adressaten hat, nur dem Schreibenden zugänglich ist, und allenfalls nach seinem Tod einen größeren Kreis von Lesern erreicht, haben die „Diaires" der Kleinen Schwester Magdeleine nicht diesen persönlichen Charakter. Sie sind an die Fraternitäten der Kleinen Schwestern gerichtet und sollen jeder Kleinen Schwester Einblick in das Werden der Gemeinschaft geben. So sind nicht nur Erlebnisse Magdeleines festgehalten, sondern vor allem Ereignisse, die die gesamte Gemeinschaft betreffen. Zusätzlich sind in einem umfangreichen Anhang Texte abgedruckt, die Kleine Schwester Magdeleine für alle Kleinen Schwestern zugänglich machen will: es sind dies z. B. Ansprachen des Papstes, Predigten aus Gottesdiensten zu besonderen Anlässen, Texte von René Voillaume u. a.

Die „Diaires" sind weitgehend als Gemeinschaftswerk entstanden. Mit Hife von Notizen wurden die Ereignisse des Tages am Abend zusammengestellt. Kleine Schwestern halfen Magdeleine, die Texte zu korrigieren und zu ergänzen. Sie sind also von Anfang an im Dienst der Gemeinschaft entstanden und hatten niemals die Absicht, den ganz persönlichen Weg Magdeleines zu reflektieren. Solche persönlichen Texte der Selbstreflexion liegen nicht vor. Man erfährt auch aus der Zeit, als Magdeleine noch keine Kleine Schwester war, nur jene Begebenheiten, die für ihren Weg als Ordensfrau bedeutsam wurden.

Gedruckt, jedoch nicht publiziert, gibt es neben den „Diaires" eine achtbändige Briefsammlung: *„Lettres"*. Es sind vor allem Briefe der Kleinen Schwester Magdeleine an Kleine Schwestern, an kirchliche Amtsträger und an Freunde bzw. Briefe, die Kleine Schwester Magdeleine von diesen erhalten hat. Obgleich auch diese Briefe, ähnlich wie die „Diaires", die Entwicklung der Fraternität betreffen, vermitteln sie doch viel stärker einen Eindruck von Stimmungen, inneren Entwicklungen Magdeleines. „Noch viel mehr als in der »Historique« werdet Ihr hier Eurer Gründerin begegnen mit ihrem ganzen Herzen, ihrer Seele, ihrer Zärtlichkeit, ihrer Kraft und ihrer Liebe zum Herrn."[26]

Den umfangreichen „Diaires" und der Briefsammlung sind die beiden Bände entnommen, die im folgenden als *„Historique"*[27] zitiert werden und bisher die einzigen veröffentlichen Schriften sind. Sie sind eine Zusammenfassung der „Diaires" und „Lettres" der Jahre 1936–1956 und bilden für die Geschichte der Ordensgemeinschaft und der Darstellung der Leitmotive in dieser Arbeit die wichtigste Grundlage.

Neben dieser chronologisch-fortlaufenden, assoziativen Beschreibung von Ereignissen gibt es bisher keine systematische Aufarbeitung der Ordensgeschichte. Ausgehend von diesem Material kommt auch der vorliegende Versuch einer thematischen Aufarbeitung und Ordnung an Grenzen und muß sich immer wieder mit einer narrativen Annäherung begnügen.

Grundlegend für die Fraternität ist neben den Tagebüchern und Briefen vor allem das *„Grüne Heft"*[28], ein Text, in dem Kleine Schwester Magdeleine schon 1945 in sehr dichter Weise das besondere Charisma der Fraternität zum Ausdruck bringt.[29]

Dieses Heft enthält Aussagen, die Magdeleine selber als „mein Testament" bezeichnet. Sie legt es jeder Kleinen Schwester mit Dringlichkeit und sehr persönlich nahe: „Ich habe mein Bestes in dieses Vermächtnis gelegt – mein ganzes Herz: ich gebe es Dir weiter, so wie es ist, unbeholfen und einfältig, wie eine Mutter ihren Töchtern eine Botschaft weitergibt."[30]

Ein Text, an dem Kleine Schwester Magdeleine seit ihrem Noviziat bei den Weißen Schwestern gearbeitet hat, und der zunächst für die Konstitutionen stand, wurde im März 1983 als *„Règle de Vie"* an alle Kleinen Schwestern geschickt. Mgr de Provenchères schrieb dazu als Vorwort: „Diese »Règle de vie« kann als das Lebenswerk der Kleinen Schwester Magdeleine bezeichnet werden. Sie hat stundenlang daran gearbeitet, bei Tag und bei Nacht, über Jahre hinweg. Noch mehr, es ist zu ihrem Gebet und zu ihrem Leben geworden."[31] Dieser Text war so umfangreich, daß die Religiosenkongregation bat, auf seiner Grundlage einen kürzeren Text als *„Konstitutionen"* zu erarbeiten. Diese Konstitutionen wurden am 25. 12. 1988 definitiv approbiert.

Weitere Quellen, die als Zusammenfassung der Kapitelsversammlungen von den Vertreterinnen aller Kontinente diskutiert und verabschiedet wurden, sind die *„Kapitelsbeschlüsse"*. Da Kleine Schwester Magdeleine bisher noch bei allen Kapitelsversammlungen dabei sein konnte, sind auch hier ihre grundlegenden Ideen greifbar. Darüber hinaus sind sie das Zeugnis einer lebendigen Begegnung des ursprünglichen Charismas mit dem Versuch der je neuen Konkretisierung.

Kleine Schwester Magdeleine hat selber keine theologischen Abhandlungen verfaßt. Gedanken zu wichtigen Themen der Ordensspiritualität sind in den Briefen und Tagebuchaufzeichnungen integriert. Theologische Grundlegungen zur Christologie oder zu zentralen Stichworten wie Nazaret, Betlehem, Solidarität etc. sind Referaten entnommen, die während des sechsten Generalkapitels von verschiedenen Theologen gehalten wurden, die die Fraternität eingeladen hat. Darüber hinaus hat René Voillaume mit vielen Büchern, Einkehrtagen und Vorträgen geholfen, die von Magdeleine vorgegebenen Themen theologisch zu vertiefen.

Literatur im Sinne einer Sekundärliteratur über die hier vorgestellten Quellen existiert bisher nicht. Ergänzend wird deshalb immer wieder auf Literatur zur Spiritualität der geistlichen Familie von Charles de Foucauld zurückgegriffen.

## *1. Voraussetzungen der Ordensgründung*

### *Magdeleine Hutin: Ordensgründerin im Verborgenen*

Aus der Zeit zwischen dem 26. April 1898, der Geburt von Magdeleine Hutin in Paris, und ihrer Abreise nach Algerien im Oktober 1938 ist nicht viel zu erfahren. Einige wenige Daten geben Stationen ihres Lebens an, die nicht näher beschrieben werden. Die ersten zwölf Jahre ihres Lebens verbringt Magdeleine Hutin zwischen Paris, Nantes und Dax. Von 1912–1916 ist sie an Schulen in Spanien, San Sebastian, bzw. in Italien, San Remo. Eine hartnäckige Rippenfellentzündung, mit der sie zehn Jahre lang zu kämpfen hat, hindert sie daran, ihren Traum vom Ordensleben zu realisieren. Von 1928 bis zu ihrer Abreise nach Algier ist sie Leiterin einer Privatschule in Nantes.

Magdeleine hat wenig von „früher“ erzählt. Was aus ihrer Kindheit zu erfahren ist, sind nur solche Geschichten, die in ihr jenen Weg grundgelegt haben, den sie als Kleine Schwester dann gegangen ist. Ihre Vergangenheit tritt in den Hintergrund als das Leben beginnt, nach dem sie sich so sehr gesehnt hat.

Bis zum Krieg von 1914 hat sie ihre Kindheit in einer gewissen Leichtigkeit erlebt, danach war ihre Familie zerstört.[32] Zwei ihrer Brüder wurden an der Front, ihre Großmutter in ihrem Dorf getötet; die Schwester starb an einer tuberkulösen Hirnhautentzündung.

Magdeleine hatte nicht die Absicht, zur Ordensgründerin zu werden und versuchte als solche, mit ihrer Person ganz in den Hintergrund zu treten. Am Anfang des Bandes „Du Sahara au monde entier“ drückt sie ihr Bedauern darüber aus, daß sie in der Darstellung der Geschichte der Kleinen Schwestern Jesu so oft gezwungen war, von sich selber zu reden. Sie wäre gerne mehr im Schatten geblieben, wäre ihre eigene Geschichte nicht so untrennbar mit der Gründungsgeschichte verwickelt.[33]

„Ich spiele bei der Gründung nur eine kleine Rolle. Gott allein hat sie ins Leben gerufen und er läßt sie wachsen, trotz meiner Fehler, trotz meiner Versagen und trotz meiner Unzulänglichkeit.“[34]

Immer wieder verweist sie auf Bruder Karl als den eigentlichen Gründer der Fraternität: „Ich habe nur versucht, ganz ärmlich, doch mit meiner ganzen Liebe, die Gedanken von Bruder Karl, unserem Vater und Lehrmeister auf dem Weg des Evangeliums, zu sammeln und weiterzugeben.“[35] Allein mit der Vision, im Geist von Charles de

Foucauld leben zu wollen, macht sie sich auf den Weg nach Algier. „…ich war ganz sicher, daß der Herr mich rief, eines Tages eine dieser Kleinen Schwestern zu werden, die sich Bruder Karl so sehr gewünscht und als deren Gründer er sich erwiesen hat, »indem er gebetet und sich aufgeopfert hat, indem er gestorben ist und Ihn geliebt hat«."[36]

Abgesehen von dieser Stelle, in der die Vision einer Gemeinschaft aufblitzt, wird nirgends beschrieben, wie Kleine Schwester Magdeleine sich das Leben bei den Nomaden, den Muslimen, konkret vorstellt. Daß sie sich eine Gemeinschaft wünscht, beschreibt sie in einem Brief an ihre Freundin Julienne: „Um meinen Traum des Apostolats zu verwirklichen, sollten wir zu sechst sein: vier, die eine Berufung zum Nomadenleben haben, und zwei, die diese nicht so ausgeprägt haben und ganz gerne zu Hause sind …"[37] Auf der Suche nach diesen Gefährtinnen ist sie unermüdlich in Frankreich unterwegs, um dort ihr Projekt von Boghari bekannt zu machen[38] – ohne dabei an die Gründung einer Ordensgemeinschaft zu denken.

Als sie vor Ordensfrauen ihren Film zeigt, ist es ihr wichtig zu betonen, daß sie von sich aus niemals die Absicht hatte, den bestehenden Ordensgemeinschaften noch eine neue hinzuzufügen. „Ich würde es gerne hinausschreien, daß es nicht meine Schuld ist, sondern daß es Seine Schuld ist. Jesus ist gekommen, hat mich an der Hand genommen und mich dahin geführt, wo ich heute bin …"[39] Gott hat sie auserwählt, weil er am Anfang eines göttlichen Werkes immer ein ganz kleines, schwaches, erbärmliches Werkzeug braucht.[40]

Als Kleine Schwester Magdeleine am 25. Dezember 1949 die Aufgabe der Generalverantwortlichen in die Hände der Kleinen Schwester Jeanne legen kann, ist ihr dies eine große Erleichterung. An diesem ersten Platz hat sie oft gelitten, wenn sie den kleinen Jesus vor Augen hatte, jenen, der aus Liebe ganz in der Verborgenheit gelebt hat und nichts anderes wollte als den allerletzten Platz.

Angesichts dessen, was innerhalb von fünfzig Jahren auf der Basis ihres Engagements und ihres Vertrauens auf der ganzen Welt entstehen konnte, ist es beachtlich, wie sehr sie selbst im Hintergrund geblieben ist. Unbestreitbar hat sie jedoch mit ihrer Person, ihrer Lebensgeschichte und mit ihrem Mut, kompromißlos zu glauben und zu lieben, das Gesicht der Fraternität geprägt.

Geprägt hat Magdeleine durch ihr Temperament, durch ihr Leben als Französin in einem Land des Kolonialismus und durch ihre Erfahrungen mit der Kirche Frankreichs. Die ganze erste Generation von Kleinen Schwestern bestand aus Französinnen, und Magdeleine mußte sich darum bemühen, die Fraternität von der Fixierung auf Frankreich zu lösen. „Mein Herz ist zerrissen. Es gibt bereits zwölf Gründungen in Frankreich, und ich möchte nicht noch eine weitere hinzufügen, damit es in Frankreich im Vergleich zu den anderen europäischen Ländern nicht ein solches Übergewicht gibt."[41]

Die Geschichte ihrer Familie hat sie veranlaßt, den Eltern im Leben der Ordensgemeinschaft einen besonderen Platz einzuräumen. Magdeleines Mutter begleitete den Aufbruch nach Algier und teilte die erste Zeit in Algerien, bis Magdeleine erkennen mußte, daß dieses Leben zu anstrengend ist für die Mutter.[42] „Sicher hatte meine arme Mutter nicht die Berufung von Bruder Karl. Sie konnte es nicht mehr ertragen zu sehen, welch hartes Leben ich führte."[43]

Magdeleine legt jeder Kleinen Schwester diese besondere Verbundenheit mit den Eltern nahe. „Du brauchst Dich nicht, um Christi willen, von der Liebe zu den Deinen lösen. Denk vielmehr an das vierte Gebot: keine Ordensregel kann es abschaffen oder ersetzen, denn es beruht auf dem Gebot Gottes und auf dem Naturgesetz. Nach Jesus haben an erster Stelle Deine Eltern Anrecht auf Deine herzliche Liebe."[44]

Prägend für die Fraternität wurde Magdeleine auch durch ganz einfache menschliche Züge, insbesondere ihren Humor, der in einer Reihe von Erzählungen anschaulich wird. So beschreibt sie humorvoll die abenteuerlichen Erfahrungen ihres ersten Reitunterrichts, obwohl er durch einen schmerzlichen und gefährlichen Sturz gekrönt wurde.[45]

Oder sie berichtet von der Begegnung mit einer Meute „ausgehungerter Flöhe" bei der Nächtigung in einem nicht mehr bewohnten Camp: „Als wir aufwachten, fanden wir uns von Kopf bis Fuß übersät von Tausenden von Flöhen, die seit dem Aufbruch der Herde ausgehungert waren und sich auf die unerwartete Beute gestürzt hatten."[46]

Auf einer ihrer Reisen leihen ihr ein paar Kinder einen alten, zusammengeflickten Kinder-Sportwagen für den Transport ihres Gepäcks. Es amüsiert sie sehr, als ein Pfarrer sie in diesem Aufzug sieht und ermahnend meint: „Man muß Ihrer Oberin sagen, daß man eine arme Schwester so, mit ihrem ganzen Gepäck, nicht auf die Straße läßt."[47] Sicher war es auch dieser Humor, der Magdeleine über manche schmerzhafte Begegnung mit Kirchenmännern hinweggeholfen hat.

Eine lebendige Beschreibung ihres entschlossenen Charakters

gibt Abbé Declercq, der Pfarrer von Boghari. In seiner Pfarrei hat Magdeleine mit Anne die ersten Jahre in Algerien bis zur eigentlichen Ordensgründung gelebt und gearbeitet: Als sie sich in den Kopf gesetzt hatte, Boghari mehr als einen Tag zu verlassen, um ihre Freunde zu besuchen und bei ihnen zu übernachten, kann nichts sie davon abhalten, obwohl dies für Frauen eigentlich unvorstellbar war. „Sich auf das zu berufen, was angebracht sei oder auf die Bestimmungen der Polizei, das hätte nichts genützt ...“[48]

Ihre Freunde waren bereit, alles für sie zu tun. Sie selbst machte es ihnen dabei nicht unbedingt leicht. „Schwester Magdeleine war mit ihren Freunden genauso unerbittlich wie mit sich selbst. Sie wußte genau, von wem sie geführt wurde. Ihre Art zu handeln, zu urteilen und zu entscheiden gründeten im Heiligen Geist. Die Freunde, die nicht dieselben Gaben wie sie besaßen, hatten großes Vertrauen in Schwester Magdeleine und schlossen sich ihr gerne an.“[49] Diese große Entschlossenheit paarte sich mit einer erstaunlichen Einfachheit. Abbé Declercq beschreibt Magdeleine als eine „unkomplizierte Seele“, der es genügte, den Willen Gottes zu finden. „In der Praxis bedurfte es dazu gelegentlich des Gebets, der Reflexion, der Arbeit, der Zeit und, in geringem Maß, des Rates der anderen ...“[50]

Magdeleines Art, die Gemeinschaft zu prägen, wird mit großer Zurückhaltung und doch mit einer verblüffenden Selbstverständlichkeit geschehen. Sie versucht, sich selbst ganz in den Dienst Gottes zu stellen, und auf diesem Hintergrund gibt sie sich so, wie sie ist. Sie macht aus ihrer eigenen Selbstentfaltung kein Programm. Sie *ist* selber dieses Programm. Psychologischen Analysen gegenüber war sie eher mißtrauisch, vieles an sich selbst und anderen hat sie wenig reflektiert. Doch konnte sie gerade durch diese unkomplizierte Weise, sie selbst zu sein, enorme Kapazitäten für das Wachsen der Fraternität freisetzen. Ihre eigene Person, auch in ihrer körperlichen Erscheinung, trat dabei in den Hintergrund und wurde ganz zu jenem Werkzeug Gottes, das sie gerne sein wollte.

### *Kindliche Zuneigungen*

Im Rückblick auf ihre kindlichen Zuneigungen meint sie, es seien eigentlich mehrere Leben notwendig, um all ihre Träume zu verwirklichen. Die seit ihrer Kindheit in ihr lebende Zuneigung zu den Afrikanern, zu den Muslimen und insbesondere zu den Nomaden, ist ihr schon früh durch ihren Vater, einen Arzt, mitgegeben. „Von meiner frühesten Kindheit an hatte mein Vater mir eine Liebe zu

Afrika vermittelt, vor allem jedoch zu den Arabern, bei denen er selbst bewegende Stunden erlebt hatte."[51] Von ihrem Vater hat sie eine geradezu „verrückte" Liebe zu den Arabern geerbt.

Der Vater sollte als junger Militärarzt in Tunesien im Jahr 1888 nach einem Unfall sechs Monate lang nicht reiten. Als das Leben eines kleinen Moslems an einer Medizin hing, die nur in 60 km Entfernung zu bekommen war und kein Freiwilliger sich meldete, ritt er los und setzte sein eigenes Leben aufs Spiel. Aus Liebe zu diesem kleinen Moslem hatte er seine Karriere ruiniert. „Aber niemals habe ich gehört, daß er diese Tat bereut hätte – eine Tat, die natürlich von seinen Vorgesetzten als Verrücktheit angesehen wurde. Und er bewahrte im Herzen stets eine Liebe zu den arabischen Ländern und zu den Moslems."[52]

Ihre Verbundenheit mit Afrika ist so tief, daß sie sie geradezu für „angeboren" hält. So sagt sie in einem Interview: „Die Liebe zu Afrika ... Ich glaube, damit wurde ich geboren ... Schon als ich noch ganz klein war, rannte ich ganz spontan auf sie zu, wenn ich afrikanische Kinder sah."[53]

Neben der eher emotionalen Bindung war ihre Beziehung zum Islam stets von einer großen Ehrfurcht vor dem Glauben dieser Menschen geprägt. Bei einem Besuch in Kairo schreibt sie: „Man ist beeindruckt von dem religiösen Empfinden, das sich hier zeigt, von der Größe und der Würde dieser Architektur, die ganz der Anbetung Gottes geweiht ist. Von welchem Glauben mußten jene bewegt sein, die sie im Lauf der Jahrhunderte entworfen und realisiert haben! Und heute immer noch, all diese Menschen, die Gott im Gebet wirklich verehren. Wie sehr wir uns hüten müssen vor diesen oberflächlichen Urteilen, mit denen wir sie nicht als echte Gläubige anerkennen wollen ..."[54]

Die besondere Hingabe an die Länder des Islam wird oft nicht verstanden und muß immer wieder begründet werden. Auch vor ihren Kleinen Schwestern spricht Magdeleine über diese ganz besondere Verbindung mit dem Islam und weist darauf hin, daß sie nicht nur ihrer persönlichen Geschichte und Zuneigung entsprungen ist. Sie ist auch etwas Wesentliches im Leben von Charles de Foucauld.

Die Verbundenheit mit dem Islam bleibt auch, als Kleine Schwester Magdeleine ihre ursprüngliche Idee einer kleinen Fraternität mitten in der Sahara loslassen mußte, um sich für eine alle Ländergrenzen sprengende Kongregation zu öffnen. „Ich habe dem Herrn gehorcht, als er die Gemeinschaft als eine universale Gemeinschaft wollte, aber es ist der Islam, für den ich mein Leben gegeben habe ...“[55]

Eng verknüpft mit dieser Liebe zu den Nomaden ist ihre Liebe zu jener Landschaft, in der sie zu Hause sind. Die Wüste, die Sahara ist für Kleine Schwester Magdeleine der Ort ihrer Sehnsucht und der Ort der Begegnung mit Charles de Foucauld. „Ich bin voller Jubel angesichts dieser Landschaft meiner Träume, wo Sand und Himmel aneinanderstoßen, ohne daß irgendetwas den Blick ablenken würde.“[56]

Magdeleine wußte, daß nicht alle Kleinen Schwestern anderer Kontinente und anderer Kulturen diese Liebe zur Sahara und zum Islam nachvollziehen können. Aber es ist ihr Wunsch, daß sie sich darum bemühen. „Ich wünschte mir, daß alle Kleinen Schwestern versuchen, diesen Gedanken sich zu eigen zu machen. Aber ich weiß sehr gut, daß es schwierig ist zu lieben, was Ihr nicht kennt. Das ist der zweite Grund, warum es nötig ist, daß die Kleinen Schwestern aus allen Ländern und Rassen eine Zeit in der Sahara verbringen, um dort nicht nur die Lehren ihres Vaters und Bruders Karl von Jesus zu empfangen, sondern auch, um die Liebe zu ihren islamischen Brüdern kennen- und liebenzulernen.“[57]

Die Kindheit Magdeleines ist auch geprägt von einer Zuneigung zum fahrenden Volk (bohémiens), die vor allem den Zigeunern galt. „Als ich noch ganz klein war, wurde ich ganz besonders von den Zigeunern angezogen. Ich rannte zu ihnen, während die anderen sie nicht beachteten ... Dies war so auffallend, daß meine Großmutter sagte: »Du wirst sicher in einem Wohnwagen sterben« ... Diese Liebe wuchs mit zunehmendem Alter und in dem Maße, als ich begriff, mit welcher Ungerechtigkeit und Verachtung die Kleinen und Armen oft behandelt wurden.“[58]

Schließlich gab es wohl schon sehr früh in ihr eine Orientierung auf das Ordensleben hin. Was ihre Berufung betrifft, beschreibt sie diese bei einem Treffen mit anderen Ordensfrauen so: „Bin ich eine Spätberufene? Was diese Frage angeht, antworte ich im Blick auf die Geschichte meiner Berufung immer das gleiche:»Ich bin damit geboren!« ...“[59]

Im Rückblick erkennt Magdeleine, daß Gott sie schon früh auf ihren Weg vorbereitet hat und daß es einen inneren Zusammenhang zwischen diesen kindlichen Zuneigungen und ihrer Berufung zum Ordensleben gegeben hat. „Ich sehe heute sehr deutlich, daß er mich seit frühester Kindheit vorbereitet. Er hat mich zu sich gerufen, seitdem ich anfing zu denken, indem er gleichzeitig die Liebe zu Afrika und die Liebe zu den Kleinsten, Ärmsten und Verlassensten in mich gelegt hatte."[60]

*Krankheit und Schwäche: Zeit des Wartens*

Zu Beginn des ersten Bandes „Du Sahara au monde entier" erfährt man etwas von den zwanzig Jahren des Wartens, bis es der Kleinen Schwester Magdeleine überhaupt möglich wird, nach Algier aufzubrechen. „Zwanzig Jahre des Wartens! ... Man muß mit diesen Worten intensiv gelebt haben, um sich einen Begriff davon zu machen, was sie abwechselnd an Vertrauen und Angst in sich getragen haben ..."[61]

„...vier Jahre wegen des Krieges von 1914, bei dem wir einen großen Teil der Familie verloren haben ... zehn Jahre wegen einer tuberkulösen Rippenfellentzündung, die mich sehr geschwächt zurückließ – sechs weitere Jahre wegen meiner alten Mutter, die nach dem Tod meines Vaters im Jahr 1925 allein geblieben war und die ich nach diesen schrecklichen Prüfungen nicht verlassen konnte, denn ich war ihr einziger Halt."[62]

Schließlich wird die Krankheit zum auslösenden Moment ihres Aufbruchs. Ihr Arzt rät, wegen einer Arthritis mit Kalkmangel und Muskelschwund in den Schultern, möglichst schnell in ein trockenes Klima zu wechseln, „in ein Land, in dem niemals auch nur ein einziger Tropfen Wasser fällt ..., wie ..." – "in der Sahara" unterbrach sie ihn heftig.[63]

Ihr geistlicher Begleiter sieht darin das lang erwartete Zeichen für ihre Berufung. Denn er hat sie sieben Jahre lang davon abgehalten zu fahren, weil es ihm in ihrem Zustand als zu verrückt erschien. Für ihn ist es jetzt offensichtlich, daß Gott durch Magdeleine wirken will, und so gibt er ihr ein wichtiges Wort mit auf den Weg: „Vergessen Sie niemals: Gerade weil Sie menschlich gesehen zu gar nichts mehr fähig sind, kann ich mit einer solchen Sicherheit sagen, daß Sie gehen sollen. Denn wenn Sie selbst nichts tun werden, so wird es der liebe Gott sein, der alles machen wird, denn ohne ihn können Sie nichts machen, absolut gar nichts ..."[64]

Für Kleine Schwester Magdeleine liegt in diesem Wort der Schlüssel zum Geheimnis dieses langen und schmerzlichen Wartens. Die Erfahrung der Krankheit, der eigenen Schwäche und Unzulänglichkeit, die Erfahrung, aus eigener Kraft gar nichts zu können und gerade in der größten Ohnmacht zum Werkzeug Gottes zu werden, ist letztlich auch ein Schlüssel zur Ordensgründung.

„Die ganze Gründung ruht auf diesem prophetischen Wort, in dem sich das Geheimnis dieses langen und schmerzlichen Wartens erhellt ... Es mußte zerstört werden, bevor es möglich war aufzubauen, aus dem Werkzeug menschlicher Möglichkeiten mußte ein Werkzeug der Schwäche werden, damit Gott gerade dadurch frei handeln konnte ...“[65]

Um diesen Zusammenhang zu begreifen, hat sie selbst einige Zeit gebraucht. Lange ist ihr das Kranksein Grund zur Beunruhigung und zur Ungeduld. Erst im nachhinein erkennt sie die Fruchtbarkeit des Wartens: „Ich war beunruhigt, weil das Leben in mir sprudelte und ich nicht begriff, daß Krankheit und Leiden, weit davon entfernt, unfruchtbar zu sein, die wunderbarste und fruchtbarste Art sein könnten, um sich zu geben und zu dienen.“[66]

Die Erfahrung der eigenen Krankheit und Schwäche macht es Magdeleine auch möglich, anderen Kranken Mut zu machen: „Wie ihr kenne ich die dunklen Phasen der Angst, in denen man an allem zweifelt, in denen das Herz und die Seele noch mehr als der schmerzende Körper leiden, weil man nicht begreift, daß Krankheit und Leiden nicht unfruchtbar, sondern manchmal die fruchtbarste Weise sind zu dienen, und daß man zu sehr davon geträumt hat, sein Leben für eine große und schöne Sache hinzugeben.“[67]

Und Magdeleine zeigt den Kranken mit einem kleinen Film aus der Sahara, welche Möglichkeiten im Leben eines Kranken stecken, wenn er im Herzen einen Glauben hat, der Berge versetzen kann.

Die eigene Schwäche und Ohnmacht ist für Gott geradezu Voraussetzung und Bedingung, um zu zeigen, daß er der Handelnde ist. Gott ist es, der alles macht, und er macht es geradezu in dem Maße, in dem die Menschen um die Begrenztheit ihrer Kräfte wissen. Wo die eigene Kraftlosigkeit sein darf, hat Gott die Chance, im Menschen neue Kräfte freizusetzen. Nicht auf die eigene Kraft kommt es an, sondern auf die Kraft Gottes.[68]

Die menschliche Logik, die darauf achtet, ob jemand das „Zeug“ hat, Ordensgründer/in zu werden, wird damit auf den Kopf gestellt:

„Um deutlich zu zeigen, daß alles einzig und allein aus seiner Hand sei, hat er mich als das schwächste Instrument gewählt. Ich war ständig krank, und nichts an mir ließ eine zukünftige Ordensgründerin erahnen.“[69]

Das Bewußtsein, daß die Fraternität *Sein* Werk ist und sie selbst trotz Schwächen und Mängel *Sein* Werkzeug, durchzieht ihre Aufzeichnungen wie ein roter Faden. „Ich weiß mehr als je zuvor, daß ich nichts bin, nichts tauge, aber daß der Herr mich eines Zieles wegen führt ... nicht um meiner selbst willen ... An mir läßt er alle Mängel und Fehler wie an einem verkorksten und verrosteten Werkzeug, das trotzdem fähig ist, eine ganze Ladung Starkstrom weiterzugeben, ohne etwas zurückzubehalten."[70]

Nur selten klingt an, wie sehr Magdeleine durch die eigene Schwäche und Hilflosigkeit auch an Grenzen geführt wird. Sie lebt dann aus der Kraft, die ihr durch die Verbundenheit mit der Kirche zuwächst – hier verkörpert durch Mgr Provenchères.

„Ich bin ohne Kraft und untröstlich, weil ich Angst habe vor dem, was uns erwartet. Ich stütze mich ganz auf die Kraft, die mir durch Sie der Gehorsam zur Kirche gibt."[71]

Gerade auch in der Phase der rasanten und kräfteintensiven Zeit der Ausbreitung wird das Wissen um die eigene Schwäche das kostbarste Material. „Wenn ich an all meine künftigen Reisen und an meinen gegenwärtigen Gesundheitszustand denke, dann glaube ich, daß gerade das mein Weg sein wird: mit meiner ganzen Müdigkeit Fraternitäten zu gründen, nicht mehr zu können und doch immer weiter zu gehen und so meine ganzen Kräfte zu verbrauchen, selbst wenn ich von Zeit zu Zeit auf dem zu harten Weg fallen werde ... Gerade das ist mein Weg ..."[72]

Die Erfahrung des 20jährigen Wartens, die Überwindung des Hindernisses der Krankheit, das Bemühen, die tiefste Sehnsucht nicht den eigenen Schwächen und Mängeln oder der menschlichen „Vernünftigkeit" geopfert zu haben, waren die Basis für die Ordensgründung und haben ihr wesentlich die Richtung gewiesen.

### *"Lehrmeister" Charles de Foucauld („Bruder Karl")*[73]

Die 20 Jahre des Wartens waren schmerzlich. Als Licht, das diese dunkle Etappe ihres Lebens beleuchtet, beschreibt Kleine Schwester Magdeleine die Lektüre des Lebens von Charles de Foucauld. Die von René Bazin geschriebene erste Biographie erscheint 1921. Louis Massignon, einer der größten Orientalisten des 20. Jahrhunderts, der Charles de Foucauld persönlich gekannt hatte, fühlte sich als sein Erbe und bat René Bazin, die Biographie zu schreiben. In den Jahren nach dieser ersten Veröffentlichung erschien Charles de Foucauld vielen Suchenden als „kontemplativer Missionar", der eine Botschaft zu verkünden hatte, die in dieser Zeit dem Leben der Kirche sehr entsprach. Die Biographie wurde zum Auslöser für viele Berufungen, vor allem auch für die drei kleinen Gemeinschaften, die 1926 im Norden Afrikas erste Schritte auf den Spuren von Charles de Foucauld gingen.[74] Bis zur Gründung der drei Kongregationen der Kleinen Brüder von Jesus (1933), der Kleinen Schwestern vom Herzen Jesu (1933) und der Kleinen Schwestern von Jesus (1939) sollte es noch einige Jahre dauern. Inspiriert waren sie jedoch alle durch diese von René Bazin geschriebene Biographie.

Hier entdeckt auch Magdeleine jenes Ideal, das sie selber schon lange im Herzen trägt. Die Sehnsucht nach Afrika, nach dem Land und den Menschen, vermischt sich mit dem Wunsch, auf seinen Spuren zu gehen und wie er zu leben. „Ein kleines Licht erhellte unterdessen diese dunkle Phase: die Lektüre des Lebens von Père de Foucauld (von René Bazin), in dem ich vollkommen jenes Ideal fand, von dem ich träumte: gelebtes Evangelium, völlige Armut, Eintauchen in das Milieu der vernachlässigten Volksstämme ... und vor allem die Liebe in ihrer ganzen Fülle: *Jesus-Caritas, Jesus-Liebe* ... Und ich bat den Herrn, den Zeitpunkt meiner Abreise in islamisches Land, in die Sahara, in den Hoggar zu beschleunigen, um dort die Spuren des Kleinen Bruders Karl von Jesus zu finden und wie er zu leben ...“[75] Obwohl sie krank war, war sie ganz sicher, daß sie eines Tages eine dieser Kleinen Schwestern werden sollte, die sich Bruder Karl so sehr gewünscht hat.

Bruder Karl wird im Denken und Handeln Magdeleines immer eine besondere Rolle spielen. In ihrem Bewußtsein ist er der eigentliche Gründer der Fraternität. Sie möchte dies auch ihren Kleinen Schwestern immer wieder ins Bewußtsein rufen: „Ohne ihn bin ich nichts. Er ist unser Gründer, nicht ich. Ich habe nur liebevoll jede seiner Lehren wieder aufgenommen, ich bin nur das Echo seiner Stimme. Er war zwanzig Jahre lang mein Lehrmeister, bevor ich zu Euch gekommen bin ... zwanzig Jahre, in denen der Herr durch die völlige Ohnmacht meiner Krankheit meinen viel zu leidenschaftlichen Wunsch, Bruder Karl sofort nach seinem Tod zu folgen, geprüft hat. Ich habe Zeit gehabt, mich in der Interpretation seines Denkens zu versuchen und, wenn ich ein bißchen mehr Kühnheit hineinlege, dann deshalb, weil ich aus einem anderen Jahrhundert bin ...“[76]

Im Kontakt mit René Voillaume, dem Gründer der Gemeinschaft der Kleinen Brüder Jesu, ringt Magdeleine um eine möglichst große Nähe zum Leben und Denken von Bruder Karl. „Man muß seine Gedanken wieder aufnehmen, man muß sie in aller Reinheit deuten, man muß jede seiner Zeilen immer wieder lesen und man muß immer aufs neue darüber nachdenken.“[77]

Charles de Foucauld ist es auch, der die besondere Hinwendung zum Islam begründet: „Warum diese Bevorzugung ihnen gegenüber? ... Weil Bruder Karl von Jesus, obwohl er der Kleine Bruder aller war und obwohl es sein Wille war, Gemeinschaften auf der ganzen Welt zu haben, sie in besonderer Weise auserwählt hat. Er ist mitten unter ihnen gestorben, nachdem er sein Leben für sie hingegeben hat. Wegen ihm und wegen meiner ganz persönlichen Berufung, die mir der Herr gegeben hat, war mein erster Gedanke als Gründerin, eine Kongregation ins Leben zu rufen, die ausschließlich unseren Brüdern im Islam geweiht ist."[78]

Und Charles de Foucauld ist es, der für die Kleinen Schwestern der ganzen Welt die Sahara zum „spirituellen Zentrum" macht. Die Orte, an denen er gelebt hat, sollen zu Treffpunkten werden, denn dort erlebt man noch etwas von seiner Gegenwart.[79] „Um unsere Einheit mit Bruder Karl von Jesus zu leben ... soll die Sahara das Herz für alle Fraternitäten der Welt sein. El Abiodh, Touggourt, Béni-Abbès, El Goléa, Tamanrasset sollen spirituelle Zentren sein, zu denen alle Kleinen Schwestern der ganzen Welt kommen, um ohne Angst vor Rassismus oder Nationalismus in der Sahara den Lehren Bruder Karls zu folgen, in der er so viel geliebt, so viel gearbeitet, so viel gebetet und gelitten, in der er sein Blut vergossen hat."[80]

Eine ausführliche Darstellung des Lebens von Charles de Foucauld und seiner Grundideen könnte auch eine Hinführung zum Weg der Kleinen Schwester Magdeleine sein. In der vorliegenden Arbeit wird jedoch der umgekehrte Weg gewählt. Das Leben des Kleinen Bruders Karl kommt nur insofern in den Blick, als es im Leben Magdeleines aufscheint.[81]

### *Aufbruch und Boghari*

Mit der Bereitschaft, Gott handeln zu lassen und sich selbst zu Seinem Werkzeug zu machen, konnte eine spannende Geschichte mit Gott beginnen. Ihre Beschreibung scheint vom ersten Moment an eher einem Abenteuerroman als einer Ordensgründung entnommen zu sein.

„Am 6. Oktober 1936 schifften wir uns mit einer übergroßen Freude ein für dieses islamische Land, nach dem ich mich seit zwanzig Jahren sehnte. Zusammen mit meiner ersten Gefährtin und meiner alten Mutter, die mit einem Lächeln und ohne jede Furcht abreiste, glücklich, mit von der Partie zu sein."[82]

Daß diesen Aufbruch mancher ironische oder auch mitleidige

Blick begleitet hat, läßt sich gut vorstellen: „Welch ironisches Lächeln angesichts dieses verrückten Gespanns, das sich da einschiffte: eine alte Dame, kurz vor ihrem letzten Atemzug, Anne, ein junges Mädchen, auch sie krank, und schließlich ich mit meiner steifen Schulter, den Arm in der Schlinge mit solchen Schmerzen, daß ich nicht fähig war, auch nur das kleinste Stück Gepäck zu tragen ... "[83]

Die ersten Jahre in Afrika erzählen von einem sehr individuellen Glaubensweg. Die Ankunft in Algier ist zunächst nur die Verwirklichung einer tiefen inneren Sehnsucht, der Magdeleine mit großer Treue über viele Jahre hinweg getraut hat. Die Erfahrungen der Kindheit, die innere Verwandtschaft mit Charles de Foucauld nehmen hier Gestalt an. Daß sie die ersten Schritte zusammen mit einer Gefährtin gehen kann, ist nicht von ihr geplant. Sie hat nicht nach ihr gesucht und empfindet sie als ein Geschenk des Himmels.[84] Mit dieser Gefährtin verbindet sie die Suche nach einem Leben extremer Armut im Milieu der Moslems.

Magdeleine kommt ganz ohne Pläne nach Algier, bereit, dorthin zu gehen, wo Gott sie hinschicken wird, offen für jedes Zeichen, das ihr gottverbundene Menschen geben werden. Bevor sie nach Algier abreist, sagt ihr geistlicher Begleiter, sie werde dort bestimmt einem Priester begegnen, der sie um Hilfe bitten wird. Dieser Priester ist Abbé Declercq, Pfarrer von Boghari, der die beiden Frauen bittet, in Boghari ein Zentrum einzurichten.

Sie ziehen zunächst in ein armseliges Haus, das von moslemischen Familien bewohnt ist. Die vielen Menschen, die um Hilfe bitten, geben ihrem Leben sehr schnell eine feste Struktur: „Der Andrang von Frauen, Kindern, Kranken und Armen zwang uns im folgenden Jahr dazu, nach und nach in einem größeren Haus das einzurichten, was dann zu einer Krankenstation, zu einer Nähstube und zu einem Ort der Verteilung der Armensuppe wurde ... ganz und gar ein Haus der Caritas, so wie es überhaupt nicht meiner persönlichen Berufung entsprach."[85] Um sich nicht ganz überrollen zu lassen und auch, um mit den Nomaden im Kontakt zu bleiben, beschließen sie, jeden zweiten Tag mit dem Zelt unterwegs zu sein.

Obwohl Magdeleine glücklich ist, den Menschen helfen zu können und sich auch nicht schonen möchte, spürt sie doch, daß die gelebte Aktivität nur einem Bereich ihres Suchens Antwort geben kann. Eine Aktivität, in der kein Raum mehr für Stille und Gebet ist, kann auf lange Sicht ihrer Sehnsucht nicht genügen – auch wenn sie endlich im Land ihrer Träume ist. „Während einer gewissen Zeit ...

kann man sich berauschen lassen durch das Fieber einer ständig wachsenden Aktivität und durch die Freude, all dieses Elend lindern zu können, aber man bemerkt dann doch schnell, daß einer solchen übermäßigen Aktivität etwas Wesentliches fehlt: die Zeit, sich zu sammeln und zu beten."[86]

Magdeleines Berufung ist es, „kontemplativ mitten in der Welt" zu leben. „Dies war auch die Berufung des Kleinen Bruders Karl von Jesus, der in einer intensiven Aktivität doch einer der größten Kontemplativen seines Jahrhunderts geblieben ist. Ich litt sehr darunter, daß ich dies in Boghari nicht fand, denn ich war im Blick auf meine Berufung verwirrt und enttäuscht ..."[87]

Der Gedanke, Boghari aufzugeben, fällt ihr wegen der Menschen, zu denen sich Freundschaften entwickelt haben, nicht leicht. Um mehr Klarheit über die Pläne Gottes zu bekommen, macht sie eine Wallfahrt nach El Goléa. Dort kommt es zu einer ersten Begegnung mit René Voillaume. Sie hat ihm, ohne ihn zu kennen, schon früher geschrieben, um sich mit ihm über ihren Wunsch, wie Charles de Foucauld zu leben, auszutauschen. In einem Gespräch in El Goléa erzählt Magdeleine von ihren Sehnsüchten. Von der Reaktion Voillaumes schreibt sie nichts. Es wird ein Treffen in El Abiodh vereinbart.

Zurück in Boghari erfährt sie, daß die Schwester des Abbé Declercq, Generaloberin einer Schwesternkongregation, bereit wäre, die Einrichtung von Boghari zu übernehmen und weiterzuführen. Die Entscheidung zu gehen, ist damit gefallen. Menschlich gesehen ist es jedoch völlig verrückt, die so liebgewordenen arabischen Freunde zu verlassen.[88] So geht sie schweren Herzens, aber mit der Gewißheit, daß es richtig ist zu gehen.

„In Boghari haben wir in einer übermäßigen Aktivität gelebt, denn die Krankenstation, die Nähstube und die Suppe für die Armen nahmen uns immer mehr in Beschlag. Wir hatten zum Beten und selbst zum Nachdenken nicht genug Zeit, während ich mich doch danach sehnte, dem Beispiel von Bruder Karl entsprechend, mitten in der moslemischen Welt ein kontemplatives Leben zu führen ..."[89]

Vor dem endgültigen Abschied gehen Magdeleine und ihre Gefährtin noch für eine Woche zu den Kleinen Brüdern nach El Abiodh, um in der großen Stille der Wüste Einkehr zu halten. Ohne etwas über den Inhalt der Gespräche anzudeuten, schreibt sie in einem kurzen Satz von mehreren Begegnungen mit René Voillaume.

## *2. Gründungsphase: „Von der Sahara in die ganze Welt" 1939–1949*

### *Noviziat und Geburt der Fraternität*

Nach dem Abschied von Boghari will Magdeleine sich zunächst in ein Kloster zurückziehen: „...eine sehr klare Idee, eine geradezu unwiderstehliche Sehnsucht nahm mich ganz gefangen. Es war der Wunsch, mich für einige Monate in ein Ordensnoviziat zurückzuziehen, um mich in der Stille zu sammeln und jene geistlichen Kräfte wieder wachsen zu lassen, die unter der Überaktivität von Boghari ein wenig gelitten hatten. Ich wollte mich darauf vorbereiten, wirklich ein Ordensleben zu führen – ohne dabei im geringsten an die Gründung einer neuen Kongregation zu denken."[90]

Mgr Nouet, apostolischer Präfekt von Ghardaïa, vermittelt sie zu den Weißen Schwestern von Saint-Charles-Birmandreis in der Nähe von Algier. Eine Zeit von sechs Monaten ist vorgesehen.

Novizin zu sein, tut ihr gut, auch wenn es manches zu kämpfen gibt: „Wie jede Novizin mußte ich durch trockenes Wüstenland, wo das Herz sehr oft zermalmt wird, wo jedoch gelegentlich der Herr kommt, um zu trösten."[91]

Schließlich bittet Magdeleine darum, weitere drei Monate bleiben zu dürfen. Mgr Nouet empfiehlt ihr, ein ganzes Jahr zu bleiben, um den kanonischen Pflichten eines Noviziats zu entsprechen. Gleichzeitig fordert er Magdeleine auf, die Konstitutionen zu schreiben. Er gibt ihr zu verstehen, daß es ihm lieber wäre, sie als Ordensfrau den nächsten Schritt machen zu sehen, zumal es ja schon immer ihr eigener Wunsch gewesen sei, das Ordensleben zu wählen. Mit dieser Entscheidung erfüllt sich Magdeleines Wunsch zum Ordensleben, von dem sie sagt, daß sie damit wohl schon zur Welt gekommen sei. Und doch staunt sie, welche verrückten Wege Gott mit ihr geht. „Wie widersprüchlich Jesus sein kann. Um meinen Wunsch nach einem Ordensleben zu erfüllen, wartete Er solange, bis ich selber schon völlig aufgegeben hatte, es jemals zu verwirklichen – und wiederum ging Er einen ganz eigenartigen Weg mit mir..."[92]

Mit der Aufforderung von Mgr Nouet, die Konstitutionen zu schreiben, ist die Gründung einer neuen Ordensgemeinschaft beschlossene Sache: „Die Geburt der Fraternität war beschlossen durch die einzige Stimme, die in meinen Augen berechtigt war, mir den Willen Gottes zu zeigen – ohne daß ich mich meinerseits irgendwie eingemischt hätte. An mir lag es nur, dem Weg zu folgen, der in hellem Licht vor mir lag!“[93] Doch denkt Magdeleine zunächst nur an eine sehr kleine Gemeinschaft von Schwestern, die als Nomaden einen Teil des Jahres in der Sahara unterm Zelt mitleben würden.[94]

Der Tag, an dem Magdeleine und Anne ihre Gelübde ablegen, der 8. September 1939, wird von da an als Gründungstag der Kongregation der Kleinen Schwestern gefeiert. An diesem Tag, so schreibt sie, habe man gespürt, daß jetzt eine erste Etappe abgeschlossen sei und daß man nun eine neue, große beginnen werde. Äußerlich bringen die beiden Frauen dies zum Ausdruck, indem sie ihre Familiennamen ablegen. „Von jetzt an verzichten wir auf unseren Familiennamen, um ganz offiziell den Namen Jesu anzunehmen: Kleine Schwester Magdeleine von Jesus, Kleine Schwester Anne von Jesus.“[95]

### *Magdeleine und die Kleinen Brüder*

Am 30. September 1933 entsteht aufgrund der Schriften und der Pläne Charles de Foucaulds eine Gemeinschaft von fünf jungen Priestern, die sich in El-Abiodh-Sidi-Cheikh in der Nähe von Oran niederlassen. Sie nennen sich „Brüder von der Einsamkeit“.

„Das Leben in der Wüste und die Erfahrungen der Existenzbedingungen der Masse während des Krieges führen diese »Kleinen Brüder Jesu« dazu, in lebendiger Weise die Pläne Charles de Foucaulds auf die jeweiligen Lebensumstände zu übertragen.“[96]

Zunächst gingen diese Männer einen radikal klausurierten Weg. In den Jahren zwischen 1930 und 1936 dachten sie daran, ihr ganzes Leben in der Klausur von El Abiodh zu verbringen und in der Wüste zu sterben.[97] Die Entscheidung, die Gemeinschaft auch außerhalb der Wüste anzusiedeln, war für die Kleinen Brüder ein radikaler Einschnitt.

„Als wir uns entschieden hatten, von El Abiodh, der Wüste, zur Gründung der ersten Arbeiterfraternität zu gehen, bedeutete dies für uns eine radikale Veränderung. Zunächst die Unterbrechung der Klausur, dann die Arbeit draußen, was von Bruder Karl so nicht vorgesehen war. Für ihn war die Arbeit immer innerhalb der Klausur. Im übrigen stellte sich diese Frage für die Ordensleute seiner Zeit nicht.“[98]

Als Magdeleine mit Anne nach Algier kommt, gibt es also bereits in El Abiodh diese Gemeinschaft von Männern, die im Geiste von Charles de Foucauld leben.[99] Dennoch gehen die beiden Frauen in

Boghari zunächst ihren eigenen Weg. Erst als sie im März 1938 eine Wallfahrt nach El Goléa machen, um mehr Klarheit über ihr Engagement in Boghari zu bekommen, kommt es zu einer ersten Begegnung mit René Voillaume. Über das gemeinsame Gespräch erfährt man wenig: „Nach der Feier bitte ich, ihn sprechen zu dürfen, und wir machen einige Schritte hinter der Kirche. Ich erzähle ihm von all meinen Sehnsüchten, vor allem von diesem Leben unterm Zelt, das mich so anzieht. Er hört mir mit viel Güte zu, aber spricht fast gar nichts, und nachdem ich ihn verlassen habe, bin ich ganz durcheinander, ob er mit mir einverstanden ist oder nicht.“[100]

Sie vereinbaren, im Briefkontakt zu bleiben und sich für Besinnungstage in El Abiodh zu treffen. Aber Magdeleine wird sich nicht auf die Starthilfe der Kleinen Brüder stützen können. Denn im August 1940 verlangt Mgr Nouet, die ersten Schritte in der Gründungsgeschichte allein zu gehen. Magdeleine soll ohne Hilfe von Pater Voillaume die ersten Erfahrungen der Gründung machen, damit ihre Grundidee durch keinen äußeren Einfluß verändert wird. Dieser Bitte zu entsprechen, wird für Magdeleine ein harter Akt des Gehorsams. Im Vertrauen, daß Gott diesen Gehorsam von ihr will, ist sie bereit dazu.[101] Schließlich liegt darin die Chance, ohne Einfluß der bereits bestehenden Kongregation der Kleinen Brüder, ihrer Berufung eine ganz eigene Entfaltung zu geben.

So kommt es denn erst im November 1944 zu einer längeren Begegnung bei Einkehrtagen in El Abiodh. „Ich bin so glücklich darüber, denn dies ist das Ende der Verpflichtung, die mir Mgr Nouet im Jahr 1940 auferlegt hatte: die Fraternität ohne die Hilfe von Pater Voillaume zu gründen.“[102] Endlich ist Gelegenheit, die Erfahrungen auszutauschen. Und es ist für alle faszinierend zu sehen, welchen Weg die beiden Gemeinschaften unabhängig voneinander gegangen sind und welche innere Annäherung trotz unterschiedlicher Akzentsetzung stattgefunden hat. „Die Kleinen Brüder haben mit einem fast klösterlichen Leben begonnen und wir haben fast ausschließlich mitten unter den Nomaden gelebt.“[103]

Erst ab 1947 gibt es dann regelmäßige Treffen mit René Voillaume in El Abiodh. Zu einer ganz besonderen Begegnung wird die sechste „Session“.[104] Zusammen mit den beiden zuständigen Bischöfen Mgr Mercier und Mgr Provenchères wird die Entwicklung der beiden Gemeinschaften betrachtet. Die Bischöfe bitten die Kleinen Schwestern, Pater Voillaume als den Repräsentanten und Interpreten der Gedanken von Bruder Karl zu betrachten.[105] Doch bis dahin ist Magdeleine mit ihren Kleinen Schwestern einen von den Kleinen Brüdern völlig unabhängigen Weg gegangen.

*Touggourt: Die erste Fraternität in der Wüste*

Boghari war der erste Schritt in ein Land, in eine Mentalität, in eine Glaubenswelt, nach der sich Kleine Schwester Magdeleine lange gesehnt hat. Mit Touggourt, der ersten Fraternität, sollte sich nun auch der Traum von der Wüste erfüllen. „Niemand kann erahnen, was diese Worte für mich bedeuten: in die Sahara aufbrechen ... nicht mehr nur im Traum, sondern in der Realität. Ich wartete doch schon seit 20 Jahren darauf und hatte Herz und Seele diesem Ziel meines Lebens entgegengestreckt!“[106]

Den Ort dieser ersten Fraternität beschreibt sie so: „In Touggourt, am Rande des Dorfes Sidi Boujnan, mitten in der Wüste und inmitten von Zelten und Zribas[107], in der Nähe eines artesischen Brunnens, einem Nomadentreffpunkt der ganzen Region, hat der Herr uns einen Platz zugewiesen ...“[108]

Dort, wo nur Sand, Dünen und Nomaden zu sehen sind, beginnt Kleine Schwester Magdeleine die erste Fraternität aufzubauen – was bei den zur Verfügung stehenden Mitteln den Einsatz aller Kräfte verlangt, vor allem jedoch die freundschaftliche Unterstützung der Nomaden. „Sidi-Boujnan, das ist vor allem ein Werk der Freundschaft, das zugleich auf gegenseitigem Verständnis und gegenseitigem Respekt ruht, wie auch auf geschwisterlicher Liebe.“[109]

Die Forderungen dieser Freundschaft relativieren in Einzelfällen auch immer wieder die Einsicht, eigentlich gegen die „Berufung“ zu handeln. Als während des Krieges monatliche Weizenrationen ausgeteilt werden und die Nomaden in ihrer Gastfreundschaft damit nicht umgehen können und in kürzester Zeit alles aufbrauchen, entschließt sich Magdeleine, eine wöchentliche Verteilung zu übernehmen.[110]

Später wird Kleine Schwester Magdeleine im Rückblick sehen, wie tief sie mit dieser Fraternität innerlich verbunden geblieben ist. „Es ist die erste große Liebe gewesen, der Ort, an dem ich in so tiefer Freundschaft mit den Ärmsten der Nomaden gelebt habe ... auch mit den Seßhaften ...“[111]

Trotz dieser tiefen Verbundenheit wird Touggourt in den folgenden Jahren immer mehr zum Zwischenaufenthalt, um von dort aus weitere Schritte für das Wachsen der Fraternität zu unternehmen. Zunächst sind dies vor allem Reisen nach Frankreich, um die Fraternität bekannt zu machen und um in diesem Anfangsstadium der Ordensgründung die nötigen Mittel zu bekommen. Nicht zuletzt, um immer wieder die Mutter dort sehen zu können.

Am 30. März 1946 bittet Mgr Mercier sie, Touggourt zu verlassen, um in El Abiodh zu gründen. Für Kleine Schwester Magdeleine ist es furchtbar, all die Freunde verlassen zu müssen, die geholfen haben aufzubauen, und die Vertrauen in sie gesetzt haben. In der Tat wird Touggourt erst wieder im Dezember 1951 geöffnet. „Ich erfahre, wie an bestimmten Tagen der Gehorsam heroisch sein kann ... Wie eine Maschine verlasse ich das Haus der Weißen Väter, um mich in die Kapelle zu flüchten. Und die ganze Nacht habe ich das Gefühl, daß mein Herz zerspringen wird.“[112] In einer Anmerkung dazu schreibt sie, daß sie diese Entscheidung erst viel später begriffen hat.

### *Öffentlichkeitsarbeit*

Bei ihrer ersten Reise von Touggourt nach Frankreich muß Kleine Schwester Magdeleine wegen des Krieges einen zweimonatigen Aufenthalt in Algier in Kauf nehmen. Sie benützt die Zeit, um an den Konstitutionen zu arbeiten.

Das ganze Mitleid der Schwestern, bei denen sie zu Gast ist, kommt ihr entgegen – denn alle halten ihre Pläne für Illusionen. Wer sollte sich schon unter den vorgegebenen Bedingungen dieser neuen Ordensgemeinschaft anschließen wollen? Man ist überzeugt, daß sie allein bleiben wird.[113]

Magdeleine fühlt die Mühe dieses Anfangs sehr schmerzlich, und einzig der Glaube, daß es in der Hand Gottes liegt, ob die Gründung bestehen wird, gibt ihr die Kraft weiterzugehen. „In der Tat fühlte ich mich schrecklich allein. »Gehen Sie weiter«, sagte man mir, »wenn Ihre Gründung von Gott kommt, dann wird sie bestehen, wenn nicht, dann wird sie sowieso verschwinden«, oder sogar: »Wenn es gelingt, werden alle Leute sie loben, wenn es scheitert, werden alle sich gegen Sie verbünden, um Sie hinauszuwerfen!«“[114] Sie ist sich sicher, daß es das Werk des lieben Gottes war, das sich in diesem Leiden ankündigte. „Denn wenn das Weizenkorn in die Erde fällt und stirbt, trägt es reiche Frucht.“[115]

Während dieses Wartens in Algier kommt ihr auch die Idee, einen Film über Touggourt zu machen, „ ...um das Besondere unserer Berufung bekannt zu machen und die Mittel zu sammeln, die wir in dieser Anfangsphase der Gründung so nötig haben.“[116]

In den Kriegsjahren 1940–45 „durcheilt“ sie Frankreich mit ihrem Film „Sous l’Egide de Notre-Dame et de son Fils Jésus, un coin du désert fleurira“. Sie organisiert etwa 600 Veranstaltungen, bei denen sie über Frère Charles de Jésus spricht, die Gemeinschaft bekannt macht und gleichzeitig die Mittel besorgt, um die Fraternität in Sidi Boujnan und die in Frankreich beginnenden aufzubauen. Sie weiß, auf welch schwieriges Unternehmen sie sich in den harten Zeiten des Krieges einläßt. Aber nichts kann sie davon abhalten.

In einer Tagebuchnotiz vom 30. September 1942 bekommt man einen kleinen Eindruck von der „Bewegtheit“ dieser Vorträge.[117] Zeitweise zeigt sie jeden Tag an einem anderen Ort ihren kleinen Film. Kein Wunder, daß diese Reisen immer wieder ihre Kräfte übersteigen. „Ich setzte mich an den Rand der Straße und weinte, weil ich plötzlich viel zu drückend eine Einsamkeit spürte – Folge dieser Vortragstourneen, deren dringende Notwendigkeit niemand einsehen wollte.“[118]

Solche Momente der Mutlosigkeit werden jedoch nie zu einer grundsätzlichen Resignation. Davor bewahrt sie nicht zuletzt ihr Humor, der auch in unbequemen Momenten noch Grund zum Lachen findet. So bittet sie vor der Aufführung ihres armseligen, kleinen Filmes im voraus schon um Entschuldigung, weiß sie doch bei keiner Aufführung, in wie viele Einzelteile der Film zerfallen wird: „Er besteht nur noch aus Teilchen und Stücken. Inzwischen sind es fast 300, und jedes Mal, wenn ich mit einer Vorführung beginne, sage ich mit Schrecken: »Herr, mach, daß die 300 Teile nicht alle gleichzeitig auseinanderfallen!..«“[119]

Auch wenn diese Vorträge und das ständige Unterwegssein sie sehr viel Kraft kosten, entspricht dies doch ihrem Nomaden-Dasein. „Das ist die vollkommene Freude: Die Kälte, die Müdigkeit, das harte Leben ... denn es ist so schön, Jesus überallhin zu bringen und ganz einfach eine Kleine Schwester zu sein, sich an alle Tische zu setzen und so zu sein wie alle Welt. Unser Leben ist gut so.“[120] In welcher Maßlosigkeit und Hingabe, aber auch unter welchen gefährlichen und zugleich beglückenden Umständen sie gerade in diesen Kriegsjahren ihre Vorträge hält, ist an einzelnen Aufzeichnungen zu erahnen. „Ich habe acht Vorträge in 24 Stunden gehalten. Ich bin äußerlich und innerlich verbraucht. Aber ich bin doch mit einer solchen Freude erfüllt, weil eine der Konferenzen in einem Konzentrationslager, hinterm Stacheldraht, stattgefunden hat – vor 80 weiblichen Häftlingen, von denen fünfzig Kommunistinnen waren. Ich war so glücklich zu sehen, wie sehr sie innerlich angerührt waren!“[121]

In dieser ersten Phase sind die Reisen mit dem kleinen Film und den Vorträgen ein geeigneter Weg, die Gemeinschaft bekannt zu machen und die benötigte Unterstützung zu bekommen.

*Die ersten Novizinnen – "Formation religieuse"*

Schon zu Beginn ihrer ersten Reisen macht sich Kleine Schwester Magdeleine Gedanken um künftige Berufungen. Es ist ihr klar, daß es für junge Mitschwestern eine Vorbereitung auf das Ordensleben geben muß, bevor sie in die Sahara kommen. „Die Erfahrung meiner ersten Gefährtinnen hat sehr gut gezeigt, daß es unmöglich wäre, sie weiterhin direkt in die Sahara gehen zu lassen, ohne ihnen eine gründliche Vorbereitung für das Ordensleben zukommen zu lassen. Wer wird sie ihnen geben?“[122]

Sie ist zunächst außerstande, sich selbst darum zu kümmern und sucht nach Hilfe bei einer bereits erfahrenen Kongregation. „Les Soeurs de Jésus-Réparateur“ sind bereit, in ihrem Noviziat in Sainte Foy-les-Lyon eine der Schwestern als Novizenmeisterin freizustellen. Im Dezember 1940 beginnen dort die ersten fünf Novizinnen. Unmittelbar daran anschließend macht sich Magdeleine auf die Suche nach einem eigenen Noviziatshaus, wobei sie von Anfang an Aix-en-Provence im Blick hat.

Am Weihnachtstag des gleichen Jahres kann sie den Novizinnen in einem Brief schreiben: „In die zwei leeren Hände, die ich Ihm immer entgegenstrecke, hat Er ein großartiges Weihnachtsgeschenk gelegt: unser zukünftiges Noviziatshaus, das vom Erzbischof von Aix und seinem Generalvikar mit einer solchen Freude angeboten wurde, daß sich der Wert des Geschenks sogar verdoppelt.“[123] Dieses Haus in der Nähe von Aix, im Tubet, entspricht in allem ihren Vorstellungen und ist für Magdeleine ein echtes Geschenk Gottes.

Als sie nach einem fünfmonatigen Aufenthalt in Touggourt nach Frankreich zurückkehrt, erfährt sie, daß die „Soeurs de Jésus-Réparateur“ in Sainte Foy-les-Lyon wegen des Krieges sich nicht mehr in der Lage sehen, die Verantwortung für die Novizinnen zu übernehmen. Die Dominikanerinnen in Tourelles sind daraufhin bereit, sie bei sich aufzunehmen. Bei ihnen hofft Magdeleine, eine geeignete Novizenmeisterin zu finden, die Verständnis hat für ihre Vorstellung vom Ordensleben. Sie weiß, daß ihre einfachere und freiere Auffassung sich von einem klassischen, der Welt abgewandten Ordensleben unterscheidet.

Die Dominikanerinnen sind sehr hilfsbereit und „leihen“ drei ihrer Schwestern, eine Verantwortliche, eine Novizenmeisterin und eine Verwalterin - drei Dominikanerinnen für fünf Novizinnen! So kann Magdeleine wieder in die Sahara zurückkehren, um dort den Aufbau der Fraternität in Sidi Boujnan voranzutreiben. Doch sie überläßt die spirituelle Prägung und Begleitung nicht nur den Dominikanerinnen, sondern trägt ihren Teil zur „formation religieuse" bei, indem sie in ständigem Briefkontakt mit ihren Novizinnen steht. In ihren Briefen läßt sie die Kleinen Schwestern an allem teilhaben, was sie gerade bewegt. Sie erzählt von Erlebnissen bei ihren Vorträgen und von ihren Plänen über den Ausbau des Hauses im Tubet. Sie gibt ihre Gedanken über Gehorsam und Verfügbarkeit und ihre Sicht vom Ordensleben weiter.

Andererseits hält sie auch bewußt Abstand. „Ihr dürft nicht verlangen, daß ich ständig in eurer Nähe bin, denn das ist nicht meine Aufgabe. Meine gegenwärtige Aufgabe besteht darin, für euren Lebensunterhalt zu sorgen, ohne Angst, ich könnte mich dabei verschleißen. Damit unsere Kongregation leben kann, ist es wichtig, Bedingungen für ihre Ausbreitung zu schaffen."[124]

Ihre Aufenthalte im Tubet nützt sie, um mit den Novizinnen über grundlegende Themen der Spiritualität zu sprechen. „Ich komme zurück, um einige Tage im Tubet zu verbringen, denn es ist wichtig, daß ich von Zeit zu Zeit mit den Novizinnen zusammen bin, um ihnen mündlich zu sagen, was ich ihnen ständig von unterwegs schreibe: Armut, Kleinsein, Geist der Kindschaft, Einfachheit, Liebe zur Kirche, Vorliebe für die Kleinen und Armen."[125]

Zu Beginn des Jahres 1943 treffen sich alle Kleinen Schwestern. Magdeleine nützt die Gelegenheit, über mehrere Wochen hin jeden Tag mit den Kleinen Schwestern über Themen der Ordensspiritualität zu reden. „Mein Lieblingsthema ist der »kleine Jesus« - der ganz kleine -, den ich ihnen so gerne geben möchte, in seinem ganzen Kleinsein, seiner Einfachheit und seiner Freude ..."[126]

Bei diesen Begegnungen kristallisieren sich immer mehr jene Themen heraus, die für die Spiritualität der Kleinen Schwestern grundlegend werden. Gleichzeitig wird in Magdeleine der Wunsch immer stärker, den Kleinen Schwestern auch eine theologische Ausbildung zukommen zu lassen. „Von Anfang an, schon im ersten Entwurf der Konstitutionen, hatte ich vorgesehen, daß alle Kleinen Schwestern, ohne Ausnahme, mindestens ein Jahr Theologie studieren."[127]

Am 8. Oktober 1943 kehrt die „geliehene" Novizenmeisterin zu ihren Dominikanerinnen in Tourelles zurück. Das heißt für die noch junge Fraternität der Kleinen Schwestern, daß sie nun auf eigenen Füßen stehen muß.

*Das Ende des Krieges*

Die letzten Kriegstage erlebt die kleine Gemeinschaft noch in großer Aufregung. Es wird sehr schnell beschlossen, Le Tubet zu verlassen, weil in der Nähe eine Eisenbahnlinie vorbeiführt. Explosionen und Anschläge werden befürchtet. Innerhalb eines Tages wird zusammengepackt. Kleine Schwester Mathilde bleibt im Tubet, Magdeleine begleitet die Novizinnen, ohne selber zu wissen, wo sie unterkommen würden. Die Profeß-Schwestern sind noch in Paris, um dort arabisch zu lernen. Kleine Schwester Magdeleine reist umher, um zu ermutigen. „Meine Aufgabe scheint zu sein, von der einen zur anderen zu reisen, um sie zu bestärken, bereit, wenn nötig auch die gefährlichsten Wege zu benützen ...“[128]

Als sie in Paris angekommen ist, erfährt sie, daß die Kleinen Schwestern auch dort nicht bleiben können, weil man in Paris mit schweren Angriffen rechnet. Wie inzwischen die Novizinnen, finden sie in Lyon bei den Sacré-Coeur Schwestern Unterkunft. Magdeleine kehrt ins Tubet zurück, wo die Situation sich zuspitzt, ohne daß in ihren Briefen der Humor verschwinden würde – vielleicht, um die anderen Kleinen Schwestern zu beruhigen: „Hier sind wir, auf den einfachsten Nenner gebracht: Père Salel, Madame Boulanger, drei Kleine Schwestern, zwei Ziegen, sieben Kaninchen, drei Hennen.. Aber unser Herz ist mit Liebe erfüllt ...“[129]

Kaum sind hier die Alliierten eingetroffen, macht sie sich über Marseille auf den Weg nach Lyon. Sie hält es nicht aus, die anderen Kleinen Schwestern in Unsicherheit zu wissen und nimmt dafür alle Gefahren in Kauf. In Grenoble bekommt sie wegen Spionageverdachts ernsthaft Schwierigkeiten. Nachdem der Irrtum sich aufgeklärt hat, wird sie von Militärfahrzeugen bis 30 km vor Lyon gebracht, das noch immer von Deutschen besetzt ist. Mit einem Fahrzeug des Roten Kreuzes gelingt es ihr schließlich, nach Lyon zu kommen. Die Fahrer nehmen sie gerne mit, lassen sie über die Gefährlichkeit des Unternehmens jedoch nicht im unklaren! „»Wir sind bisher jeden Tag beschossen worden, aber wenn Sie keine Angst haben, können Sie gerne zu mir einsteigen«, sagt mir der Fahrer. Ich habe ganz furchtbare Angst ... aber trotzdem steige ich ein mit meiner weißen Flagge.“[130]

Kurze Zeit später kommen auch in Lyon die Alliierten an, der

Krieg ist vorbei. Kaum jedoch sind einige Tage vorüber, da wachsen in Magdeleine bereits die nächsten Pläne. „Nun, da der Krieg zu Ende ist und die Möglichkeit besteht, nach Nordafrika zurückzukehren, kündige ich den Kleinen Schwestern meine Vorhaben an: zuerst nach Algier zu gehen, um Mgr Mercier zu sehen ... dann nach Touggourt, um unsere lieben arabischen Freunde zu treffen und die Bauarbeiten voranzutreiben ... bei der Rückkehr den Weg über Tunis zu nehmen, um die Möglichkeit einer arabischen Studienfraternität zu überprüfen ... schließlich nach Rom zu gehen, um dem Heiligen Vater von unserer Fraternität zu berichten und ihn darum zu bitten, eines Tages unser Mutterhaus in Rom haben zu können ..."[131]

### *Erste Begegnung mit dem Papst*

Ihr Plan, nach Rom zu gehen, wird durchgeführt, sobald es sich angesichts des erst beendigten Krieges irgendwie realisieren läßt. Ihre Ankunft in Rom im Dezember 1944 erregt allgemeines Erstaunen. „Man betrachtete unsere außergewöhnliche Ankunft aus besetzter Zone als Gnade Gottes, die auf dieser neuen Ordensfamilie lag, von der man in vatikanischen Kreisen noch nichts gewußt hatte."[132] Offensichtlich war es bis dahin noch niemandem gelungen, in die Stadt zu kommen. „Alle sind über unsere Ankunft in Rom erstaunt, denn nach menschlichem Ermessen wäre sie unmöglich gewesen. Seit dem Krieg konnte bisher noch keiner dorthin gelangen."[133]

Daß sie als Entschädigung für die irrtümliche Festnahme wegen Spionageverdachts Militärfahrzeuge in Anspruch nehmen durfte, wußte ja niemand. Diese Reise nach Rom war teuer bezahlt, denn immerhin waren in Grenoble die Maschinengewehre schon auf sie gerichtet, und sie entkam nur knapp dem Tod. Den zuständigen militärischen Behörden war dieser Irrtum sehr peinlich, und sie boten ihr an, alle militärischen Transportmittel in Anspruch nehmen zu dürfen. Ansonsten wäre es zu diesem Zeitpunkt wirklich nicht möglich gewesen, nach Rom zu kommen.[134]

Um ihre Audienz beim Papst gut vorzubereiten, schreibt sie ihm zunächst einen Brief. Kurz vor ihrer Audienz wird ihr mitgeteilt, daß Papst Pius XII. persönlich die vorgesehene Spezialaudienz in eine Privataudienz[135] umgeändert hat. In dieser bringt sie ihre wichtigsten Anliegen zur Sprache. Sie erklärt ihm, daß sie immer die *„Kleinen Schwestern von gar nichts"* sein wollen, ohne daß jemand auf die Idee kommt, sie jemals *„Ehrwürdige Mütter"* zu nennen. Sie wünscht, wirklich wie die Armen von der einfachen Arbeit der Hände und von Almosen leben zu dürfen und wie Jesus nicht abseits, sondern mitten unter den Menschen zu leben, um allen alles zu sein: „Araber unter Arabern, Nomaden unter Nomaden.“ Sie will ihr Leben für die Erlösung der Brüder im Islam hingeben und die Liebe über alle andern Regeln stellen, um sie so zur obersten Regel zu machen. Daß ihnen dies gewährt wird, darum bittet sie den Papst. In dieser Audienz hat Kleine Schwester Magdeleine auch den Mut, ihm von kirchlichen Widerständen zu erzählen. „ …ich erzählte ihm, wie sehr ich daran litt zu sehen, daß gerade in der Welt der Kirchen- und Ordensleute unsere Armut nicht akzeptiert wird, unter dem Vorwand, sie sei einer Ordensfrau nicht würdig …“[136] Sie gibt ganz offen ihre Befürchtung zu, daß Rom ihnen niemals diese Armut und diesen Mangel an „geistlicher Würde“ gestatten würde.[137]

Der Brief, in dem sie dann den Kleinen Schwestern von dieser ersten Papstaudienz berichtet, endet mit einer kurzen Beschreibung einer non-verbalen Reaktion des Papstes. Offensichtlich war ihr diese Geste des Papstes sehr wertvoll. „Während ich sprach, sah mich der Papst lächelnd an, mit Augen, die so gut und so verständnisvoll waren, daß ich mich sofort angenommen und verstanden fühlte, mich und meine Kleinen Schwestern mit mir …“[138] Eine bessere Nachricht konnte sie von dieser ersten Begegnung nicht bringen. Von da an hatte sie Gelegenheit, jedes Jahr persönlich mit dem Papst zu reden[139], und diese Rückbindung war ihr außerordentlich wichtig. Pius XII. stand zwar hinsichtlich seines Ordensideals noch auf der vorwiegend thomanisch geprägten Tradition. Doch galt seine Sorge auch einer Erneuerung des Ordenslebens, und im Dialog mit Magdeleine hat er jede Kühnheit toleriert, und die Gemeinschaft stand unter seinem Schutz. „Mit seinem Segen wuchsen wir und verteilten uns auf alle vier Enden der Erde.“[140]

Offensichtlich gab es in ihren Grundanliegen wichtige Übereinstimmungen. Von Papst Pius XII. ging ein doppelter missionarischer Impuls aus, der Magdeleine sehr entsprochen hat. Seine Aufmerksamkeit galt sowohl der katholischen Arbeiterbewegung, insbesondere der Jugend, als auch den Völkern Asiens und Afrikas, vor deren eigenen Kulturen er einen großen Respekt hatte.[141]

### *Die Gemeinschaft wird „universell"*

In ihren Aufzeichnungen vom 26.7.1946 schreibt Kleine Schwester Magdeleine: „In Ste Baume gewinne ich plötzlich die Sicherheit ..., daß die Fraternität sich auf der ganzen Welt ausbreiten und *universell* werden müsse."[142] Diese Einsicht eröffnet für die Kongregation der Kleinen Schwestern ganz neue Horizonte, bedeutet für Magdeleine zunächst jedoch auch das Loslassen von einer ihr sehr wichtigen Idee: der ausschließlichen Hingabe an die Völker des Islam. Den Kleinen Schwestern eröffnet sie die neue Perspektive als Geburtstagsgeschenk. „Für diesen siebten Jahrestag der Gründung habe ich euch eine Geburt anzukündigen ... und diese ist so umfassend, daß sie mich viel gekostet hat, sehr viel: die Fraternität wird universell ..."[143]

Mit der Entwicklung, die Fraternität „universell" zu verstehen, kristallisiert sich immer deutlicher das Profil der Gemeinschaft in ihrem vielfältigen Reichtum heraus.

Nach wie vor hält Kleine Schwester Magdeleine an ihrer Berufung fest, das Nomadenleben zu teilen. Und so kommt es nach Touggourt zu weiteren Begegnungen in der Sahara. „Unsere ersten Kontakte mit der Wüste in El Abiodh und mit den Zelten lassen unseren alten Wunsch kräftig aufleben: möglichst bald, unserer Berufung getreu, wirklich als Kleine Schwestern unter den Nomaden zu leben."[144]

Béni Abbès deutet in die gleiche Richtung. Mit der Gründung in Béni Abbès betonen die Kleinen Schwestern noch einmal ihre Verbundenheit mit Charles de Foucauld. „In allen Schriften von Bruder Karl, in denen von Béni-Abbès die Rede ist, findet man folgenden Satz: Dort eine Zaouïa[145] des Gebets und der Gastfreundschaft bauen ..."[146]

Ein wichtiger Schritt ist im Januar 1946 die Gründung der ersten Arbeiterfraternität in Aix-en-Provence. Schmerzlich ist die Erfahrung, daß die Vorbehalte von seiten anderer Ordensleute sehr groß sind. Zu den bevorzugten Orten geplanter Neugründungen gehören kleine Gruppen, die sowohl kirchlich als auch gesellschaftlich am Rande stehen, so wie die Zigeuner und die Hirten, bei denen 1949 die ersten Fraternitäten gegründet werden.

Abgesehen von diesen Gemeinschaften, die sich ganz bestimmten Menschengruppen oder Orten widmen, gibt es sehr bald einige Formen, die ordensintern wichtig sind, wie z.B. die Studienfraternitäten für das Theologiestudium oder zum Erlernen der arabischen Sprache, die Noviziats- und Anbetungsfraternitäten.

Der Versuch, in Tunis eine Studienfraternität zum Arabischlernen zu gründen, unterstreicht noch einmal das Bemühen, sich wirklich ganz auf die Menschen einzulassen, auch in ihrer Sprache. Der Bischof von Tunis stimmt jedoch vorerst einer solchen Studienfraternität nicht zu, auch nach dem zweiten Besuch nicht – wegen der Armut des Kleides und weil der Lebensunterhalt der Studierenden von der Fabrikarbeit anderer Schwestern bestritten werden sollte.[147]

Fraternitäten, die ganz ausdrücklich dem Gebet gewidmet sein sollen[148], werden für Kleine Schwester Magdeleine zu einem besonderen Anliegen. Sie wünscht sich, daß es in jeder Region eine solche geben sollte, möglichst in der Nähe eines Marienwallfahrtsortes. Dadurch bringt sie auch äußerlich eine ganz besondere Verbundenheit mit Maria zum Ausdruck.

Von vornherein sind die Anbetungsfraternitäten ganz bewußt in verschiedenen Teilen der Erde. „Le Tubet, Bénis-Abbès, Nazaret sollen drei Anbetungsfraternitäten in verschiedenen Teilen der Erde sein, als Stütze für das ganze »Bauwerk«."[149]

Le Tubet kristallisiert sich immer mehr als eine „Anlaufstelle" heraus: „Anlaufstelle für die Mitglieder der geistlichen Familie, für die Eltern und Freunde, gleichzeitig Mutterhaus, Postulat, Fraternität für die Kranken, landwirtschaftliche Fraternität und vor allem Anbetungsfraternität."[150] Ein Sammelpunkt, in dem die vielfältigen Aspekte der Universalität immer wieder zu einer Einheit zusammengeführt werden können.

Insgesamt ist dieser Schritt zur Universalität eine Entfaltung und Konkretisierung des Charismas, wie es bereits gelebt wurde. Die eingeschlagene Richtung bleibt, die Möglichkeiten, den einen Weg zu verwirklichen, haben sich jedoch sehr geweitet.

### *Zugehörigkeit zur Ostkirche*

Vom 3. Juni 1947 bis zum 2. Dezember 1948 ist die Fraternität der Kleinen Schwestern der Propaganda Fide unterstellt, da die erste Gemeinschaft in Touggourt auf dem Gebiet dieser Kongregation liegt. Als die Propaganda Fide die Verantwortung für die Arbeiterfraternität in Europa ablehnt, erfährt Magdeleine von seiten Kardinal Tisserants, der für die Ostkirche zuständig ist, großes Entgegenkommen. Die Bitte, der Kongregation für die Ostkirche angegliedert zu werden, wird unkompliziert erfüllt.

Dieser auch rechtliche und offizielle Zugang zu den Ostkirchen ist für Kleine Schwester Magdeleine ein wichtiger Schritt, da sich damit ein neuer Zugang zur arabischen Welt eröffnet. Der Wunsch, sich gerade den arabischen Menschen besonders hinzugeben, mußte im moslemisch geprägten Nordafrika zwangsläufig auf Grenzen stoßen. Bei den arabischen Christen des Orients wird sich diese Idee nun leichter verwirklichen lassen.[151] So gehört es zu einem ihrer längst gehegten Wünsche, sich der Ostkirche anzunähern – nicht nur als Fremdling und Gast. „Schon lange dachte ich daran, daß es notwendig wäre, sich als »Orientale« dem Orient anzunähern, indem wir uns auf sehr tiefe Weise in seine Kirche und deren Riten einwurzeln."[152]

In den arabischen Ländern befanden sich die Kleinen Schwestern in der gleichen Situation wie die Christen der Ostkirchen. „Die orientalischen Riten annehmen, sich von ihrer Spiritualität durchdringen zu lassen, das wurde zu einer Wirklichkeit, die sich geradezu aufdrängte. Daraus ist eine große Liebe gewachsen."[153]

Ihr Wunsch, daß die Kleinen Schwestern in Beirut dem melkitischen Bischof und dem melkitischen Patriarchen unterstellt werden, wird von Rom sehr schnell erfüllt. „Ein Brief des Kardinals Tisserant stellt uns unter die Zuständigkeit des melkitischen Erzbischofs von Beirut und unter den Schutz des melkitischen Patriarchen Maximos IV. Das ist die Verwirklichung einer meiner Lieblingsträume."[154] Neben dem Gespräch mit dem melkitischen Erzbischof kommt es auch zu Kontakten mit dem griechisch-katholischen Erzbischof von Galiläa. Magdeleine denkt bereits an die nächste Gründung in Nazaret.

Am 23. November 1949 zieht Magdeleine in einem Brief an Kardinal Tisserant erste Bilanz im Hinblick auf den Orient: „Ich bin seit drei Monaten im Orient und ich kann Ihnen mit Freude berichten, daß die Region sich gut entwickelt. Sie umfaßt zwanzig Kleine Schwestern, die sich auf vier bereits gegründete Fraternitäten verteilen: Damaskus, Beirut, Khabab, Nazaret ... eine fünfte wird kommende Weihnachten in Betlehem gegründet ... eine sechste in einigen Monaten in Jerusalem. Und überall fühlen wir uns so zu Hause; Seine Seligkeit, Patriarch Maximos IV., hat uns wirklich als seine Kinder angenommen."[155]

Ein wesentlicher Schritt auf die Ostkirchen zu wird am 16. November 1952 in Kairo vollzogen, als zwei Postulantinnen ihr Kleid aus den Händen des koptisch-katholischen Patriarchen, Marcos II., empfangen.[156] Im Dezember 1952 sind es bereits vier Noviziate im

Bereich der Ostkirchen: in Kairo, in Jerusalem, in Nazaret und in Ras.

Die Erfahrung, Freundschaft schließen zu können, einen Anfang gefunden zu haben, ist für Magdeleine immer Nahrung für ihre Visionskraft. So träumt sie bald davon, in den Riten all der anderen Länder ebenfalls zu gründen[157], um so den Menschen ganz nahe zu sein, ihren Glauben wirklich zu teilen und in tiefer Einheit miteinander zu leben.[158]

Daß diese Nähe zu den Ostkirchen für die Kleinen Schwestern etwas sehr Wesentliches ist, läßt sich zu einem guten Teil an der Person Magdeleines festmachen. In einem Brief der ägyptischen Kleinen Schwester Yva, die die Verantwortliche der Fraternitäten im Orient ist, erfährt man etwas von dieser inneren Verbundenheit. Sie schreibt: „Es scheint, als gäbe es eine Affinität zwischen der inneren Natur der Kleinen Schwester Magdeleine und dem Orient ... die orientalische Empfindsamkeit ... die orientalische Seele ... wie ein gegenseitiges Verstehen, eine innige und wesensmäßige Übereinstimmung ... Dem Verständnis, das sie den Problemen und Leiden, aber auch dem Reichtum und Lebenspotential entgegengebracht hat, wird der Orient mit einer unermeßlichen inneren und äußeren Gastfreundschaft antworten."[159]

Was es für die Annäherung an die Menschen bedeutet, sich den jeweiligen Ritus des Landes zu eigen zu machen, in ihm sich heimisch zu fühlen, beschreibt Kleine Schwester Yva so: „Der Ritus drückt im Orient eine Art des Christseins aus, eine Art, die die Seelen sehr tief prägt, sie voneinander unterscheidet und in Klassen aufteilt, ohne sie dadurch streng voneinander zu trennen. Aber jenseits der verschiedenen Riten und durch sie spielt sich das Schicksal des Christentums ab und drückt sich seine Mission aus, die letztlich nur eine einzige ist. Jenseits des Ritus gibt es unsere Berufung zur universellen Liebe ... jenseits des Ritus ... aber oft durch ihn lebt unsere besondere Hingabe für die Erlösung der Welt ... eine Hingabe, die jeden Morgen neu ist.

Neben dem Ritus gibt es die großen Interessen der Nationen (in deren Mitte unser Leben sich einfügt), ihre Entwicklung ... ihre allgemeinen Probleme ... ihre ständigen Sorgen ... ihr alltägliches Leben."[160]

Die Zugehörigkeit zur Kongregation der Ostkirche ist für Magdeleine so kostbar, daß sie Papst Pius XII. am 2. Oktober 1954 bittet, für immer dieser Kongregation angegliedert zu bleiben.[161] In einem Brief vom 23. April 1955 wird ihr diese Bitte gewährt.

*Ökumenische Weite*

Mit ihrer besonderen Hingabe an die Menschen des Islam hat Kleine Schwester Magdeleine von Anfang an die enge Umgrenzung der eigenen Konfession überstiegen – ohne einen Zweifel daran aufkommen zu lassen, wohin sie selber gehört. Das Bemühen, den anderen in seinem Glauben radikal ernst zu nehmen, ist für sie immer ein sehr wichtiges Anliegen gewesen.

Über die Länder des Islam hat Kleine Schwester Magdeleine einen Zugang zu den Ostkirchen gefunden, die die Spiritualität der Kleinen Schwestern tief geprägt hat. Bei ihnen hat sie aus dem Reichtum der Liturgie geschöpft, die eigene Theologie an die Kirchenväter zurückgebunden und zu einer eigenen Großzügigkeit im Blick auf Normen und Gebote gefunden. Über die verschiedenen Riten der unierten Kirchen entwickelte sich auch ein freundschaftlicher Zugang zu den orthodoxen Kirchen, denen durch die Kleinen Schwestern eine katholische Kirche begegnete, die sich nicht aus der Position der Überlegenheit annäherte.

Während ihrer Reisen im arabischen Milieu weitet sich ihr Blick erneut und sie spürt, daß sie im Heiligen Land bei den Arabern nur gründen kann, wenn es gleichzeitig Fraternitäten im jüdischen Milieu gibt. Dort begegnet ihr die Skepsis eines gläubigen Juden, der Sorge hat, daß die Kleinen Schwestern die Juden „bekehren" wollen. „Er wollte, daß ich ihm erneut versicherte, daß es nicht unsere Absicht ist, in Israel die Juden zu bekehren. Das fällt mir sehr leicht, denn überall, wo wir hinkommen, ist es unser Ziel, zu einer freundschaftlichen und geschwisterlichen Annäherung zu kommen, in einem tiefen Respekt vor jeder Anschauung."[162]

Aus der großen Nähe und der freundschaftlichen Verbundenheit mit den verschiedensten Religionen und Konfessionen entwickelte sich in Magdeleine die Vision[163] einer „Fraternität der Einheit" oder, wie sie sie auch nannte, einer „Ökumenischen Fraternität". Sie stellt sich darunter eine Gemeinschaft von jungen Frauen vor, die verschiedenen christlichen oder nichtchristlichen Religionen angehören, sich Gott weihen und Kleine Schwestern werden, indem sie jedoch weiterhin ihrer Kirche angehören.[164]

Die gemeinsame Grundlage sieht sie so: „Das Wesentliche für sie wird sein, ein Gespür für die Anbetung und die Kontemplation Gottes zu haben, eine große geschwisterliche Liebe und eine bevorzugte Liebe für die Kleinen und Armen mitzubringen, verbunden mit dem

Wunsch, die Herausforderungen zur Einheit und die evangelischen Werte dem Ideal von Bruder Karl entsprechend zu leben."[165]

Wie immer, wenn sie etwas Neues, Gewagtes beginnt, wäre es ihr wichtig gewesen, den ersten Versuch in Rom unter den Augen der Kirche zu beginnen. Die erste „ökumenische Fraternität" entsteht jedoch im Jahr 1970 in der Schweiz, in Winterthur.

Die Ermutigung, die sie von Vertretern anderer Kirchen bekommt, ist ein Zeichen dafür, daß diese keine Angst haben, von ihr vereinnahmt zu werden. Der Vertreter des Patriarchen Athenagoras im Ökumenischen Rat der Kirchen ist sehr interessiert an dem Versuch und verspricht, ihnen zu helfen, wenn es aus der orthodoxen Kirche Berufungen gibt. Er hält dieses Projekt für eine besondere Chance der Annäherung. „Er meint, der im Augenblick wirkungsvollste Weg, um eine sichtbare Einheit der Christen zu realisieren sei, innerhalb verschiedener Konfessionen das Ordensleben miteinander zu teilen. Dies zu tun, sei ein besonderes Privileg der Frauen."[166]

Die Reaktion eines reformierten Pastors geht in die gleiche Richtung. In einem Brief an die Kleinen Schwestern nimmt er Bezug darauf, daß die kirchlichen Autoritäten eingewandt hätten, eine nicht-katholische Schwester könne nicht Mitglied der Fraternität sein, und die Verantwortlichen der Fraternität könnten keinen Gehorsam von ihr verlangen, weil dies den Respekt gegenüber der anderen Kirche verletze. Dem hält er entgegen, daß die Fraternität in Wahrheit oft respektvoller mit der reformierten Kirche umgegangen sei als die eigenen Leute.

„Für uns Reformierte ist die Kirche nicht in erster Linie eine unumstößliche Sache, die Kirche geht vielmehr aus dem Evangelium hervor, sie ereignet und entwickelt sich."[167] Im Blick auf die Kleinen Schwestern beschreibt er, wie er durch sie Kirche erfahren hat: „Die eine, heilige, allumfassende und apostolische Kirche ist uns in armen und zerbrechlichen Zeichen erschienen, und wir waren bereit, sie zu betrachten, von ihr zu lernen und unsere Augen offen zu halten, um uns zu erfreuen. Es war ein Glanz, an dem wir uns erfreuen konnten, wir wurden nicht beraubt, sondern sind reich beschenkt worden."[168]

Eine wichtige Grundlage für eine Ökumene, die den andern in seinem Anderssein respektiert.

### *Kleine Schwester Jeanne wird Generalverantwortliche*

In einem Brief zum zehnten Jahrestag der Gründung bittet Magdeleine darum, ihren ersten Platz als Generalverantwortliche dem überlassen zu dürfen, der in der Krippe den letzten Platz gewählt hat. An Weihnachten 1949, nach der Mitternachtsmesse in der Grotte von Betlehem, übergibt Kleine Schwester Magdeleine die Verantwortung als Generalverantwortliche an Kleine Schwester Jeanne.[169]

Der Zeitpunkt, die Verantwortung abzugeben, ist sachlich begründet. Denn die Grundlagen für die Gemeinschaft sind gelegt, die verschiedenen Arten von Fraternitäten haben ihre Form gefunden und die weitere Entwicklung der Gemeinschaft insgesamt ist skizziert. Es gibt Überlegungen für schwierige und gefährliche Gründungen, wie z.B. in Rußland. Für solche Vorhaben ist es gut, wenn Kleine Schwester Magdeleine verfügbar ist. Sie wäre es als Generalverantwortliche nicht in dem Maß. Für diese Projekte sind längere Zeiten der Abwesenheit gefordert, und es ist nicht ausgeschlossen, daß sie immer wieder für längere Zeit von der Gemeinschaft abgeschnitten sein wird. Es geht also darum, in neuer Weise den Dienst an der Gemeinschaft zu tun. Mgr de Provenchères drückt ihre neue Stellung so aus: „Man könnte sagen, daß sie aufhört, Generalverantwortliche zu sein, aber daß sie doch die Gründerin bleibt oder, wie ihre Schwestern sagen, die »Mama«, die inspiriert, die weit weg fährt, zu den Töchtern, die sie am dringendsten brauchen. Von der Verwaltung befreit, wird sie verfügbar sein, um sich ganz zu geben.“[170]

Obwohl Kleine Schwester Magdeleine diesen Schritt schon lange wünscht, bedeutet er doch auch einen echten Verzicht, der schmerzlich ist. Als Generalverantwortliche hatte sie Anteil an jener Autorität, die sich ganz in den Dienst des Herrn stellt. Weiterzugeben, was der Wille des Herrn ist, empfindet sie als eine Gnade, auf die sie nun verzichtet.[171]

Dieser Schritt, die Verantwortung abzugeben, wird von vielen nicht verstanden, und es gibt auch von außen eigenartige Gerüchte. Die einen behaupten, sie wolle damit eine „Last“ loswerden, andere sprechen davon, sie sei dazu gezwungen worden, sich zurückzuziehen, gelegentlich wird sogar von einer Spaltung innerhalb der Fraternität gesprochen. Doch schon im Brief vom 1. September betont sie, daß sie sich mit diesem Rücktritt weder ausruhen noch schonen will, sondern verfügbarer sein möchte für die, die weit weg und schwer zugänglich sind. Außerdem hat sie schon immer an diesem ersten Platz gelitten und spricht seit zehn Jahren davon, ihn abzugeben. Es ist ihr wichtig, daß dieses Werk eines Tages ohne sie weiterlebt und daß die Gemeinschaft sich rechtzeitig bemüht, von ihr unabhängig zu sein.

Kleine Schwester Jeanne versteht sie gut in diesem Anliegen und versucht, es auch anderen Kleinen Schwestern zu verdeutlichen. „Nachdem sie in diesen ersten zehn Jahren immer darunter gelitten hat, gezwungenermaßen den ersten Platz einzunehmen, muß sie nun endlich ihren Traum erfüllen können, eine Kleine Schwester zu sein wie alle andern auch. Wir müssen ihr dabei helfen, ihren Wunsch verstehen und ihr die Freude lassen, mitten unter uns unauffällig dazusein."[172] Für die anderen Kleinen Schwestern wird sie trotzdem immer die Gründerin bleiben und nicht irgendeine Kleine Schwester. Und doch ist sie eben in erster Linie Kleine Schwester, eine, von der alle lernen können, eine Kleine Schwester zu sein.

## *3. Universelle Ausbreitung: „Von einem Ende der Welt zum andern" 1949 – 1959*

Mit der Erkenntnis, daß die Gemeinschaft der Kleinen Schwestern daraufhin angelegt ist, zu einer universellen Gemeinschaft zu werden, hat sich der Blick bereits auf neue Gruppen, auf andere Länder hin geweitet. Aber noch liegt das Schwergewicht in den Ländern Nordafrikas und im Nahen Osten. Dieser Raum ist gleichsam die Startbasis, von der aus Kontakte zur ganzen Welt geknüpft werden können. In Europa ist Magdeleine zunächst nur in Frankreich verankert, erste Kontakte gibt es in der Schweiz und natürlich mit Rom.

### *Spurensicherung: Bruder Karl von Jesus*

Die Jahre 1950/51 werden genützt, um bestehende Kontakte zu vertiefen, bereits Gelebtes zu reflektieren, die geistlichen Grundlagen beim Namen zu nennen und die Spiritualität der Fraternität weiterzuentfalten. Die Orte, an denen der Geist von Bruder Karl erfahrbar ist, werden in dieser Zeit besonders wichtig. Die zweite Wallfahrt nach Béni-Abbès wird in der Begegnung mit René Voillaume und den kleinen Brüdern zu einer Vertiefung zentraler Themen. Es geht um den „Geist der Kindschaft", um die Anbetung und um Bruder Karl von Jesus.[173]

Die Gründung in El Abiodh ist ein markantes Ereignis in dieser Zeit. Drei Jahre lang waren dort nur zeitweilig Gruppen. Im März 1950 soll daraus eine ständige Fraternität für das Noviziat und für die Vorbereitungszeit auf die ewigen Gelübde werden.

Eine große Reise nach Béni-Abbès, In Salah, Tamanrasset, zum See von Tschad und nach Kamerun steht an. Diese Reise, eigentlich eine Wallfahrt an wichtige Lebensstationen von Charles de Foucauld, wird für Kleine Schwester Magdeleine zu einer Vertiefung und Verdeutlichung ihrer wichtigsten Anliegen für die Gemeinschaft. In El Goléa, Grabstätte von Bruder Karl, legt sie in einem Brief an René Voillaume die drei „Pfeiler“ dar:

1. „Die Fraternität ist kontemplativ ausgerichtet, nicht ihrem Wunsch nach oder von der Idee her, sondern in einer sehr konkreten Weise.“[174]

2. „Sie ist gemacht für die Verlassensten. Diese sind überall auf der ganzen Welt zu finden, nicht nur in den entfernten Ländern.“[175]

3. „Die Fraternität ist eine Kongregation von Arbeitern und muß von der Arbeit der Hände leben, unter den gleichen bescheidenen sozialen Bedingungen wie die Arbeiter.“[176]

Die Begegnung mit El Goléa, dem Grab von Bruder Karl, berührt Magdeleine sehr. „Es ist ein bewegender Moment ... Man hat das Bedürfnis nach Stille und Sammlung. Das Gebet der Hingabe bekommt hier einen tiefen Sinn: »Ich bin zu allem bereit, alles nehme ich an ...«.“[177]

Wieviel ihr diese Orte bedeuten, an denen Charles de Foucauld gelebt und gebetet hat, drückt sie auch bei der Ankunft in Tamanrasset aus – dem Ort, an dem er getötet wurde: „Wie sollte man nicht innerlich in Schwingung geraten bei der Ankunft in Tamanrasset. Ich träume von diesem Ort seit den Anfängen der Gründung.“[178]

Der Aufstieg zur Einsiedelei von Bruder Karl auf dem Assekrem in 2800 m Höhe ist anstrengend, wird aber als Wallfahrt zum eindrucksvollen Erlebnis. Für Magdeleine, deren Spiritualität sehr konkret ist, sind solche Orte wirkliche Begegnungsstätten mit dem, den sie als den eigentlichen Gründer der Gemeinschaft verehrt. Trotzdem ist sie nie in der Gefahr, sich daran festzuhalten oder sie zu wichtig zu nehmen. So schreibt sie bei einem späteren Aufenthalt davon, wie sehr sie beim Verlassen dieser Orte bewegt ist und doch genau weiß, daß sie nicht das Recht hat, sich dort zu lange aufzuhalten. Zu viele andere Orte warten noch.[179]

Wenn man sich die folgenden Jahre mit ihrem geradezu exzessiven Wachstum der Fraternität anschaut, dann begreift man die Begegnung mit diesen Orten als wichtigen Schritt der Sammlung und Stärkung aus dem Geiste von Charles de Foucauld.

*Exzessiver Rhythmus*

Nach dieser Zeit der Spurensicherung geht es in rasantem Tempo weiter. „Wir kommen gegen 15.15 Uhr in Lissabon an. Und was dann folgt, gleicht einem Traum ... wir müssen von hier aus innerhalb von zwei Tagen nach Madrid zurückgekehrt sein, um dann, nach abgeschlossener Gründung in Lissabon und Fatima, das Flugzeug für Rio zu nehmen. Und wir haben nur 24 Stunden Zeit, um den Kardinal, den Patriarchen von Lissabon und den Bischof von Fatima, der in Leira ist, zu sehen."[180] Eine solche Beschreibung vermittelt den Eindruck einer hektischen Phase. In Windeseile werden Fraternitäten in die Welt gesät, und das Wort „rapidement" taucht dabei öfters auf. „Wir werden uns wiedersehen, nachdem wir Fraternitäten »gesät« haben vom äußersten Süden bis zum äußersten Norden Amerikas: in Santiago, Rio, bei den Indianern von Araquaia mit den zwei Anfängen von Lima und Buenos-Aires ... Montréal und Nome mit New York, auf das wir noch hoffen ... Bald wird es Indien und Indochina sein, danach Europa und der Nahe Osten."[181]

Kleine Schwester Magdeleine setzt sich dabei jedoch keineswegs unter einen Leistungsdruck, unter dem sie stöhnen würde – auch wenn dieses Tempo sicher ihre Kräfte bis aufs äußerste strapaziert. Trotz aller Eile vollziehen sich diese Gründungen auch wieder in einer großen Leichtigkeit. Immerhin geht das Vorhaben in Lissabon mit dem dichten Programm am Ende gut aus.[182]

Diese rasante Ausbreitung hat durchaus ihre innere Logik. Nachdem Magdeleine einmal erkannt hat, daß ihr Auftrag „universell" ist, duldet die Vielfalt der Herausforderungen kein Zögern mehr.

„Sie ist riesig, diese Welt. Wenn ich mich ans eine Ende aufmache, schmerzt es mich zutiefst, an all die zu denken, die an den anderen Enden leben, zu denen vielleicht noch nie ein Strahl der Liebe Gottes gedrungen ist."[183]

Ihre Strategie heißt deshalb, möglichst schnell an vielen Orten der Welt den „Samen" auszustreuen, um so durch die Kleinen Schwestern aller Rassen, aller Nationen und aller sozialen Schichten an diesem einen großen gemeinsamen Werk zu arbeiten.[184]

In einem Brief an die Kleinen Schwestern zum zehnten Jahrestag der Gründung schreibt Magdeleine: „Ihr braucht, wie ich, diesen Glauben, der alle Hindernisse der Welt und der Hölle niederreißt.

Denn neben den bereits gegründeten Fraternitäten ruft uns die ganze Welt, gibt es nahe und ferne Pläne: die Juden in Jerusalem ... die Leprakranken von Kamerun und Vietnam ... die Japaner und die Chinesen, die Russen von Moskau ... die Türken von Istanbul."[185]

Es ist ihre Überzeugung, daß der Rhythmus der exzessiven Ausbreitung dem Willen Gottes entspricht. Nur so läßt sich das atemberaubende Tempo durchhalten. Hinsichtlich des Tempos findet sie wiederum in Mgr Provenchères einen, der den Mut hat, an ihre Berufung zu glauben und ihrem Rhythmus zu trauen: „Was den Rhythmus der Gründungen angeht, muß man immer einräumen, daß der gegenwärtige Rhythmus vom menschlichen Standpunkt aus gesehen übermäßig ist und daß man bereit sein muß, ihn zu ändern, sobald sich der Wille Gottes in dieser Richtung äußert. Aber ich glaube, in meiner Eigenschaft als Bischof sagen zu können, daß Gott im Augenblick eine schnelle Ausbreitung der Fraternität möchte."[186]

### *Rom und die ewigen Gelübde*

Mit Rom fühlt sich Kleine Schwester Magdeleine schon lange in besonderem Maß verbunden. Bei ihrem zweiten Aufenthalt in Rom 1947: „Ich habe jenes Rom wiedergefunden, das ich so sehr liebe ... Ich habe mehr und mehr Lust, hier eines Tages Kleine Schwestern zu wissen. Immerhin ist hier das Zentrum der Kirche. Welche Erweiterung des Horizonts könnte für sie all das sein, was ich seit drei Tagen hier erleben darf, ganz zu schweigen von den vielen Erinnerungen an die ersten Jahrhunderte: Kolosseum, Katakomben ... vor allem jedoch die Beziehungen mit all den Kirchen."[187]

Rom nimmt in ihrem Herzen einen ganz besonderen Platz ein und ihr tiefster Wunsch ist es, hier im Herzen der Kirche „unter den Augen der kirchlichen Autoritäten" sich nach dem Beispiel von Bruder Karl von Jesus den „Herausforderungen der eigenen Berufung zur Armut" zu stellen.[188] Sie träumt davon, daß in Rom das Mutterhaus sein wird, als „ein Herz ... eine Seele ... ein Zentrum des Eifers und der Anbetung ..."[189] „Ich sehe es immer in Rom vor mir ... das Mutterhaus, das Herz, nicht das Gehirn – die Seele, die das geistliche Leben einhauchen wird ..."[190]

Fünf Jahre lang wartet sie sehnsüchtig darauf, daß in Rom Kleine Schwestern als Arbeiterinnen aufgenommen werden. 1956 wird dieser Traum verwirklicht. „Ich denke, daß Rom nach und nach in der Fraternität den ersten Platz einnehmen muß ... Rom, mit allem, was es an spirituellen Reichtümern verkörpert ... Rom, das Zentrum der Kirche und der Sitz des Papstes, von wo jenes wahre Licht kommt, das unseren Glauben erleuchtet ..."[191]

Einige Zeit später, im November 1956, sind die Kleinen Schwestern in Rom erneut auf der Suche. Dieses Mal suchen sie für die Generalfraternität, für ein internationales Noviziat, für eine Regionalfraternität und für eine Studienfraternität. Im Dezember schließlich überlassen ihnen die Trappisten von Tre Fontane in der Nähe ihres Klosters einen Teil des Geländes. „Wenn man nichts besitzt und seine beiden leeren Hände dem Herrn entgegenstreckt, füllt er sie mit Gutem! ..."[192] Auf diesem Gelände haben die Kleinen Schwestern bis heute ihre Generalfraternität.

Daß die ewigen Gelübde gerade in Rom abgelegt werden, ist ein besonders wichtiges Zeichen der Verbundenheit mit der Kirche – ein Zeichen auch für den Wunsch nach Verbundenheit und Anerkennung. „Rom für die ewigen Gelübde – und nicht nur für eine Reise oder für Tage der Besinnung – bedeutet für mich, sich mitten im Herzen der Kirche zu engagieren ... bedeutet auch – in einem Zeitalter, in dem der Gehorsam zur Kirche nicht mehr selbstverständlich ist, sondern hinterfragt wird und die Person des Papstes nicht mehr das gleiche Ansehen hat –, unsere schlichte Treue, unsere kindliche Liebe zum Papst auszudrücken und der Kirche die Garantie zu geben, daß wir uns von ihr nicht trennen wollen, da wir mitten ins Zentrum Roms kommen, um dort unsere kühnsten Vorstellungen zu verwirklichen."[193]

Eine Steigerung dieser Verbundenheit mit der Kirche drückt sich für Magdeleine dann noch durch den konkreten Ort der Feier aus.[194] Sie wünscht sich die Feier der ewigen Gelübde am Grab von St. Peter, in der Krypta des Petersdoms.[195]

### *Auf der Suche nach dem verachtetsten Stamm*

Zwei große Anliegen führen Anfang 1951 nach Nord-Kamerun – das eine ist die Gründung einer Fraternität bei den Lepra-Kranken, das andere die Begegnung mit den ansässigen Stämmen, den Zoulgos, den Mouktalés und den Ouldémés. Magdeleine schließt sehr schnell den kleinen Stamm der Ouldémés in ihr Herz.

Bei einem Gespräch mit den Verantwortlichen der Mission von Mokolo wird sie gefragt, ob sie sich nicht einem bedeutsameren Stamm anschließen wolle, um den Missionaren den Weg zu ebnen. Ein solcher Vorschlag stößt bei ihr jedoch auf kein Verständnis, im

Gegenteil. „Die Worte von Bruder Karl von Jesus sind uns zutiefst ins Herz geschrieben: Dorthin gehen, wo kein Mensch hingehen würde ... zu den verirrten Schafen ... zu denen, die keinen Hirten haben. Können wir also die »Kleinen« im Stich lassen, für die sich niemals jemand interessieren wird, wo der Herr sie uns doch auf ganz besondere Weise anvertraut hat? ..."[196]

In einem Brief an die Kleinen Schwestern schreibt sie, daß sie keineswegs an den bisher praktizierten Methoden der Mission Kritik üben will. Sie betont, daß ihr auch „heilige Missionare" begegnet seien, die die Schwarzen wirklich geliebt haben. Sie selber will jedoch mit den Kleinen Schwestern eine ganz neue „Botschaft der Freundschaft" bringen und nicht ruhen, bis sie dem allerletzten diese Freundschaft angeboten hat. „Ich werde erst dann glücklich sein, wenn ich auf dieser Erde den Stamm gefunden habe, den keiner versteht und achtet ... um ihm zu sagen: »Jesus ist dein Bruder und er hat dich zu sich emporgehoben ... und ich komme zu dir, damit du mein Bruder und Freund wirst."[197]

Als sie von den Mißhandlungen der Pygmäen durch die Schwarzen hört, ist dies ein Grund für sie, gerade zu ihnen zu gehen und dort zu gründen. Weil sie zu den Mißhandelten gehören, sind sie in besonderer Weise Brüder. Gegen die Schwarzen, die die Pygmäen mißhandeln, hat sie den gleichen Zorn wie gegen die Weißen, die die Schwarzen mißhandeln. Sie will niemals akzeptieren, daß die Kleinen von den Großen zermalmt werden.[198]

Mit einer ganz ausgeprägten Sensibilität findet sie in allen Kontinenten gerade die vom Aussterben bedrohten und besonders gefährdeten kleinen Volksstämme, um mit ihnen das Leben zu teilen. So ist das auch bei ihrer ersten Südamerika-Reise. Hier sind es die Caiapos und Tapirapes, denen ihre besondere Aufmerksamkeit gilt. Einer Handvoll Tapirapes, den wenigen Überlebenden eines Massakers, will sie ihre besondere Freundschaft entgegenbringen. Aus einem Lager von 800 Tapirapes sind die meisten von den Caiapos ermordet worden.[199] Die 100 Übriggebliebenen mußten fliehen und ihr bebautes Land den Caiapos überlassen. Im Juni 1952 sind es noch etwas mehr als 50, da viele an Tuberkulose und anderen Krankheiten starben.

In Südwestafrika sind es aufgrund ihres schwächlichen Aussehens die Bushmen[200], in Australien die Aborigenes, die Ureinwohner, und in Malaysia ist es ein Stamm der Aborigenes, die Senoï, die zu den Bevorzugten gehören. „Die Senoï gehören zu all diesen Armen, Geringen, die die Bevorzugten unserer Liebe sind: so wie die

Pygmäen oder Bushmen. Sie haben ein zerbrechliches und ängstliches Aussehen. Es macht uns Freude, daran zu denken, daß wir eines Tages ihre Freunde sein werden, daß wir ihretwegen von so weit her kommen, für diese ganz Kleinen, die niemand beachtet, weil sie »quantité négligeable« sind ..."[201]

Auch auf Ceylon steht die Suche nach dem verachtetsten Stamm an erster Stelle. Ja, diese Suche ist geradezu der eigentliche Grund der Reise. Hier ist es der Stamm der Védas. Als Magdeleine von einer Familie in ihre kleine Hütte eingeladen wird, ist sie zutiefst berührt von der Einheit und Einfachheit dieses Familienlebens.[202] Es ist kein herablassendes Mitleid, das sie zu ihnen führt, sondern eine Liebe, die weiß, daß der andere auch etwas zu geben hat.

### *Versöhnung stiften an Orten des Unheils*

Konflikten, Unheilssituationen kann man aus dem Weg gehen, man kann so tun, als ob es sie nicht gäbe. In Konfliktsituationen hineingehen, Spannungen zwischen zwei Extremen aushalten, ohne sich vorschnell auf die eine Seite zu schlagen und die andere zu verurteilen, das kostet viel Kraft. Es ist jedoch der ehrlichere und insofern der humanere Weg, weil die „Schuldigen" und „Bösen" nicht leichtfertig geopfert werden müssen. Meistens lassen sie sich auch nicht eindeutig als solche bestimmen. So versucht Kleine Schwester Magdeleine mit ihren Schwestern, Gegensätze zu überwinden, indem sie sich ihnen offen stellt.

Bei den Tapirapes und den Caiapos soll der Haß, die Verletzung dadurch überwunden werden, daß die Kleinen Schwestern sich ganz auf die Seite der Tapirapes stellen und so als „Tapirapes" den Caiapos Freundschaft entgegenbringen. „Vor meiner Abreise erkläre ich den Kleinen Schwestern meine Vorstellung. Sie sollen sich zu »Tapirapes« machen, um so zu den anderen Indianerstämmen zu gehen und sie zu lieben. Aber sie sollen dabei immer »Tapirapes« bleiben, »Tapirapes«, die die Caiapos, ihre Mörder, lieben. Sie müssen noch mehr sein als nur ein Bindeglied, eine Brücke zwischen beiden."[203]

Ein langer und mühsamer Weg. An einer späteren Stelle kommt ihr sogar der Gedanke, daß es Kleine Schwestern auf beiden Seiten geben müßte.[204]

Orte des Unheils und des Unfriedens werden sensibel registriert und sind Provokation, zu Friedenstiftern zu werden. So ist es auch im Libanon, als ihr von zwei Dörfern erzählt wird, die seit 50 Jahren in tiefer Feindschaft nebeneinander und gegeneinander leben – das muslimische Dorf Hermel und das christliche Dorf Ras. Am 29.7.1950 schreibt Magdeleine: „Es wäre so schön, wenn die Kleinen Schwestern ein Element des Friedens und der Freundschaft für die beiden verfeindeten Dörfer von Hermel und Ras wären.“[205] Ein Jahr später, am 10.8.1951, wird beschlossen, in den beiden Dörfern gleichzeitig eine Fraternität zu gründen.

In politisch brisanten, angespannten Situationen versucht Magdeleine, immer so zu gründen, daß die Kleinen Schwestern auf beiden Seiten vertreten sind. Als ihr in Jerusalem die Kirche der Hl. Veronika an der VI. Station angeboten wird, ist sie sehr glücklich darüber, weil dieser Platz ganz ihren Vorstellungen entspricht. Doch am gleichen Abend sucht sie im Gebet nach dem, was Gott durch diese Gründung noch von ihr möchte. Nach der Gründung im arabischen Teil ist es nun der jüdische Teil Jerusalems, der für eine Gründung ansteht. Im jüdischen Teil ein Haus zu finden, ist zu diesem Zeitpunkt sehr schwer, da täglich Einwanderer ankommen. Doch ist noch kein Monat vergangen, als auch im jüdischen Teil Jerusalems eine Fraternität gegründet ist.

Noch zwei weitere Beispiele sollen zeigen, mit welchem Gespür Magdeleine Feindschaften, Gegensätze durch geradezu symbolhafte Gründungen angegangen ist.

In Alaska kommt sie auf eine recht ausgefallene und zunächst auch unrealistische, aber für sie doch sehr typische Idee. Die beiden Diomed-Inseln, von denen eine zu den Vereinigten Staaten, die andere zur Sowjetunion gehört, ziehen ihre Aufmerksamkeit an. Sie wünscht sich, gerade dort den Herrn anzubeten.[206] Zu diesem Zeitpunkt ist daran eigentlich nicht ernsthaft zu denken, weil die Lebensbedingungen zu extrem sind. Jedoch gerade in der Aussichtslosigkeit der Idee liegt für Magdeleine ein ganz eigener Ansporn. „Père Convert hält es für die Kleinen Schwestern, die neu in Alaska sind, für unmöglich, weil man für neun Monate im Jahr vom Rest der Welt abgeschnitten ist. Dieses Wort »unmöglich« gibt mir immer wieder aufs neue Energie.“[207]

Später, auf ihrer Reise um die Welt, begegnet ihr in Südafrika eine Situation, an der ihr Bemühen, Brücken zu bauen und Gegensätze zu überwinden, an harte Grenzen stößt. Der Erzbischof von Johannesburg ermahnt sie, sehr vorsichtig zu sein und ohne Proteste gegen die Trennung von Schwarzen, Mischlingen und Weißen ganz unbemerkt einen Platz für die Fraternität zu suchen. Sie leidet sehr darunter und weiß doch, daß es niemand nützen würde, sich kritisch zu äußern: „Man muß akzeptieren, daß wir schweigen sollen, um nicht schon an der Grenze wieder zurückgeschickt zu werden. Wenn man hier ist, kann man wenigstens mit den Menschen leiden und ihnen das zeigen."[208]

Für die Regionalfraternität wird in einem Teil der Stadt gesucht, in dem es keine Schwarzen gibt. Sie versuchen gleichzeitig, in einem armen Viertel von Schwarzen und Indern unauffällig einzudringen, wobei es ihnen klar ist, daß sie verjagt werden. Trotzdem: „...wir haben ihnen dann wenigstens ein Zeichen unserer Liebe gegeben." [209] Schließlich finden sie in einem Viertel eine Straße, die ihren Vorstellungen am ehesten entgegenkommt: die rechte Straßenseite gehört den Weißen, die linke den Farbigen. In diesem Land der institutionalisierten Rassentrennung ist das die äußerste Form der Annäherung.

Für die Kleinen Schwestern ist es ein großes Problem, daß auch bei der Arbeit die Grenze der Apartheid besteht. Für Weiße ist es verboten, sich gleichzeitig mit Schwarzen oder Farbigen anstellen zu lassen. „Unsere Berufung, für die Annäherung und Gleichheit der verschiedenen Rassen alle Mauern niederzureißen, wird hier zum lebendigen Widerspruch und zur ständigen Herausforderung."[210]

### *Treffen in El Abiodh*

"El Abiodh: Ort der ersten Gründung der kleinen Brüder Jesu, in deren Nähe wir eine Ausbildungs-Fraternität unter der geistlichen Leitung von Père Voillaume gegründet haben. Dort finden bis zum Jahr 1955 die Treffen zur Vorbereitung auf die ewigen Gelübde statt."[211] Diese jährlichen Treffen dienen der geistlichen Erneuerung, der Begegnung der Schwestern untereinander und mit René Voillaume, auch der Begegnung mit der Wüste.

Als ganz besonderes Treffen kann das sechste vom 20.3. bis 4.5.1952 herausgehoben werden. Erstmals sind sehr viele Kleine Schwestern bei der Zusammenkunft, 72 insgesamt. Auch Mgr Mercier und Mgr Provenchères, die verantwortlichen Bischöfe der beiden Kongregationen der Kleinen Schwestern und der Kleinen Brüder, nehmen daran teil, und eine große Reihe von zentralen Themen wird angesprochen. Mit dieser „Session" ist die Richtung noch einmal klar abgesteckt; auch wenn vieles unausgegoren ist und noch manche Präzisierung geschehen wird, so ist doch der Grundstein für eine neue Phase gelegt.

Im Anschluß daran beginnt eine nochmals gesteigerte Form der

Ausbreitung und der Hinwendung zu neuen Kontinenten. Große Reisen stehen in diesem Jahr an: Europa, Südamerika, Nordamerika und Indien. Eine Fülle neuer Kontakte, die geknüpft und verarbeitet sein wollen.

*Reise um die Welt*

“Ich bin wirklich Nomadin, von innen und von außen, ich kann mich an nichts mehr festbinden.“[212] Dieser Satz läßt sich leicht über das ganze Leben der Kleinen Schwester Magdeleine schreiben, gilt jedoch ganz besonders für die Jahre 1953/54.

Nachdem sie vom 1.5. – 1.8.1953 ihre dritte Tour durch Europa gemacht hat, steht nun die große Weltreise an. Zusammen mit der Kleinen Schwester Jeanne und zum großen Teil zusammen mit René Voillaume geht es durch Afrika, Südamerika, Nordamerika, das östliche und südliche Asien, Australien und Papouasie, das südliche Asien und den Orient. In einem Brief an die Kleinen Schwestern schreibt sie während der Reise: „Wenn man von einem Werk ergriffen ist, wenn man für sein Wachsen gekämpft und gelitten hat, dann kann man von seiner Weiterentwicklung nicht unberührt bleiben. Im Jahr 1939, in der Sahara, da war ich bereit, um mich herum nicht mehr als eine Handvoll von Begleiterinnen zu haben, die ihr Leben ausschließlich den Nomaden in der Sahara hingeben würden. Heute bin ich auf den Straßen aller Kontinente unterwegs, auf der Suche nach den Menschen aller Rassen, um ihnen die Botschaft des kleinen Bruders Karl von Jesus zuzurufen: »Liebt euch über alle Schranken hinweg, damit die Trennungen der Klassen, der Nationen und der Rassen verschwinden, und sammelt euch um euer einziges Vorbild, Jesus, in kindlichem Gehorsam gegen alle, die ihn vertreten«.“[213]

Auf der Reise werden bestehende Fraternitäten besucht, bereits geknüpfte Kontakte vertieft und neue Orte zur Gründung gesucht. In den Vereinigten Staaten stößt Magdeleine auf extreme Schwierigkeiten. Die Bischöfe scheinen das Anliegen der Kleinen Schwestern in ihren Vorstellungen von Ordensleuten nicht unterzubringen. Besonders für den Erzbischof von Philadelphia ist die Sorge um die „geistliche Würde“ ein Grund, die Kleinen Schwestern in seiner Diözese nicht zu empfangen. „Er macht uns schwere Vorwürfe. Da die Bevölkerung katholisch sei, sei es unnötig, mitten unter ihr zu leben und von Christus und der Kirche Zeugnis zu geben. Im übrigen würden die Katholiken niemals akzeptieren, uns als Arbeiterinnen zu sehen. Sie respektierten zu sehr die geistliche Würde, als daß sie es ertragen könnten, Ordensfrauen in der Fabrik zu sehen."[214]

Aber solche Erfahrungen werden für Magdeleine nur zur besonderen Herausforderung. „Der Mißerfolg, weit davon entfernt, mich zu entmutigen, steigert meine Kräfte. In mir ist eine neue Kraft, um der Kälte, dem Schnee, dem Unverständnis die Stirn zu bieten ... Der kleine Bruder Karl von Jesus muß in die Vereinigten Staaten eindringen, mit all seiner Armut, mit seiner Liebe, die bevorzugt den Kleinen und Armen gehört, und mit seiner bedingungslosen Freundschaft, die keine Ergebnisse sucht und menschlichen Mißerfolg akzeptiert ..."[215]

Wieder entdeckt sie gerade jene Orte, in denen sich ganz typisch die Lebensweise einer Stadt, einer Region, eines ganzen Staates verdichtet. Ohne Scheu geht sie dorthin, wo sie Menschen vermutet, die vom Glauben und von der Kirche entfremdet sind. So bewegt sie sehr stark der Wunsch, in Hollywood, mitten in der Welt der Film-Studios, eine Fraternität zu gründen. Gerade in diesem Milieu erscheint ihr die Gegenwart des stillen Gebetes besonders notwendig.[216] Nach einem Besuch dort wird dieser Wunsch noch stärker, zumal sie erfährt, wie wenig Interesse die Kirche an diesen Menschen hat: „Dieser Besuch im Studio hinterläßt in uns den tiefen Wunsch, eine Fraternität gerade diesem so ganz eigenen Milieu von Hollywood zu weihen, wo die Kirche noch nicht präsent ist ... Der Priester einer benachbarten Pfarrei hat auf eine Frage von Pater Voillaume geantwortet: »Gott sei Dank haben wir überhaupt nichts mit diesen Leuten zu tun ...« „[217]

Mit dem Wunsch einer Gründung in Hollywood stößt Magdeleine kirchlicherseits auf massive Widerstände. Sie beschreibt den Vorgang nicht näher, nur in einer Anmerkung stellt sie fest: „In der Tat haben uns die religiösen Autoritäten die Genehmigung dieser Gründung verweigert, ebenso wie die von San Francisco, die zu ihrer Unterstützung gedacht war."[218]

Am Ende der Weltreise erscheint es ihr sonderbar, daß sie nun beendet ist und daß die Welt überschaubarer geworden ist. Tatsächlich ist ein Netz von Fraternitäten über die ganze Welt gespannt, ein Netz, das in nur 15 Jahren gewaltige Dimensionen angenommen hat. Zu Beginn dieser Reise hatte sie darüber nachgedacht, daß die „vernünftigen Leute" ein solches Vorhaben sicher als „Verrücktheit" beurteilen. Aber dem Anliegen, die Fraternität möglichst schnell zu einer internationalen werden zu lassen, die Botschaft von Bruder Karl weiter zu verbreiten und durch das Zusammenleben von Kleinen Schwestern aller Nationen zu einem lebendigen Zeichen der Einheit zu werden, hat diese Reise sicher gedient.[219]

### *Sammlung und Reflexion*

Die drei Jahre nach der Weltreise sind immer noch bewegte Jahre und insgesamt ist Magdeleine auch in dieser Zeit mehr unterwegs anzutreffen als an einem festen Ort. Trotzdem ist diese Phase auch geprägt durch Zeiten der Sammlung und der Aussprache. Begegnungen der Kleinen Schwestern untereinander und mit anderen Mitgliedern der Familie von Charles de Foucauld werden gepflegt. Direkt im Anschluß an die Weltreise treffen sich die Kleinen Schwestern im Tubet.[220] Kleine Schwester Magdeleine und Kleine Schwester Jeanne werden von 170 Kleinen Schwestern und 50 „Anschauerinnen"[221] erwartet. Im Vordergrund dieses Treffens steht ein ausführlicher Bericht von der Weltreise.[222] Das erste große Thema, über das Magdeleine spricht, ist Frucht der vielfältigen Erfahrungen dieser Reise. Es ist der Gedanke der Einheit, der sie sehr bewegt. „...wenn man mir ein einziges Wort gäbe, um den Auftrag der Fraternität zu definieren, ich würde weder »Armut« noch »Barmherzigkeit« sagen, sondern »Einheit«."[223]

Inhaltlich wird bei den täglichen Zusammenkünften u.a. über die rasche Ausbreitung, über die verschiedenen Formen von Fraternitäten, die Armut, die Konferenzen in El Abiodh, die Härte der Arbeit im Freien und der Saisonarbeit, die Ausbildung der Novizinnen, über Bruder Karl und über das „Jesuskind" gesprochen.

Zwei Monate später treffen sich mehr als 100 Kleine Schwestern in El Abiodh zur achten „Session". Magdeleine kann von einer neuen Form der Fraternität berichten: im Gefängnis von Bellechasse (Fribourg) leben Kleine Schwestern als freiwillige Gefangene, um das Leben der Frauen dort zu teilen durch die gleiche Nahrung, die gleiche Arbeit, den gleichen Spaziergang ums Haus. Zu bestimmten Stunden sind sie auch in den Zellen eingesperrt.[224]

Bei der neunten „Session" in El Abiodh[225] sind schon 180 kleine Schwestern aus insgesamt dreizehn Nationalitäten dabei. Wichtige Themen sind: Menschliches Leid (im Milieu der Zirkusleute, der geistig Behinderten, der Gefangenen), die schmerzliche Situation der Christen im Osten und die Bedeutung der Sahara mit Touggourt als erster Fraternität.

Im gleichen Jahr noch kommt es zu einer ersten „Session" in Rom

(Castel Gandolfo), die fast ausschließlich der Diskussion der Konstitutionen gilt.[226]

Im November 1955, anläßlich einer Wallfahrt nach Béni-Abbès, trifft sich die ganze „Familie" derer, die im Geist von Charles de Foucauld leben, um sich auf den zu besinnen, der sie als „geistlicher Vater" untereinander verbindet.

Schließlich beginnt im Dezember des gleichen Jahres noch ein längeres Treffen im Tubet, auf dem wichtige Themen der Ordensspiritualität zur Sprache kommen. Magdeleine spricht von einer neuen Etappe und bittet die Kleinen Schwestern, „...endlich einzutreten in diese neue Phase, die ich gerne eröffnet sehen will mit einem Leben des vertieften Gebets und der Anbetung. Wir sind Kontemplative, und das prägt unser Gebetsleben."[227]

Diesen Tagen im Tubet schließen sich zwei längere Aufenthalte in Rom an. Die Fraternität kann nun auf wichtige Schritte in der Ordensgeschichte zurückblicken. In einem Gespräch mit Kardinal Tisserant berichtet Magdeleine von Neugründungen, die ihr sehr am Herzen liegen: im Gefängnis und im Milieu der Prostitution. Sie erzählt auch von den letzten Gründungen in China, Japan, Vietnam, Indien, Finnland und Alaska. In diesen Tagen realisiert sich auch ein großer Traum: eine Fabrik in Rom ist bereit, Kleine Schwestern als Arbeiterinnen aufzunehmen.

Mit dieser Zeit der Sammlung und Reflexion geht eine wichtige Etappe der Ordensgeschichte zu Ende.

*Der „eiserne Vorhang"*

Mit der Erkenntnis, daß die Fraternität „universell" werden müsse, reift in Magdeleine der Entschluß, in diese Universalität auch die Länder hinter dem „eisernen Vorhang" einzuschließen. Kleine Schwester Jeanne drückt es so aus: „...als sie gesehen hat, daß die Fraternität sich des größten seelischen und physischen Elends angenommen hat, blieb vor ihr nur noch dieses immense Gebiet der Länder mit marxistischem Regime, wohin die Kleinen Schwestern bisher noch nicht gelangen konnten. Und sie wußte, daß sie dorthin genauso gehen mußte wie sonst überallhin auch."[228]

Es war in ihr der Wunsch, den Willen des Herrn bis zum Äußersten zu erfüllen. Und wenn es darum ging, eine solche Aufgabe zu erfüllen, sah man sie keine Sekunde lang zögern.[229]

Über Jahre hinweg hat sie ihre Reisen in den Osten vorbereitet. Der erste Schritt dazu war, 1949 als Generalverantwortliche zurückzuzutreten, um sich verfügbar zu machen für diese schwierigen Gründungen.

Am 30. September 1956 macht sich Magdeleine zusammen mit acht anderen Schwestern und einem Kleinen Bruder auf den Weg zu ersten Kontakten mit den Ländern des Ostens: es geht nach Jugoslawien, Ungarn und in die Tschechoslowakei. Mit der „Sternschnuppe", einem kuriosen Wohnwagen, der überall Aufsehen erregt, fahren sie los. „Auf unserer ganzen Reise wird er so sehr in Augenschein genommen, daß wir selber gar nicht besonders auffallen. In der Mitte prangt ein roter Stern, auf dem die Heilige Jungfrau mit ihrem kleinen Jesus zu sehen ist. Diesen beiden habe ich unsere Reise anvertraut und sie werden uns sicher ganz großartig führen."[230]

Diese Reise ist noch von mancher Unsicherheit und Ängstlichkeit überlagert. Doch werden erste Kontakte geknüpft, und ein Anfang ist gesetzt. „Diese wenigen Tage auf der anderen Seite waren erst das Vorspiel. Wir haben sehr Schönes und weniger Schönes gesehen. Und wenn wir dort empfangen wurden, haben wir nun, da wir zurückgekommen sind, kein Recht, zu verurteilen oder zu verdammen. Unsere Aufgabe ist es, jeden Menschen zu lieben, den wir auf unserer Reise getroffen haben ..."[231]

Auf die zweite Reise im September 1957 geht Magdeleine mit der Absicht, für immer im Osten zu bleiben. Wie schwer ihr der Abschied fällt, ist aus einem Brief an Mgr de Provenchèrs zu hören: „Ich weiß nicht, was mich da drüben erwartet. Ich habe schreckliche Angst. Ich habe kein bißchen Kraft mehr. Ich bin vor Kälte erstarrt ... was wird in einigen Wochen sein ... Aber ich glaube, daß all dieses Leiden etwas mit dem Auftrag zu tun hat, der mir anvertraut ist."[232]

Es ist ihr wichtig, noch von einigen Leuten Abschied zu nehmen, ihnen noch einmal zu schreiben. „Die Tage des sechsten und siebten September ragen als die schmerzlichsten in meinem Leben als Gründerin heraus. Die Grenzen zu diesen Ländern des Ostens zu überschreiten, scheint mir für immer eine Schranke zwischen den Kleinen Schwestern und mir zu errichten."[233]

Die Endgültigkeit, mit der sie hinter den „eisernen Vorhang" geht, erinnert an die Endgültigkeit, mit der jemand sich aufs Paradies vorbereitet. Sie nennt beides auch in einem Atemzug.[234] Dieser Abschied ist wie ein Riß durch ihr ganzes Sein.

Am 14. September schreibt sie an Kleine Schwester Jeanne: „Wir reisen nun ab nach Polen ... Ich habe Angst ... aber das Jesuskind nimmt mich bei der Hand. Ich wäre so gerne im Paradies, mein Leben würde für Rußland hingegeben sein ..."[235]

Magdeleine hat zunächst nur ein Touristenvisum für Polen. Sie hofft, von dort aus ihre Reise weiter organisieren zu können. In Polen erhält sie plötzlich ein ganz unverständliches Telegramm der Kleinen Schwestern aus Prag, die ihr nur mitteilen, daß sie in den nächsten Tagen in Prag erwartet wird. In Prag angekommen erfährt sie, daß die Kleinen Schwestern dort gezwungen werden, Prag möglichst schnell zu verlassen. Vor ihrer Rückreise wollten sie Magdeleine noch einmal sehen, bedachten jedoch nicht, daß sie von Prag aus kein Rückreisevisum nach Polen hatte. So mußte sie zunächst nach Rom zurück. In Rom angekommen will sie sich eigentlich nur mit der Kleinen Schwester Jeanne treffen, um ihre Rückreise in den Osten neu zu organisieren. Mgr de Provenchères ist jedoch gerade in Rom für das Treffen des Generalrats und bittet sie zu bleiben. Für ihn sind diese ganzen Umstände ein Hinweis darauf, die gefaßten Pläne zu revidieren. „Vor dem Willen Gottes, der sich zum Ausdruck gebracht hat, entscheidet Mgr de Provenchères, daß ich von jetzt an meine Zeit teile: die eine Hälfte im Jahr werde ich bei den Kleinen Schwestern sein, die andere Hälfte auf der anderen Seite der Grenzen ..."[236]

Von da an wird sie jedes Jahr, das Jahr der Visitation ausgenommen, zusammen mit einigen Kleinen Schwestern in der „Sternschnuppe" durch die Ostblockstaaten unterwegs sein, Freundschaften schließen, das Leben mit den Menschen teilen. 1964 ist sie zum ersten Mal in Rußland, 1979 macht sie die erste Reise durch China.[237]

Am 3. August 1958 kann sie Kardinal Tisserant berichten, daß schon vierzig Kleine Schwestern bereit sind, in die Länder des Ostens zu gehen. Insgesamt finden diese ganzen Aktivitäten in großer Diskretion statt. Die Kleinen Schwestern vermeiden alles, was die Freunde im Osten auch nur im geringsten gefährden könnte.

Für Kleine Schwester Magdeleine war dieser „eiserne Vorhang" eine unerträgliche Realität, gegen die sie kämpfen mußte. In einem Brief zum 50jährigen Jubiläum am 8. September 1989 schreibt sie an die Kleinen Schwestern: „1957 konnte ich es nicht mehr ertragen, daß ein einziger eiserner Vorhang ein einziges Land für die Botschaft von Bruder Karl verschließen könnte. Ich kann Euch noch keine Details dazu geben, aber ich kann Euch sagen, daß nach und nach alle eisernen Vorhänge ganz oder zumindest ein wenig offen sein werden, Nordkorea ausgenommen, wo wir noch erwartet werden ..."[238]

Für alle, die wissen, wie sehr ihr die Menschen hinter dem „eisernen Vorhang" am Herzen gelegen haben und für alle, die ihren Einsatz gegen jede trennende Mauer gekannt haben, hat es sicher eine tiefe Bedeutung, daß gerade am Tag ihrer Begräbnisfeier die Berliner Mauer gefallen ist. „Ein ganz eigenes Kapitel, das noch zu schreiben ist, betrifft das besondere Interesse, das Kleine Schwester Magdeleine Osteuropa entgegengebracht hat. Genau in den Tagen als sie starb, ist eine Mauer zusammengestürzt, die ein unheilvolles Zeichen des Hasses zwischen den Menschen war."[239]

### *Die Apostolische Visitation*

Im Juli 1982 blickt Mgr de Provenchères in einem Gespräch mit den Kleinen Schwestern auf ein Ereignis zurück, das zu den schmerzlichsten der Ordensgeschichte zählt: die apostolische Visitation von 1960. Was die zehn davor liegenden Jahre betrifft, stellt er fest: „Ich kann Euch heute sagen, daß es in diesen zehn Jahren keine schwerwiegenden Probleme gegeben hat, Probleme, die man als Zeichen Gottes hätte sehen können, daß Kleine Schwester Magdeleine, Kardinal Tisserant und ich hätten anders handeln sollen."[240]

Doch erinnert er sich daran, daß vieles in dieser Zeit sehr zerbrechlich war, vor allem, wenn man es von außen betrachtete. Die rapide Ausbreitung brachte manche Nachteile mit sich. Die Kleinen Schwestern wurden oft versetzt, weil es immer wieder galt, hier oder dort ein Loch zu stopfen. Die Bischöfe waren über diesen ständigen Wechsel nicht glücklich. Selbst die Novizinnen wechselten während des Noviziats mehrmals das Haus, was es eigentlich zu vermeiden galt. Im übrigen waren die Noviziatsverantwortlichen sehr jung und unerfahren. Immer wieder wurde Mgr de Provenchères darauf angesprochen, welche „Formation" die Kleinen Schwestern ihren Novizinnen geben. Manche kritischen Bemerkungen betrafen die Kleider und die Kopftücher der Kleinen Schwestern, die dem einen oder anderen zu unordentlich erschienen. Andere kritische Anfragen kamen von Bischöfen, die es nicht verstanden, daß die Kleinen Schwestern keine Katechese übernahmen und auch nicht bereit waren, ein Krankenhaus zu leiten. Diese verschiedenen Anfragen sind als Hintergrund der apostolischen Visitation zu sehen. Hinzu kam die Anfrage der Kleinen Schwestern vom Jahr 1957, eine Kongregation päpstlichen Rechtes zu werden.

Am 16. Dezember 1959 wird den Kleinen Schwestern durch Mgr de Provenchères die Visitation angekündigt. Kleine Schwester Magdeleine ist voller Vertrauen, da ein Abgesandter des Papstes eigentlich nur Grund zur Freude sein kann. Sie erinnert sich daran, daß sie am 8. September 1939, dem Gründungstag der Fraternität, darum gebetet hat, als Zeichen dafür, daß die Gründung dem Willen Gottes entspricht, keine Probleme mit den Repräsentanten der Kirche zu haben. Dann stellt sie fest, daß diese zwanzig Jahre seit drei Monaten abgelaufen sind.[241]

Am 22. 12. 1959 wird die Visitation durch den päpstlichen Visitator eröffnet. Er betont, daß die erwünschte päpstliche Approbation nicht möglich sei, ohne daß die Kirche sich zuvor genau informiert habe. Die apostolische Visitation sei eine große Gnade und ihr Ziel ein doppeltes: „» ...sich vor Ort ein Bild zu machen über die geistliche und weltliche Führung des Hauses und den Ordensfrauen eine freiere Gelegenheit zur Aussprache anzubieten«".[242]

Der Visitator kündigt an, jede Kleine Schwester einzeln zu befragen[243] und wünscht, daß Magdeleine für die Zeit der Visitation Rom verläßt. Im Zusammenspiel von Kleiner Schwester Jeanne als Generalverantwortlicher und Kleiner Schwester Magdeleine als Ordensgründerin kommt ihm deren offensichtlich tiefe Einheit rätselhaft vor.

Für Magdeleine ist dies eine unglaublich harte Forderung, die sie überhaupt nicht verstehen kann. „Es ist das erste Mal, daß die Kirche etwas so Hartes von mir verlangt ... Bisher war sie mir gegenüber von einem solchen Langmut ... Aber man kann wohl nur dann wirklich wissen, ob man die Kirche liebt, wenn man durch den einen oder anderen ihrer Repräsentanten gelitten hat."[244] Für sie, die jede andere Schwierigkeit lieber auf sich nehmen würde als eine Nicht-Übereinstimmung mit der Kirche, beginnt eine harte Zeit. Schon die Fragen, die ihr gestellt werden, kommen ihr wie eine Verurteilung des Ordensideals vor. Weil es für Magdeleine zum Wesen der Fraternität gehört, der Kirche gegenüber gehorsam zu sein, fühlt sie sich diesen Anfragen gegenüber zunächst sehr machtlos. „Mit den Feinden der Kirche würden wir leidenschaftlich kämpfen, um unsere Berufung zum Kleinsein, unsere Suche nach dem letzten Platz, unser kontemplatives Leben, unsere kindliche Fügsamkeit zu verteidigen ... Aber wie sollen wir uns vor einem Vertreter der Kirche verteidigen? ..."[245]

Es wird sehr schnell offensichtlich, daß der Visitator überhaupt kein Gespür für das Charisma der Fraternität hat. Seine Kritik stellt diese sehr grundsätzlich in Frage. „Die ersten Gespräche mit dem Pater Visitator zeigen, daß er Schwierigkeiten hat, den Geist der Fraternität in seinen wesentlichen Aspekten zu verstehen: die Einheit, die zwischen der Kleinen Schwester Jeanne und mir existiert, unsere Einheit mit dem Rat – die Verehrung des kleinen Jesuskindes – das kontemplative Leben mitten in der Welt – das Fehlen von Einrichtungen – die Armut ohne Kapitalanlagen, ohne Mitgift, ohne Einkünfte.“[246] Statt den „Geist der Kindschaft“ zu leben, fordert er die Kleinen Schwestern auf, lieber danach zu suchen, „»erwachsen« zu sein“.[247]

Zunächst versucht Magdeleine, im Hintergrund zu bleiben und der Kleinen Schwester Jeanne alles zu überlassen. Als die ersten Kleinen Schwestern ihr Gehen ankündigen, wenn sich der Geist der Fraternität in der vom Visitator beabsichtigen Weise ändern wird, bricht sie ihr Schweigen. Es wäre zu einfach, sich weiterhin darauf zu berufen, daß der Visitator ein Vertreter der Kirche sei, dem man mit geschlossenen Augen folgen soll. „Es wäre von mir nur Feigheit, würde ich jetzt schweigen.“[248] In verschiedenen Briefen verdeutlicht Magdeleine die unverzichtbaren Aspekte: „ ...von Anfang an gab es unantastbare Punkte: die Anbetung vor dem ausgesetzten Allerheiligsten ... die Hingabe des Lebens für die Erlösung des Islam ... die Liebe über allen Trennungen in Klassen, Nationen und Rassen ... den Geist der Kindschaft, der seinen Grund in der Krippe von Betlehem hat ... ein Leben mitten in der Welt, das gleichzeitig ein wirklich kontemplatives Leben ist ...“[249] Sie macht deutlich, welchen hohen Stellenwert die Zugehörigkeit zur Kongregation der Ostkirche hat und spricht von den verschiedenen „Formen“ von Fraternitäten, die sich gegenseitig ergänzen.

Und immer wieder versucht sie, Mißverständnisse auszuräumen. So z. B. im Hinblick auf Aussagen über die „persönliche Berufung“: „Für uns läßt »persönliche Berufung« keineswegs auf einen Mangel an Verfügbarkeit für den göttlichen Willen schließen. Denn die Kleinen Schwestern sind geprägt von diesem völligen Gehorsam, der von ihnen verlangt, überall hinzugehen, auch wenn es ihren tiefsten Wünschen völlig widerspricht.“[250] Gleichzeitig hält sie daran fest, daß es in der Berufung jeder Kleinen Schwester eine persönliche Anziehung, eine Neigung geben darf, die es als etwas ganz Kostbares zu respektieren gilt.

Kleine Schwester Jeanne versucht dem Visitator die Zusammenarbeit von ihr als Generalverantwortlicher und der Kleinen Schwester

Magdeleine als Gründerin zu verdeutlichen und betont, daß es bezüglich dieser beiden Rollen niemals Unklarheiten gegeben habe.[251] Wie es zwischen erwachsenen Menschen üblich ist, haben sie durchaus immer wieder um einzelne Entscheidungen gerungen, jedoch im gegenseitigen Respekt vor der Meinung der andern. „Obwohl das Einvernehmen unter uns vollkommen ist, könnte es Mgr de Provenchères bezeugen, daß wir manches Mal über anstehende Entscheidungen diskutiert haben und daß Kleine Schwester Magdeleine mir niemals ihre Meinung aufgedrängt hat."[252]

Im übrigen erklärt sie ihm, daß die Zuneigung, die die Kleinen Schwestern ihrer Gründerin entgegenbringen, ihrem spontanen Bedürfnis entspringt und keineswegs dem besonderen Bemühen Magdeleines.[253] Offensichtlich ist es für den Visitator jedoch schwer zu begreifen, wie es zwischen Jeanne und Magdeleine möglich ist, diese Einheit zu leben, ohne daß die eine die andere unterdrückt.

Alle Versuche, zu erklären und zu verdeutlichen, bleiben unfruchtbar, und die Briefe des Visitators überstürzen sich. Am 13. Juni 1960 kommen die Konstitutionen mit einer Fülle von Korrekturen und Anmerkungen zurück, jedoch mit dem Hinweis, daß dies nicht zu seiner Aufgabe als Visitator gehöre. In Magdeleine wächst immer mehr die Gewißheit, daß es nicht im Sinn der Kirche sein kann, das Ideal von Bruder Karl zu entstellen, und so trifft sie für sich die einzig vernünftige Entscheidung: „Nachdem ich festgestellt habe, daß seine Korrekturen das Ideal der Fraternität vollkommen verändern würden, lege ich diese Blätter in eine Schublade und warte auf das Ende der Visitation."[254]

Obwohl die Situation eigentlich von Anfang an mühsam ist, spitzt sie sich im Laufe des Jahres immer noch mehr zu und wird schließlich unerträglich. „Den ganzen Dezember über zeigt uns eine Flut von Briefen des Visitators, daß menschlich gesehen nichts mehr zu machen ist. Das Wesentliche unserer Berufung, insbesondere unsere kontemplative Berufung, ist in Gefahr. Also entschließen wir uns, zum kleinen Jesuskind eine Novene zu beten, wie wir sie noch nie gebetet haben ... mit einem Glauben, der Berge zu versetzen und Gräben zuzuschütten vermag."[255] Als am 6. Januar wieder ein Brief ankommt, merken die Kleinen Schwestern, daß ihre Kräfte erschöpft sind. „Wir bitten den Herrn, uns von dieser Prüfung zu befreien, die nun schon mehr als ein Jahr andauert und unsere ganzen Lebenskräfte verbraucht."[256]

Am 18.1.1961 kommt das Telegramm von Mgr de Provenchères, daß die Visitation seit 23. Dezember zu Ende ist. „Am Ende unserer

Novene hat der Pater Visitator die Mitteilung erhalten, die Visitation so schnell als möglich zu beenden."[257]

Am Ende der Visitation scheinen alle angestandenen Bedenken ausgeräumt und alle Vorwürfe entkräftet zu sein. Außer einigen Richtlinien, was die Errichtung von Noviziaten, die Anzahl der Profeßschwestern in jeder Fraternität und die Dauer der Probezeit angeht, gibt es zunächst keine konkreten Folgen der Visitation.[258] Die größte Veränderung liegt jedoch tiefer. Mit ihr zu leben, wird einige Zeit in Anspruch nehmen. Kleine Schwester Magdeleine drückt es so aus: „Jetzt ist es wichtig, daß wir uns wieder aufrichten, indem wir das vergessen, was uns so tief verletzt hat. Ich denke, daß das nicht von einem Tag zum andern möglich sein wird ..."[259]

Magdeleines Bindung an die Kirche wurde in dieser Zeit auf eine harte Probe gestellt. Am Ende der Visitation scheint jedoch ihre Liebe zur Kirche eine noch klarere Entschiedenheit bekommen zu haben.

### *4. Zeit der Festigung: Ringen um „Einheit" und „Universalität" 1959 – 1989*

Die ersten zwanzig Jahre haben einen weiten Horizont an Möglichkeiten eröffnet. Rückblickend teilt Mgr de Provenchères die Zeit bis 1959 in zwei Phasen ein: Die ersten zehn Jahre nennt er die „Gründungsphase"[260]. Diese schloß im Dezember 1949 damit ab, daß Kleine Schwester Jeanne Generalverantwortliche wurde. Magdeleine wollte sich nun ganz besonders um schwierige Gründungen auf der ganzen Welt kümmern. Die zweite Phase von 1949–1959 ist die Phase der universellen Ausbreitung. Sie begann mit der Weltreise, von der Kleine Schwester Magdeleine mit dem Plan von 400 Gründungen zurückkam, von denen 200 möglichst schnell realisiert werden sollten. Abgeschlossen wurde sie durch die Apostolische Visitation.[261]

Mit 780 Kleinen Schwestern in 184 Fraternitäten und 64 Ländern hat die Gemeinschaft eine beachtliche Größe erreicht.

Am Ende dieser zwanzig Jahre hat das Charisma der Fraternität der Kleinen Schwestern seine Gestalt angenommen. Die wesentlichen Aspekte der Spiritualität sind benannt. Kleine Schwestern haben sich aufgemacht, um an verschiedenen Enden der Erde mit den

Menschen dieses ihr Charisma den jeweiligen Situationen entsprechend zu leben. Nun steht eine vergleichsweise ruhigere Phase an. Es geht darum, die geknüpften Kontakte zu stabilisieren, langfristige Vorhaben anzugehen. Einen großen Teil ihrer Kraft gibt Magdeleine weiterhin bei den Reisen hinter den „eisernen Vorhang“. Insgesamt ist diese Phase sehr stark geprägt durch das Bemühen, den Fraternitäten der einzelnen Länder ihr je eigenes Gesicht zu geben und sie von einer einseitig-europäischen Prägung zu befreien.

Am 8. September 1989 kann die Fraternität ihr 50jähriges Bestehen feiern. Gleichzeitig beginnt mit dem Tod der Kleinen Schwester Magdeleine am 6. November 1989 eine neue Etappe der Ordensgeschichte.

*Zuordnung zur Religiosenkongregation*

Am 4. März 1961, im Anschluß an die apostolische Visitation, wird die Fraternität der Religiosenkongregation unterstellt, da die Mehrzahl der Fraternitäten inzwischen im lateinischen Ritus angesiedelt sind. Mgr Provenchères, der den Schmerz der Kleinen Schwestern über diese Veränderung gut versteht, versucht, ihnen zu erklären, daß die Mehrzahl ihrer Gründungen im lateinischen Ritus eigentlich keine andere Regelung zuläßt. Für die Kleinen Schwestern, insbesondere für Magdeleine, ist dies schwer anzunehmen, da es nicht um eine periphere Frage, sondern um den Geist der Fraternität geht. Die Bindung an die Ostkirche ist auch eine emotional sehr tiefe, weil diese den Kleinen Schwestern mit sehr viel Verständnis entgegengekommen ist, zu einer Zeit, als diese Art des Ordenslebens noch in weiten Kreisen auf Unverständnis gestoßen war. „Die Kongregation für die Ostkirche verlassen, das hieße für uns wirklich, unsere Mutter zu verlassen! ...“[262]

Es wird alles versucht, diese Änderung rückgängig zu machen. Die Kleinen Schwestern verdeutlichen in einem Brief an den Papst, warum ihnen die Zugehörigkeit zur Ostkirche ein so großes Anliegen ist:[263] Sie erinnern an die besondere Hingabe der Kleinen Schwestern an die Völker des Islam von Anfang an. Schon 1947, als sie erst etwa 30 Kleine Schwestern waren, haben sie sich den Ostkirchen zugewandt und gehörten zum Zeitpunkt des Transfers bereits allen Riten an. Seit 1949 gibt es für Magdeleine den Wunsch, sich ganz der Kirche hinter dem „eisernen Vorhang“ hinzugeben. Seither hat sich die Fraternität im Gebet um Rußland und die slawischen Völker angenommen. Da den Kleinen Schwestern die „Einheit“ unter den

Menschen ein großes Anliegen ist, möchten sie mit ihrer Zugehörigkeit zur Ostkirche ein Zeichen der Einheit und der Freundschaft für die getrennten Christen sein.

Darüber hinaus drückt sich für die Kleinen Schwestern in der Verbundenheit mit der Ostkirche ihr Wunsch nach Einheit unter den Völkern, den Nationen und den Rassen insgesamt aus.[264] Gleichzeitig sehen sie darin eine Chance der Annäherung an die orientalischen Minderheiten auf der ganzen Welt. Mgr Provenchères fügt seinerseits noch die Überlegungen hinzu, daß die Kleinen Schwestern mit ihrer respektvollen Liebe für die Ostkirchen einen wertvollen Beitrag dazu leisten könnten, die Ostkirchen insgesamt mehr kennen- und liebenzulernen. Außerdem befürchtet er, daß manche orientalischen Bischöfe sehr betroffen sein könnten durch diese Änderung. Die Entscheidung, die Kleinen Schwestern der Religiosenkongregation zuzuordnen, wird von Rom trotz all dieser Anliegen nicht zurückgenommen. In der Praxis war die Freundschaft der Kleinen Schwestern zu den verschiedenen orientalischen Kirchen jedoch so ausgeprägt, daß die bestehende Freundschaft durch diese so schmerzliche Entscheidung nicht gefährdet war.

### *Mit einem kühnen Gehorsam in der Kirche*

Kleine Schwester Magdeleine hat große Bewegungen innerhalb der Kirche erlebt. Neun Päpste insgesamt haben sich im Laufe ihres Lebens abgewechselt. Sie hat sie alle in ihrem Bemühen erlebt, die Kirche präsent zu machen in der Welt und aufmerksam für die menschliche Würde.[265]

Magdeleine war von einer unerschütterlichen Liebe und Treue zur Kirche geprägt, und diese Liebe galt auch den Amtsträgern, die für sie die Kirche repräsentierten und denen sie auf geradezu entwaffnende Weise alles zutraute und auch zumutete. Besonders galt diese Zuneigung dem obersten Repräsentanten der Kirche, dem Papst. Die wohl intensivste und für die Geschichte der Fraternität bedeutsamste Bindung bestand zu Papst Pius XII. Er wurde im Gründungsjahr der Fraternität Papst, und die ersten zwanzig Jahre, in denen die Gemeinschaft all ihre Kühnheiten lebte, standen unter seinem besonderen Schutz.

Insgesamt hat Kleine Schwester Magdeleine eine große Zahl von Kirchenrepräsentanten kennengelernt, die ihren Weg gefördert haben. Diese konkreten Menschen vor Augen hat sie es bei den Kleinen Schwestern nicht geduldet, daß die Kirche oder der Papst kritisiert wurden. „Du wirst oft abfällig und kritisch über die Vertreter der Kirche reden hören: Du aber wirst den Heiligen Vater und die Vertreter der Kirche ehrfürchtig und herzlich lieben. Man wird vor Dir gewisse Richtlinien der Kirche kritisieren: Du, vertrau ihnen und füge Dich mit Offenheit und Liebe, um dieses Wortes willen: »Wer euch hört, hört mich«.(Lk 10,16)“[266]

Von Anfang an gehört es zu einem ihrer größten Anliegen, sich unter keinen Umständen neben die Kirche zu stellen. „Darum habe ich den Herrn vor allem gebeten: »Ich bin bereit, alles an Leiden und Prüfungen auf mich zu nehmen, nur eines nicht, nämlich mit denen, die für mich die Kirche repräsentieren, nicht in vollkommenem Einklang zu sein.“[267]

Sicher hat ihre Einstellung zur Kirche damit etwas zu tun, daß sie ihr immer in konkreten Menschen begegnet ist und daß sie gerade auch von seiten der obersten Kirchenleitung viel Unterstützung bekam. Daneben ist es auch ihre theologische Sicht der Kirche, die ihre Einstellung bestimmt. „Ich bin traurig über die Strenge, mit der man die Kirche verurteilt ... Besonders leide ich, wenn die eine oder andere Kleine Schwester sich daran beteiligt, denn die Kirche, das ist der Leib Christi, das Volk Gottes. Und wenn es in der Kirche etwas Schlechtes gibt, dann liegt das an den menschlichen Schwächen von uns allen, die wir die Kirche bilden, und an den menschlichen Schwächen derer, die offiziell die Verantwortung tragen.“[268]

Magdeleine hat kein starres, veräußerlichtes Gehorsamsverständnis. Die Übereinstimmung mit der Kirche ist ihr ein inneres Bedürfnis und gibt ihr in schwierigen Phasen Kraft und Mut weiterzugehen. In einem Brief an Mgr de Provenchères schreibt sie: „Der Gedanke, daß Sie über alles, was bei uns schief geht, Bescheid wissen und auch über die Schwierigkeiten und Leiden, die mich manchmal niederdrücken, gibt mir eine so große Sicherheit. Zu wissen, daß all dies der Autorität der Kirche unterstellt ist, ist jener einzige Trost, der es mir erlaubt, in dem Zustand, in dem ich bin, weiterzugehen.“[269] Es tut gut, daß Mgr de Provenchères gegen manches verständnislose Urteil die bischöfliche Autorität in die Waagschale legt: „»Man muß es einfach hinnehmen, daß manche Euren Weg für verrückt halten, denn ihr Urteil gründet nur auf Äußerlichkeiten. Das Zeichen dafür, daß der Moment für eine Gründung gekommen ist, ist die Zustimmung des verantwortlichen Bischofs.«“[270]

Er hat ein großes Gespür für die Mühen und macht immer wieder Mut durchzuhalten. „»Ich erahne es, daß all diese Gründungen körperlich ermüdend und ein Kreuz sind. Ich sage es Ihnen noch einmal, daß ich den Eindruck habe, daß Sie den Willen Gottes tun und daß Sie weitermachen müssen, daß Sie bis zum Ende gehen müssen, so hart das sein kann.«"[271]

Magdeleine kennt nicht nur die Kraft, die aus dem Gehorsam zur Kirche fließt, sondern auch den Schmerz über Entscheidungen, die schwer anzunehmen sind. So, als Mgr Mercier verlangt, Sidi Boujnan für einige Jahre zu verlassen, um für andere Gründungen frei zu sein. Grundsätzlich stellt sie solche Momente des blinden Gehorsams, deren Sinn sich erst nachträglich erschließt, jedoch nicht in Frage. Gehorsam ist für Magdeleine ein lebendiger, ja geradezu ein schöpferischer Prozeß. Es ist ein „Gehorsam, der es zu bestimmten Zeiten versteht, Initiativen zu ergreifen und doch bereit ist, demütig auf die Zustimmung zu warten oder auch auf Vorwürfe ...eine Schule der Verantwortung, die der Seele alle Reichtümer läßt".[272] Zu diesem schöpferischen Gehorsam gehört auch, den Autoritäten ein Höchstmaß an Beweglichkeit zuzutrauen und zuzumuten, „die traditionellsten Autoritäten dazu zu bewegen, die kühnsten Neuerungen anzunehmen ..."[273]

Ihr Glaube, daß auch verhärtete Strukturen und distanzierte Kirchenmänner zum Werkzeug Gottes werden können, ist bergeversetzend. Und wenn es um den Geist der Fraternität geht, entfaltet sie ihre kämpferische und hartnäckige Seite, der langfristig niemand zu widerstehen vermag. In Rom vor der Propaganda Fide muß sie mit Nachdruck auf die spezifische Berufung der Kleinen Schwestern hinweisen. „Ich kämpfe einen verzweifelten Kampf, um den Geist der Fraternität zu retten, und ich bin bereit, dafür Tag und Nacht zu arbeiten – ich arbeite gerade die dritte Nacht daran – und Rom in alle Richtungen abzuklappern."[274] In ihrer humorvollen Art ist sie zusammen mit der Kleinen Schwester Jeanne nicht so leicht zu erschüttern. „Wir machen uns an die Eroberung Roms und des Orients und wir sind zwei arme Wracks, beide zugleich sehr müde und erschöpft von der Last des Gepäcks ..."[275]

Daß sie nicht nur an der persönlichen Armut jeder Kleinen Schwester, sondern an der Armut der Fraternität insgesamt festgehalten hat, daß sie darauf bestanden hat, daß die Kleinen Schwestern in der Fabrik arbeiten dürfen, daß sie sich standhaft geweigert hat, soziale Einrichtungen zu betreuen, sind nur einige sehr zentrale Punkte, um die sie kämpfen mußte. „Ich bestehe ganz besonders auf zwei Punkten: »Wir sind Kontemplative, aber wir wollen uns trotzdem mit der Welt vermischen wie der Sauerteig im Ganzen« ... Und dann bitte ich darum, daß im nächsten Entwurf der Konstitutionen die Berater unsere Armut nicht in Frage stellen, deren Säulen die Arbeiterfraternitäten und die Handarbeit sind."[276]

Lange werden ihre Pläne für eine Arbeiterfraternität in Rom abgelehnt. Sie weiß, daß sich gegen solche Widerstände nicht mit Gewalt angehen läßt. So nimmt sie die Ablehnung zunächst hin und kommt mit einer liebevollen Hartnäckigkeit wieder. „Morgen werden wir in St. Paul den Apostel der Nationen bitten, das Herz des Kardinalvikars zu berühren, damit er unsere Form des Lebens versteht."[277]

Sie hat einen langen Atem und weiß, daß die Widerstände vergänglich sind. Im Hinblick auf eine Arbeiterfraternität in Rom scheinen diese im Dezember 1948 unüberwindlich. Die Propaganda Fide ist nicht in der Lage, die Verantwortung für die Arbeiterfraternitäten zu übernehmen.[278] Trotzdem: „Ich verliere die Hoffnung nicht und bin sicher, daß Rom uns eines Tages als seine Kinder empfangen wird ..."[279]

Als ihr vorgeschlagen wird, eben zwei Kongregationen zu gründen, eine Missions- und eine Arbeiter-Kongregation, spürt sie, daß jetzt das Grundprinzip der Gründung in Frage gestellt wird. Daraufhin verzichtet sie vorläufig auf weitere Vorstöße. Aus der Not der Situation versucht sie, noch das Beste zu machen – und geht an die „Eroberung" des Orients.

Wegen der besonderen Berufung für den Islam und im Blick auf die künftigen Regionen im Orient möchte Magdeleine die Fraternität der Kongregation für die Ostkirchen unterstellen. Mit diesem Anliegen findet sie sofort Zustimmung.[280]

An schmerzliche Grenzen kam sie in der Auseinandersetzung mit dem Visitator, der nichts vom besonderen Charisma der Fraternität verstanden hatte. Unter dieser massiven Infragestellung durch einen Vertreter der Kirche hat sie gelitten. Sie hat den Dialog noch gesucht, als längst klar war, daß sich an der Einstellung des Visitators nichts ändern würde. Als die Existenz der Gemeinschaft auf dem Spiel stand, verteidigte sie jedoch in aller Klarheit und ohne Kompromisse das Ordensideal. Auf dem Hintergrund dieser Erfahrung wird deutlich, daß ihre Treue und Liebe zur Kirche bis zum Äußersten durchlitten war. „Müßte ich auch noch zehnmal mehr leiden, ich würde im Herzen doch immer die gleiche Liebe zur Kirche und zum heiligen Vater bewahren, die ich auch mit all meinen Kräften der gesamten Fraternität einschärfen möchte."[281]

Daß sie schließlich alles verwirklicht hat, was ihr wichtig war, ist einer liebenswürdigen Hartnäckigkeit und unnachgiebigen Klarheit zu verdanken. Hätte sie sich in dieser schwierigen Anfangsphase von der Kirche distanziert, um ohne Anerkennung ihren eigenen Weg neben der Kirche zu gehen, es hätte sicher weniger Kraft gekostet. Ihr Weg war ein anderer. Ohne sich in grundsätzlichen Fragen über kirchliche Strukturen zu verkämpfen, ohne sich auf analytisch-kritische Grundsatzdiskussionen einzulassen, ging sie loyal zur Kirche ihren Weg und blieb doch der eigenen Intuition treu. Wurde ein Anliegen abgelehnt, kam sie zu einem späteren Zeitpunkt wieder, so lange, bis sie erreicht hatte, was sie wollte. In Beharrlichkeit hat sie meistens das Erwünschte erreicht, wenn auch oft erst nach Jahren. Ein sanfter Weg, Kirche zu prägen, indem sie ihr die Zeit gab, sich zu verändern und ihr Veränderung zutraute.

Der Platz der Kleinen Schwestern ist mitten in der Kirche, jede noch so große Kühnheit geschieht mit Zustimmung und unter den Augen der Kirche. Ihr Platz ist jedoch gleichzeitig an den Rändern der Kirche, dort, wo Kirche nur noch ganz selten erfahren und akzeptiert wird. Magdeleine hat immer ein großes Gespür für Orte gehabt, an denen die Kirche nicht präsent war. Sie hat an dieser Nicht-Präsenz gelitten und versucht, Lücken zu schließen.

„Niemand ist bei den Nomaden der Wohnwägen und Zelte ... niemand im Wald bei den Ouldémés, bei den Pygmäen und den Bushmen ... keiner in den Elendsvierteln, von denen jetzt so viel gesprochen wird ... keiner bei den Prostituierten und bei den Gefangenen, die nur von oben herab betrachtet werden ...“[282]

Obwohl es in der Einstellung Magdeleines eine klare Orientierung hin auf Rom gibt, sieht sie doch auch die Kirche in ihrer Vielfalt. Die Suche der Kleinen Schwestern nach ihrem Platz in der jeweiligen „Ortskirche“ wird immer wichtiger. Die Frage nach dem Ort für die ewigen Gelübde ist ein konkretes Beispiel dafür, daß Magdeleine auch auf ganz wichtige Ideen verzichten kann, um den Ortskirchen mehr Gewicht zu geben. So erkennt sie im September 1987, während des sechsten Generalkapitels, die Notwendigkeit, die Gelübde künftig im jeweiligen Land abzulegen. Diese Entscheidung verlangt von ihr ein großes Opfer.[283]

In einem Punkt war sie der Kirche gegenüber kompromißlos: wenn es um ihren Reichtum und ihre Solidarität mit den Armen ging. Wenn Kirchenleute nicht den Mut haben, den Regierungen die Mißachtung der Menschenrechte vorzuwerfen oder wenn sie dem Leiden der Armen gegenüber gleichgültig sind, so schmerzt sie dies. „Alle Hirten der Kirche sollen Partei ergreifen für die Unterdrückten und Verachteten, ohne Angst zu haben, sich zu kompromittieren ... Um eine Kirche der Armen zu sein, soll sie keine bischöflichen Paläste mehr bauen und sich nicht mit luxuriösen Einrichtungen und Gegenständen umgeben ... Sie soll auch nach und nach solche Ehrentitel wie »Ehrwürdige Mutter« oder »Ehrwürdiger Vater» usw. abschaffen, damit diese Ämter wirklich zu einem Ausdruck des Dienens werden ... Ihre Türen sollen weit offen stehen für andere Kirchen."[284]

### *Die Kleinen Schwestern vom Evangelium*[285]

Kleine Schwester Magdeleine hat immer betont, daß es nicht Aufgabe der Kleinen Schwestern sei, direkte Formen des Apostolats anzunehmen. Mit dieser Option sind sie jedoch immer wieder an Grenzen ihrer Möglichkeiten gestoßen. So gibt es bereits im September 1954 die Absicht, eine Gruppe zu gründen, die sich einer direkteren Form der Evangelisation widmen könnte. Im Februar 1957 haben einige damit begonnen, doch wird schnell deutlich, daß damit die Einheit des Charismas gefährdet ist.

Im Oktober 1963 gibt es zusammen mit René Voillaume Überlegungen, eine eigene Kongregation der „Kleinen Schwestern vom Evangelium" für Aufgaben des organisierten Apostolats zu gründen – entsprechend der im Juli 1956 von René Voillaume gegründeten „Kleinen Brüder vom Evangelium". Eine Kleine Schwester wird gebeten, mit der Gründung zu beginnen. „Es gibt bestimmt einige Kleine Schwestern, die gewisse Neigungen haben, die auf der Linie der Kleinen Schwestern vom Evangelium liegen. Man wird versuchen, sie zu finden und sie darum zu bitten, daß sie wenigstens zeitweise der Kleinen Schwester Anne-Marie beim Start helfen."[286]

In einem Brief an die Kleinen Schwestern und die Kleinen Brüder gibt René Voillaume zwei Gründe an, die zu dieser Gründung geführt haben. Zum einen haben die Kleinen Brüder vom Evangelium schon lange nach einem weiblichen Pendant gesucht, um die Unterweisung der Frauen und Kinder übernehmen zu können. Zum andern haben Kleine Schwester Magdeleine und Kleine Schwester Jeanne öfters die Dringlichkeit einer direkteren Evangelisation gesehen, z. B. bei den Tapirapes in Brasilien oder bei den Pygmäen im Kongo.

Obwohl Magdeleine sehr froh ist um diese Gründung, sieht sie doch die Gefahr, daß die beiden Gemeinschaften Vergleiche anstellen. Und sie bittet René Voillaume um einige Klarstellungen.

„Was Euch gemeinsam ist, das ist die Spiritualität, die Bedeutung der Kontemplation, der Lebensstil. Und was Euch unterscheidet, wird Euch helfen, Eure Berufung besser zu bestimmen und besser zu erfassen und zu verstehen, was das Wesentliche daran ist.“[287]

Für manche ist es schwer, sich neben den Kleinen Schwestern vom Evangelium nicht als die zu sehen, die „nichts“ tun und zu begreifen, daß sie auf andere Art etwas „geben“. Die Unterscheidung, daß die einen „aktiv“ und die anderen „kontemplativ“ seien, sollte nicht gemacht werden.[288]

Zusammen mit der Kleinen Schwester Jeanne ist Magdeleine der Meinung, daß die beiden Fraternitäten bald voneinander unabhängig sein sollten, da ihre Berufung zu verschieden ist. In einem Brief an die Kleinen Schwestern vom 21. 10. 1964 schreiben sie: „Diese neue Form der Berufung innerhalb der Familie von Bruder Karl von Jesus soll für manche von Euch in schwierigen Momenten keine Versuchung sein, in ein aktiveres Leben zu flüchten, das Euch wirksamer erscheint.“[289]

Der Unterschied zwischen beiden Kongregationen wird noch einmal deutlich benannt. Es geht um das ausdrückliche Unterrichten und um die Verantwortung für soziale Einrichtungen.[290] Während dies zum Auftrag der Kleinen Schwestern vom Evangelium gehört, wollen die Kleinen Schwestern Jesu auf ganz einfache und bescheidene Weise die sozialen Bedingungen der Armen teilen. Ihr Apostolat ist das „Apostolat der Freundschaft“.

### *Das sechste Generalkapitel: „Inkulturation“*

Mit einem Blick auf das letzte Generalkapitel, das vom 6.9. – 23.10.1987 stattgefunden hat, soll ein Einblick in die aktuelle Situation der Ordensgemeinschaft gegeben werden. Zum Zeitpunkt dieses sechsten Generalkapitels umfaßt die Fraternität 1349 Kleine Schwestern aus 62 Nationalitäten. Davon sind 970 mit ewiger und 214 mit zeitlicher Profeß, die anderen sind Novizinnen und Postulantinnen.

Inhaltlich sind es drei große Themen, zu denen die Kleinen Schwestern sich während des Generalkapitels Referenten eingeladen haben. Es geht um die Themen Islam[291], Inkulturation[292] und um die christologischen Grundlagen[293].

Ausführliche Berichte über die einzelnen Länder und Kontinente gibt Kleine Schwester Carla. Sie sind Grundlage für einen intensiven Austausch über die verschiedenen Situationen, in denen die Kleinen Schwestern leben.

Afrika leidet unter einer ständig wachsenden Verarmung, die mit verschiedenen Faktoren zusammenhängt: mit der schreienden Ungerechtigkeit des Weltmarktes, mit der politischen Instabilität, die ein Erbe des Kolonialismus ist, den Kriegen und den ständigen Hungersnöten. Gleichzeitig ist eine positive Bewegung zu beobachten, die eigene Identität wiederzufinden. Die Kleinen Schwestern haben Anteil an dieser Bewegung, indem sie selber auf der Suche nach einem eigenen Gesicht der Fraternität in Afrika sind. Sie sind mitten in einem Prozeß der „Afrikanisierung" der Fraternitäten. Besonders hervorgehoben wird die Situation in Südafrika, wo die Politik und das alltägliche Leben eng miteinander verquickt sind und jede Art der Zusammenkunft bereits subversiv ist. „Diese Situation dauert an und zehrt an den Kräften, aber die Energie der Menschen, die am meisten leiden, ist den Kleinen Schwestern eine Stütze in der Herausforderung, Jesus von Nazaret nachzufolgen."[294]

Die Situation in Nordafrika ist geprägt durch eine Verhärtung der politischen Systeme und der Verfestigung des moslemischen Charakters. Für die Kirche, die von außerhalb kommt, ist es deshalb umso wichtiger, unauffällig und unaufdringlich präsent zu sein. In diesen Ländern leiden die Kleinen Schwestern besonders darunter, mitten in der moslemischen Welt „Fremde" zu bleiben. Und sie stellen sich die Frage, wie künftig eine Einwurzelung in dieses moslemische Milieu möglich sein wird, das doch in der Nachfolge von Bruder Karl zu den Prioritäten der Fraternität zählt.[295]

Von Krieg, Gewalt und einer zunehmenden Fanatisierung des Islam sind auch die Länder des Orients gezeichnet. Dort geht es für die Kleinen Schwestern darum, in den äußersten Situationen der Verzweiflung noch auszuharren. „Im Libanon, Iran und Irak müssen die Kleinen Schwestern mit ihren Völkern dem Tod, der Angst und der Verzweiflung die Stirn bieten und ihre tägliche Herausforderung ist es zu hoffen, daß Gott gegenwärtig ist im Heute und in der ganzen Geschichte dieser Völker."[296] Trotz eines fanatisierten Islam gilt es, in Freundschaft mit den moslemischen Nachbarn zu leben, die letztlich genauso Opfer dieses Fanatismus sind.

In Lateinamerika gibt es inmitten einer Situation zunehmender Verarmung und Gewalt viele Zeichen der Hoffnung in den Herzen der Armen. Wichtig ist in dieser Situation eine deutliche Option der Kirche für die Armen. Für die Kleinen Schwestern stellt sich die Herausforderung, in dieser Zeit der Bedrängnis, mit dem Volk auf einer Seite zu kämpfen und trotzdem eine Solidarität zu leben, die ganz in Gott wurzelt und auf ein Reich wartet, das jede menschliche Verwirklichung übersteigt.

Davon völlig unterschieden ist die Situation der Länder in Nordamerika und Ozeanien. In dieser Welt des Militarismus und des Konsums werden ganz neue, tragische Formen der Armut geschaffen.

Ähnliche Probleme stellen sich für die Länder Europas. Dort scheinen sich die existentiellen Nöte immer mehr zuzuspitzen. Probleme des Unglaubens und der Gleichgültigkeit, Probleme der Flüchtlinge und der Arbeitslosen begegnen einem Gefühl tiefer Ohnmacht und Sinnlosigkeit.[297] Die Kleinen Schwestern stellen sich die Frage, ob sie in dieser so komplexen und erschütterten Gesellschaft Europas sich genügend bemühen, mit einem Blick des Glaubens, die Geschichte jedes Volkes zu betrachten, um so Jesus zu begegnen.

Von all den beschriebenen Ländern und Kontinenten unterscheidet sich noch einmal grundlegend die Situation in Asien. Dort gibt es die meisten Neueintritte, vor allem in Korea und auf den Philippinen. Von 118 Kleinen Schwestern in Asien sind bereits 95 Asiatinnen. Die Ortskirchen sind schon auf einem Weg der Inkulturation, und auch die Kleinen Schwestern sind von einem wachsenden Bemühen geprägt, die grundlegenden Züge der Fraternität in den eigenen Ländern zu inkulturieren.

Ausgehend von diesen Situationsberichten der verschiedenen Teile der Welt, wurde die Verschiedenheit je nach sozio-politischem Kontext unter dem Stichwort „Inkulturation“[298] zum großen Thema des Generalkapitels.

Die ersten Kleinen Schwestern waren Französinnen, die, geprägt durch ihr Land, ihre Sprache, ihre Kultur, Fraternitäten auf der ganzen Welt gegründet haben. Sie haben das Charisma der Fraternität mit allen Reichtümern in diese Länder getragen und sind dort in einen Dialog mit den Kulturen getreten. Das Grundanliegen der Gemeinschaft, „sich zu einem von ihnen“ zu machen, hat gewährleistet, daß sie selber von den Menschen des jeweiligen Landes geprägt wurden und die verschiedenen Kulturen kennenlernten. Doch bei allem Bemühen sind sie letztlich immer auch „Fremde“ geblieben, die aus einem anderen Land, einer anderen Kultur gekommen sind. „Im Licht des Geheimnisses der Menschwerdung wollen wir uns zu einer von ihnen machen, solidarisch (Mt 8,17), aber wir sind »anders« und wir werden niemals wirklich eine von ihnen sein.“[299]

Ein Prozeß der „Akkulturation“[300] hat in diesen Jahren zwar intensiv stattgefunden, mehr war für die aus einem fremden Land kommenden Kleinen Schwestern jedoch nicht möglich. Das Bemühen, in allen Ländern Kleine Schwestern zu finden, hat für die Fraternität die Chance, aber auch die Notwendigkeit mit sich gebracht, einen Schritt weiter zu gehen. „Dank der Berufungen von Kleinen Schwestern, die aus all diesen verschiedenen Ländern stammen, kann die Fraternität sich nun inkulturieren.“[301]

Dieser Schritt der Inkulturation wurde auf dem sechsten Generalkapitel ausführlich diskutiert. Insbesondere die Kleinen Schwestern der jungen Kirchen in Asien und Afrika haben den Wunsch ausgedrückt, „ihrem Volk und ihrer Kirche das Charisma der Fraternität zu vermitteln, indem sie es von manchen westlichen Anteilen befreien. Sie wollen es klarer in dem ausdrücken, was sie aus ihrer eigenen Kultur und ihren eigenen Traditionen geschöpft haben“.[302]

Daß die Fraternität von außen nach Afrika gebracht worden war und die ersten afrikanischen Schwestern ganz davon geprägt waren, wird nun kritisch zur Kenntnis genommen. „Die ersten afrikanischen Kleinen Schwestern haben alles angenommen: die Werte des Charismas und die Weise, sie zu leben, genauso wie die Kultur derer, die sie gebracht haben. Aber manche Strukturen, manche Lebensformen, die wir auf diese Weise angenommen haben, verhindern, daß die Fraternität das Gesicht des Landes bekommt.“[303]

Nach einem intensiven Austausch über die unterschiedlichen Situationen der einzelnen Kontinente und Regionen ermutigen sich die Kleinen Schwestern, auf diesem Weg der Inkulturation weiterzugehen. „ ...da der Anspruch zur Inkulturation sich überall stellt, ist die Fraternität herausgefordert, die Werte des Evangeliums, die sie zu leben versucht, für jene Kulturen lesbar zu machen, die sich so schnell und so widersprüchlich entwickeln.“[304]

Sie sind sich bewußt, daß die Suche nach Inkulturation mit Ängsten verbunden ist, zu weit zu gehen oder einen falschen Schritt zu tun, und wollen sich diesem Risiko mutig stellen, um die Flamme nicht schon zu erlöschen, bevor das Feuer zu brennen begonnen hat. Konkrete Schritte weg von der einseitigen französisch-westlichen Prägung der Fraternität wurden auf diesem Kapitel gesetzt. Erstmals wurde als Generalverantwortliche keine Europäerin, sondern eine Südafrikanerin, Kleine Schwester Iris-Mary, gewählt. Außerdem wurde beschlossen, die ewige Profeß künftig nicht mehr in Rom, sondern in den jeweiligen Ortskirchen zu feiern.

## *Goldenes Jubiläum und Tod der Kleinen Schwester Magdeleine*

„Den vergangenen achten September feierten wir in der Generalfraternität in Rom das 50jährige Jubiläum der Gründung. Kleine Schwester Magdeleine hatte sich bei der Rückkehr von ihrer letzten Reise den Oberschenkelknochen gebrochen. Verbraucht durch ihr Alter, durch die Mühen und Krankheiten und die schwere Verantwortung einer Gründerin, ist sie nicht mehr aufgestanden. Kaum zwei Monate später ist sie in aller Stille erloschen, bei klarem Bewußtsein und von der Zuneigung der Kleinen Schwestern umgeben, die sie alle persönlich kannte und liebte. Ein Tod, ohne jede Dramatik, ganz gewöhnlich, so wie auch ihr Leben und ihre Berufung gewesen sind.“[305]

Kleine Schwester Magdeleine ging sehr bewußt und freudig dem Tode entgegen. Krank und zerbrechlich, war sie innerlich schon sehr lange darauf vorbereitet. „Sie hatte sich mit einem kindlichen Glauben nach dem Paradies gesehnt, vor allem während dieser letzten Monate, als ihr bewußt wurde, daß dieser Teil ihres Auftrags, den ihr Gott anvertraut hatte, erfüllt war und daß sie ihn nun hier unten beenden durfte.“[306]

Die „Abschiedsmesse“ war ein Spiegel dessen, was sie gelebt hatte. Die unterschiedlichsten Menschen waren gekommen, die alle in ihrer Sprache und mit den Gebeten ihres Glaubens Abschied nahmen. „Neben einer großen Menge konzelebrierender Priester aller Sprachen und Länder waren Bischöfe, Kardinäle und Vertreter des griechischen Patriarchats, der Melkiten von Jerusalem, der russisch-byzantinischen Kirche aus Moskau, der Mönche von Taizé und Bose, der Heilsarmee, der Waadtländer gekommen, selbst Moslems und Ungläubige waren da ...“[307]

Nach ihrem Tod wurden in der Erinnerung eine Vielfalt von Eindrücken wach, die viele Menschen in Begegnungen mit ihr gesammelt haben:

„Sie hatte ein Gesicht der Ewigkeit, dieses Gesicht des kontemplativen Gebets, dieses Gesicht, auf dem man Gott zu sehen glaubte ...“[308]

„Ich habe Kleine Schwester Magdeleine sehr geliebt, nicht nur wegen ihrer menschlichen Qualitäten, sondern weil ich sicher war, daß ihre Ideen, ihre Vorhaben, ihre Sehnsüchte die Angelegenheit der heutigen Zeit waren.“[309]

„Ich möchte keine großen Worte machen, aber da ich die Gelegenheit dazu habe, möchte ich sagen, daß sie eine der »Kirchenlehrerinnen« von heute war.“[310]

„Sie hatte eine solche Aufmerksamkeit, eine solche maßlose Liebe für alles, was zum Leben gehörte. Ob es sich um Personen, Tiere, Pflanzen, Gegenstände handelte, sie hatte immer den gleichen Respekt, die gleiche Bewunderung.“[311]

Magdeleine hat nicht nur der Gemeinschaft der Kleinen Schwestern die Richtung gewiesen, sondern die Kirche insgesamt geprägt. René Voillaume drückt es in der Predigt anläßlich ihrer Beerdigung so aus: „Seitdem Magdeleine von uns gegangen ist, ist es uns erlaubt, mit lauter Stimme zu bekräftigen, was sie für die ganze Kirche war – was zu Lebzeiten nicht möglich gewesen wäre. Gott allein weiß, was Bischöfe, Priester, Ordensfrauen und -männer, Laien, und unter ihnen besonders die Armen, vom Glanz ihrer universellen Liebe und ihrer Botschaft der Einfachheit, der Armut und der Liebe für die Armen empfangen haben.“[312]

Ihr Tod erlaubt, auf ihr Leben als Ganzes zurückzuschauen: am Anfang der Ordensgeschichte steht sie allein da, doch ihre Person wird zum Grundstein für die ganze Ordensgemeinschaft. Im Laufe der Ordensgeschichte tritt sie immer mehr in den Hintergrund – auch mit ihrer körperlichen Zerbrechlichkeit. Jetzt, kurze Zeit nach ihrem Tod, rückt sie im Gedenken, im Austausch der vielen Erlebnisse mit ihr noch einmal in den Vordergrund. Und in diesem Rückblick und Austausch wird die Auseinandersetzung mit ihr nicht zu etwas Abgeschlossenem, sondern zur Entdeckung ganz neuer Dimensionen:

„Wenn es stimmt, »daß man einen Menschen erst bei seinem Tod erkennt« (Sir 11,28), dann stimmt es auch, daß wir noch viel vom tiefen Geheimnis unserer Mutter und Schwester zu entdecken haben, von dem, was dieses so diskrete, zurückhaltende, »gewöhnliche« Leben beseelt hat.“[313]

## III.
## Zum Leitmotiv „Kontemplativ mitten in der Welt“

Um das Besondere des Ordenscharismas der Kleinen Schwestern in einem Satz auszudrücken, ist die Formulierung „Kontemplativ mitten in der Welt“ sehr passend. Sie ist der Versuch, neben der Unterscheidung von „kontemplativem“ und „aktivem“ Ordensleben einem Einheitsideal den Vorzug zu geben – was sehr oft nicht verstanden wurde. Auch Mgr de Provenchères, der den Kleinen Schwestern sehr nahe stand, hatte damit anfänglich seine Schwierigkeiten: „...nichts hatte mich darauf vorbereitet, für diese Kontemplativen offen zu sein, die die Spiritualität der Karmelitinnen mit einer Schwester des Heiligen Vinzenz von Paul verbanden. Die Bischöfe der Missionsländer, die auf Ordensfrauen warteten, die als Lehrerinnen, Katechetinnen oder Krankenschwestern arbeiteten, waren verwirrt, Ordensfrauen als Putzfrauen oder als Ziegenzüchterinnen zu sehen. So mußte auch ich im Kontakt mit ihnen eine andere Form des kontemplativen Lebens lernen: die Verknüpfung der scheinbaren Wirkungslosigkeit des Gebets mit dem Eintauchen unter die Verachtetsten dieser Welt.“[314]

Im „Grünen Heft“ heißt es in einer Überschrift, die sich ganz persönlich an die Kleinen Schwestern wendet: „Lebe Deine kontemplative Berufung mitten in der Welt.“[315] „Als »betende Menschen mitten in der Welt« wagen wir zu sagen, daß das kontemplative Leben in den übervölkerten Städten, im Lärm der Straßen sich ebenso gut entfalten kann wie in der Zurückgezogenheit eines Klosters.“[316]

Die notwendige Spannung von Gebet und Aktion ist der Kleinen Schwester Magdeleine schon sehr früh als zentrales Moment ihrer Berufung bewußt geworden. Bereits am 10. März 1938, also noch vor dem Datum der Ordensgründung, schreibt sie: „Der liebe Gott hat mir also, wenn schon nicht die Berufung einer Klausurierten so doch zumindest einer Kontemplativen mitten in der Welt gegeben, um ihr, entsprechend dem Beispiel Mariens, Jesus gegenwärtig zu machen. Genau darin bestand auch die Berufung des Kleinen Bruders Karl, der mitten in einer großen Tätigkeit doch einer der größten Kontemplativen seines Jahrhunderts geblieben ist.“[317]

An dieser Vision eines kontemplativen Lebens mitten in der Welt hielt Kleine Schwester Magdeleine von Anfang an in einer sehr großen Klarheit fest. Zu einer Profeßfeier im August 1947 waren eine Menge Gäste eingeladen, und René Voillaume meinte, daß es zu einer „kontemplativen Gemeinschaft“ besser passen würde, gesammelter zu feiern. Andernfalls wäre es ehrlicher, nicht von „vie contemplative“, sondern von „vie évangélique“ zu sprechen. Magdeleine ist sehr berührt von diesem Einwand und versucht, ihre Sicht in einem Brief zu verdeutlichen: „Das kontemplative Leben, so haben Sie gesagt, sei ein Leben der Freundschaft mit der Person Jesu, ein innerlich sehr tiefgehendes Leben, selbst in einer Berührung mit

Gott. Warum sollten diese Freundschaft, diese Berührung nicht damit zusammengehen, daß man sich von den Menschen, ja sogar von Menschenmengen gerufen erfährt?...Ist es nicht so, daß man gerade deshalb, weil die Freundschaft mit Jesus besonders groß, die Nähe zu ihm besonders tief ist, danach dürstet, Ihn mitten in die Menschenmenge hineinzutragen, Sein Licht leuchten zu lassen und die Liebe zu Ihm zu wecken?... Und ist es nicht so, daß man, gerade weil man die Nöte dieser Menschenmenge gespürt hat, noch mehr danach dürstet, sich mit der Gegenwart Jesu anzufüllen und sich mit Ihm zurückzuziehen?..."[318] Für Magdeleine sind beide Dimensionen untrennbar miteinander verbunden, ja sie bedingen sich gegenseitig.

Kurz vor ihrem Tod machte sie noch einmal in aller Leidenschaftlichkeit sichtbar, daß dieses Ideal keine billigen Kompromisse duldet. Der Gottesdienst, den die Kleinen Schwestern am Ende der Vorbereitung auf die ewige Profeß in St. Peter feierten, war 1989 in der ungarischen Kapelle, die etwas versteckt, abseits der Besucher liegt. Als die Kleinen Schwestern nach Tre Fontane kamen, um davon zu erzählen, wie schön ruhig es in dieser Kapelle war, ist sie ganz aufgebracht. „Erzählt mir nicht, wie schön das gewesen ist. Versteht ihr, unsere Berufung ist es, in der Welt zu sein, und wenn ihr von euch aus um diese Kapelle gebeten habt, um unter euch zu sein ... nein, wirklich ... Die Fraternität ist ein Zeugnis für ein kontemplatives Leben mitten in der Welt und kein Kloster."[319]

Dem Thema „Vie contemplative au milieu du monde" ist in den Kapitelsbeschlüssen des 4. Generalkapitels ein eigener Abschnitt gewidmet.[320] Es wird dort auf die Schwierigkeit hingewiesen, inmitten der alltäglichen Reibereien die „Einheit des Lebens" zu finden. „Deshalb ist es seit den Anfängen des Ordensleben ein besonderes Bestreben, sich um diese innere Einheit zu bemühen. Wir sind noch viel zu oft in der Versuchung, das Leben vom Gebet und das Gebet vom Leben zu trennen. Und es ist wirklich nicht einfach, Gebet, Arbeit, Gemeinschaftsleben und Gastfreundschaft miteinander in Einklang zu bringen."[321]

Als „Berufung der Kleinen Schwestern Jesu" geben die Konstitutionen in der Überschrift des ersten Abschnitts an, daß sie darin besteht, „Kontemplative mitten in der Welt" zu sein.[322]

Mit dieser leitmotivisch wiederkehrenden Formulierung geben die Kleinen Schwestern also das Besondere ihrer Berufung an. Was bisher biographisch und chronologisch beschrieben wurde, soll nun brennpunktartig anhand der beiden Aspekte dieses Leitmotivs geordnet werden. Auch wenn die beiden Aspekte „Kontemplativ“ und „Mitten in der Welt“ im folgenden getrennt dargestellt werden, ist dies doch nur ein methodischer Schritt, um das eine Leben, das „kontemplativ mitten in der Welt“ gelebt wird, von zwei Seiten zu betrachten.

## *1. „Kontemplativ“*

“Du mußt Dir darüber klar sein, daß eine Kleine Schwester Jesu vor allem ein betender Mensch ist, »kontemplativ«, wie es in der geläufigen Sprache der Kirche heißt.“[323]

Der „Kontemplation“ wird damit der erste Platz zugewiesen. Allerdings nicht in einem exklusiven Sinn. Kontemplativ sein ist nicht etwas Elitäres, das nur wenigen Auserwählten vorbehalten ist. Ihren Kleinen Schwestern möchte Magdeleine mit einem einfachen Verständnis Mut machen, kontemplativ zu sein: „Die Worte »beschauliche Berufung«, »kontemplatives Gebet« brauchen Dich nicht zu beeindrucken. Stell Dir darunter nicht etwas Außergewöhnliches vor, etwas so Erhabenes, daß es für die meisten Menschen nicht zugänglich ist.

Laß Dir von Bruder Karl zeigen, was darunter zu verstehen ist: Hinwendung des Herzens zu Christus, eine Haltung voll Einfachheit, voll Vertrauen, voll Liebe. Ein immerwährendes Zwiegespräch mit ihm. Die Anhänglichkeit eines kleinen Kindes an seinen Vater, die Vertrautheit des Freundes mit dem Freund.“[324]

„Als »Beschauliche«, »Kontemplative« zu leben, heißt einfach: überall, in der Arbeit, unterwegs, mitten unter den Menschen den Blick auf Jesus richten – mit ihm sprechen wie mit dem liebsten Wesen auf der Welt.“[325] Damit widerspricht Magdeleine jenen, die meinen, „die Kontemplation sei ausschließlich der monastischen, von der Welt abgeschiedenen Welt vorbehalten“.[326] Für die Kleinen Schwestern ist gerade das ganz gewöhnliche Leben der Menschen der eigentliche Ort ihrer Kontemplation.[327] Es geht nicht darum, das kontemplative Leben aus der mönchischen Klausur herauszunehmen, sondern ihm mitten in der Welt einen Platz zu verschaffen, „damit die Welt sich im kontemplativen Leben wiederfindet“.[328]

Um in der Kontemplation zu leben, ist es wichtig, den Blick aus dem Glauben so zu schärfen, daß er inmitten jeder menschlichen Erfahrung Gott entdecken läßt. Es geht darum, das Leben anders zu betrachten, sozusagen ein „kontemplatives Schauen“ („regard contemplatif") zu praktizieren, „...im Alltäglichen die Heilsgeschichte zu betrachten, über das Unmittelbare hinauszublicken und in den kleinen Dingen des Alltags, deren Bedeutung man oft erst im nachhinein begreift, das Vorübergehen Gottes zu entdecken".[329]

Das „kontemplative Schauen" erlaubt, den gegenwärtigen Moment so zu leben, daß er zur Antwort auf Gottes Ruf wird. Es ist der Blick, mit dem Jesus auf die Menschen und die Ereignisse schaut.[330]

Grundlegend sind dabei die Momente, die ganz Jesus gehören. „Dieses kontemplative Leben fordert Momente, die ohne Absicht in der Nähe Jesu verbracht werden, um Ihn in der Stille der eucharistischen Anbetung zu betrachten und auf Ihn zu hören."[331]

Das kontemplative Betrachten des Lebens Jesu hat jene radikale Armut zur Voraussetzung, die sogar den religiösen Eifer, den Wunsch, Ihn zu beschenken, hinterfragt. Denn in der Kontemplation werden wir mit einer Armut und Hilflosigkeit konfrontiert, die unsere eigenen Leistungen in ihrer ganzen Zerbrechlichkeit entlarven: „Du wolltest dem Herrn die Ergebnisse deiner Arbeit schenken, indem du ganz glücklich mit vollen Händen zu ihm kommst. Aber du hattest vergessen, Ihn zu betrachten, Ihn, dein einziges Vorbild. Er hatte dir nichts anderes anzubieten als die von den Nägeln des Kreuzes durchbohrten Hände oder die rauhen Hände der Arbeiter oder die kleinen und hilflosen Hände in der Krippe ..."[332]

Der Blick auf Jesus verwandelt, macht den Betrachtenden Ihm ähnlich. In den Grundhaltungen des christlichen Lebens wird diese Ähnlichkeit mit Jesus sichtbar. Es geht dabei um eine Verwandlung auf Christus hin:

„Gehorsam, der Dich eins werden läßt mit Jesus, so wie Jesus eins mit seinem Vater ist." ...

„Sanftmut, sie macht Dich dem Lamm Gottes ähnlich. Sei »in der Gesinnung sanft, liebevoll, gütig wie Jesus.«" ...

„Armut und Demut Jesu, der der Letzte aller und der Knecht aller geworden ist." ...

„Keuschheit: Gib Dich ohne Vorbehalt Deinem geliebten Bruder und Herrn hin, frei von jeder Bindung, die Dich darin behindern könnte." ...

„Liebe zu Deinen Schwestern, Liebe zu allen Menschen ohne Ausnahme." ...

„Eifer des Herzens, er führt Dich dazu, Dich rückhaltlos für das Reich Gottes einzusetzen, wie Christus dem verlorenen Schaf nachzugehen." ...

„Felsenfester Glaube an die Allmacht Jesu. Er ist der Meister des Unmöglichen.“ ...

„Freude des Herzens, die letztlich in der Herrlichkeit und im ewigen Glück Jesu ihren Grund und Ursprung hat.“ ...

„Liebe zu Gott – Teilhabe an der Liebe Christi. Ihn allein sollst Du lieben, für Ihn »der Ort der Ruhe und der Garten der Freude« sein, von dem das Hohe Lied spricht, ... für Ihn wirst Du Dich mühen, mit Ihm arbeiten, für Ihn dasein ...“

„Hingabe Deiner Selbst, die Dich eins werden läßt mit dem Opfer Christi.“[333]

*Blick auf Jesus – “Modèle unique“*

“Immer wieder stoßen wir bei Bruder Karl von Jesus auf das Leitwort, das wie ein roter Faden sein ganzes Lebenswerk durchzieht: Jesus Caritas – Jesus Liebe. Jesus, »der Einzige«, hat allen Platz in seinem Leben eingenommen. Er hat Bruder Karl ganz und gar in Besitz genommen und ist zur einzigen Leidenschaft seines Lebens geworden. Das ist das Geheimnis seines Lebensweges, der Schlüssel zu seiner Person, das, was ihn zum Heiligen werden ließ.“[334] Von Ihm her leitet sich Weg, Auftrag, Name und Kennzeichen der Kleinen Schwestern ab. Ihr Gebet zum Vater und ihre Liebe zu den Brüdern wächst aus dieser Beziehung zu Jesus.

„Dein *Weg*: die Liebe selbst, in Jesus Mensch geworden. Dein *Auftrag*: Christus in Deinem Herzen und in Deiner Umgebung den Platz einräumen, damit er der Herr und Meister sei. Er wird selbst diesen Auftrag in die Hand nehmen, nur in ihm und durch ihn wirst Du ihn verwirklichen. Dein *Name*: »Kleine Schwester Jesu« bringt zum Ausdruck, für wen Du lebst, was den Sinn Deines Lebens ausmacht. Deine *Kennzeichen*: Herz und Kreuz Christi, miteinander verbunden, Zeichen Deiner Bestimmung zu Liebe und Hingabe ...

Jeder Tag beginnt und endet für Dich mit dem ersten und letzten *Gebet* Jesu zu seinem Vater: »Siehe Vater, ich komme um Deinen Willen zu tun«. »Vater, in Deine Hände lege ich mein Leben«.

Die *Liebe* zu Deinen *Brüdern* wächst aus der tiefen und lebendigen Vereinigung mit Christus. Der Herr selbst, der in Dir lebt, Seine Liebe, Seine Gegenwart in Sakrament und Evangelium soll in Deinem Leben sichtbar werden: das ist das Apostolat, das Dir aufgetragen ist.“[335]

Diese lebendige Verbundenheit mit Christus weckt die Sehnsucht, in Ihm das einzige Vorbild zu sehen. Denn in Jesus Christus wird

Gott selber zum Vorbild.[336] Darin liegt der Grund für die Menschwerdung Gottes: „Wenn Gott wirklich über diesen Abgrund hinweg Mensch geworden ist, war es dann nicht, um uns ein Vorbild zu sein?“[337]

Jesus als einziges Vorbild vor Augen zu haben, heißt deshalb, Ihn in seinem ganzen Menschsein ernstzunehmen: „Jesus, der menschgewordene Gottessohn hat einfach mitten unter den Menschen gelebt, er hat in Liebe zu ihnen gehört, »es war seine Freude, unter den Menschen zu sein«. Er hat nicht gezögert, die Größe seiner Gottheit zu verhüllen und als Mensch zu leben. Er hat unserem Menschsein eine völlig neue Würde geschenkt.“[338]

Die Liebe zu diesem menschgewordenen Gott will die Gestalt des Geliebten suchen und sich zu eigen machen. Magdeleine versteht dies in einem sehr konkreten Sinn und hat dabei immer die Stationen des Lebensweges Jesu vor Augen. Wenn sie von Jesus als dem „einzigen Vorbild“ spricht, dann sieht sie Jesus konkret vor sich als: „Jesus, der Handwerker, Sohn Mariens und des Zimmermanns Josef. Jesus, der in Armut geboren wurde und in tiefster Erniedrigung starb, der den letzten Platz einnahm, den ihm niemand mehr streitig machen kann … Jesus, den die Großen, die Pharisäer, die Obersten der Priester, die Vertreter des Volkes verwarfen. Jesus, an dem die Juden Anstoß nahmen, und den die Heiden für verrückt hielten …“[339]

Magdeleine nimmt den menschlichen Weg Jesu ganz ernst, weil er für sie Ausdruck der Menschwerdung Gottes ist. Dieser Mensch gewordene, menschliche Gott ist Ausgangs- und Zielpunkt ihrer ganzen Spiritualität. Er ist das Du ihrer Kontemplation und wird zum Gegenüber in jeder menschlichen Begegnung. Um Ihn kennenzulernen, um Ihm ähnlicher zu werden, ist es wichtig, das Evangelium zu kennen, es immer wieder zu betrachten und zu studieren. Das Evangelium ist die Basis, auf der die Beziehung zu Jesus sich aufbaut.

„Lest das Evangelium und lest es immer wieder. Meditiert es immer wieder, bis ihr es auswendig kennt, auf französisch und arabisch. Seid auf das Evangelium mindestens genauso stolz wie die Moslems stolz auf den Koran sind … und das heißt einiges! Dieser Umgang mit dem Evangelium wird Euch einfach werden lassen, wird Euch in die Richtung von Bruder Karl von Jesus führen, die so eindeutig die Richtung Jesu selbst ist: *»Für die Ausbreitung des Evangeliums bin ich bereit, bis ans Ende der Welt zu gehen und bis zum Jüngsten Tag zu leben.«*.“[340]

### *Betlehem: Das Kind in der Krippe*

Der Blick auf das menschliche Leben Jesu empfängt seine Klarheit aus der Betrachtung des kleinen, hilflosen Kindes in der Krippe. Alle Aspekte des Lebens Jesu verwandeln sich noch einmal im Blick auf dieses Kind:

„Du hast sehr lange das *Kreuz* betrachtet …
Du hast die *Werkstatt* des Zimmermanns betrachtet …
Du hast Christus auf den *Straßen* betrachtet, wie er heilt und segnet …

Aber Du hast vergessen, mit der nötigen Liebe das ganze Leben Christi zu betrachten, jenes Leben, das in der Krippe begonnen hat. Dort war er ein *ganz kleines Kind,* wie viele andere Kinder auch, kein Wunderkind, sondern ein Kind wie Du eines gewesen bist, in den ersten Stunden und Tagen ohne besonderen Charme, ein kleines Kind, das auf Stroh lag und vor Kälte weinte …"[341]

Der Blick auf diese Krippe wehrt sie sich gegen eine Haltung, in der die Krippe nur zum harmlosen Weihnachtsattribut wird, das neben dem Kreuz bedeutungslos ist.

„Du hast diese *Krippe* zerstreut oder mit dem geringschätzigen Blick eines Erwachsenen betrachtet, der ganz einfach glaubt, daß sie für ihn nicht notwendig ist, oder wenn überhaupt, dann nur in der Weihnachtszeit. Du hast viel länger das *Kreuz* betrachtet. Und du hast dort etwas Bedeutsameres gefunden, das in der Lage ist, Dir in Deinem Erwachsensein zu genügen …"[342]

Der gleiche Jesus Christus, der als Arbeiter in Nazaret gelebt hat, der seinen Leidensweg gehen mußte und von den Toten auferstanden ist, hat als Kind wie alle kleinen Kinder die Zärtlichkeit seiner Mutter und die Fürsorge seines Vaters gebraucht. So wird Betlehem zum Brennpunkt, in dem das Leben Jesu in allen Dimensionen seinen Ausgangspunkt und sein Ziel hat.

„Diese Krippe von Betlehem hat etwas so Schönes und so Großes an sich, weil sie das ganze Leben Christi umfaßt, der gleichzeitig Gott und Mensch ist. Und in der Fortsetzung dieses Anfangs steht die Werkstatt von Nazaret, das Leiden und das Kreuz und die ganze Herrlichkeit der Auferstehung und des Himmels."[343]

Für Magdeleine wird der Blick auf die Krippe in keiner Phase des Lebens Jesu bedeutungslos, weil sich gerade in der Schwäche und Ohnmacht des kleinen Kindes die Menschlichkeit Gottes offenbart. Deshalb ist für sie „das Jesuskind" auch ein „Lieblingsthema", über das sie zu den Kleinen Schwestern sehr oft spricht. Sie ist überzeugt, daß gerade das Jesuskind in seiner Einfachheit jene Botschaft in sich trägt, die es überallhin zu verbreiten gilt. Nur dieses Kind ist in der Lage, im Menschen das kindliche Herz zu schaffen, das notwendig ist, um das Geheimnis der Krippe von Betlehem zu begreifen: das Geheimnis jenes Gottes, der Mensch werden will.[344] Es zerbricht den Stolz und verwandelt ihn in Sanfmut und Liebe. Um ein kleines Kind zu verstehen, muß man sich zu ihm auch hinunterbeugen können.[345]

Magdeleine weiß sehr wohl, daß sie sich mit ihrer Vorliebe für die Krippe Mißverständnissen aussetzt und belächelt wird. Der Versuch, göttliche Wirklichkeit im menschlichen Raum sichtbar zu machen, setzt sich immer Mißverständnissen aus. „Laß ruhig die Leute, die das nicht verstehen können, darüber lächeln. Aber gib ihnen nicht eine kindische Vorstellung von Weihnacht und Krippe, die sie abstößt. Sie ist groß und schön, diese Krippe, sie trägt Christus, Gott und Mensch."[346]

An dieser kleinen Krippe läßt sich in einem schlichten Symbol mehr ausdrücken als in vielen klugen Reden: „Und wenn um Euch die Blicke hart sind, die Gesten brutal und wenn die ganze Welt in eine Atmosphäre des Hasses und der Rache getaucht ist, die auch bei den Besten nichts anderes als das strikte Recht und die unerbittliche Gerechtigkeit gelten läßt, habt Ihr dann daran gedacht, daß ein mit Leidenschaft gefeiertes Weihnachtsfest mehr erreichen kann als die schönsten Ausführungen über den Frieden auf der Welt – denn die Krippe ist die Quelle für den Frieden dieser Erde?"[347]

### *Gelübde als Antwort auf den Ruf Jesu*

Mit den Gelübden drücken die Kleinen Schwestern ihre Hingabe an Gott aus, sie sind eine Antwort auf den Ruf Jesu. Für diese Gelübde gilt in besonderem Maße, daß sie immer unter dem größten der Gebote, der Liebe, stehen und niemals zu Tugenden verkommen dürfen, die ihren Zweck in sich selbst tragen. Schon im „Grünen Heft" beschreibt Magdeleine, welches Mißverständnis in den Gelübden verborgen liegen kann und was es zu vermeiden gilt: „Das Gelübde des Gehorsams darf nicht Deine Verantwortlichkeit vermindern, noch Dich der Notwendigkeit entheben, selbst Initiativen zu ergreifen, die manchmal größeren Einsatz verlangen, als die Sicherheit eines passiven Gehorsams es tut. Der Gehorsam ist für Dich vielmehr Befreiung von den Ketten Deiner Selbstsucht und Deines Eigenwillens und hilft Dir, im Dienst der Liebe verfügbar zu werden.

Das Gelübde der Keuschheit darf Dich nicht dazu verleiten, in engherzigem Streben nach persönlicher Vollkommenheit um Dich selber zu kreisen. Es ist nicht dazu gemacht, Dein Herz einzuengen, es kleiner zu machen oder zu verstümmeln. Im Gegenteil, es soll Dein Herz ganz weit machen, damit Du allen Menschen, Deinen Brüdern, mit unbegrenzter Liebe begegnen kannst, mit einer Liebe, die in dem Maß wachsen wird, als die Liebe zu Deinem Bruder und Herrn wächst und tiefer wird.

Das Gelübde der Armut darf niemals Deine Liebe zu allen Geschöpfen geringer werden lassen. Nur für Dich selber darf es Entbehrung und Verzicht bedeuten. Es wird Dich frei machen von kleinlicher Sorge um Dein eigenes Wohl, so daß Du für alle dasein kannst, die Dir der Herr auf den Weg schickt.“[348]

So müssen sich alle drei Gelübde immer wieder daran messen lassen, ob sie Ausdruck der Liebe sind und zur Antwort auf den liebevollen Ruf Jesu werden können.

1. „Evangelische Armut“[349]

Grundlegende Texte zur Armut findet man im Grünen Heft. Es sind Zitate von Bruder Karl. Wer sich für seinen Weg entscheidet, muß und will sein Streben nach Armut, nach Loslösung von allem teilen. „»Mein Herr Jesus, wie schnell wird der arm sein, der dich aus ganzem Herzen liebt. Er wird es nicht ertragen, reicher zu sein als du ... Wie schnell wird der arm sein, der gläubig dein Wort aufnimmt: »Wenn du vollkommen sein willst, verkaufe alles, was du hast und gib es den Armen«. »Selig die Armen, denn wer seine Habe um meinetwillen aufgibt, wird schon hier das Hundertfache erhalten und das ewige Leben im Himmel«.“[350] Seine Liebe zu Jesus drängt danach, Ihm ähnlich, gleichförmig zu werden. „Arm“ sein zu wollen ist also vor allem einer Haltung der Liebe entwachsen, die es nicht erträgt, mehr zu besitzen als der Geliebte. Jesu Armut ist Teil seines ganzen Lebens – “von seiner Geburt in Betlehem, als Arbeiter in Nazaret, bis zum Tod am Kreuz“.[351]

Diese Liebesbewegung auf Jesus zu drückt sich in einer besonderen Liebe zu den Armen aus, die ihren Grund in der Liebe Jesu zu den Armen hat. Sie konkretisiert sich in der materiellen Armut und in der sozialen Stellung der Kleinen Schwestern, die so sein soll wie die der Arbeiter der unteren Schicht.[352] Diese Entscheidung zu einer persönlichen und gemeinschaftlichen Armut wird nach außen hin sichtbar in ihren Wohnungen und deren Einrichtung, in Kleidung und Ernährung. „So teilen die Kleinen Schwestern nicht nur die Leiden der materiellen Armut, sondern auch die Geringschätzung, die die soziale Armut mit sich bringt."[353]

Es geht also um eine „wirkliche Armut" und nicht um ein künstliches Armutsgelübde, durch das letztlich die Sicherheit des kommenden Tages nicht in Frage gestellt ist. Konkret bedeutet das, überhaupt keinen Besitz zu haben, weder Mitgift noch Kapitalanlagen. Diese sehr konkrete Armut leben zu dürfen hat am Anfang kirchlicherseits heftige Widerstände provoziert, und es bedurfte großer Hartnäckigkeit, um in dieser Form daran festhalten zu dürfen. In einer Notiz vom 28.4.1949 schreibt Magdeleine: „Ich habe heute Gelegenheit, vehement unsere Armut zu verteidigen. Ich werde dies bis zu meinem letzten Atemzug tun. Ich kann all diese »guten Ratschläge«, vorsichtig zu sein, die uns überallhin folgen und verfolgen, nicht mehr ertragen."[354]

Bei allem Gewicht, das die Armut im Leben der Kleinen Schwestern hat, sollen sie sich doch dessen bewußt sein, daß ihre eigene Armut, die sie gewählt haben, für sie niemals so bitter sein wird wie für die Armen, die sie nicht gewählt haben.[355] „Es ist wichtig, gegen jede Idealisierung der Armut zu kämpfen, weil sie für so viele Menschen ein Übel, eine Verletzung ihrer Würde ist."[356] Deshalb kann sie nie ein erstrebenswertes Ziel sein, nur ein Mittel, um in der Liebe zu wachsen.

Schließlich, und darin zeigt sich noch einmal besonders der tiefe Respekt vor den „Armen", wissen die Kleinen Schwestern, daß sie in vielen Bereichen vom menschlichen Reichtum der Armen lernen können, von ihrer einfachen Sprache, ihrer Herzlichkeit und Gastfreundschaft.

### 2. „Gottgeweihte Ehelosigkeit"[357]

Der letzte Grund für die Ehelosigkeit liegt im Ruf Jesu, „ihn ganz und ungeteilt zu lieben und ehelos zu leben ..."[358] Es handelt sich jedoch um eine doppelte Bewegung, sowohl auf Gott als auch auf den Menschen hin. In dem Maß, wie die Liebe zu Gott wächst, findet auch eine wachsende Öffnung für die Welt statt.[359] Ein Leben in Ehelosigkeit um des Reiches Gottes willen möchte Antwort sein auf Seinen Ruf, indem die ganze Liebeskraft in den Dienst Gottes und der Menschen gestellt wird.

Dieses große Ziel vor Augen, übersehen die Kleinen Schwestern jedoch nicht die vielen kleinen und großen Schwierigkeiten. Sie wissen, daß viele mit „ungelösten Kindheitsproblemen" kommen, Erfahrungen mit sich tragen, die nur scheinbar verarbeitet sind. Sie wissen, daß die Entscheidung zur Ehelosigkeit nicht in jeder Lebensphase in gleicher Weise gelebt werden kann. Und sie versuchen, aufmerksam damit umzugehen, daß Mutterschaft und Sexualität in verschiedenen Kulturen unterschiedlich bewertet werden. In Ländern wie Afrika, in denen alles auf die Weitergabe des Lebens ausgerichtet ist, wird der Anspruch, „um Gottes willen ohne Kinder zu leben“, zur besonderen Provokation.[360]

Frauen, die aus Ländern kommen, in denen sie gesellschaftlich so geschützt leben, daß sie wenig Umgang mit Männern haben, müssen davor bewahrt werden, ins Ordensleben zu flüchten. „Man muß ihnen helfen, die Schönheit eines Lebens als Frau und Mutter zu entdecken, damit der Verzicht in Wahrheit vollzogen werden kann ... Dagegen ist es in sehr offenen Gesellschaften wichtig, auf der Absolutheit der Hingabe unseres ganzen Seins im Ordensleben zu bestehen.“[361]

Damit diese Lebensform nicht zur Überforderung wird, ist ihre Rückbindung an die Gemeinschaft immer wieder ganz zentral. „Die Fraternität – sie ist der erste Ort unserer Hingabe – kann uns eine Art gegenseitiger Liebe entdecken lassen, die uns ständig zur Keuschheit hinführt.“[362] In der Gemeinschaft besteht die Chance, sich gegenseitig zu helfen, um sich nicht vom Leben zurückzuziehen. Dort bleibt jedoch letztlich auch immer die Erfahrung von Einsamkeit, der jeder Mensch ausgesetzt ist: „Die Herzlichkeit unserer Freundschaft im Leben einer »echten, geeinten Familie« ist das sicherste Mittel, die Gefahren der Isolierung zu vermeiden. Dennoch werden wir nicht vor Einsamkeit verschont bleiben ...“[363]

3. „Liebender Gehorsam“[364]

Daß es unserer menschlichen Natur eigentlich schwerfällt, „gehorsam“ zu sein, weiß Magdeleine sehr gut: „Dieser Gehorsam wird manchmal die härteste Forderung sein, die die Liebe an Dich richtet. Du wirst die Freiheit aufgeben, Dein Leben selbst zu bestimmen. Du wirst etwas tun, was Du möglicherweise bis jetzt noch nie getan hast: Deinen Willen dem einer anderen Person beugen, die Du vielleicht weder für besonders heilig noch für sehr fähig hältst. Aber in dem Augenblick, in dem sie teil hat an der Autorität Christi, der in seiner Kirche lebt, übermittelt sie Dir den Willen Gottes.“[365]

Der Gehorsam, den jede einzelne Kleine Schwester lebt, hat verschiedene Dimensionen:

* Es ist zunächst und als Ausgangsbasis aller anderen Dimensionen der Gehorsam Christi gegenüber dem Vater, den jede Kleine

Schwester individuell leben möchte. Er kann im positivsten Sinn „blinder Gehorsam" sein, als „Ausdruck, Folge grenzenloser »verrückter« Liebe, unbegrenzten Vertrauens, das »blind« werden läßt, durch ein Übermaß an Licht. Es ist ein kontemplativer Gehorsam, weil er nur der Betrachtung des Lebens Jesu entwachsen kann. Diesem Gehorsam wird auch die „Nacht des Glaubens" nicht erspart bleiben.[366] Aber letztlich ist er, begründet in der Liebe zu Christus, immer ein Gehorsam, der zum Leben führt.

* Aus der persönlichen, individuellen Bindung jeder einzelnen Kleinen Schwester zu Gott erwächst die gemeinschaftliche Dimension des Gehorsams: „In einer lebendigen Treue zum Evangelium und zum Charisma der Fraternität müssen die Kleinen Schwestern gemeinsam und in gegenseitiger Verantwortung in den Ereignissen des täglichen Lebens, in den Nöten ihrer Zeit und in den Anfragen der Kirche nach dem Willen Gottes suchen."[367]

* In dieser Suche nach dem Willen Gottes kommt dem Gehorsam den Verantwortlichen gegenüber ein besonderer Stellenwert zu. Denn sie stehen im Dienst an der Einheit und haben „die besondere Rolle der Unterscheidung und die Pflicht, notwendige Entscheidungen zu fällen."[368] Die Verantwortliche soll diese Aufgabe so wahrnehmen, daß jede einzelne Kleine Schwester dabei ein Gespür für ihre eigene Verantwortung bekommt.[369] Die Mitverantwortung kann so weit gehen, daß es verlangt ist, einer Entscheidung der Verantwortlichen zu widersprechen: „...dieser Gehorsam, der nicht einfach »Amen« sagen darf, ohne verstanden zu haben, muß sich bemühen, den Gedanken der Verantwortlichen nachzuvollziehen, denn, um zu gehorchen, ist es unter bestimmten Umständen notwendig, das Gegenteil von dem zu machen, was verlangt ist."[370]

* Eine weitere Dimension dieses einen Gehorsams ist der Gehorsam der Kirche gegenüber, der auch kirchlichen Amtsträgern gilt. „Ihr Gehorsamsgelübde bindet die Kleinen Schwestern auch in einer besonderen Weise an den Papst und verpflichtet sie, ihm zu gehorchen."[371]

### *Abgeschiedenheit – Zeit der völligen Hingabe*

„Stillschweigen und ein Minimum von Abgeschiedenheit sollen Dir helfen, Dich enger an Jesus anzuschließen. Sie haben ihren Sinn darin, Dich in Seiner Liebe wachsen zu lassen, sie sollen Dich nicht von den Menschen trennen."[372]

Ein kontemplatives Leben, das mitten in der Welt angesiedelt ist,

ist immer wieder in der Gefahr, sich an die Welt zu verlieren. Für die Kleinen Schwestern ist es eine Gratwanderung, mitten im täglichen Arbeitsprozeß, angesichts der vielen Gäste in der Fraternität, sich jenen Raum freizuhalten, der ganz dem Gespräch mit Gott gehört. „Andere Kongregationen sind in der Gefahr, ihr Gebetsleben dem Aktivismus ihres sozialen und apostolischen Einsatzes zu opfern. Bei uns liegt das Risiko in der Arbeit, und das ist sehr naheliegend, denn das materielle Leben der Fraternität ruht zu einem großen Teil auf der Handarbeit.“[373]

Die Frage stellt sich, ob ein solches kontemplatives Leben letztlich nicht den Schutz der Klausur braucht und ob nicht auch Bruder Karl an eine klausurierte Gemeinschaft von Schwestern gedacht hat. Kleine Schwester Magdeleine geht dieser Frage im „Grünen Heft“ nach: „In seiner ersten Regel, die er geschrieben hat, spricht er noch von strenger Klausur; aber er selbst hatte in der Sahara meist nur die Endlosigkeit der Wüste zur Klausur. Er plante damals ein Kloster, das die Schwestern nur verlassen sollten, um in ein anderes zu gehen, aber er selbst durchzieht als Nomade kreuz und quer die Sahara, wandert von Zelt zu Zelt und gibt uns ein Beispiel äußerster Verfügbarkeit, einer großzügigen und brüderlichen Gastfreundschaft ...“[374]

Große Wachsamkeit und das Bemühen, sich Freiräume zu schaffen, können helfen, den Gefahren zu entgehen. „Um in diesem Leben, das in die Welt hineingepflanzt ist, »Salz und Sauerteig« zu bleiben, verspüren viele Kleine Schwestern das Bedürfnis einer radikalen Unterbrechung, um Zeit zu haben zum Beten, Zeit, um mit Gott allein zu sein. Je mehr man wirklich das Leben der Menschen teilt, um so notwendiger ist es, eine Zeit nur für Gott zu haben.“[375]

Ohne dieses große Bemühen um ein lebendiges Gebetsleben wäre das Leben der Phantasie und Laune ausgeliefert.[376]

Auch wenn die Zeiten der völligen Hingabe, der Stille und Abgeschiedenheit einen sehr hohen Stellenwert haben, wird jede Kleine Schwester immer neu nach einem Gleichgewicht suchen müssen. Es gibt keine für jede Situation gültige Lösung, keine verbindliche Wertehierarchie. Es stimmt, daß Zeiten der Stille wichtig sind, es stimmt aber auch, daß es Momente gibt, in denen das Stillschweigen und die Zurückgezogenheit sich der Gastfreundschaft und der Liebe unterordnen müssen. Es geht darum, einen Rhythmus von Arbeit und Anbetung zu finden. Dazu muß es jeden Tag, jede Woche, jeden Monat und jedes Jahr ausdrückliche Zeiten des Gebets geben.

*Eucharistie – die Gegenwart Gottes erfahrbar machen*

„Je mehr ich dem Ende entgegengehe, um so mehr denke ich, daß die eucharistische Anbetung für uns das Wichtigste ist.“[377]

In einem kontemplativen Leben geht es um Gott – und damit geht es auch um den Menschen. Denn Er hat sich den Menschen gegeben. In der Begegnung mit Ländern, die in ihrer Lebensweise völlig fremd und andersartig sind, ist es besonders wichtig, sich ganz im Gebet auf Gott hin auszurichten. Denn der Grund, sich in allen Ländern der Welt einzuwurzeln, liegt darin, ihnen den Herrn zu bringen. „Der Nahe Osten, Ägypten, der Irak, der Iran und Indien ... all diese so verschiedenen Länder haben mir noch einmal mehr den für uns richtigen Weg gezeigt und mir bewußt gemacht, wie wichtig es ist, unser ganzes Leben auf das Gebet und auf die Gegenwart des Herrn in uns und in unserer Fraternität auszurichten. Das allein gibt unserer Berufung als Kleine Schwestern einen Sinn. Wenn wir durch die ganze Welt gehen, dann geschieht das, um den Herrn zu bringen ... um mitten unter denen, die an der Not und dem Haß leiden, das Gebet, die Zärtlichkeit und die Liebe gegenwärtig zu machen.“[378]

Magdeleine begreift das Dasein jeder Fraternität von diesem Zentrum aus. So auch in einem Brief an Mgr Mercier, als Sidi Boujnan geschlossen werden soll. „Vor allem ist Sidi Boujnan in Ihrer Diözese ein weiterer Tabernakel, ein Tabernakel, von dem aus an manchen Stunden des Tages und der Nacht Jesus sein Licht auf das kleine Nachbardorf wirft und auf die hundert Zelte, die sich um uns drängen.“[379]

Die Mitte des Gebetes ist die Eucharistie. Und diese Gebetsmitte ist zugleich die Mitte des eigenen Lebens, der Geschichte, der ganzen Welt.[380] In dieser Mitte liegt der Grund für den Auftrag in der Welt. „Wir müssen zu dem werden, was wir empfangen: gebrochenes Brot für eine neue Welt.“[381]

Dieses Leben, in Großzügigkeit gelebt, will bis zum Äußersten Zeugnis geben. Es will ein Leben des Gebetes sein, das von außen als „fleischgewordene Hoffnung“ wahrgenommen wird.[382]

Die eucharistische Liturgie und die Anbetung nehmen die ganze Existenz in Anspruch und drängen danach, sich an die Menschen hinzugeben. „Solidarität einerseits, Fürbitte und Anbetung andererseits, »diese zwei Bewegungen gehen aus dem eucharistischen Gebet hervor: die Welt und die Menschen verlassen, um zu Füßen der Eucharistie zu verweilen wie zu den Füßen Jesus, und die Eucharistie zu verlassen, um uns dem Kreuz auszuliefern. Die Liebe zu unseren Brüdern drängt uns, und diese Liebe fordert, daß wir zu ihnen zurückkehren, weil es Menschen sind, die in dieser Welt leben und weil sich die Liebe nicht mit Worten abfindet ... Wir müssen also ständig von der Eucharistie zu den Menschen und von den Menschen zur Eucharistie gehen, von der Anbetung zur brüderlichen Liebe, vom Schweigen zum Wort ...«“[383]

*Anbetungsfraternität – Ort des Gebetes*

„Die Anbetungsfraternitäten als geistliches Zentrum und Herz für die anderen Fraternitäten der Region sollen an Plätzen sein, die dafür geeignet sind, sich zu sammeln, damit die Kleinen Schwestern dort Zeiten der Stille und der Anbetung verbringen können oder an ihrem Lebensabend ganz nahe beim Herrn sein dürfen, in dessen Dienst ihr ganzes Leben stand.“[384]

Weil es in einem Leben mitten in der Welt leicht passiert, aus der intensiven Gebetshaltung herauszufallen, schaffen sich die Kleinen Schwestern Hilfen, um das zu vermeiden. Dazu gehören die sogenannten „Anbetungsfraternitäten“, die es in jeder Region gibt und die in besonderer Weise Orte des Gebetes und der Stille sind. Sie verdeutlichen, daß das „Herzstück“ der Botschaft von Bruder Karl jene Anbetung im Schweigen ist, die sich ganz auf die Eucharistie ausrichtet. Die Kleinen Schwestern, deren Arbeitsalltag oft wenig Raum für Stille läßt, finden hier einen Platz, der ihnen hilft, zum Gebet zu finden.

Anbetungsfraternitäten sollen in ländlichem Gebiet sein, damit auch die, die in der Stadt leben, sich ganz in die Stille zurückziehen können. Oft sind sie in der Nähe von Wallfahrtsorten. Die Kleinen Schwestern der Anbetungsfraternitäten gehen nicht in die Fabrik zum Arbeiten, sondern haben meistens eine kleine Werkstatt, in der Tonarbeiten angefertigt werden. Sie versuchen, für den Eigenbedarf einen kleinen Garten anzulegen. Wo es in unmittelbarer Nähe keine solche Anbetungsfraternität gibt, sollen sich die Kleinen Schwestern nach ganz einfachen kleinen Einsiedeleien umschauen, damit sie sich gelegentlich zurückziehen können.

*Gebet der Armen*

„Unser Gebet wird schon von Anfang an durch unser Leben mit den Armen geprägt. Denn wenn Gott uns zu sich ruft, sollen wir mit allen kommen, die Er uns anvertraut hat und die uns ein Gebet der Armen zu beten lehren.“ [385]

Ein kontemplatives Leben mitten in der Welt, das diese Welt wirklich ernst nimmt, wird das Gebet durch die Welt prägen und verändern lassen. Inmitten der Armen werden die Gebete vom Leben der Armen durchdrungen und sie müssen letztlich nicht nur Gebete *für* die Armen, sondern Gebete *mit* den Armen werden. Das bedeutet aber, sie in einer Weise zu formulieren, daß auch ganz einfache, arme Menschen sie verstehen und nachvollziehen können. Mit den Armen zusammen richten die Kleinen Schwestern ihren Blick auf den Herrn.

Magdeleine ist sehr bemüht, in den künstlerischen Darstellungen eine ansprechende Weise für die Menschen zu finden, mit denen die Kleinen Schwestern zusammenleben. In einem Brief an René Voillaume erzählt sie von ihren Überlegungen.[386] Sie weiß, daß die Botschaft des Evangeliums die Menschen über die Herzen erreicht und daß diese Menschen die einfachen Bilder der Kleinen Schwestern lieben. Manche „klugen“ Leute finden diese Bilder vielleicht zu harmlos und kitschig, und Magdeleine muß sich einiges an Kritik gefallen lassen. „Jeder kritisiert mich. Oder unter dem Vorwand, die Sentimentalität zu bekämpfen, schlägt man mir eine fremdartige Kunstrichtung vor, die so intellektuell ist, daß die einfachen und kleinen Leute sie nicht verstehen. Laßt den Weihnachtskrippen ruhig ihre Naivität, damit alle kleinen Kinder ... und auch die Erwachsenen ... sich daran ihr Herz erwärmen können.“[387]

Die Nachbarn sollen in der Kapelle finden, was für ihren Glauben sprechend ist. So ist es ganz wichtig, daß die heilige Sara in der Fraternität bei den Zigeunern einen Platz in der Kapelle findet. Es ist „ihre Heilige“. Die Zigeuner freuen sich und bringen ihr Blumen. „Jetzt seid ihr »unsere« Kleinen Schwestern. Noch niemals haben wir so etwas in unserer Mitte erlebt.“[388]

Beim 4. Generalkapitel drücken die Kleinen Schwestern ihre Freude darüber aus, daß sie untereinander und mit den Nachbarn und Freunden eine ganz einfache und spontane Art des Gebetes erfahren dürfen. Es ist ihr einhelliger Wunsch, „immer wieder zu diesem »Gebet der Armen« in einer allen zugänglichen einfachen Sprache zu finden“[389]. Dazu ist es nötig, sehr wach zu sein für die Religiosität der Menschen, mit denen die Kleinen Schwestern die Lebensbedingungen teilen: liebevoll und respektvoll wahrzunehmen, was im Herzen dieser Menschen lebt, es mit ihnen zu teilen und es sich zu eigen zu machen. „Man könnte, in diesem Sinne, in unseren Kapellen ganz einfache Reproduktionen von Darstellungen haben, die in dem jeweiligen Land verehrt werden. Man könnte aufmerksam dafür sein, daß der Stil unserer Kapellen unsere Nachbarn noch mehr anspricht, sodaß sie sich dort wohlfühlen und wir noch mehr lernen, in der Weise der Armen zu beten. Man könnte auch, wie es bereits geschieht, sich dem Gebet der anderen anschließen, wo es schon praktiziert wird: bei Wallfahrten, Pfarreigruppen oder anderen Gebetstreffen etc ...“[390]

Das Gebet der Kleinen Schwestern wird jedoch noch in einem anderen Sinn ganz zwangsläufig zum „Gebet der Armen“. Die Bedingungen, unter denen gebetet wird, sind oft mühsam und konfrontieren immer wieder mit der eigenen Armut und Begrenztheit. Was das Gebet zu behindern scheint, muß auch als Weg zum Gebet akzeptiert werden. „Es entspricht unserer Berufung, daß unser Gebet nach der Arbeit durch Müdigkeit, Lärm und anderes mehr gekennzeichnet ist. Alles, was auf den ersten Blick für ein kontemplatives Beten ungünstig scheint, wird für uns zu einem wirklichen Weg des Gebetes.“[391]

### *Menschliche Verrücktheit und göttliche Weisheit*

Das Wort Verrücktheit (folie) gehört mit zu den in den beiden Historique-Bänden am häufigsten vorkommenden Wörtern. Die Ahnung, daß „Verrücktes“ sich unter den Augen Gottes in Weisheit verwandeln kann, läßt Kleine Schwester Magdeleine an ihrem verrückten Glauben und Hoffen festhalten. In den Jahren des Wartens läßt sie nicht nach, Gott darum zu bitten, in die Sahara gehen zu dürfen. Eine Schwester jener Klosterschule, in der sie unterrichtet, weist sie immer wieder darauf hin, daß solche Hoffnungen in ihrem Alter und mit ihrer Krankheit doch „verrückt“ seien. Magdeleine antwortet ihr darauf: „Schwester, was in den Augen der Menschen verrückt erscheint, ist oft genug göttliche Weisheit. Hören Sie mir gut zu, selbst wenn ich 80 Jahre alt und noch viel kränker sein sollte, würde ich noch immer jeden Abend hierherkommen und um die gleiche Gnade bitten.“[392]

Der Zusammenhang von menschlicher Verrücktheit und göttlicher Weisheit ist im Laufe der Ordensgründungen zu einer Art Leitfaden geworden. Als sie bei der Abreise nach Algier die ironischen Blicke der Leute angesichts des eigenartigen Gespanns von einer alten, gebrechlichen Dame und zwei kranken jungen Frauen sieht, hält sie sich an dieser Einsicht fest. „Der Herr kümmert sich ziemlich wenig um den menschlichen Verstand und um die Qualität der Werkzeuge, die er sich auswählt. »Was in den Augen der Menschen verrückt erscheint, ist oft genug göttliche Weisheit« ...“[393]

Im Laufe der Ordensgründungen spürt Magdeleine, daß Gott sie in einen Rhythmus hineinnimmt, der aus menschlicher Sicht jedes Maß an Vernunft übersteigt und sie an die Grenzen ihrer eigenen Kräfte bringt. „...er hat mich Seinem Rhythmus entsprechend mit sich gerissen, einem Rhythmus, der in den Augen der Welt verrückt war. Und als man mich verurteilte, als man sich über mich lustig machte und ich ihn selbst darum bat anzuhalten, weil ich vor Erschöpfung auf dem Weg hingefallen war, hatte er diesen Rhythmus noch beschleunigt, um jeder menschlichen Vorsicht zu trotzen. Er hat mir heute sehr wohl gezeigt, daß diese Verrücktheit eigentlich Weisheit war ...“.[394]

Diese Art, verrückt zu sein, ist für Magdeleine ein Dialog der Liebe, ein Dialog mit Gott, der in seiner „sagesse divine“ den nötigen Gegenpol und den Grund der Möglichkeit, verrückt sein zu dürfen, bildet. Ein Dialog auch mit vielen Menschen, die rufen. Um dem Ruf der ganzen Welt antworten zu können, braucht es „Verrückte“. „Die ganze Welt wird uns zur Herausforderung in den Stimmen der Kleinen und Armen und in den Stimmen derer, die unter der Verachtung und Ungerechtigkeit leiden ... in den Stimmen jener Minderheiten, für die andere Missionare keine Zeit haben.“[395] Deshalb leben die Kleinen Schwestern Jahre der „Verrücktheiten“, angesichts derer die menschliche Urteilskraft in den Hintergrund treten muß.[396]

Sie weiß, daß ihr Tempo der Neugründungen von vielen nicht nachvollziehbar ist und Kritik provoziert. Aber in der Gewißheit, einem Licht zu folgen, das von Gott herkommt, und im Gehorsam gegenüber der Kirche zu sein, kann sie diese Kritik aushalten.[397]

Sie spricht darüber nicht ausführlich, aber in manchen Sätzen wird spürbar, daß „gescheite Leute“ – oder vielleicht auch nur solche, die ihre eigene Rationalität zum einzigen Maßstab erheben – sie immer wieder hinterfragen. Sie muß dagegen das ganze Gewicht ihres Gottvertrauens setzen.[398] Andererseits gibt es auch immer wieder die Ermutigung von einzelnen. Es sind Menschen, die aus der Erfahrung ihrer eigenen Gottesbeziehung die Dynamik einer Liebe kennen, die sich in verrücktem und maßlosem Tun Ausdruck verschaffen will. Diese Ermutigung gibt sie gern an ihre Schwestern weiter: „Père Matteo hat mir vor einigen Tagen gesagt: »Vor allem, werdet nicht vernünftig, denn der Herr würde euch sofort verlassen«. Also, helft mir, all diesen Verrücktheiten nachzugeben, denn ich selber habe nicht mehr viel Kraft, doch ihr könnt sie mir geben, damit ich an alle Enden der Erde gehen kann.“[399]

Vorausschauend auf die kommenden Jahre beschreibt sie in einem Brief an René Voillaume ihre größte Sehnsucht für die Kleinen Schwestern so: „...vorwärtszugehen in einem Glauben, der Berge zu versetzen vermag, in einem verrückten Glauben, der viel vernünftiger ist als alle Vernunft, weil er auf der Gewißheit und der Macht der Liebe des Herrn ruht ...“[400]

### *Paradoxer Glaube*

Verrücktheit und Weisheit ist nur eine der Paradoxien, in denen Kleine Schwester Magdeleine ihren Glauben und ihre Sehnsucht auszudrücken versucht. Wo der Glaube jeden Begriff sprengt, bleibt das Paradox, um das Unaussagbare doch zu sagen.[401]

Solche Paradoxe sind neben Verrücktheit und Weisheit: Zerstören und aufbauen[402], Freud und Leid[403], alles und nichts[404], groß sein und Kind sein[405], stark und sanft[406]. Hinter diesen Paradoxien steht eine reiche Lebensgeschichte, die sich in der Weite von völlig gegensätzlichen Erfahrungen immer wieder als eine einzige Geschichte mit Gott erwiesen hat.

In der völligen Zerstörung, in der Ohnmacht der eigenen Schwäche und Krankheit ist es die Erfahrung von Gottes Neuanfang und Neuaufbau. Es ist die Erfahrung, daß Leid- und Freuderfahrungen sich nie trennen lassen, daß es in einem ehrlichen Leben immer beides gibt und beides geben darf, und daß oft gerade das Leid die Quelle der Freude ist.

Zu sagen „ich bin nichts, ich habe nichts, ich kann nichts“ ist hier nicht Ausdruck einer falschen Bescheidenheit oder eines krankhaften Gefühls der Minderwertigkeit, sondern die Gelassenheit dessen, der daraus lebt, daß Gott alles ist, alles besitzt und alles kann. Die Bereitschaft, selber „nichts“ zu sein, ganz zurückzutreten, eröffnet erst die Möglichkeit, aus der Fülle Gottes zu leben. Das Nichts des Menschen und die Fülle Gottes gehören zusammen. An einer anderen Stelle macht Kleine Schwester Magdeleine deutlich, daß diese Bereitschaft, seine Nichtigkeit, seine Ohnmacht anzunehmen, keine

Verherrlichung der eigenen Schwäche oder behagliches Untätigsein bedeutet. Eine solche Haltung ist vielmehr Teil eines Prozesses, in dem bestehende Spannungen nicht leichtfertig aufgelöst werden. Es geht nicht um falschen Heroismus.

Eine andere Form dieses „paradoxen Glaubens" ist die Gegenreaktion auf extreme Herausforderungen und Widerstände. Wo sich Resignation oder Anpassung aufdrängen, setzt Magdeleine in besonderer Weise ihre Kühnheit entgegen. Der Widerstand wird zur treibenden Kraft und das Wort »unmöglich« zu einem der stärksten Anreize.[407]

Als die Kleinen Schwestern trotz der Schwierigkeit, als Ordensfrauen ein Visum für Afghanistan zu bekommen, doch welche erhalten, ist dies eine Bestätigung ihrer Hartnäckigkeit: „Es stimmt, daß die Unmöglichkeit dieses Unternehmens die ganze Kühnheit meines Glaubens geweckt hatte und daß ich den Herrn gebeten habe einzugreifen. Da es unmöglich schien, war es Seine Angelegenheit, und noch nie hat Er mir etwas verweigert, wenn ich Ihn mit diesem Glauben gebeten habe."[408]

*Blindes Vertrauen in den „Meister des Unmöglichen"*

Die „Verrücktheit" und die oft kühne, „paradoxe" Ausdrucksweise entspringen nicht irgendeiner Laune oder Abenteuerlust. Die Grundhaltung, die hier spürbar wird, ist das Vertrauen in den „Meister des Unmöglichen". „Diese ganze Geschichte läßt sich in einigen Worten zusammenfassen: »Gott hat mich bei der Hand genommen und ich bin Ihm blind gefolgt« ... in der offensichtlichsten Finsternis, in der verwirrendsten Abwesenheit menschlicher Mittel, aber mit einem unbegrenzten Vertrauen in die Allmacht Jesu, den Meister des Unmöglichen!"[409]

Gerade die ersten drei Jahre in Algerien sind ohne diesen Schlüsselsatz nicht begreifbar. Er steht als Überschrift über der ersten Abreise nach Algier und über der ersten Begegnung mit Abbé Declerq, dem Pfarrer von Boghar und Boghari.[410] Auch die zweite Abreise von Frankreich ist getragen von dieser Haltung, verbunden mit dem Schmerz, ihre alte Mutter in Aix-en-Provence zurücklassen zu müssen.[411]

Der erste schmerzliche Einschnitt in Algerien, die Fraternität in Boghari zu verlassen, wird möglich mit dem Vertrauen in den „Meister des Unmöglichen."[412] Und der Schritt ins Noviziat der Weißen Schwestern sowie die Bereitschaft, die Konstitutionen für die Gemeinschaft zu schreiben, stehen ganz im Zeichen dieses Leitmotivs: „Wieder einmal nahm der Herr mich an der Hand und ich folgte ihm blind.“[413]

Es ist auffallend, wie das Geführtwerden von Gott und die Bereitschaft, sich Seiner Führung blind zu überlassen, jeden wichtigen Einschnitt im Vorfeld der Gründung markiert. Rückblickend beschreibt Magdeleine ihren Weg von Anfang an als einen „langen und schmerzhaften Tunnel“, den sie mit geschlossenen Augen betreten hat – jedoch in der Gewißheit, am Ende des Tunnels auf die Fülle des Lichtes zu stoßen. In einem Brief an die Kleinen Schwestern klingt an, daß die völlige Hingabe und das Nicht-Sehen auch schmerzlich waren. Aber darüber spricht sie nicht näher, es bleibt in der Andeutung.[414]

Mit Charles de Foucauld weiß sie, daß ein solches Vertrauen nicht unbegründet ist, denn Jesus bleibt auch in der Unmöglichkeit Meister.[415] Dem Meister des Unmöglichen und seiner All-Macht kann sie sich mit einem grenzenlosen Vertrauen ganz hingeben.

### *Kindliche Haltung*

Verrückt zu sein, sich vertrauensvoll, blind in die Hände eines anderen zu geben, das sind Eigenschaften, die man einem Kind gerne zugesteht, für einen Erwachsenen scheinen sie außergewöhnlich, zumindest wenn sie so ausgeprägt sind wie im Leben der Kleinen Schwester Magdeleine. In einem Brief an die Kleinen Schwestern spricht sie von diesem Kindsein: „Ich bin wie ein kleines Kind, die Hand in der Hand seines Vaters. Er wird mit mir machen, was Er will, im Frieden und in Freude. Ich bitte auch euch darum, es geschehen zu lassen. Es ist so gut, ohne jeden Wunsch zu sein und sich ganz zu überlassen ...“[416]

So wird es möglich, die eigene Größe, Stärke und Weisheit zu erkennen, um sie dann in Freiheit und um Gottes willen loszulassen und ganz Kind, zärtlich und „verrückt“ sein zu können.

Das Kindsein ist weit davon entfernt, passiv und unkreativ zu sein. Im Gegenteil, gerade dem Kind steht es zu, seiner Intuition und Spontaneität folgend, vom Vater oder von der Mutter ganz kühn alles zu verlangen – auch mit Hartnäckigkeit. Weil es dem Kind zugestanden wird, mit der größten Kühnheit seine Wünsche vorzubringen, sieht sie in dieser Kühnheit das Mittel, um besonders starre, traditionelle Widerstände zu brechen. Gerade auch bei kirchlichen Autoritäten können so verschlossene Türen geöffnet werden. „Ein ganz kleines Kind hat das Recht, mit mehr Kühnheit als ein Großer, alles von seinem Vater zu erbitten ... bis es das Erbetene auch erhält ..."[417]

Kindlich nimmt sie sich die Freiheit, den Vater um ganz konkrete Dinge zu bitten – in einer so atemberaubenden Konkretheit, daß sie fast selbst davor zurückschreckt. Als sich in der Anfangsphase der Ordensgründung noch alles sehr improvisiert abspielt, verbringen die Novizinnen die Zeit ihres Noviziats in einer bereits bestehenden Kongregation („Soeurs de Jésus-Réparateur") in Lyon. Wissend, daß dies nur eine vorübergehende Etappe sein würde, macht sich Kleine Schwester Magdeleine Gedanken um ein eigenes Noviziat. Im Hinblick auf den Ort hat sie sehr konkrete Vorstellungen.

Da sie durch ihre Familie eine besondere Beziehung zu Aix-en-Provence hat, soll das Noviziatshaus dort oder in der näheren Umgebung sein. Ihre Wünsche bringt sie in folgendem Gebet zum Ausdruck:

„Herr, ich strecke meine beiden Hände nach dir aus, wie ein Kind sich nach seinem Vater ausstreckt. Du hast meinen Einfällen immer nachgegeben. Du wirst es sicher auch mit diesem so machen ... Ich bitte dich, gib mir ein Haus für meine künftigen Novizinnen. Gib es mir in Aix-en-Provence, das ich so sehr liebe, weil ich dort viel gearbeitet und viel gelitten habe ... – Gib es mir einige Kilometer von der Stadt entfernt, jedoch nicht zu weit weg wegen der Versorgung ... nicht zu nahe, damit die Kleinen Schwestern sich an das rauhe Leben auf dem Land gewöhnen ... in der Einsamkeit ..."[418]

Sie bekommt ein Haus in Tubet, ziemlich genau ihren Vorstellungen entsprechend – wobei die Erfüllung dieses Wunsches weit weniger aufregend ist als die grenzenlose Kühnheit dieser Bitte. Die Geschichte treibt sich noch auf die Spitze, als sie angesichts immenser Umbaukosten und völliger Mittellosigkeit den Architekten fragt, ob er schon einmal den lieben Gott als Kunden gehabt habe, und ihm erklärt, daß dieser reicher sei als die reichsten Bankiers der Welt.[419]

Wer geneigt ist, diese Haltung leichtfertig als naiv abzutun, wird der Kleinen Schwester Magdeleine nicht gerecht. Sie weiß sehr genau um ihren Weg und geht ihn mit unbeirrbarer Konsequenz. Dem Geist der Kindschaft wohnt eine ganz eigene Weisheit inne: „Der Geist der Kindschaft ist ein Geist der Schlichtheit und der Freude, der sich mit dem größten Wissen und der schönsten Einsicht verbindet."[420]

In ihrem Sinn wirklich ganz Kind sein zu können, bedeutet dann, das gängige „Groß-und-mächtig-Sein“, und damit verbreitete Vorstellungen von Macht und Größe, bereits hinter sich gelassen zu haben. Eine Kindlichkeit, die auf „kindische“ Weise nur bei sich selbst bleibt, meint Magdeleine nicht. „Man darf Kindsein nicht mit Kindischsein verwechseln. Dies wäre nur eine Karikatur des Kindseins und ihm völlig entgegengesetzt.“[421] Dies ist keine Naivität, die den „Großen“ nur ein mitleidiges Lächeln abringen kann, kein Steckenbleiben in kindlichen Strukturen, sondern ein Weg, an jenem Erlösungswerk teilzuhaben, das mit der Geburt des Kindes in Betlehem begonnen hat.

„Ihr könnt um so fröhlicher sein in der Nähe des kleinen Jesus, als ihr nicht in eurer eigenen Kindlichkeit stecken bleibt, sondern euch danach sehnt, an jenem Erlösungswerk teilzuhaben, für das dieses kleine Kind in der Kälte und Armut der Krippe geboren wurde und schon so klein vor der Grausamkeit des Herodes fliehen mußte“.[422]

„Kind-sein“ heißt vor allem zu begreifen, daß unser Gott als ein Kind in diese Welt gekommen ist, ein Kind, wie alle anderen Kinder auch. „Und weil unser Gott zunächst dieses Kind war, will er auch als solches betrachtet und angebetet werden, nicht nur von den Kleinen, sondern auch von den Großen, denn er hat sich sowohl von den Hirten wie von den Magiern verehren lassen ...“[423]

So ist es begreifbar, daß Jesus als der ganz kleine, hilflose und einfache Mensch zu einem der zentralen Themen ihrer Spiritualität wird. Im Kindsein gründet auch der Auftrag an alle kleinen Schwestern: „Wir müssen werden wie »kleine Kinder«, um weiterhin die Welt zu durcheilen und zu zweien auf allen Kontinenten eingepflanzt zu werden, ohne vor dem Unbekannten Angst zu haben, in Tokio, am Kap der Guten Hoffnung, in Mexiko, in Peru ...“[424]

## *2. „Mitten in der Welt“*

Das Leben mitten in der Welt vollzieht sich für die Kleinen Schwestern in der Spannung zu ihrem Leben als Kontemplative. In dieser Spannung muß es immer neu gesucht und konkretisiert werden, sowohl in der Reflexion als auch im täglichen Vollzug. Mitten in der Welt leben die Kleinen Schwestern und sehen mit dem gleichen liebevollen Blick, mit dem sie Jesus betrachten, die Menschen, die ihnen begegnen. Aus der Kraft der Begegnung mit Ihm gehen sie zu den Menschen, und aus der Begegnung mit den Menschen gehen sie zu Ihm.

Wie die Momente der Kontemplation in einer großen Radikalität Gott gehören und doch bereits eine den Menschen zugewandte Dynamik enthalten, so ist das Leben mitten in der Welt ganz auf die Menschen ausgerichtet und doch untrennbar der Begegnung mit Gott entsprungen.

### *„Levain dans la pâte"*

Das Gleichnis des Evangeliums vom Sauerteig, der unter das Mehl gemischt wird, bis er alles durchsäuert hat, ist Magdeleine sehr kostbar. Sie überschreibt damit den Text, den sie ihr „Testament"[425] nennt und gibt ihm so ein großes Gewicht: Als „Zeuge für Jesus wirst Du mitten unter den Menschen leben, wie der Sauerteig, von dem das Evangelium spricht".[426]

Dieses Bild steht gegen ein Ordensideal, das sich ausgrenzt und neben die Welt stellt.[427] Magdeleine fordert ihre Schwestern ausdrücklich auf, sich diese Berufung bewußt zu machen und sich darum zu bemühen, sie wirklich zu begreifen: „Kleine Schwester, verstehst Du, was diese Berufung für eine Ordensschwester bedeutet: arm unter den Armen zu leben, mitten unter den Menschen, enge Verbindung mit ihnen einzugehen, wie es vom Sauerteig des Evangeliums gesagt ist ...?"[428]

In einer Bittschrift an den Papst vom 21.6.1947 klingt die Vision, die in diesem Bild vom Sauerteig für sie liegt, sehr deutlich an: „Die Kleinen Schwestern von Jesus bitten, daß es ihnen erlaubt sei, sich mit allen Menschen zu vermischen, ihnen ähnlich zu werden und gleichzeitig das Ideal eines kontemplativen Lebens zu bewahren, das so intensiv als nur möglich sei und sich orientiert am Leben Jesu in der Werkstatt von Nazaret und auf den Straßen.

Sie würden gerne in den Fabriken und Werkstätten arbeiten und sich unter die Arbeiterklasse mischen als »Arbeiterinnen unter Arbeitern« – so, wie sie sich zu »Arabern im Milieu der Araber«, zu »Nomaden im Milieu der Nomaden« gemacht haben, um dort bescheiden und im Schweigen Jesus erfahrbar zu machen. Sie wollen, daß man durch ihr Leben das wahre Gesicht des Ordenslebens, der Kirche und das wahre Gesicht Christi aus der Nähe wahrnehmen kann."[429]

Das Gleichnis vom Sauerteig ist für Magdeleine der Versuch, ein Höchstmaß an Nähe im Hinblick auf das Mit-Leben auszudrücken und gleichzeitig die Aufgabe des „Säuerns" nicht aus dem Auge zu verlieren. Immer wieder kreist ihr Denken um die Annäherung an die Menschen in der Welt und versucht, Wörter und Bilder zu finden. Sich zu „einem von ihnen“ zu machen[430], sich bedingungslos hinzugeben[431], zu einem Leib werden[432], sind Ausdrücke, die immer aufs neue diesen Grundgedanken entfalten und konkretisieren.

In einem Brief an die Kleinen Schwestern schreibt sie, wie froh sie sei, in einem Jahrhundert zu leben, in dem man wagt, sich an das Gleichnis vom Sauerteig zu erinnern und keine Angst hat, das Ordensleben dem menschlichen Leben „einzuverleiben“.

„Sauerteig“ zu sein, hat für jede Kleine Schwester tiefreichende Konsequenzen, die oft quer stehen zur eigenen Herkunft, ja vielleicht sogar einen völligen Bruch dazu bedeuten: „Um »mit Jesus Erlöser zu sein« und »das Evangelium mit Deinem ganzen Leben zu verkünden«, mußt Du alles aufgeben: Familie, Milieu, Sprache, Gewohnheiten, Denkweise, alles, was Dir lieb ist und woran Du mit allen Fasern Deines Wesens hängst. Du wirst Familie, Milieu, Heimat derer annehmen, zu denen Du gesendet bist – ihre Sprache, Gewohnheit, Denkweise sollen zu Deinen eigenen werden, so verschieden sie auch von Deiner bisherigen sein mögen.“[433]

Magdeleine will damit nicht die Herkunft oder das bisherige Leben der Kleinen Schwestern gering achten. Vielmehr geht es ihr um eine Liebe, die sich so sehr mit einem Milieu einsmacht, daß man nicht mehr in der Gefahr ist, ein distanziertes Urteil als Außenstehende zu fällen. Mehr noch: es geht darum, sich darauf einzustellen, Beschenkte sein zu dürfen. „»Sich zu einem von ihnen machen«, d. h. im Kontakt mit ihnen reich zu werden, indem man sich von der Illusion freimacht, immer etwas geben zu können.“[434]

Mit welchen beglückenden Erfahrungen dieses Bemühen belohnt wird, sich ganz in ein Milieu hineinzugeben, macht das Beispiel der ersten Zigeunerfraternität deutlich. Sie wurde 1949 in Saintes Maries de la Mer gegründet. In dieser Zeit gab es noch eine gesetzliche Bestimmung, die von jedem Zigeuner verlangt, einen „anthropometrischen Ausweis“[435] bei sich zu tragen. Dieser spezielle Ausweis, in dem die 10 Fingerabdrücke enthalten waren, war für die Zigeuner sehr entwürdigend. Daß nun die Kleinen Schwestern freiwillig bereit waren, ebenfalls diesen Ausweis bei sich zu tragen, erstaunte nicht nur die Polizisten, sondern auch die Zigeuner, die jedoch gleichzeitig sehr glücklich über dieses konkrete Zeichen der Solidarität waren. Einer der Älteren: „Jetzt bin ich doch immerhin schon 66 Jahre alt. Aber das erlebe ich zum ersten Mal, daß Ordensfrauen so sind wie wir.“[436]

*„Menschlichkeit"*

Weil Gott in Christus Mensch geworden ist, kann es auch im geistlichen Leben nichts Kostbareres geben als dieses Menschsein: „Wichtiger als Dein Dasein als Ordensfrau ist Dein Dasein als Mensch und Christ. Lebe es in der ganzen Fülle und Schönheit, die in diesen Worten liegt. Christus, unser Gott, ist wahrer Mensch: Scheue Dich nicht davor, ganz und gar »Mensch« zu sein. Je tiefer Dein Menschsein reicht, desto völliger kannst Du es Gott schenken."[437]

Magdeleine macht deutlich, wie leicht man sich selbst täuschen kann, unter dem Vorwand, für Gott alles aufzugeben. Sie wehrt sich dagegen, Gott und Mensch zu trennen und das Menschliche als Hindernis für Gott zu begreifen. Vielmehr will Gott in der Menschlichkeit des Menschen sich zeigen dürfen.

Das Bemühen um Menschlichkeit macht auch nicht halt vor den Erfahrungen des Schmerzes. Beim Tod einer Kleinen Schwester wird Magdeleine bewußt, wie hart der Schmerz in ein Ordensleben hineinragt, das sich völlig dem Leben ausliefert. „Ich wußte nicht, in welchem Maß das Leben im Ordensstand das Gefühlsleben intakt läßt und daß der Herr mich so beim Wort nehmen würde, als ich ihn für die Fraternität um die Gnade bat, uns vor allem menschlich sein zu lassen."[438]

Auch als sie Touggourt für einige Zeit schließen soll, erlebt sie sich ganz in ihrer menschlichen Zerrissenheit. „Die Seele war bereit, dieses Kreuz zu tragen, aber die menschliche Natur war nicht stark genug ..."[439]

Zu der gesuchten Menschlichkeit gehört es, auch äußerlich zugänglich und offen zu wirken für die Menschen. „Versuche das strenge und distanzierte Äußere in gleichem Maß abzulegen wie die Empfindlichkeiten und Kränkungen und suche lächelnd und freundlich zu sein, voll guter Laune und Begeisterung, damit Deine äußere Freude Zeugnis gibt von dem, der die Ursache jeder Freude, die Quelle jeden Glückes ist, und für den Du unter dem Schleier des Lächelns Deine Müdigkeit und Deinen Ärger verbirgst."[440]

Die innere Haltung, die dahinter steht, ist eine Haltung der „Sanftmut", die jedoch nicht langweilig und süßlich sein soll, sondern auch mit Leid und Tränen vereinbar ist.[441] Daß diese Sanftmut und Zärtlichkeit etwas mit Engagement und Entschlossenheit zu tun hat, wird in einem Brief an die Kleinen Schwestern deutlich. Kleine Schwester Magdeleine schreibt: „ ...ich denke an Euch mit Zärtlichkeit, aber auch mit einem kraftvollen Gefühl, denn die Zärtlichkeit ohne diese Kraft wäre nur ein Abklatsch der Liebe."[442]

Wenn es nötig ist, verträgt sich das Bemühen um Menschlichkeit auch mit Momenten des Zorns, ja, fordert sie geradezu heraus. „Ich bin immer etwas unzufrieden mit mir, wenn mich der Zorn packt, aber das ist vielleicht ein »heiliger Zorn«, um die Würde der Verachteten zu verteidigen."[443]

### *Nazaret: Auf den Straßen und in der Fabrik*

Vor allem in der Anfangsphase der Ordensgeschichte fallen die Kleinen Schwestern auf, wohin sie auch kommen. „Die Novizinnen erregen Aufsehen im Zug mit ihren Rucksäcken. Es ist das erste Mal, daß man diesem neuen Stil von Ordensfrauen begegnet."[444] Selbst auf den Straßen der Großstadt fällt ihre Erscheinung auf. „In den Straßen Marseilles wirken wir wie »Zigeunerinnen«, und der Kontrast zu den anderen Ordensfrauen ist wirklich auffallend ..."[445]

Noch schmerzlicher als dieses Befremden hinsichtlich ihrer äußeren Erscheinung empfinden die Kleinen Schwestern die Reaktionen auf ihre Fabrikarbeit. Zunächst scheint es von jeglicher Seite nur Skepsis und Ablehnung zu geben. Vor allem die anderen Ordensgemeinschaften sind nicht bereit, Ordensleute in der Fabrik zu akzeptieren: „Zwei oder drei Tage, nachdem sie in der Fabrik zu arbeiten begonnen hatten, begegneten die Kleinen Schwestern anderen Ordensfrauen, die ihnen sagten: »Ihr arbeitet in der Fabrik? ... Dann seid ihr keine Ordensfrauen mehr!« ..."[446]

Ähnliches Unverständnis begegnet ihnen bei kirchlichen Autoritäten. „Wir haben uns 1944 in Rom dem Heiligen Vater Pius XII. als »Kleine Schwestern von-gar-nichts« vorgestellt, denen niemand weiter Beachtung schenkt. Wir haben unsere Fraternität als eine Ordensgemeinschaft von Arbeiterinnen vorgestellt, die in sozialer Hinsicht zur Schicht der Arbeiter gehört, zu den »Kleinen Leuten«."[447]

In ihrem dritten Bittschreiben an den Papst vom 11. Juli 1948 bringt Magdeleine das Anliegen, der Arbeiterklasse angehören zu dürfen, noch einmal in aller Deutlichkeit zum Ausdruck: „Ich bitte Sie, Heiliger Vater, uns, die wir nicht wie die anderen Ordensgemeinschaften Einrichtungen zu betreuen haben, zu erlauben, mitten in der Kirche, in einer Zeit des wachsenden Kommunismus, sowohl in den Missionen wie auch hier in Europa Kleine Schwestern der Arbeiterklasse zu sein, jener Klasse, in der die Menschen niemals für die Zukunft vorsorgen können und Tag für Tag in der Härte des Arbeiterdaseins leben müssen ... „[448]

Auch die Arbeiter verstehen zunächst nicht, warum diese Schwestern die Arbeit mit ihnen teilen wollen. Sie sind erstaunt und fragen nach ihren Motiven und wollen wissen, ob sie keine Angst haben vor dem, was sie in der Fabrik zu hören bekommen. Sie vermuten sofort „fromme Absichten". Die Erfahrung der gemeinsamen Arbeit läßt jedoch ihr Mißtrauen schnell schwinden. „Da es unser erster Tag in der Fabrik ist, sind Arbeiter und Arbeiterinnen auf der Hut und warten auf die »Predigt« der Ordensfrauen. Aber nach und nach, als sie merken, daß diese ausbleibt, gewinnen sie Vertrauen ..."[449]

Zwischen den kleinen Schwestern und den Arbeitern entsteht eine Freundschaft, die über sonstige skeptische und ablehnende Reaktionen hinwegtröstet. Die Arbeiterinnen sind beeindruckt zu sehen, daß die Kleinen Schwestern sich wirklich „wie Schwestern" lieben.[450]

Die Solidarität mit der Arbeiterklasse durch das Teilen von Lebens- und Arbeitsbedingungen setzt voraus, diesen Arbeitern mit großem Respekt und mit Zuneigung zu begegnen. Ja, es setzt einen Respekt, eine Wertschätzung der Fabrikarbeit an sich voraus. Mit dieser Wertschätzung erscheint es Magdeleine auch völlig abwegig, daß die Fabrikarbeit die „geistliche Würde" in Frage stellen könnte. „Ich dachte daran, wie schön diese Arbeit der Hände ist, in der Nachfolge Jesu, dem Arbeiter von Nazaret ... und daß in dieser Fabrikhalle, vor diesen 40 Maschinen, jede der Arbeiterinnen in ihrem Wert und in ihrer Würde unvergleichlich ist, und daß es in keiner Weise die »geistliche Würde« schmälern könnte, daran teilzuhaben ..."[451]

Die Gründung der ersten „Arbeiterfraternität" in Aix-en-Provence im August 1946 ist ein wichtiger Schritt, um auf konkrete Weise die sozialen Bedingungen der Lohn-Arbeiter zu teilen." Der große Teil der Neugründungen sollen Arbeiterfraternitäten sein, die durch ihren Verdienst andere Fraternitäten (z. B. Studienfraternitäten), in denen nichts oder wenig verdient wird, unterstützen.

Als sich für die Kleinen Schwestern das Spektrum der verschiedenen Lebensmilieus erweitert hat, betonen sie weiterhin den besonderen Wert der Arbeit. „Wir unterstreichen die Bedeutung der manuellen Arbeit für unsere Berufung. Sie ist ein vorzügliches Mittel, um in der Arbeiterwelt, die oft noch sehr weit von der Kirche entfernt ist, gegenwärtig und auch mit der Welt der Bauern, Handwerker usw. solidarisch zu sein. Der Mensch wird hier wie ein Mittel zur

Produktion ausgenutzt, wo er doch ihr Ziel sein müßte (s.Enzyklika von Papst Johannes Paul II. Über die Arbeit)“.[452]

So radikal die Hingabe der Kleinen Schwester Magdeleine an die Welt der Arbeit ist, so zurückhaltend ist sie doch zunächst, was ein politisch-gewerkschaftliches Engagement angeht.[453] „Seit unserer ersten Einstellung in der Fabrik schien mir der Verzicht auf jede Mitgliedschaft bei einer Gewerkschaft die beste Lösung zu sein, da sich beide, CGT und CFTC[454], gegenüberstehen.“[455] Zu dieser Eintragung vom Mai 1947 gibt es jedoch folgende Anmerkung: „Zur Zeit (1981) gehören die Kleinen Schwestern normalerweise den Gewerkschaften an, aus Solidarität mit denen, die um die Achtung ihrer Rechte und für ihren menschlichen Fortschritt kämpfen.“[456]

Magdeleine möchte mit ihren Schwestern lieber zu einem versöhnenden Glied zwischen Arbeitern und Arbeitgebern werden, als sich an ihrem Arbeitskampf zu beteiligen.[457] Die Konstitutionen weisen in dieser Frage jedoch auf eine klare Option hin: „Die Kleinen Schwestern schließen sich jenen Bemühungen an, die den wirklichen Ursachen der Ungerechtigkeit und der Ausbeutung abhelfen wollen. Sie tun dies in jenen Organisationen, die sich die Arbeiter geschaffen haben.“[458]

Biblisch gesehen leben die Kleinen Schwestern im Teilen des Arbeiterlebens das „Leben von Nazaret“. Nazaret ist der Ort, an dem Jesus ein „verborgenes Leben“ geführt hat. Für Magdeleine ist diese Zeit der Verborgenheit nicht bedeutungslos, sondern gerade als verborgene Zeit kostbar: „ …er hat 33 Jahre lang ganz einfach mitten unter seinem Volk gelebt, als einer von vielen.“[459]

Ihn in dieser Phase seines Lebens nachzuahmen, bedeutet, „das Leben und die Arbeit der kleinen Leute zu teilen – solidarisch zu sein mit ihren Leiden, ihrer Not, ihren Kämpfen und ihrer Sehnsucht nach mehr Gerechtigkeit. Es heißt aber auch, ihre Freude, ihren Glauben und ihre Hoffnung zu teilen.

Jesus von Nazaret: das ist Gott, der sich zum Freund der Ausgestoßenen und an den Rand Gedrängten macht (Prostituierte, Leprakranke, Samariter, Zöllner usw.), um sie in die menschliche Gemeinschaft hereinzuholen und ihnen die Würde von Kindern Gottes zurückzugeben“[460].

Das Leben von Nazaret kann sich nicht auf große Sicherheiten stützen. Es sieht in Jesus vor allem den Sohn des Arbeiters Joseph und drückt sich in alltäglichen kleinen Gesten der Liebe aus. Mit diesen beiden Aspekten – alltägliches Leben und Arbeiterdasein zu teilen – sind zwei zentrale Dimensionen des Lebens der Kleinen Schwestern erfaßt.

Es ist wichtig, in jeder Zeit neu zu aktualisieren, wie ein „Leben in Nazaret“ aussieht: „Nazareth – vie religieuse“[461], mit dieser Überschrift beschäftigt sich das sechste Generalkapitel mit dieser Frage. Die sich zusehends verschlechternde Situation der Arbeiter, zunehmende Arbeitslosigkeit in den Industrieländern, großes Elend in Ländern wie dem Niger, Tanzania, Haïti werden als Herausforderung an die Fraternität ernstgenommen. „Wir sagen uns, daß wir in diesen Situationen das Risiko eingehen, etwas tun zu müssen, Initiativen zu ergreifen – und doch uns wieder zurückzunehmen, sobald unsere Freunde selber initiativ werden.“[462]

Unter bestimmten Umständen verlangt dieses verborgene Leben von Nazaret nach einem engagierten, öffentlichen Einsatz. „Unser Austausch hat uns auch Situationen der Ungerechtigkeit vor Augen geführt, von denen manche unserer Länder heute in dramatischer Weise geprägt sind. Wir haben uns gegenseitig ermutigt, in den »Kampf« für die Menschenrechte einzutreten, bis an die Grenze unseres Engagements in Solidarität zu gehen, indem wir bewußt die Konsequenzen und Risiken auf uns nehmen.“[463]

In diesem Zusammenhang wird Nazaret noch einmal mit Betlehem in Verbindung gebracht, diesem Ort, der für die Ohnmacht und Zerbrechlichkeit der Fraternität steht. Denn beide Orte gehören zusammen. „Nazaret ist mit Betlehem verbunden, diesem Ort und Zeichen, in dem sich offenbart, wie der Sohn Gottes Mensch geworden ist.“[464]

### *„Apostolat der Freundschaft“*

Zunächst fällt auf, daß Magdeleine den Begriff „Apostolat“ häufig verwendet, jedoch unterschiedliche Erfahrungen damit verknüpft.

In den Ausführungen über die kontemplative Berufung grenzt sie „Apostolat“ gegen „kontemplativ“ ab: „Vielleicht siehst Du in der Lebensform der Fraternität vor allem den Auftrag zum Apostolat. Aber Du mußt Dir darüber klar sein, daß eine Kleine Schwester Jesu vor allem ein betender Mensch ist, »kontemplativ«, wie es in der gläubigen Sprache der Kirche heißt.“[465] An einer anderen Stelle wiederum spricht sie von der „apostolischen Berufung“, die sich im Gebet und der täglichen Hingabe ausdrückt.[466] Offensichtlich assoziiert Magdeleine mit dem Begriff „Apostolat“ Unterschiedliches. Sie lehnt eine bestimmte Form des Apostolats ab und versucht gleichzeitig, den Begriff neu zu füllen.

Die Frage nach dem apostolischen Auftrag[467] der Kleinen Schwestern nimmt einen breiten Raum ein. Immer wieder verdeutlicht Kleine Schwester Magdeleine ihre Vorstellungen. Die Form des Apostolats, gegen die sie sich abgrenzen möchte, umschreibt sie mit Begriffen wie „apostolat officiel“[468] oder „apostolat actif“[469]. Sie meint damit die in der Mission verbreitete aktive Form des Apostolats, die sich in der Aufgabe des Erziehers, des Lehrers ausdrückt, die an bestimmte Einrichtungen wie Schulen, Krankenhäuser gebunden ist. Magdeleine will nicht mit einem Leistungsdenken in Verbindung gebracht werden. So verrät sie den Kleinen Schwestern in einem Brief vom 15. 12. 1953, daß sie in den Konstitutionen mehrmals das Wort „Fraternité de mission“ geschrieben und wieder ausgestrichen hat, weil es ein belastetes Wort ist, in dem der Wunsch nach Resultaten und Statistiken mitschwingt.[470] Sich gegen ein solches Denken abzusetzen, hat auch mit ihrem Menschenbild etwas zu tun. Magdeleine sieht bei manchen Missionaren die Gefahr, in den Menschen nichts anderes zu sehen als „Seelen“, die es zu retten gilt.

Diese Form des Apostolats ist nicht die der Kleinen Schwestern, wenngleich sie bei anderen Kongregationen nicht in Frage gestellt werden soll. „»Einer von ihnen zu werden« ... das ist eine Berufung, die sich von denen der anderen Missionare völlig unterscheidet, aber wir sollten ihre Form des aktiven Apostolats, ihre Aufgabe als Erzieher und Lehrer, trotzdem mit Respekt sehen.“[471] Für ihre eigene Gemeinschaft möchte sie sich gegen Erwartungen abgrenzen, „aktiv“ zu werden. „Von allen Seiten werden wir dringend gebeten, uns um Schulen, Krankenhäuser, Kliniken anzunehmen, und wir wiederholen es immer wieder: »Wir haben nur ein Ziel: uns bei den Ärmsten, den Einfachsten, den Mißhandeltsten »zu einem von ihnen« zu machen ... niemals in einer überlegenen Weise, um sie zu führen, zu erziehen oder sie zu unterrichten, sondern in einer gleichwertigen Art, um sie zu lieben, ihnen zu helfen, wie man seinen Freunden, seinen Brüdern, seinen Mitmenschen helfen würde. Das ist unser einziger Weg!« ...“[472]

Erwartungen einer Kirche, die sich im wesentlichen als eine reiche, gebende, überlegene Kirche gibt, die einfache Menschen jedoch nicht mehr erreicht, will sie nicht nachgeben.[473]

Abgesehen davon, daß es wirklich ihr tiefster Wunsch ist, in erster Linie und vor allem eine Beziehung der Freundschaft herzustellen, weiß sie, daß sich durch andere Absichten bestimmte Milieus auch verschließen würden. „An dem Tag, an dem wir als aktive Missionarinnen gesehen werden, bekommen wir zu all den verschlossenen und feindlichen Milieus keinen Zugang mehr.“[474]

Die „selbstlose“ und „absichtslose“ Hinwendung zu den Menschen ist ein Anliegen, das Magdeleine immer wieder betont: „Es stimmt, daß ich immer diesen Respekt vor den anderen Anschauungen und Religionen verlangt habe ... daß ich von einer Liebe gesprochen habe, die »gratis« ist und zu den Menschen geht, nicht, um sie zu bekehren, sondern, um sie zu lieben, ihre Leiden zu teilen und ihnen in ihrem Leben nahe zu sein.“[475]

Die Kleinen Schwestern erfahren, daß diese Haltung menschlich gesehen sehr schmerzlich und hart sein kann, weil das Evangelium mit einer scheinbaren Wirkungslosigkeit und einer extremen menschlichen Schwäche gebracht wird. Menschlich zu ertragen sind solche Erfahrungen nur, indem in aller Wirkungslosigkeit einzig auf die Kraft Gottes gesetzt wird.

Immer wieder erweist sich die Auffassung vom Apostolat der Kleinen Schwestern als Gratwanderung, als Quelle von Mißverständnissen.

Gegen das Mißverständnis, das Apostolat überhaupt abzulehnen, wehrt sich Magdeleine: „Ich habe gesagt, daß es nicht notwendig sei, offizielle katechetische Kurse zu geben, aber ich habe niemals gesagt, daß es uns verboten sei, den anderen jenes Licht zu bringen, das wir selbst empfangen haben, jene Liebe des Herrn, in der jede geschwisterliche Liebe ihre Quelle und ihren Grund hat ...“[476]

Selbstkritisch sehen die Kleinen Schwestern, daß sie ihr Apostolat oft nur negativ definiert haben durch Formulierungen wie z. B.: wir „machen nichts“ – um sich nicht einem falschen Aktivismus auszuliefern. Doch es gibt geradezu eine „Pflicht zur Evangelisation“.[477] Dabei geht es um sehr grundlegende Erfahrungen. Zum Beispiel bemühen sich die Kleinen Schwestern, die bereits empfangene Taufe bei den Tapirapes auch mit Leben zu füllen und aus Bräuchen herauszuführen, die der Liebe widersprechen. Dem Brauch, nur drei Kinder am Leben zu lassen, wirken sie entgegen, indem sie darum bitten, die Kinder zu sich nehmen zu dürfen. „Wir müssen zu ihnen von Christus sprechen, ihnen eine grundlegende Vorstellung von gut und böse geben ... Wir haben nicht das Recht, sie im Dunkeln zu lassen.“[478]

Das ganze Leben soll zu einem „lebendigen Evangelium“ werden und alles – Arbeit, Lebensstil, Teilen, Gastfreundschaft, Ordenskleidung usw. – muß dazu dienen, das „Evangelium hinauszuschreien“.[479] Der missionarische Auftrag heißt, das zu sein, was man sein möchte, und mit dem eigenen Leben zum Ausdruck zu bringen, was man leben möchte.[480] Es geht um ein „Lebenszeugnis“[481], das sich jedoch immer so ausdrücken soll, daß es auch im Bereich der Möglichkeiten der Armen liegt[482] und somit jedem Christen eigen ist. Mgr de Provenchères drückt es so aus: „Ich würde sagen, daß es sich eher um ein persönliches Apostolat handelt als um ein spezielles Apostolat der Fraternität. Die Fraternität wird das machen, was auch ein Armer unter seinen Bedingungen machen kann; sie wird von Gott und von unserem Herrn Jesus Christus auf eine ganz einfache Weise reden, indem sie sich bevorzugt der Texte des Evangeliums bedient.“[483] Für Mgr de Provenchères haben die Kleinen Schwestern Anteil am Apostolat der Kirche, indem sie auf ganz einfache Weise in das Milieu der Ärmsten eine Gegenwart des Gebetes und der Einheit bringen.[484]

Vielleicht ist diese Form des Apostolats sogar eine sehr unmittelbare, so daß Magdeleine den Begriff, befreit von allen möglichen Mißverständnissen, auch ganz gern verwendet. „Und trotz allem, das ist unsere Berufung: zu bewirken, daß Christus geliebt wird, durch uns, durch unsere Freundschaft, unsere Zärtlichkeit, unsere Liebe ... Und vielleicht ist dies sogar eine der direktesten Formen des Apostolats.“[485]

Beim fünften Generalkapitel findet man dafür den Begriff *„Apostolat der Freundschaft“*: „Wenn wir von Evangelisation sprechen, meinen wir wirklich nicht, daß man nun plötzlich etwas Wirksames und Erfolgreiches tun sollte. Unser Apostolat wird immer das *Apostolat der Freundschaft* bleiben.“[486]

*Bevorzugte Orte*

„Wende Dich mit Vorliebe den Menschen zu, die in großer Armut, in tiefer Verlassenheit leben, »zu denen sonst niemand hingehen würde«, Nomadenstämme oder andere Minderheiten, die unbekannt oder verachtet sind. Suche auf der Weltkarte, ob nicht irgendwo verloren eine Handvoll Menschen lebt, für die sich niemand interessiert, weil sie nur wenige sind und über einen großen Raum verstreut leben und von einem Apostolat anderer Form nicht erreicht werden können. Gerade zu ihnen sollst Du gehen.“[487]

Unscheinbare und versteckte Orte, kleine und stille Menschengruppen werden gesucht und mit jener Aufmerksamkeit bedacht, die sie sonst nirgends erfahren. Die Kleinen Schwestern gehen bevorzugt dorthin, wo man scheinbar seine Zeit verliert, weil man sich interessanteren und größeren Menschengruppen widmen könnte. „Je mehr man uns einen Vorwurf daraus macht, daß wir uns um die Minderheiten, um eine Handvoll Menschen irgendwo in der weiten Welt kümmern, desto deutlicher soll es uns darauf hinweisen, daß wir gerade dahin gehen sollen: denn sonst würde niemand zu ihnen gehen, niemand ihnen die Liebe des Herrn bringen."[488]

Magdeleine knüpft damit an ein Wort von Pius XI. an: „» ...Und gäbe es nur eine Eskimofamilie, irgendwo da oben am Nordpol, und brauchtet ihr zwei Jahre, um sie zu finden, so würde ich doch sagen: Geht hin! Auch diese haben Anrecht auf die Erlösung.« (Pius XI. an einen Missionar)."[489]

Biblisch greift sie damit das Bild vom „verlorenen Schaf" auf, das auch im Denken von Bruder Karl ganz wichtig ist: „» ...dahin zu gehen, wo Jesus hingehen würde: zu dem Schaf, das sich am weitesten verlaufen hat, zu dem Bruder Jesu, der in der schwersten Krankheit, in der tiefsten Verlassenheit lebt, zu den Menschen, die keinen Hirten haben, die im tiefsten Dunkel, im Schatten des Todes sind ...«, wie Bruder Karl schreibt."[490]

Neben den Nomaden der Sahara, den Brüdern im Islam, den Arbeitern in den Fabrikhallen und Werkstätten, denen die erste und auch bleibende Zuwendung gehört, werden immer neue Orte entdeckt, die diesem Grundanliegen entsprechen. Zunächst sind es zwei Gruppen, die dem „Nomadendasein" der ursprünglichen Idee noch sehr nahe sind: Die Kleinen Schwestern, die mit Zigeunern und mit Hirten zusammenleben. Die ersten Gruppen gibt es bereits im Jahr 1949.

Zur gleichen Zeit gibt es Überlegungen zu einer Fraternität im Gefängnis. In einem Brief an René Voillaume spricht Magdeleine von der Idee, mit gefangenen Frauen zusammenzuleben, in ihrer Mitte zu arbeiten, ohne in irgendeiner Weise eine führende Rolle einzunehmen.[491] Als es konkret darum geht, in Frankreich eine solche Fraternität zu gründen, gibt es zunächst Widerstände. Im Justizministerium wird ihr Anliegen einfach nicht begriffen:

„Ich erkläre ihm zum vierten oder fünften Mal, daß es darum geht, das Leben mit den Gefangenen zu teilen, ihre Arbeit, ihr Essen ... wie sie in Zellen zu schlafen ... ihre Freundin, ihre Schwester zu werden, damit sie im Gefängnis Freundschaft erfahren können."[492]

Auch wo es – wie in Rio – von offizieller Seite aus nicht so viele Widerstände gibt, müssen die Kleinen Schwestern sich zunächst einen Zugang zu den Frauen verschaffen. „Wir sagen ihnen, daß wir gerne mitten unter ihnen leben würden, nicht, um sie zu überwachen, sondern um ihnen Mut zu machen, ihr Leiden zu ertragen, und unter ihnen als Freundinnen, als Schwestern zu sein. Und da wir ihnen mit Respekt begegnen, öffnen sich ihre Gesichter."[493]

Eine Fraternität, die auch dem „Nomadendasein" sehr nahe kommt, ist die im Zirkus. Sie wird im Jahr 1953 ausgiebig diskutiert: „Ich dachte schon lange daran. Aber wie sollten wir in der Anfangszeit der Fraternität darüber reden, Kleine Schwestern im Zirkus zu haben, wo wir doch noch so umstritten waren ..."[494]

Mgr de Provenchères steht den Überlegungen aufgeschlossen gegenüber: „Es gibt gegenwärtig keine andere Möglichkeit, im Zirkus eine Präsenz der Kirche zu ermöglichen. Mir scheint, daß das Euer Ort sei. Wesentlich wäre, daß die Direktoren Euch die Möglichkeit zusichern, ein Ordensleben zu führen."[495] Die Kleinen Schwestern sollen Arbeiten in der Küche und im Haushalt übernehmen. Nach einigen Monaten sollte noch einmal überprüft werden, inwieweit das Gemeinschaftsleben und insbesondere die eucharistische Anbetung unter den gegebenen Bedingungen möglich sind.[496]

All diesen Fraternitäten bei den Arbeitern, den Zigeunern, den Hirten, im Zirkus oder im Gefängnis ist gemeinsam, daß sie in irgendeiner Weise die Nähe zu Menschen suchen, die aus einem „normalen" Leben herausfallen. Man findet sie am Rande oder außerhalb der Kirche, der Gesellschaft, an der Grenze der Legalität, oft auch am Rande des Lebens, unterwegs auf den Straßen. Sie setzen ihr Leben aufs Spiel, müssen hart darum kämpfen und sind vom Gros der Gesellschaft mehr oder weniger akzeptiert oder gar verachtet.

### *Die Kleinen Schwestern als „Grenzgängerinnen"*

Das Bemühen, gerade die „Grenze" zu suchen, dort mitzuleben und sie durch liebevolle Solidarität menschlicher zu machen oder zu überwinden, ist bei Magdeleine sehr ausgeprägt.

Und so sucht und findet sie in jedem Land die Grenze, die in irgendeiner Weise das Land schmerzlich teilt oder von anderen Ländern trennt. Diese besondere Sensibilität für Grenzen läßt sich durch einige Beispiele aus den ersten fünfzehn Jahren verdeutlichen.

Da es nicht möglich ist, in Tibet einzureisen, will sie die Fraternität wenigstens an einem Platz einrichten, der der Grenze so nahe wie möglich ist: „Ich frage, welches der Platz ist, der Tibet am nächsten liegt. Es ist Pédong, in der Nähe der Grenze zu Sikkim, einem kleinen unabhängigen Staat, der Tibet von Indien trennt. Wir beschließen, morgen nach Pédong zu gehen."[497]

In Südafrika wird das Leben an der Grenze zwischen Schwarzen und Weißen zur besonderen Herausforderung: „Unsere Berufung, alle Barrieren niederreißen zu wollen, damit es zwischen allen Rassen zu einer Annäherung in Gleichheit kommt, wird hier zur lebendigen Herausforderung ..."[498]

In Finnland bekommt sie ernsthafte Schwierigkeiten mit russischen Polizisten, weil sie unbedingt bis an die russische Grenze fahren möchte, und in Alaska haben es ihr zwei Inseln angetan, von denen die eine zur Sowjetunion, die andere zu den Vereinigten Staaten gehört.

Auf der Halbinsel Macau ist es die Grenze zu China, die in ihr den Wunsch nach einer Gründung weckt.[499] In Pakistan lehnt sie zugunsten der Grenzen die zugänglicheren Gebiete ab. Im Gespräch mit einem Père Liberius macht sie deutlich, was sie möchte: „Er redet zu uns über den Süden, aber ich werde total vom Norden angezogen, wo so viele verschlossene Grenzen sind. Er schlägt uns vor, zu den friedliebenden Bevölkerungsgruppen zu gehen und nicht zu den Moslems, während ich die »Harten« bevorzuge, die wirklichen Nomaden des Islam, die »Pattan«, die frei herumziehen zwischen dem Iran, Afghanistan und Belutschistan."[500]

Zu den schmerzlichsten Realitäten gehörte für sie der „eiserne Vorhang". Durch ihre regelmäßigen Reisen hat sie den Menschen hinter den verschlossenen Grenzen über Jahrzehnte hin ihre Freundschaft gebracht. Sie hat gezeigt, daß sie sich mit solchen menschenfeindlichen Grenzen nicht arrangiert.

Magdeleine ist nur bereit, Hindernisse anzunehmen, wenn sie sicher ist, daß sie ihr von Gott gegeben sind. Menschlich geschaffene Grenzen, die die Begegnung zwischen Menschen verhindern, lassen ihr keine Ruhe. Sie ist sich bewußt, daß dieses Mitleben an der „Grenze" schwierig ist, weil es ein verborgenes Leben bleiben möchte und doch gezwungen ist, mit einer furchtlosen Kühnheit jedem Formalismus Widerstand zu leisten[501] – denn an solchen Grenzen sich anzusiedeln, stößt auf formale Hürden und sprengt Gewohntes.

### *„Universalität" und „Einheit"*

Die Herausforderung der „Einheit" ist wesentliches Moment dieses Lebens mitten in der Welt. Wo es täglich zur konkreten Begegnung und Berührung mit den unterschiedlichsten Menschen kommt, wird das Bemühen um geschwisterliche Liebe zum Versuch, in dieser Liebe eine Einheit erfahrbar zu machen, in der trennende Unterschiede bedeutungslos werden. „...das Wort, in dem sich unsere ganze Berufung zusammenfassen läßt, ist *Einheit*. Was diese Einheit angeht, können wir niemals übertreiben. Stellt Euch ganz offen und vollständig auf die Seite der Schwachen, der Kleinen, der Armen, der Unglücklichen, aber stellt euch niemals gegen irgend jemanden auf der Welt."[502] Daß es der Aspekt der Einheit ist, in dem sich der Auftrag der ganzen Fraternität verdichtet, wiederholt Kleine Schwester Magdeleine an verschiedenen Stellen.

Die universelle Liebe, die niemanden ausschließt, ist geleitet von der Vision, daß die Einteilung in soziale Klassen eines Tages überwunden ist. „Ich träume von einer totalen Einigkeit unter den sozialen Klassen. Es ist schmerzhaft, selbst die Ordensgemeinschaften sagen zu hören, es sei unmöglich, die Klassen miteinander zu vermischen, weil man zu sehr aneinander leide."[503]

Die Kleinen Schwestern verstehen sich zunächst als Bindeglied zwischen den verschiedenen Klassen. Sie wollen die bestehende Kluft nicht noch mehr vertiefen. „In den Fabriken und Werkstätten müssen wir Elemente der Einheit, der Annäherung der Klassen untereinander sein, wir müssen dazu beitragen, daß das Verständnis zwischen den Arbeitgebern und den Arbeitern wächst."[504]

Grundlegend für den Versuch, in Einheit zu leben, ist eine Haltung, die den andern durch die eigene Größe nicht erdrückt. „Aus welchem Milieu, welcher Kultur oder welcher Nation Ihr auch immer sein mögt, laßt unter Euch nie das Gefühl der Überlegenheit aufkommen. Diese ist nämlich der häufigste Grund für die Minderwertigkeitskomplexe und Leiden, die anderen das Herz schwermachen und es zerbrechen."[505]

Gerade im Kontext des Bemühens, als „universelle" Gemeinschaft zu leben, d.h. sich auf der ganzen Welt mit den unterschiedlichsten Gruppen einszumachen, wird das Leben in Einheit zur ständig neuen Herausforderung.

Die Verwirklichung der Einheit hat im wesentlichen zwei Blickrichtungen, eine nach außen und eine nach innen gerichtete.

Zum einen geht es darum, trotz deutlicher Parteinahme für bestimmte Gruppen, sich doch niemals *gegen* jemanden zu stellen. „Schenkt Eure Liebe bevorzugt den Ärmsten. Das ist Eure Aufgabe und Euer Recht, aber liebt trotzdem die Reichen. Liebt sie, denn wenn niemand sie mit der Liebe Jesu liebt, werden sie noch viel mehr Mühe haben, ins Himmelreich zu kommen ...“[506] Magdeleine wendet sich damit gegen jene weit verbreitete Einstellung, daß es nicht möglich sei, ein Wesen, ein Volk zu lieben, ohne zwangsläufig dadurch ein anderes zu verurteilen oder ihm gegenüber völlig gleichgültig zu sein. Sie erinnert ihre Kleinen Schwestern, daß vor dem kleinen Jesus in der Krippe auch Platz für die Reichen war. „Vergeßt nicht, daß es an der Krippe auch die königlichen Magier gegeben hat – die Großen und Mächtigen der Erde – , die gekommen sind, um ein ganz kleines Kind anzubeten.“[507] Und Jesus hat auch die Reichen, die ihm seine Reichtümer gebracht haben, liebevoll angeschaut.

Diese Art, die „Einheit“ zu leben, wird oft nicht verstanden. Manche erwarten mehr kämpferischen Einsatz und werfen den Kleinen Schwestern vor, die Arbeiterklasse zu verraten. Magdeleine wehrt sich dagegen: „Indem wir an einer Annäherung der Klassen arbeiten, verraten wir die Arbeiterklasse nicht. Man kann nur im Frieden und in der Liebe eine neue Welt aufbauen.[508]

Daß damit jedoch keine Neutralität gemeint ist, wird beim vierten Generalkapitel in aller Deutlichkeit gesagt. „Eine falsche Vorstellung von Einheit hat uns manchmal glauben lassen, daß wir nicht Partei ergreifen sollen. Es handelt sich aber nicht um eine unmögliche Neutralität. Es ist notwendig, uns sehr klar mit den Leidenden und mit den Opfern des Bösen zu engagieren, so wie Kleine Schwester Magdeleine es uns immer wieder gesagt hat.“[509]

Die andere Blickrichtung dieser Suche nach Einheit bezieht sich mehr auf das Leben innerhalb der Fraternitäten. „Die Einheit in der Liebe – es geht nicht darum, sie nur für die andern zu ersehnen, sondern vor allem darum, sie selbst zu üben. Zeugnis dafür zu geben ist wichtiger, als sie zu predigen.“[510]

Magdeleine weiß, daß dieser Anspruch, die Einheit zu leben, für die Kleinen Schwestern nicht einfach ist. Obwohl sie durchaus ein ernsthaftes Bemühen um die Einheit gespürt hat, sieht sie die Gefahr, daß die einzelnen Fraternitäten sich nur auf *ihre* eigenen Probleme, auf die Probleme *ihrer* Region zurückziehen.[511]

Die Auseinandersetzungen um „Einheit“ und „Universalität“ nehmen auch bei den Kapitelsversammlungen einen breiten Raum ein und werden umso wichtiger als die einzelnen Fraternitäten in den verschiedenen Ländern ihr eigenes Profil bekommen. „Die Fraternität wird dann universell sein, wenn sie in jeder Region und in jeder Gruppe einer Region ihr ganz eigenes Gesicht gefunden hat.“[512] Und angesichts der wachsenden Zahl Kleiner Schwestern aus verschiedensten Ländern wird beim fünften Generalkapitel betont: „Indem wir uns tiefer in der Realität der Länder engagieren, sind wir – den Situationen entsprechend – genötigt, dieselben Anforderungen auf verschiedene Weise auszudrücken. Die Einheit kann sich also selbst inmitten dieser Verschiedenheiten verwirklichen.“[513]

Um die Einheit wirklich leben zu können, ist es also wichtig, die Unterschiede ganz ernst zu nehmen. „Um in unserer Suche nach Einheit weiterzukommen, scheint es uns wichtig, den Unterschieden ins Gesicht zu schauen, sie beim Namen zu nennen, um dann gemeinsam diesen Weg weiterzugehen. Unsere Kultur, unsere familiäre Herkunft haben uns in der einen oder anderen Weise geprägt.“[514]

Ganz realistisch wird auf dem fünften Generalkapitel festgestellt, daß es stets eine Aufgabe bleibt, die Einheit herzustellen. Sie läßt sich nie in einer beruhigenden Weise »besitzen«, sondern ist eine dynamische Realität.

### *Hingabe und Verfügbarkeit*

„Das Leben ist dazu gemacht, es hinzugeben, ohne zu feilschen.“[515]

Mit dieser Haltung hat Magdeleine von Anfang an ihr Leben als Kleine Schwester verstanden. Zwei Monate nach der Ankunft in Algier schreibt sie an eine Freundin: „Bei unserem Leben bleibt keine Möglichkeit mehr, sparsam mit unseren Kräften umzugehen. Wenn Gott es will, werde ich durchhalten, denn ich bin so glücklich, mich endlich ganz hinzugeben, ohne jedes Hindernis ...“[516] Eine ähnliche Haltung erwartet Magdeleine von ihren Kleinen Schwestern. „...ich wünschte mir, daß sie es normal finden, ihre Kräfte und ihr Leben im Dienst für die andern zu verbrauchen, daß sie sich nicht vom kleinsten Unwohlsein aufhalten lassen und daß sie das Leiden aushalten wie der Arme, der sich keine Pause gönnen kann, um sich zu pflegen.“[517]

Gerade die Anfangsphase der Gründung verlangt die Bereitschaft, sich mit allem Kommenden ganz in die Hände des Herrn zu geben.

„Diese Verfügbarkeit, Euch in jede Ecke der Erde, in jede Art von

Fraternität schicken zu lassen, unabhängig von Euren Vorlieben und Sehnsüchten, wird Euer Herz und Eure Seele weit machen und sie vor der häufigen Gefahr bewahren, sich auf einen kleinen persönlichen Horizont zurückzuziehen."[518]

Magdeleine setzt also auf eine Art christlichen „Gründergeist". „Diese Gründungen sind mit unserem Leiden erkauft. Akzeptiert dies. Akzeptiert es, das zu opfern, was Euch persönlich anziehend erscheint. Selbst wenn Ihr von einer anderen Sache träumt, versucht nicht zu fliehen."[519]

Was die Bereitschaft, sich hinzugeben, betrifft, kennt Magdeleine keine Kompromisse. Sie weiß, daß diese Kompromißlosigkeit auch Gefahren einschließen kann. Als eine Kleine Schwester auf der Lepra-Station in Kamerun stirbt, gibt es viele Vorwürfe. „Gewiß ist mein Schmerz groß gewesen, denn ich liebe meine Kleinen Schwestern, wie eine Mutter ihre Kinder liebt, aber ich werde niemals zögern, sie auch an Orte zu schicken, an denen es gefährlich ist ..."[520] Für eine Kleine Schwester ist es nicht möglich, „abgesichert" zu leben. Sie kann für ihr eigenes Leben nie mehr wollen, als die Armen für sich selbst haben. Ihre Hingabe muß ohne Kompromisse sein.

Die Kehrseite dieser radikalen Hingabe ist jedoch ein ebenso radikales Ernstnehmen der Persönlichkeit jeder Kleinen Schwester. Auch wenn sie im Gesamten der Fraternität ihr Leben hingibt, wird sie doch in ihrer Individualität ernstgenommen und ermutigt. „Man wird von Dir nicht verlangen, mit niedergeschlagenen Augen herumzulaufen. Im Gegenteil, mach sie weit auf, um dem Elend in Deiner Umgebung ins Gesicht zu schauen, aber auch, um die Schönheit des Menschenlebens und der ganzen Schöpfung zu sehen."[521]

Magdeleine spürt, daß sie und ihre Schwestern an Idealen gemessen werden, die ihrer Vorstellung vom Ordensleben nicht entsprechen. Es ist das Ideal eines opferbereiten Lebens, in dem die einzelne Schwester mit ihrer Persönlichkeit, mit ihren besonderen Fähigkeiten ganz in den Hintergrund tritt. Fragwürdig ist dieses Ideal, wenn die angestrebten Tugenden wie Bescheidenheit und Demut zum Selbstzweck werden oder der eigenen Leistung zu entspringen scheinen. „Demut ist Wahrheit, und ein Talent ist vor allem ein Geschenk Gottes, das er Dir anvertraut hat, damit es Früchte trägt. Es ist nicht Dein Besitz. Wie könntest Du Dich dessen rühmen?"[522]

Übertriebenes Streben nach Vollkommenheit ist unmenschlich und entspricht nicht dem Evangelium. Gegen das überfordernde Ideal eines „würdigen" Ordenslebens wird das Menschsein, so wie es eben ist, gesehen und zugelassen. Dies muß als Ergänzung zu dem gesehen werden, was sie unter „Hingabe“ versteht. Unvollkommenheit, Mißerfolge, Konflikte und Spannungen dürfen vorkommen.[523] Der je individuelle Weg, die Persönlichkeit der einzelnen Schwester soll ganz ernstgenommen werden. Magdeleine möchte ihre Schwestern davor bewahren, diese ihre eigene Persönlichkeit zu zerstören: „...von Dir wird nicht verlangt, Deine Urteilsfähigkeit zu zerstören, Deine Persönlichkeit zu ersticken, Deine Talente zu verleugnen, unter dem Vorwand, Du müßtest demütig bleiben.“[524]

Deshalb bittet Magdeleine jede Kleine Schwester: „Hüte Dich davor, Deinen Willen aufzugeben und passiv zu werden, indem Du Dir vielleicht selber vormachst, Du gibst Dich so der Vorsehung Gottes anheim. Im Gegenteil, suche Deinen Willen kräftig zu entwickeln und Du wirst erfahren, welche Möglichkeiten in ihm stecken, wenn er, eins geworden mit dem Willen Gottes, mit der Allmacht Jesu rechnen darf: Jesus ist der Meister des Unmöglichen.“[525]

Die Sehnsucht, in den Hintergrund zu treten und sich hinzugeben, wird zur Täuschung, wenn sie daran hindert, die Größe der eigenen Seele und die Weite des Geistes zum Lobpreis Jesu Christi werden zu lassen.

Schließlich muß gesehen werden, daß jede Schwester ins Ordensleben bereits ein gutes Stück gelebtes Leben mitbringt, das sie in ihrer Persönlichkeit geformt hat. Dieses Stück Lebensgeschichte gilt es ernstzunehmen. „Wir alle haben eine mehr oder weniger harmonische Vergangenheit und Entwicklung hinter uns. Manchmal tragen wir seit unserer Kindheit Verwundungen in uns, die Blockierungen, Charakter- und Verhaltensschwierigkeiten nach sich ziehen.“[526] In einem Bild ausgedrückt: „Wir müssen lernen, »der Melodie jeder einzelnen« zuzuhören und uns darüber zu freuen.“[527]

Dieser kompromißlose Weg der Hingabe und Verfügbarkeit trägt also insofern sehr menschliche Züge, als er nur im Zusammenhang mit diesem radikalen Ernstnehmen jeder einzelnen Kleinen Schwester gesehen werden kann.

### *Ein „anstößiges Leben“ und die „geistliche Würde“*

„Du wirst Anstoß erregen, weil Du mit Menschen Tischgemeinschaft hältst, die von der Gesellschaft ausgeschlossen sind, weil Du »in der Masse untertauchst«, weil Du mit Frauen von zweifelhaftem Ruf verkehrst, weil Du Dich von kleinen Kindern in Beschlag nehmen läßt.“[528] Diese Art, *mit* den Menschen zu *sein*, wird von denen schwer verstanden, die aus der Perspektive des Überlegenen *für* die

Menschen etwas *tun* wollen. „...man muß, wie Christus, mit den »Sündern« sein. Sie finden unter den Christen in ihrer Nähe nicht genug Liebe ... oder allenfalls Mitleid, aber nicht in einer geschwisterlichen Weise ... Die Sünder sollten sich an unseren Tisch setzen können, ohne sich schämen zu müssen."[529]

Hineingepflanzt in eine Welt voller Widersprüche und Spannungen, erregen die Kleinen Schwestern immer wieder Anstoß – wegen ihres Umgangs und weil sie scheinbar die „Würde" des Ordenslebens mißachten. Vor allem in der Anfangsphase wird ihre Art, mit den Menschen das Leben zu teilen, zur Provokation, weil gängige Ordensvorstellungen durchbrochen werden. Als die ersten Schwestern mit den Zigeunern lebten, mußten sie sich einiges gefallen lassen: „In dieser Zeit zerbrach man sich in der Stadt den Kopf über uns. Unser rotes Kopftuch, unsere Kontakte handelten uns den Namen »Kommunisten-Schwestern« ein."[530]

Anstoß erregte es auch, gewisse Hierarchien innerhalb des Ordenslebens zu durchbrechen. So vor allem in den Missionsländern, in denen die fremden Missionare in der Regel größeres Ansehen genossen als die Einheimischen. „Wir werden sicher die erste weibliche Kongregation in Kamerun sein, die afrikanische und europäische Novizinnen in einem Noviziat beisammen hat."[531]

Wenn sie es ablehnen, Privilegien in Anspruch zu nehmen, die man ihnen als Ordensfrauen selbstverständlich anbietet, ja fast sogar aufdrängt, wird dies als nicht ordensgemäß empfunden. So z.B. im Niger, als sie auf der Suche nach Arbeit sind und vor bestimmten Arbeiten gewarnt werden, weil es eigentlich „Sklavenarbeit" ist. Oder wenn man ihnen ein besonderes Gehalt geben möchte: „Wir wollen kein Gehalt für Ordensleute, sondern ein Gehalt wie jeder andere auch, sei er Europäer oder Afrikaner ... „[532]

Daß von ihnen als Ordensfrauen ein bestimmtes Verhalten erwartet wird und daß ihnen selbstverständlich Privilegien zugestanden werden, wird damit begründet, daß dies der „geistlichen Würde" so gemäß wäre. „Laßt euch nichts über die geistliche Würde erzählen ..."[533] In diesem kleinen Satz verdichtet sich die ganze Abwehr Magdeleines einem Wort gegenüber, das sie immer wieder als lebendigen Vorwurf gegen ihre Art des Ordenslebens erfährt.

„Ich mußte meinen ganzen Willen zusammennehmen, um vor den Reaktionen der »Welt der Kirchen- und Ordensleute« gefaßt zu bleiben. Man wollte uns anders haben, als wir sind, und »würdiger« in unserem Verhalten und unserer Kleidung ..."[534]

Am Anfang war diese Art des Ordenslebens einfach zu neu und

ungewohnt, geradezu revolutionär. „In einer Zeit, in der man viel Aufhebens um das Ansehen der Ordensleute machte und in der man es natürlich fand, »Ehrwürdige Mutter« oder sogar »Sehr Ehrwürdige Mutter« genannt zu werden, wollten wir keine andere Bezeichnung als »Kleine Schwestern«, selbst für die Generalverantwortliche."[535]

Gerade in traditionell katholischen Gegenden wird das Argument, einen großen Respekt vor der „geistlichen Würde" zu haben, zum Alibi, sich mit dieser lebendigen Art des Christseins nicht auseinandersetzen zu müssen. In Philadelphia machen die Kleinen Schwestern in dieser Richtung sehr deutliche Erfahrungen: „Heute werden wir den Erzbischof von Philadelphia, Mgr O'Hara sehen. Er macht uns schwere Vorwürfe. Da die Bevölkerung katholisch ist, sei es unnötig, mitten unter ihr zu leben, um ein Zeugnis für Christus und die Kirche zu geben. Im übrigen würden die Katholiken nie akzeptieren, uns in der Fabrik arbeiten zu sehen. Sie würde die geistliche Würde viel zu sehr respektieren, um es ertragen zu können, daß Ordensfrauen in der Fabrik arbeiten."[536]

Magdeleine erscheint das Bemühen um „geistliche Würde" eher hinderlich bei der Suche nach echter Nachfolge. Das Ordensleben muß sich den gleichen Anforderungen stellen wie jedes christliche, letztlich wie jedes menschliche Leben, und es vervollkommnet sich in dem Maße, als es menschlich wird.[537] Besondere Tugenden des Ordenslebens kommen allenfalls noch hinzu, wenn sich jemand bereits um wichtige menschliche Tugenden bemüht hat. „Bevor ihr euch bemüht, Ordensfrauen zu sein, seid Christinnen. Bemüht euch in einem hohen Maß um die ganz einfachen menschlichen Tugenden der Gastfreundschaft und Nächstenliebe. Danach, aber erst dann, fügt die Tugenden des Ordenslebens hinzu."[538]

Was sich als „geistliche Würde" ausgibt, ist in der Gefahr, sich im Gewand der Härte zu präsentieren und die Menschen abzuschrekken. Gerade diesen Eindruck von Strenge und Abwehr möchte Magdeleine jedoch auf jeden Fall vermeiden. Es leuchtet ihr nicht ein, warum die Ordensfrauen mehr als andere Menschen sich darum bemühen sollen, ihr Herz zu verschließen. Sie möchte es dagegen lieber noch viel mehr öffnen.[539] Die Kleinen Schwestern bittet sie: „Gebt Euch in Eurem Äußeren nicht streng. Mit einem strengen Äußeren seid Ihr bei uns wirklich am falschen Platz. Jesus, auf den Straßen Galiläas, war mit seiner ganzen Person Lächeln, Sanftmut, Zärtlichkeit."[540]

Gerade die Person Jesu ist für Magdeleine der stärkste Einwand gegen das Bemühen um die sogenannte „geistliche Würde“. Denn welchen Sinn sollte es haben, diese Würde zu schützen, wo Jesus weder in Betlehem noch in Nazaret noch in Jerusalem auf dem Weg zum Kalvarienberg versucht hat, seine „göttliche Würde“ zu schützen?[541] So wie Er sich dem Leben ausgeliefert hat, will sie mit den Kleinen Schwestern mitten in der Welt sein und das Risiko des Lebens auf sich nehmen.

### *Der Reichtum der kleinen Leute*

Mitten in der Welt zu leben, bedeutet für die Kleinen Schwestern nicht nur, sich an die Welt, an die Menschen hinzugeben, sondern auch, sich beschenken zu lassen. Immer wieder entdecken sie, wie „reich“ das Leben mit den einfachen, kleinen Menschen ist, und daß sie durch diesen menschlichen Reichtum beschenkt werden.

Ohne sich ihres Reichtums bewußt zu sein, werden die einfachen Leute zu „Lehrern“ für die Kleinen Schwestern. So z. B. ein Freund bei den Zigeunern: „Unser erster Freund, Pascal Parzan, sagt uns so schöne Dinge über die Armut, über die Arbeit, daß wir dachten, daß sie es eigentlich sind, die uns etwas beizubringen haben.“[542]

Als Magdeleine im Zirkus den gefährlichen Einsatz einer Trapez-Künstlerin sieht, wird ihr bewußt, wie restlos diese Frau sich einbringt und wie halbherzig ihr eigenes Leben dagegen ist: „Wenn wir für den Herrn eine solche Energie, eine solche Selbstvergessenheit aufbringen würden, wenn wir wie sie aus Liebe zu unseren Brüdern das gleiche Risiko eines tragischen Todes auf uns nehmen würden, dann wären wir Heilige. Sie machen das, um die Leute zu zerstreuen. Und selbst wenn sie müde sind oder leidend, müssen sie sich jeden Abend zur Schau stellen und den Tod riskieren, während sie den Zuschauern zulächeln.“[543]

Magdeleine sieht immer mehr, mit welcher Selbstverständlichkeit viele einfache, unauffällige Menschen enormen Belastungen ausgesetzt sind und diese, ohne viel Aufhebens davon zu machen, ertragen. So ist sie während ihrer Arbeit in einer Fabrik tief davon betroffen, in welcher Atmosphäre der Härte junge Mädchen und Frauen schwere Männerarbeit leisten, ohne sich deshalb besonders „heroisch“ zu fühlen.[544] Es berührt sie, daß diese Leute sich über ihr Leiden nicht beklagen. Es hätte sowieso keiner Zeit, ihnen zuzuhören. Und es ärgert sie, daß beim kleinsten Zeichen von Ermüdung oder Unwohlsein einer Kleinen Schwester sich sofort alle Welt um sie sorgt. „Über die Gesundheit der jungen Arbeiterinnen in den Fabriken spricht man nicht so viel wie über die Gesundheit der Kleinen Schwestern.“[545]

Kleine Schwester Magdeleine will nicht, daß bei den Kleinen Schwestern Dinge bewundert werden, die man bei den einfachen Leuten gar nicht beachtet oder für selbstverständlich hält. Oft muß sie geradezu darum kämpfen, im Zug in der einfachsten Klasse mitfahren zu dürfen, weil Ordensleute normalerweise in besseren Abteilen reisen. Über eine in der vierten Klasse zugebrachte Nacht in Ägypten schreibt sie: „Es ist nichts Besonderes, in der vierten Klasse zu reisen, und doch gibt es Leute, die uns deshalb bewundern ... Warum bewundern sie nicht die arme Frau, unsere Nachbarin, die mit ihren beiden kleinen Kindern auf dem Fußboden schlafen muß?“[546]

Besonders empört ist sie über einen Besuch von Priestern und Ordensleuten, die angesichts der miserablen Zustände des Elendsviertels, in dem die Kleinen Schwestern wohnen, voll des Lobes über ihre „Verdienste“ sind. Die Freunde und Nachbarn, die gerade da sind, werden gar nicht beachtet: „Ich bin entrüstet darüber, daß man uns bedauert, daß man uns respektiert und liebt und daß sie von all dem nichts haben. Man beachtet sie nicht einmal, und man gewöhnt sich daran, vorbeizugehen am Elend dieser Männer, dieser Frauen, dieser Kinder, die sterben, weil sie nie genug zu essen bekommen und nachts ohne Decke vor Kälte zittern. Man soll mit ihnen Mitleid haben, nicht mit uns ...“[547]

Daß sie auf einer Stufe mit diesen Kleinen stehen und jedes Privileg für sich ablehnen, will Magdeleine ausdrücken, wenn sie sich als „Kleine Schwester von-gar-nichts“ bezeichnet. „Wir haben uns 1944 in Rom dem Heiligen Vater Pius XII. als »Kleine Schwestern von-gar-nichts« vorgestellt, denen niemand weiter Beachtung schenkt. Wir haben unsere Fraternität als eine Ordensgemeinschaft von Arbeiterinnen vorgestellt, die in sozialer Hinsicht zur Schicht der Arbeiter gehört, zu den »kleinen Leuten«.“[548] Dieser Name ist von Anfang an Programm für die Kleinen Schwestern.

Der Wunsch, selber „klein“ zu sein, mit den „kleinen Menschen“ solidarisch zu sein, wird immer wieder auf Jesus zurückgeführt. „Wir sind für diese Kleinen gemacht, die gefühlsmäßig besser als wir das Geheimnis von Weihnachten begreifen, die begreifen, warum ich Euch gebeten habe, ihnen den kleinen Jesus der Krippe zu bringen, diesen kleinen Jesus, der gleichzeitig Anfang und Ende Eures Weges der Hingabe in der Liebe ist, der gleichzeitig so klein und so groß ist!“[549]

## *Ordensgründung als Antwort auf Fragen unserer Zeit*

Jede Ordensgemeinschaft bekommt ihr Gesicht von jener Zeit, in der sie entstanden ist. Sie ist geprägt durch die Mentalität ihrer Zeit, durch den Charakter ihres Landes. Wenn sie sich eine Lebendigkeit bewahrt hat, wird sie versuchen, ihr Charisma immer neu zu buchstabieren und auf die veränderte Zeit hin zu leben. Vermutlich wird dieses Bemühen jedoch immer geprägt sein durch die Spannung „Bewahrung des Ursprungs“ und „Aktualisierung der Botschaft für die Gegenwart“.

Die Kleinen Schwestern leben in jener Phase des Anfangs, in der die Gründungsidee noch lebendig und aktuell ist, in der es noch gestattet ist, in der Verrücktheit und Unberechenbarkeit der Jugend zu leben. 1955, zum 16. Geburtstag der Fraternität, schreibt Magdeleine an die Kleinen Schwestern: „Wir sind noch im Alter von Jugendlichen, die nicht viel Erfahrung haben. Aber wir sind auch im Alter jener herrlichen Begeisterung, in der man sich einfach hingibt, ohne ängstlich nach Sicherheiten zu fragen. Man muß sich dieses Alter sorgfältig bewahren, um das Recht zu haben, nicht zu vernünftig sein zu müssen. Die Vernunft wird später schon schnell genug kommen.“[550]

Aus der Fülle dieser „Jugendlichkeit“ wollen die Kleinen Schwestern mit ihrem Leben eine Antwort auf die Zeit sein, in der sie enstanden sind. „Wir sind ganz wesentlich ein Teil unseres Jahrhunderts, wir waren ihm sogar etwas voraus. Wir profitieren von seinen neuen Einsichten, aber wir setzen uns auch ganz der Gefahr seiner Irrtümer aus. Indem wir den Abgrund auf der einen Seite vermieden haben, sind wir fast in den anderen gefallen.“[551]

Es geht darum, in der Begegnung mit der Welt zu einer Gemeinschaft von „heute“ zu werden. Hier fragt sie auch andere Ordensgemeinschaften kritisch an, denn viele Ordensgemeinschaften haben sich seit ihrer Gründung auf keine Veränderung mehr eingelassen. „Als die Kongregationen gegründet wurden, antworteten sie auf die Bedürfnisse einer bestimmten Zeit. Sie hatten die Geisteshaltung dieser Zeit und trugen das Gewand des jeweiligen Landes. Sie paßten sich dem Rahmen ihrer Region und ihres Jahrhunderts an. Und seit 50, 100, 200 Jahren haben sie sich nicht mehr verändert. Ihre Form ist die gleiche geblieben, ihre Methoden dieselben.“[552]

Die Bischöfe Mgr Provenchères und Mgr Mercier beschreiben in einem Brief an die Kleinen Schwestern und die Kleinen Brüder ihre Einschätzung der beiden Kongregationen. Sie beobachten, wie sich hier der tiefe innere Ruf vieler einzelner und die Bedürfnisse der gegenwärtigen Welt auf erstaunliche Weise begegnen: „…in einem Leben des Gebets und der Einheit mit Christus, in einer Rückbesinnung auf das gelebte Evangelium, im Geist der Armut, in der Einheit, die innerhalb von Familien, Klassen, Rassen und Nationen durch brüderliche Liebe wächst.“[553]

In diesem Bemühen, der heutigen Welt mit ihren Fragen zu begegnen, sind die Kleinen Schwestern wach geblieben. Besonders das letzte Generalkapitel beschreibt den Versuch, neue Kontexte wahrzunehmen, sich zu informieren und nach Wegen zu suchen, die ihrer Zeit entsprechen.

# VIERTER TEIL

# Pastoraltheologischer Ausblick

# Pastoraltheologischer Ausblick

Was in der Ordensgeschichte der Kleinen Schwestern beschrieben wurde, ist Praxis der Kirche, gelebte Praxis von Menschen, die sich im Namen Christi „vernetzen“[1] und damit Kirche bilden. Das einleitend formulierte Interesse einer Weiterentwicklung der Praxis der Kirche soll nun mit dieser gelebten Praxis in einen Dialog gebracht werden. Die Impulse für eine Weiterentwicklung werden somit nicht von außen an die Kirche herangetragen, sondern gehen von einer Gemeinschaft aus, die selbst ihren Platz mitten in der Kirche und in Treue zur Kirche sieht.

Die Kleinen Schwestern leben gleichzeitig inmitten der Kirche, im Einvernehmen mit kirchlichen Amtsträgern und doch auch als „Basisgruppe“ an ihren Rändern, wo sie den Alltag der kleinen Leute teilen. Sie leben als internationale Gemeinschaft, die den Rahmen einer Ortsgemeinde übersteigt, mit einem wachen Bewußtsein für die Weltkirche, und sind doch immer bemüht, ihren Platz ganz in der jeweiligen Ortskirche zu finden und sich von ihr prägen zu lassen. Was bei den Basisgemeinden und Erneuerungsbewegungen oft in der Gefahr ist, als „Amtskirche“ und „Basiskirche“ auseinanderzudriften, versuchen die Kleinen Schwestern in ihrer Gemeinschaft zusammenzubringen. Ihr Bemühen, in einer großen Weite und Offenheit, am Rande und gleichzeitig ganz konkret, verbindlich und im Zentrum zu leben, ist im Einzelfall immer wieder spannungsgeladen. Als Bemühen und als Anspruch bleibt es jedoch bestehen und ist vielleicht der wirkungsvollste Weg, die Kirche gleichzeitig „von unten“ und „von oben“ zu prägen und damit diese umstrittenen Einteilungen zu sprengen.

Gestellt ist nun die Frage, ob sich aus der Praxis der Kleinen Schwestern Kriterien ableiten lassen für das Suchen einer Kirche, das von der eingangs beschriebenen „Faszinationsformel“ motiviert ist. Es geht darum, die drei großen Linien dieser Arbeit in ein Wechselspiel zu bringen, also die Spannung von Mystik und Politik, das Leben der Kleinen Schwestern und die Weiterentwicklung einer

Praxis der Kirche insgesamt. Methodisch geschieht dies, indem sowohl die Ordensgeschichte als auch das Leitmotiv der Kleinen Schwestern auf das von Paul M. Zulehner entfaltete Modell einer „Kultur der Mystik“ und einer „politischen Kultur“ hin befragt werden.[2] Dieser Schritt, der einerseits eine Konkretisierung des Modells ist, andererseits die Praxis der Kleinen Schwestern noch einmal unter einem bestimmten Blickwinkel anschaut, geschieht mit dem Interesse, Thesen für eine Weiterentwicklung der Praxis der Kirche zu formulieren. Jede These wird noch einmal durch ein Zitat von Kleiner Schwester Magdeleine erschlossen.[3] Sofern es möglich ist, wird jeweils nach einer biblischen Verankerung der einzelnen Thesen gefragt. Es soll jedoch bewußt bei Impulsen bleiben, die offen sind und kein neues „Gemeindemodell“ konstruieren. Entsprechende Modelle zeigen, daß sie leicht die Tendenz in sich tragen, elitär und abgeschlossen zu werden. Dies würde jedoch der Praxis der Kleinen Schwestern widersprechen. Die einzelnen Thesen und ihre Entfaltung verstehen sich deshalb als Diskussionsgrundlage, die in einer gewissen Offenheit einzelne und Gruppen zur Auseinandersetzung einladen wollen.

Die Thesen werden so formuliert, daß sie für verschiedene Formen von „religiöser Vernetzung“ unter Christen Gültigkeit beanspruchen, auch wenn Gemeinden heute in sehr unterschiedlicher Weise noch mit sterbenden Strukturen zu kämpfen haben oder bereits neue Wege gehen. Manche dieser Impulse, die aus dem Leben der Kleinen Schwestern hervorgehen, können schon lange Bestandteil eines Gemeindekonzepts sein[4], während sie für andere Gemeinden zur Überforderung werden, wenn sie in absoluter Weise gesetzt werden. Je nach Situation können sie so kritisches Korrektiv oder ermutigende Bekräftigung sein.

Im Blick auf die hauptamtliche Seelsorge[5], wie sie heute praktiziert wird, wird es bei einigen Andeutungen und Impulsen bleiben. Die Suche nach einer Weiterentwicklung der Praxis der Kirche muß auf dem Hintergrund einer Gesellschaft gesehen werden, in der Glaube und Christsein vielfach nicht mehr plausibel sind. Deshalb geht es zunächst um Perspektiven eines Christseins, das für *alle* gilt, die ihren Weg der Nachfolge suchen. „Nur wenn wieder klar wird, was der elementare Dienst ist, zu dem jeder Christ in der Nachfolge Jesu berufen ist, kann deutlich gemacht werden, was Seelsorge als »Dienst an den Diensten« sein könnte …“[6]

Wenn Kleine Schwester Magdeleine immer wieder betont, es ginge nicht primär darum, als Ordensfrau, sondern als Christ, als

Mensch zu leben, so drückt Rolf Zerfaß für den seelsorglichen Dienst ein vergleichbares Anliegen aus: „Seelsorgliches Handeln kann in seinem Kern nicht über das hinauskommen, was christliches Handeln ist, weil im christlichen Umgang miteinander schon das ganze Mysterium der befreienden Gegenwart Gottes aufleuchtet.“[7]

## I. Thesen zu einer „Kultur der Mystik“

### *1. Entgegenkommen Gottes*

Zur „Kultur der Mystik“ gehört es zunächst, sich dem Ankommen Gottes nicht zu verschließen, sich von ihm rufen und finden zu lassen. Aus einer unermeßlichen Zärtlichkeit und Sehnsucht streckt Gott sich nach dem Menschen aus. Er kommt uns entgegen und sucht die Beziehung. In seinem Bemühen, zwischen ihm und uns eine Beziehung zu stiften, gibt es eine phantasievolle Fülle an Möglichkeiten. In seiner Suche nach dem Dialog gibt es verläßliche und wiederkehrende Hinweise auf sein Entgegenkommen. Sie finden sich in der Bibel, jedoch auch in der Biographie jedes Menschen. Magdeleine nimmt wachsam in ihrem eigenen Leben wahr, daß Gott nach ihr sucht. Sie läßt sich aber auch durch eine reiche Geschichte an Glaubenserfahrungen anderer berühren. Im Leben von Charles de Foucauld hat sie das Ankommen Gottes auf eine ihr sehr vertraute Weise entdeckt.

*Betlehem und Nazaret: Gott kommt an im Leben der Menschen*

*„Die Kleinen Schwestern betrachten Jesus vor allem im Geheimnis seiner Demut von Betlehem und in Nazaret.*

*Betlehem – wo Gott sich in der Ohnmacht und Zerbrechlichkeit eines ganz kleinen Kindes offenbart – prägt die ganze Fraternität mit dem Zeichen der Armut, der Schwäche, der Hingabe und gibt ihr diese Einfachheit, diese Sanftmut und diese Freude, die Kennzeichen sind für den Geist der Kindschaft.*

*Nazaret – wo der Sohn Gottes sich inkarnieren wollte, um die von der Sünde verletzte Menschheitsfamilie wiederherzustellen, und wo er arm mit den Armen gelebt hat ...*“[8]

Für Magdeleine stehen Betlehem und Nazaret in ganz besonderer Weise für die Menschwerdung Gottes. Sich ihnen zu nähern und Jesus dort in seiner Menschlichkeit zu begegnen ist der Versuch, sich dem Geheimnis Gottes anzunähern.

Die Kleinen Schwestern versuchen, dem menschgewordenen Gott auf dem Weg seines Menschenlebens nachzufolgen und zu begegnen. Dabei spielen konkrete Stationen, Orte eine zentrale Rolle. Denn Gott ist ganz konkret erfahrbar und Mensch geworden als kleines Kind im Stall von Betlehem, in der Verborgenheit und Unscheinbarkeit der Werkstatt von Nazaret, als Gesandter seines Vaters auf den Straßen seines Landes, als Erlöser auf Golgotha, im Geheimnis seines Kreuzes. Priorität haben jedoch die beiden Stationen *Betlehem* und *Nazaret.* Gelegentlich ist dieser besondere Blick auf Betlehem und Nazaret mißverstanden worden, weil die Dimension von Tod und Auferstehung dabei zu kurz zu kommen scheint. Betlehem und Nazaret sollen jedoch nicht den Blick auf andere Phasen des Lebens Jesu verstellen, sondern bekommen ihre Bedeutung ja gerade im Blick auf das ganze Leben, und aus der nachösterlichen Sicht. Sie sind also nur der menschliche Versuch, einen Zugang zum ganzen Geheimnis Gottes zu finden. „Im »Grünen Heft« ist es klar ausgedrückt, daß Nazaret eine Tür ist, eine Eingangstür zum ganzen Geheimnis Christi, und nicht eine besondere und nur ausschnitthafte Sicht des Lebens Jesu. Wir leben immer die Gesamtheit der christlichen Erfahrung, aber mit verschiedenen Akzenten. Es sind entweder Akzente, die gefühlsmäßig eine Tür zum Ganzen sind, oder Akzente, die sich durch eine Situation oder einen historischen Augenblick aufdrängen.“[9]

Die Frage nach der Weitergabe des Glaubens stellt sich der Kirche heute mit einem oft ängstlichen Blick auf das „Ganze“ des christlichen Glaubens. Das Bemühen, in Katechismen, Glaubensseminaren und Vorträgen dieses Ganze weiterzugeben, scheint die gegenwärtige Not jedoch nicht aufzufangen. Gefragt ist der Mut, sich einzugestehen, daß wir als Menschen immer einen konkreten Zugang brauchen, um das Geheimnis des Glaubens zu begreifen. Gott kommt immer ganz konkret an, und wir Menschen können ihn mit unserer Begrenztheit immer nur begrenzt erfahren. Auch unsere Begegnung mit Jesus in den Texten des Evangeliums ist immer konkret und damit begrenzt. Wir begegnen ihm in einer bestimmten Situation, mit bestimmten Menschen. Es bräuchte den Mut, sich dieser konkreten Begegnung in aller Begrenztheit auszusetzen und so das Angekommensein Gottes zu entdecken.

### *Gott kommt mit seinem „Willen" in der Biographie jedes Menschen an*

*„Ich bin sofort energisch an die Ausbreitung der Fraternität in der ganzen Welt gegangen, da ich um so mehr damit dem Willen Gottes zu gehorchen glaubte, als dies meinem eigenen Willen nicht entsprach."*[10]

Im Gebet, im gemeinsamen Suchen mit ihren geistlichen Begleitern versucht Kleine Schwester Magdeleine, offen zu sein für einen Plan, den sie als Gottes Plan erkennt. Dieser Plan ist Ausdruck dafür, daß Gott in ihrem Leben angekommen ist, daß er mit ihr etwas vorhat.

Ihr ursprünglicher Wunsch war es nicht, eine Ordensgemeinschaft zu gründen. Auch wollte sie zunächst nicht, daß die Gemeinschaft universell wird. Doch wenn sie einmal etwas als den Willen Gottes erkannt hat, zögert sie keinen Moment, ihm mit der größten Konsequenz Raum zu verschaffen. Kleine Schwester Jeanne beschreibt dies als einen besonderen Zug an Magdeleine, wirklich bis zum Äußersten den Willen Gottes zu erfüllen und keine Sekunde zu zögern, um ans Werk zu gehen.[11]

Die Frage nach dem Willen Gottes ist nicht unproblematisch. Menschen können den Hinweis auf den „Willen Gottes" auch als einen subtilen Versuch erfahren, Macht über sie auszuüben, ihren eigenen Willen zu zerstören. Die jeweilige Biographie wird dabei oft außer acht gelassen, während doch gerade sie die kostbarsten Hinweise auf den „Willen Gottes" enthält. Ohne dies zu reflektieren, hat Kleine Schwester Magdeleine zielsicher den Neigungen und Erfahrungen in ihrer eigenen Biographie getraut und sie auf Gottes Absicht mit ihr befragt. In dem, was Gott von ihr wollte, gab es einen roten Faden – auch wenn ihr eigener Wille im Einzelfall dem entgegenstand. Ihre Neigungen und Abneigungen wurden zum Hinweis auf den Willen Gottes.

Josef Fischer beobachtet heute einen weit verbreiteten „individual-geschichtlichen Atheismus", der den Menschen vergessen läßt, daß Gott mit ihm zu tun hat und ihm wohl will.[12] Darin manifestiert sich nicht zuletzt ein großes Versäumnis der Kirche.

„Danach zu fragen, was dieser Gott mit uns, mit mir vorhat, was er mit mir will, was er für mich und von mir will, das ist und war immer Aufgabe des Menschen und der Kirche als ganzer, insofern sie der Ort ist, an dem sich Gottes Wollen dem fragenden Menschen erschließt."[13]

*Gott kommt an in der Geschichte einer Gemeinschaft*

*„In der Tat, die vom Herrn erbetenen zwanzig Jahre als Zeichen für die Opportunität unserer Gründung sind abgelaufen. »Daß es zwanzig Jahre keine Schwierigkeiten mit denen geben würde, die für uns die Kirche repräsentieren», darum bat ich Ihn im September 1939.“*[14]

Nicht nur die eigenc Lebensgeschichte war für Magdeleine der Ort, um das Ankommen Gottes wahrzunehmen. In der Geschichte der Fraternität, mit der ihre eigene ganz verschmilzt, wird ebenso nach diesen Spuren gesucht.

Die Gründung der Fraternität war für Kleine Schwester Magdeleine ein Abenteuer mit Gott. Sie brauchte immer wieder „Zeichen“, die ihr bestätigten, daß es nicht ihr individuelles Abenteuer war und daß Gott mit ihr war. Um diese Zeichen zu entdecken und zu entschlüsseln, brauchte sie Menschen, die selber ganz in Gott verwurzelt lebten. Und da ihr die Zustimmung der Kirche am Herzen lag, brauchte es Vertreter der Kirche, die ihr bei dieser Unterscheidung halfen. Eine ganz wichtige Rolle spielte hier Mgr de Provenchères, dem die Kleinen Schwestern unterstanden, solange sie noch diözesanen Rechtes waren. In einem Rückblick auf die apostolische Visitation stellt er fest: „Ich glaubte, in mehreren Ereignissen Zeichen Gottes zu erkennen als Antwort auf das Gebet der Kleinen Schwester Magdeleine während der Periode der ersten Ausbreitung und auch während der Periode der universellen Ausbreitung …“[15]

Als Magdeleine „endgültig“ in den Osten reisen wollte und nur wegen eines Zwischenfalls noch einmal nach Rom zurückkam, nahm Mgr de Provenchères dies als Zeichen für einen anderen Weg. Ihre unfreiwillige Rückkehr war für ihn ein Zeichen, daß Kleine Schwester Magdeleine nicht für immer hinter dem „eisernen Vorhang“ bleiben sollte. Solche Ereignisse, oft widrige oder scheinbar unbedeutende Umstände, wurden auf ihre Bedeutung für die Geschichte der Fraternität befragt und gaben die Richtung des weiteren Weges an.

Wie es immer wieder galt, an ganz offensichtlichen oder auch an verschlüsselten Zeichen Gottes Geschichte mit der Fraternität zu erkennen, so gehört dies auch zu den zentralen Aufgaben jeder Gemeinde. Zu suchen wären jene Räume, in denen es möglich wird, die gemeinsame Geschichte immer wieder auf die Geschichte Gottes hin zu öffnen und Pläne und Konzepte zur Disposition zu stellen.

*Der Mensch erkennt Gottes Ankommen als „Berufung“*

*„Für den Chorherrn Pineau und für Abbé Chancerelle, der mich seit acht Jahren begleitet, ist kein Zögern mehr möglich. Ich habe nicht das Recht, diese Berufung aufzugeben wegen des Wunsches meiner Mutter, in Frankreich zu bleiben. Was meine Gesundheit betrifft, gibt es auch keinen Zweifel mehr ... Es gab nichts mehr zu diskutieren und zu überzeugen. Für sie hatte alles eine solche Evidenz, daß ich mich fragte, warum ich eigentlich noch zögerte.“*[16]

Magdeleine hatte bereits als Kind eine Sehnsucht nach jenem Leben, das sie dann in der Fraternität leben konnte. Bis zu ihrem 38. Lebensjahr sprach wenig dafür, daß sich das Leben, zu dem sie sich berufen fühlte, realisieren ließe. Die Umstände waren eigentlich gegen sie. Ihre familiäre Situation nach dem ersten Weltkrieg und ihr Gesundheitszustand ließen wenig Raum, auf Erfüllung zu hoffen. Hätte sie ihren Wunsch nicht als „Berufung“ deuten können, hätte er sich angesichts der Umstände relativieren müssen. In Magdeleine blieb dieser „Ruf“ jedoch immer wach. Sie vertraute Gott, der bleibend in ihr Leben getreten war.

In jedem Menschen gibt es eine Berufung, die sich mehr oder weniger eindeutig und hartnäckig zeigt. Wichtig ist es, „der eigenen Berufung auf der Spur“ zu bleiben.[17] Für Gemeinschaften und Gemeinden gilt es, eine „Mystagogie der Berufung“ zu entwickeln. „Theologisch wird vorausgesetzt: Jede Lebensgeschichte ist Heils- und Unheilsgeschichte, und zwar von Anfang an; dies macht das Leben jedes Menschen zum Geheimnis (mysterion). Die eigene Berufung aufspüren, ihr auf die Spur kommen, heißt also eintreten/hingeführt werden (agein) vor jenes Geheimnis, welches mein Leben immer schon ist: nämlich Gottes Liebesgeschichte mit uns und die Geschichte unserer freien Antwort darauf.“[18]

In der Vielfalt der Aktivitäten einer Gemeinde ist oft wenig Raum, auf das zu hören, wozu Gott einzelne ruft. Vorgegebene Notwendigkeiten füllen das Gemeindeleben aus und helfen eher dazu, den Ruf zu übertönen, als ihn wachsam zu vernehmen. Daran zu glauben, daß der Ruf an jeden Menschen ergeht, könnte helfen, Gemeindeaktivitäten kritisch zu hinterfragen. Im Entdecken der verschiedenen „Berufungsgeschichten“ können Gemeinden eine neue Lebendigkeit entdecken.

*Im „Träumen“ kommen wir Gottes Ankunft auf die Spur*

*„Ich wurde größer, … und indem ich größer wurde, wuchs auch mein Traum und Afrika! …“*[19]

Magdeleine war schon als Kind von einer Wirklichkeit berührt, die in ihr Leben getreten war und dieses bei weitem überstieg. Diese Berührung ließ einen Traum wachsen, der ihrem Leben die Richtung gab. Erstaunlich ist, mit welcher Hartnäckigkeit sie diesem Traum seit ihrer Kindheit Raum gegeben hat. Erstaunlich ist das Festhalten an ihrem Traum, obwohl die Wirklichkeit sich ihm immer mehr in die Quere stellte und obwohl er eigentlich unbequem, schmerzhaft war: „ …der Herr nagelt mich auf ein Bett, wo er mich zehn Jahre lang leiden läßt, weil auf meinem Bett und meiner Liege mein Traum ständig weiter wuchs … er wuchs ins Unermeßliche …“[20] An diesem ihrem „Gottestraum“ gegen alle Skeptiker festzuhalten, war nicht leicht. „Alle lachten, wenn ich von meinem Traum erzählte, in dem sich ohne jede innere Logik die Wüste, die Nomaden, die Zigeuner, die Leprakranken vermischten …“[21]

Daß ihr Traum keine realitätsfremde Träumerei war, keine schöne Seifenblase, die an der harten Wirklichkeit zerplatzen mußte, zeigte sich bei ihrer Ankunft in Algerien. Der Traum war nur der Schlüssel zu einem Leben, das nicht hinter dem Traum zurückbleiben mußte. Vielmehr war die Erfahrung der Wirklichkeit für sie noch größer als der Traum.[22]

An Magdeleines Leben wirkt manches romantisch und realitätsfern. Als sie für ihre Arbeit in Boghari einen kleinen Lieferwagen von Freunden geschenkt bekommt, schreibt sie in einem Brief: „Das Benzin wird vom Himmel fallen wie auch alles andere, was wir brauchen, und wir werden gute Arbeit mit diesem Lieferwagen machen können! …“[23]

Diese Romantik und Leichtigkeit hat gewiß etwas mit dem Temperament Magdeleines zu tun. Immer wieder spürt man jedoch, daß all diese Haltungen nur in ihrem Vertrauen in den „Meister des Unmöglichen“ gründen und nicht in der eigenen Stärke. Ihr Temperament war der Raum, in dem Gott mit seinen „Träumen“ ankommen konnte. Um zu realisieren, was Gott vorhat, braucht er Menschen, die sich von ihm anrühren lassen – auch in ihren Träumen und in ihrer Phantasie.

Sich im Traum anrühren zu lassen, hat in der Bibel große Vorbilder. Salomo, dem der Herr nachts im Traum erscheint, um ihm eine

Bitte zu gewähren, die Träume Jakobs von der Himmelsleiter, der Kampf am Jabbok und die Träume um die Geburt Christi sind voller Botschaften Gottes. Träume liegen außerhalb der Machbarkeit und Verfügbarkeit, sie kommen „über mich“ und gleichzeitig „aus mir“[24] und suchen nach Deutung. Oft erschließen sie sich erst nach einer gewissen Zeit oder indem sie hartnäckig wiederkommen - oder im Weitererzählen. Für Josef Fischer sind sie eine Methode, um „Gottes Ruf auf der Spur zu sein“.[25] Ausgehend vom Traum des Salomo schlägt er fünf Schritte vor, um für sich selber und mit anderen Suchenden die Gegenwart Gottes im eigenen Leben aufzuspüren.[26]

*Gottes Geist kommt an in unserer „Begeisterung“*

*„Wir sind in jenem jugendlichen Alter, in dem man noch nicht viel Erfahrung hat, in dem man aber auch eine herrliche Begeisterung in sich trägt und sich einfach hingibt, ohne ängstlich nach Sicherheiten zu fragen.“*[27]

Magdeleine hat sich auch im hohen Alter diese Lebendigkeit bewahrt. Körperlich ganz zerbrechlich und ohne jede Kraft, war ihr lebendiger und wacher Geist bis zum Tod ein Zeugnis dieser Begeisterung, der sie sich ihr ganzes Leben geöffnet hatte.

Jeder einzelne Mensch, jedes Pfarrteam, jede Kirchengemeinde kennt Phasen der Begeisterung. Würden solche Phasen nicht mit einem ängstlichen Blick auf Kommendes bereits im Keim erstickt, wäre es einfacher, auch mühsamere Phasen miteinander zu leben, in denen Lebensperspektiven sich verengen und die Kraft der Begeisterung nachgelassen hat. Miteinander ließe sich auch in diesen Phasen die Gegenwart Gottes entdecken und noch im „reifen Alter“ eine angemessene Form der Großzügigkeit leben. Wie sollte es sonst möglich sein, dieser Begeisterung im Alter zu trauen, wenn sie in ihrer ersten Phase nicht gelebt wurde? Für Kleine Schwester Magdeleine ist diese bleibende Begeisterung ein wichtiges Anliegen. „Alle religiösen Gemeinschaften müssen sich davor hüten, daß sie im reifen Alter die Begeisterung und Großzügigkeit der Kindheit und Jugend verlieren und zu sehr abwägen, bevor sie handeln.“[28]

Dieser lebendige Geist hat sie auch in der größten Zerbrechlichkeit nicht verlassen. Er war Ausdruck dieses „jugendlichen Alters“, das sich nicht mit Jahren messen läßt, sondern Ausdruck einer liebevollen Hingabe an den lebendigen Gott ist.

### *In Krankheit und Schwäche begegnet der Mensch dem Ankommen Gottes*

*„Wie ihr kenne ich die langen Phasen der Angst, in denen man an allem zweifelt. Mehr noch, Phasen, in denen das Herz und die Seele noch viel mehr weh tun als der schmerzende Körper, weil man nicht begriffen hat, daß die Krankheit und das Leiden – weit davon entfernt, unfruchtbar zu sein – manchmal die fruchtbarste Weise des Dienstes sind, und daß man zu viel davon geträumt hat, sein Leben für eine große und schöne Sache hinzugeben.“*[29]

Wer sich auf Gott einläßt, ihm blind folgt, wird in jene Wüste geführt, in der die radikale Entscheidung in eine fruchtbare Krise gerät. In Magdeleines Lebensgeschichte gab es diese „Wüstenerfahrung“, die Zeit, in der sie ihre eigene Schwäche und Ohnmacht erfahren hat. Nicht die Erfahrung unerschütterlicher Lebenskraft, sondern die Zerbrechlichkeit eines kranken Lebens war der Boden, auf dem die Gemeinschaft der Kleinen Schwestern wachsen konnte. In vielen Jahren konnte in Magdeleine die Gewißheit wachsen, daß ihre Unfähigkeit nicht das Hindernis ist, um zu Gott zu kommen, sondern daß sie geradezu der Ort ist, an dem er ihr ganz nahe ist. Sie teilt hierin ganz die Erfahrung von Paulus: „Viel lieber also will ich mich meiner Schwachheit rühmen, damit die Kraft Christi auf mich herabkommt. Deswegen bejahe ich meine Ohnmacht, alle Mißhandlungen und Nöte, Verfolgungen und Ängste, die ich für Christus ertrage; denn wenn ich schwach bin, dann bin ich stark.“ (2 Kor 12,9–10)

Die Erfahrung Magdeleines, daß die eigene Bedürftigkeit zum Werkzeug Gottes wird, hat die Spiritualität der Kleinen Schwestern insgesamt geprägt. Im alltäglichen Leben werden mühsame Lebensumstände, Schmerz und Verzweiflung zum Ort, Gott aufzuspüren.

Wer vor Gott krank und bedürftig sein darf und sich beschenken lassen kann, kann es auch vor den Menschen. Rolf Zerfaß ermutigt, in den Gemeinden die eigene Bedürftigkeit wahrzunehmen und das Wechselspiel von Geben und Empfangen zu praktizieren. „Nur wenn dieses Wechselspiel in Gang kommt, ereignet sich ja das Wunder Gottes, das wir Gemeinde nennen: das Klima des Wohlwollens, des Respekts vor der Würde jedes einzelnen, das die Begabungen herauslockt, die in jedem stecken, die er nur aus Angst bei sich verborgen hält, sie könnten nicht genügen.“[30]

Eine besondere Rolle kommt dabei dem Seelsorger zu, der sich als

„verwundeter Arzt“[31] wahrnehmen kann, der in der Aufmerksamkeit für die eigenen Verletzungen fähig wird, sich mit fremdem Schmerz zu verbinden und so den Fluchtweg in die Geschäftigkeit vermeidet. „Wenn er die eigene Armut und Gebrochenheit nicht mehr fürchtet, wird er sich auch der fremden Verwirrung furchtlos zuwenden können, und so wird er mit seiner Person zu einem lebendigen Hoffnungszeichen.“[32]

*Gottes Ankunft geschieht auf immer neue Weise*

*„Bruder Karl ist unser Gründer, nicht ich. Ich habe nur liebevoll jede seiner Lehren wieder aufgenommen, ich bin nur das Echo seiner Stimme. Er war zwanzig Jahre lang mein Lehrmeister …“*[33]

Wenn man Tagebücher, verschiedene Briefe und Kapitelsbeschlüsse der Kleinen Schwestern studiert, fällt auf, wie sie um die gleichen Themen kreisen, sie wieder aufgreifen, vertiefen und meistens sogar bekannte Formulierungen verwenden. Der immer neue Kontext wird gesehen und mitbedacht, gleichzeitig stehen die Pfeiler, auf denen die Gemeinschaft ruht, von Anfang an in großer Klarheit und Schlichtheit da und werden nicht mehr grundsätzlich versetzt.

Im Blick auf Bruder Karl, den Kleine Schwester Magdeleine immer als den eigentlichen „Gründer“ der Fraternität sieht, wird ihre Suche nach dem Neuen auf dem einen Weg besonders sichtbar. Einerseits geht sie ganz klar von seiner Spiritualität aus und zitiert ihn bereits im „Grünen Heft“ mit wegweisenden Aussagen. Die Orte, an denen er in Afrika gelebt hat, sind Orte einer lebendigen Nähe zu ihm, und jede Kleine Schwester wird versuchen, einmal in ihrem Leben dorthin zu gehen. Und doch ist es kein enges Kopieren, kein starres Festhalten an einem Vorbild. Magdeleine sieht ganz deutlich, daß die Zeit, in der sie lebt, eine andere ist, und daß es darauf ankommt, sein Charisma „erfinderisch“ in ihre Zeit zu übersetzen, in aller Freiheit. Zwischen dem zu unterscheiden, was für das Charisma der Fraternität wesentlich ist und deshalb bewahrt werden muß und dem, was angesichts von konkreten Situationen nach Veränderung drängt, dürfte nicht ohne Konflikte möglich sein. Die Kleinen Schwestern sprechen in diesem Zusammenhang von „schöpferischen Spannungen“.

René Voillaume schreibt dazu: „Wir dürfen uns nicht einbilden, mit einem Schlag die Anforderung eines solchen Lebens richtig abschätzen zu können. Ich habe euch oft gesagt, daß Jesus unmittelbar in euren Herzen arbeitet und daß er von Jahr zu Jahr das innere Gesicht unserer Gemeinschaft wandelt. Es handelt sich nicht um eine Änderung des Ideals, sondern um die Treue gegen den Geist Jesu, wenn wir eine Berufung vertiefen, die wir nicht mit einem Schlag verstehen und leben können.“[34]

Die Kleinen Schwestern verkörpern durch ihr konkretes Leben die Aktualisierung. Sie setzen sich dem heutigen Leben mit seinen Mühen und Spannungen hautnah aus. Gleichzeitig bewahren sie sich in schlichter Weise eine lebendige Treue zur eigenen Spiritualität. Das Theologiestudium, dem sich in der Regel jede Kleine Schwester für zwei Jahre ausschließlich widmet und das sie durch Kurse immer wieder aufgreift, hilft ihr, wachsam vorschnelle Verkürzungen wahrzunehmen. Ihre Spiritualität ist jeden Tag der Wirklichkeit derer ausgesetzt, mit denen sie lebt. In dieser Wirklichkeit muß sie sich als tragend erweisen und immer neu für Gottes liebevolle Nähe transparent werden.

### *Für mystische Menschen wird jeder Ort zum Ort der Ankunft Gottes*

*„Alles, was ich Euch schreibe, ist den Zufälligkeiten meiner Reisen ausgesetzt. Ich habe jetzt mindestens zehnmal den Platz gewechselt. Im Augenblick bin ich irgendwo unterwegs als Nomadin oder vielmehr Pilgerin des lieben Gottes und versuche, überall die Liebe zu verkündigen.“*[35]

Kleine Schwester Magdeleine hat im Unterwegssein mit den Nomaden die Erfahrung der „Heimatlosigkeit“ gemacht und gerade bei den fahrenden, nichtseßhaften Menschen erfahren, was Gastfreundschaft heißt. Von Anfang an waren es die Nomaden der Wüste, später die Zigeuner, die Hirten, die Schausteller und die Zirkusleute, zu denen sie sich hingezogen fühlte. Die Menschen, bei denen sie mit ihren Kleinen Schwestern bevorzugt lebt, leben jenseits bergender Mauern – auf den Straßen, unter Zelten und im Wohnwagen. Es sind Orte, an denen es schwer wird, menschlich Heimat zu finden und sich wohnlich einzurichten. Das „fahrende Volk“ ist nirgends wirklich zu Hause.

Diese Heimatlosigkeit entspricht Lebenssituationen, die die Kleinen Schwestern heute in ihrer Nachbarschaft oft erleben. So beschreibt Kleine Schwester Annie nach einer Reise durch Nordeuropa die Situation der Fraternität so: „In Birmingham, Den Haag,

München kommen die Nachbarn der Kleinen Schwestern aus der ganzen Welt. In fast allen Vierteln, in denen Fraternitäten sind, leben mehrere Rassen und Kulturen zusammen."[36] Wachsam für diese Situation der „Mobilität" unserer Zeit und angesichts einer fraglich gewordenen „Überlegenheit" der westeuropäischen Welt hinterfragen die Kleinen Schwestern selbstkritisch die verhältnismäßig große Anzahl von Fraternitäten in Europa.[37] Im Zusammenleben, im Kontakt mit Menschen aus unterschiedlichsten Kulturen, wächst das Verständnis für weltweite Verflechtungen und damit ein politisches Bewußtsein. Insgesamt gilt es heute auch für die Kirchen, immer mehr ernstzunehmen, „daß wir in einer Welt der Fremden leben, einer Welt von Menschen, die unterwegs sind – geschäftlich oder im Rahmen ihrer Ausbildung, als Touristen, Soldaten, Gastarbeiter, Flüchtlinge oder Auswanderer –, jedenfalls aktuell abgeschnitten von ihrer Heimat, ihrem kulturellen, sozialen Hinterland, von ihren Familien und Freunden, damit aber auch abgetrennt von ihrer Biographie, ihrer eigenen Vorgeschichte und so auch von ihrem Gott."[38]

Unsere Gemeinden sind heute angefragt, nach einer „Spiritualität der »Fremdlingschaft«"[39] zu suchen.

Für Menschen, die in Gott beheimatet sind, ist es möglich, jenseits bergender Mauern Gott und den Menschen zu suchen.

Es wäre zu begreifen, daß sich Gott schon immer als der erwiesen hat, der mitgeht. Nicht erst am Ziel des Weges kommt er den Menschen entgegen, sondern gerade im verlorenen Herumirren. Für das Volk Israel lag darin eine so zentrale Erfahrung Gottes, daß daraus ein Glaubensbekenntnis formuliert wurde: „Mein Vater war ein heimatloser Aramäer ..." (vgl. Dtn 26,5–9).

Die Nomaden, die herumirrenden und heimatlosen Gesellen, bringen Erfahrungen mit, die den vielen „Seßhaften" in den Gemeinden fehlen. Für alle, die die Kraft nicht mehr aufbringen, sich selber auf den Weg zu machen und sich der Heimatlosigkeit auszuliefern, wäre es lohnend, sich von den „Durchreisenden" erzählen zu lassen. Und wenn es ihnen dann immer noch nicht gelingt, selber wieder aufzubrechen, beginnen sie wenigstens, ihre eigene Seßhaftigkeit nicht mehr für den einzigen Ort der Gottesbegegnung zu halten.

## *2. Aufnehmen Gottes*

Der Mensch, der von der Liebe Gottes berührt ist und diese Berührung wahrnimmt, versucht seinerseits, in diesen Dialog zu treten und ihm Raum im eigenen Leben zu schaffen. In seinem Bemühen, in diese Beziehung zu treten, wird Jesus zum Weg und Modell. Es wird notwendig, in vielfältiger Weise der Begegnung Raum zu schaffen, die äußeren und inneren Bedingungen für das Ankommen Gottes vorzubereiten. Gott sucht in seinem Entgegenkommen in uns einen Ort der Ankunft, der personalen Begegnung. Auch wenn er in seiner Gnade schon längst bei uns angekommen ist, sucht er nach unserer Bereitschaft und nach einem liebevollen Dialog. Es braucht Formen, Zeiten, Orte, um das Ankommen Gottes in unserem Leben vorzubereiten und zu gestalten. Magdeleines Leben erzählt davon, daß Gott sich dem Menschen nicht aufdrängt. Gottes Ankommen sucht nach jener Initiative des Menschen, die sich auch von widrigen Umständen nicht entmutigen läßt.

### *Im „blinden“ Überlassen wird Gott vom Menschen empfangen*

*„Diese ganze Geschichte läßt sich in einigen Worten zusammenfassen: »Gott hat mich bei der Hand genommen und ich bin ihm blind gefolgt« ... in der offensichtlichsten Finsternis, in der verwirrendsten Abwesenheit menschlicher Mittel, aber mit einem unbegrenzten Vertrauen in die Allmacht Jesu, den Meister des Unmöglichen.“*[40]

Mit diesem Leitmotiv ihres Lebens beschreibt Kleine Schwester Magdeleine, wie sie sich dem Ankommen Gottes überlassen hat. Nicht das eigene Lebenskonzept ist richtungsweisend, sondern einzig das Bemühen, sich einem Gott zu überlassen, der ihr in unzähligen Momenten entgegengekommen ist und ihr zeigt, daß er sie führt.

Das hindert sie schließlich nicht daran, eine Vision für die Ordensgemeinschaft zu entwerfen, wesentliche Eckpfeiler stets aufs neue zu betonen und hartnäckig daran festzuhalten. Aber stets so, daß auch die Vision und die konkreten Schritte rückbezogen bleiben auf den Gott, der sie bei der Hand nimmt und führt.

An allen wesentlichen Stationen der Ordensgeschichte war es dieses blinde Gottvertrauen, das den nächsten Schritt begründet hat. Anders hätte Magdeleine gar nicht beginnen können. Für jeden vernünftigen Menschen mußte ihre Abreise nach Algerien verrückt erscheinen. Magdeleine konnte sie nur wagen, weil sie wußte, daß Gott in ihrem Leben angekommen war. So konnte sie sich vertrauensvoll, kindlich an der Hand nehmen lassen von dem, der sie zum Werkzeug seiner Liebe gemacht hat. Im blinden Überlassen konnte sie Pläne schmieden und sie mit Leichtigkeit wieder loslassen, wenn sie sich als zu begrenzt erwiesen.

*Der Mensch empfängt Gott und läßt sich zum „Werkzeug" machen*

*„Unser Werk ist von Gott. Es wird trotz der Mängel seiner Werkzeuge leben. Meine Aufgabe ist es, den Weg zu zeigen … den bescheidenen, geradlinigen und außerordentlichen Weg von Bruder Karl von Jesus."*[41]

Kleine Schwester Magdeleine spricht immer wieder von diesem Bild des „Werkzeugs" in der Hand Gottes. Sie drückt damit ihre Erfahrung aus, daß in ihrem Leben die Initiative ganz bei Gott liegt, daß er sich ihrer bedient und sie sich gern in seinen Dienst stellt.

Dieses Bild beschreibt die Bereitschaft, sich für ein Projekt gebrauchen zu lassen, es nicht selber zu planen, sondern nur an seiner Ausführung beteiligt zu sein. Wenn das Projekt fertig ist, kann man die Anteile des Werkzeugs nicht mehr erkennen. Es verschwindet im Ganzen und scheint bedeutungslos, obwohl es bei der Durchführung unverzichtbar war. Viel wichtiger ist der „Handwerker", der versteht, das Werkzeug sachgemäß einzusetzen.

Ganz so sieht Kleine Schwester Magdeleine sich innerhalb der Ordensgründung. Mit ihrer Person tritt sie zurück, um damit Raum zu schaffen für den, der der eigentliche „Baumeister" ist.

„Wenn nicht der Herr das Haus baut, müht sich jeder umsonst, der daran baut." (Ps 127,1) Dieses Bild des Werkzeugs macht deutlich, daß es zwar auch um einen aktiven Anteil des Menschen geht, daß auch er seine Kräfte einsetzt, aber daß die Pläne und die eigentliche Aktivität ganz in der Hand Gottes liegen.

*Im Empfangen Gottes läßt der Mensch sich von Ihm „verbrauchen"*

*„Es ist der Mühe wert, sein Leben in kleinen Stücken herzuschenken, es verbrauchen zu lassen von der Liebe für die Ärmsten und Armseligsten …"*[42]

In den Tagebuchnotizen beschreibt Magdeleine, wie sie sich immer wünschte, für Gott etwas ganz Besonderes, Großes zu machen, und wie sie mühsam lernen mußte, sich „in kleinen Stücken“ und doch ganz herzugeben. Ihr Wunsch, sich für Gott hinzugeben, sich von ihm verbrauchen zu lassen, kennt keine Kompromisse. Gerade in der Anfangsphase der Gründung verlangt sie von ihren Kleinen Schwestern oft das Äußerste an Hingabe. „Ich sage es Euch noch einmal: unser Leben wird hart sein, sehr hart. Wir brauchen keine Heulsusen, sondern energische Frauen, die »sich nicht mehr um ihre Gesundheit und um ihr Leben kümmern, als ein Baum sich um ein fallendes Blatt kümmert«, wie Bruder Karl es verlangte ...“[43]

Magdeleine geht es hier nicht um eine menschliche Härte, sondern um das Wissen, daß Gott, der uns in Jesus entgegengekommen ist, auch den Menschen vollständig einfordert. Gleichzeitig ist Kleine Schwester Magdeleine von einer rücksichtsvollen Liebe für die Schwäche und Grenze jeder einzelnen Kleinen Schwester. Es geht ihr darum, weder zu ängstlich noch zu leichtfertig mit der eigenen Gesundheit umzugehen. „Die Kleinen Schwestern sollen keine übertriebene Sorge für ihre Gesundheit haben, sie sollen jedoch auch nicht leichtsinnig ihre Kräfte vergeuden, denn ihr Leben gehört dem Herrn.“[44] Der Wunsch, sich ganz hinzugeben, entspringt keinem Heroismus, sondern nur ihrer Liebe zu Gott. Sich für Ihn in der Fraternität verbrauchen zu lassen, ist nur ein Hinweis auf jene grenzenlose Hingabe, die im Himmel möglich sein wird. „Dort wird die Liebe wirklich ohne Schatten sein, in ihrer ganzen Herrlichkeit ... Man wird sich dort aus ganzem Herzen hingeben können ... ohne diese Grenzen der Klugheit und des Planens ...“[45]

Magdeleine meint nicht jene „Hingabe“, die in der Seelsorge als Überforderung erlebt wird, als „Teufelskreis aus Überlastung, Enttäuschung, Mißtrauen, neuer Überlastung“.[46] Diese Überforderung hängt oft mit einem zu idealen und starken Selbstbild zusammen, das zum inneren „Antreiber“ wird.[47] Magdeleine geht es um jene Hingabe, die nicht die eigene, sondern eine von Gott gegebene Kraft weitergibt. Es ist eine Kraft, die menschlich weder machbar noch verfügbar ist. Sie wächst aus der liebevollen Intimität, der mystischen Begegnung von Gott und Mensch.

*Der Mensch empfängt Gott in „Stille und Abgeschiedenheit"*

*„Stillschweigen und ein Minimum an Abgeschiedenheit sollen dir helfen, dich enger an Jesus anzuschließen. Sie haben ihren Sinn darin, dich in seiner Liebe wachsen zu lassen, sie sollen dich nicht von den Menschen trennen."*[48]

Kleine Schwester Magdeleine, die von Gott gerufen wurde und mit ihrem Leben eine Antwort auf diesen Ruf geben wollte, wußte, daß jede Geschichte mit Gott Räume braucht, in denen sie wachsen kann. Zeiten, die ganz ohne Absicht in der Nähe Jesu verbracht werden, um Ihn zu betrachten und auf Ihn zu hören, sind die Quelle der Lebendigkeit jeder Beziehung zu Ihm. Solche Zeiten der Stille und der Abgeschiedenheit haben ihren festen Platz im Leben der Kleinen Schwestern und orientieren sich ganz am Gebet Jesu:

„In der gleichen Weise wie Jesus sich gelegentlich zurückzog, um zu seinem Vater zu beten, finden die Kleinen Schwestern im stillen Gebet einen Weg, um mit Jesus vereint zu sein. Er allein führt sie zum Vater."[49] Magdeleine lebte diese Beziehung in einer großen Vertrautheit, es gab nichts, worum sie sich nicht zu bitten getraut hätte. In den Zeiten der Stille und Anbetung konnte diese Vertrautheit wachsen und sich vertiefen. Dem Ruf zur Nachfolge konnte sie so immer wieder neu antworten.

Die lebendige Beziehung zu Ihm ist die Quelle, aus der die Kleinen Schwestern leben. „Außerdem gibt uns die wahre Begegnung mit Gott im Gebet, in der Eucharistie, im Sakrament der Versöhnung und im Hören seines Wortes die Kraft, unser schwesterliches Zusammenleben und unsere Freundschaft mit allen, die uns umgeben, im Glauben zu begründen."[50]

Angesichts der pastoralen Situation vieler Gemeinden wird es zusehends zur bedrängenden Frage, inwieweit Seelsorger/innen noch einen Rhythmus leben, in dem Zeiten der Stille vorkommen können. Die meisten sind weit davon entfernt, diese in ihren Lebens- und Arbeitsrhythmus fest einzuplanen. Gerade die engagierten Gemeindemitglieder finden für sich diese Räume der Stille nicht mehr. Es wäre ein Dienst an ihrem Engagement, ihnen dabei zu helfen. Für sich selbst und mit den Gemeindemitgliedern gälte es, die Dimension der Stille und Abgeschiedenheit im eigenen Leben zu garantieren, eine Struktur des Tages zu finden, „Wüstentage" und Exerzitien im Jahresablauf zu verankern. Interessant ist in diesem Zusammenhang das in der Gemeinde St. Maria in Stuttgart praktizierte Modell der „Apostolischen Mönche“[51], die sich als Mönche des Bischofs verstehen und in ihren Konstitutionen festhalten: „Die Brüder halten, soweit nicht notwendige pastorale Dienste dem entgegenstehen, eine Hälfte des Tages frei zur lectio divina, zum persönlichen Gebet und zum Studium.“[52]

*In der eucharistischen Begegnung wird Gott aufgenommen*

*„Unsere Spiritualität ist vollkommen auf die Eucharistie hingeordnet, die durch alle Jahrhunderte hindurch und an allen Orten das Licht ist, das erleuchtet und wärmt. Ohne die Eucharistie wäre die Welt ohne wirkliche Gegenwart Jesu: »Die Eucharistie, das ist Gott mit uns, Gott in uns, Gott, der sich uns ohne Unterlaß gibt, um ihn zu lieben, anzubeten und ganz bei uns zu haben«.“*[53]

Das kontemplative Leben, mitten in der Welt gelebt, bekommt seine Kraft aus der Hinordnung auf Jesus in der Eucharistie. Er ist die Mitte des Gebetes und die Mitte des gemeinschaftlichen Lebens. Er ist die Quelle für dieses kontemplative Leben, ohne ihn wäre es in dieser Weise nicht lebbar.

Die Eucharistie und die eucharistische Anbetung sind von Anfang an die Mitte der Spiritualität. So ist der Bau der Kapelle in Sidi Boujnan und der Tag der ersten Anbetung dort ganz wichtig. Mitten in der Wüste, unterm Zelt, wird Gott in der Feier der Eucharistie zum Gastfreund. „Es ist so bewegend, daran zu denken, daß der Herr unter unserem Zelt Wohnung nahm, dort, mitten in der Wüste.“[54]

Dieser kostbare Schatz der eigenen Spiritualität soll den Menschen gebracht werden, damit die Gegenwart des Herrn auch „an den Grenzen“ und „außerhalb der Mauern“ sichtbar wird. Es gibt keinen Ort, der nicht eucharistischer Ort sein könnte, Ort, der auf Gott verweist. „Das Allerheiligste in den Elendsvierteln, in den Prostituiertenvierteln, in den Wohnwägen, unter den Zelten ... das intensive Gebet der Kleinen Schwestern, die durch ihr Gebet durchsichtig werden für die Präsenz Jesu im Allerheiligsten, das gehört zu den wesentlichen Formen unseres kontemplativen Lebens.“[55]

Die Kleinen Schwestern verstehen ihr Leben als eucharistisches Leben, als Leben, das sich brechen und verbrauchen läßt, das sich mit andern vermischt, um zum Brot füreinander zu werden.

Die Eucharistie führt sie zu jener intimen Begegnung mit Jesus, die sie von innen her verwandelt und ihm ähnlich macht. „Durch die Gnade dieses Sakraments und durch das Maß ihrer Liebe nehmen die Kleinen Schwestern die Gestalt Christi an, der sich seinem Vater anbietet und sich als Nahrung hergibt. In dem Maß, in dem die Gegenwart des Herrn in ihnen wohnt und sie verwandelt, können sie diese Gegenwart in der konkreten Realität ihres alltäglichen Lebens zum Leuchten bringen.“[56]

Diese „Gleichgestaltung“ mit Jesus geschieht in der Eucharistie, geschieht jedoch auch in der „leidenschaftlichen Bindung an die Person Jesu“.[57] So drängt die Eucharistie immer auch auf eine umfassende Begegnung mit Jesus, „mit Jesus von Nazaret, Sohn des Vaters, Mensch in der Menschheitsgeschichte, der für seine Brüder hingegeben und auferstanden ist für das Leben der Welt“.[58]

Die vielen, die für sich selber den lebendigen Zugang zur Eucharistie verloren haben, können sich die Fragen stellen, die sich auch die Kleinen Schwestern im Blick auf die eucharistische Anbetung immer wieder stellen müssen: „Sind die Stunden der Anbetung etwas anderes als das Bedürfnis, sich ganz von Jesus ergreifen zu lassen, in Ihm zu bleiben, wie Er in uns bleibt, mit Ihm zu wachen, an Seinem ununterbrochenen Gebet teilzunehmen und an Seiner Anbetung, Seiner Fürbitte, sind diese Stunden nicht Gemeinschaft mit dem Geheimnis Seines hingegebenen Lebens, in das sich unser ganzes Leben verwandeln kann und muß?“[59]

*Menschen empfangen Gott in der Betrachtung des Lebens Jesu und in der Begegnung mit den Armen.*

*„Liebt über alles die Armen und Sünder, liebt die, die man verachtet und die doch die lebendigste Inkarnation Gottes sind ...“*[60]

Wenn Kleine Schwester Magdeleine Jesus als „Modell“ für die Kleinen Schwestern sieht, stellt sie sich dabei das Leben Jesu sehr konkret vor. Sie sieht ihn an bestimmten Orten, mit Menschen, so wie das Evangelium von ihm erzählt. Deshalb ist es für jede Kleine Schwester wichtig, das Evangelium zu meditieren, bis sie es auswendig kann. Jesus als einziges Vorbild nachzuahmen, ihm nachzufolgen, ist der Versuch, dem Ankommen Gottes im eigenen Leben zu antworten.

„Wir sind geschaffen, um uns so hautnah unter die Menge zu mischen wie Jesus auf den Straßen von Galiläa: von allen Seiten bedrängt und herumgestoßen, bewahrte er seine Ruhe und streichelte die kleinen Kinder, richtete die armen Sünder wieder auf, tröstete die Betrübten und heilte die Kranken ...“[61]

Im Betrachten des Lebens Jesu werden die Kleinen Schwestern unweigerlich zum Menschen geführt. „Die Betrachtung des menschgewordenen Gottes läßt uns im Menschen den Bruder sehen. In seinem Antlitz – vor allem in dem von Leid und Armut Gezeichneten – leuchtet uns die geheimnisvolle Anwesenheit Gottes auf: Jesus von Nazaret. Nur in dieser Schau findet unser Leben im Zeichen von Nazaret innere Einheit – ohne sie ist es nichts als eine Zerreißprobe.“[62]

Deshalb gibt es zwischen der „Kontemplation“ in der Kapelle und draußen bei den Menschen keine Kluft. „Wenn wir aus der Kapelle kommen, um einen Besuch zu empfangen, verlassen wir Jesus nicht. Er kommt zu uns in einer anderen Weise des Da-Seins – es geht nur darum, Ihn zu erkennen.“[63]

## *3. Das Lob Gottes*

Weil Gott uns sucht und findet, können wir nicht anders, als ihn zu loben für seine Gnade. Menschen, die sich von der Ankunft Gottes durchdringen lassen, die erfüllt sind von seiner Gegenwart und Liebe, sind dankbar über die Beziehung, die Gott gestiftet hat. Ihr Dasein wird in der banalen Alltäglichkeit und in den herausragenden Momenten zum Grund, Gott zu danken und zu loben. In der Suche, dieses Lob auszudrücken, entdecken sie den vielfältigen Reichtum des Gotteslobes. Sie spüren eine besondere Nähe zu allen, deren Gottesdienst sich im Reichtum der Liturgie Ausdruck verschafft. In der Frömmigkeit der Kleinen Schwester Magdeleine gab es von Anfang an einen Respekt vor anderen Religionen, der ihrem tiefen Gespür für das Lob Gottes entsprungen ist. Sie hat geahnt, daß das Lob Gottes sich in den Formen einer Religion nie erschöpfend ausdrücken kann.

### *„Gratuité“: Das unverzweckte Dasein wird zum Lob Gottes*

Für das französische Wort „gratuit“ gibt es keine ihm entsprechende Übersetzung. „Gratuit“ ist kostenlos, ohne Absicht, unverzweckt, unbegründet und unverdient. Es ist weiter als das deutsche Wort „gratis“, das vor allem den Aspekt des Geldes, also die Unentgeltlichkeit in sich trägt. „Gratuité“ ist eine Haltung des Menschen, die das Leben grundsätzlich als unverzweckbar erkennt, die um die Schönheit und Würde des Lebens weiß, das um seiner selbst willen zu achten ist. Bei aller Großzügigkeit lebt der Mensch diese Haltung jedoch immer begrenzt. Das Wesen der biblischen „gratuité" indessen ist die Erfahrung, daß Gott uns maßlos beschenkt, reicher, als wir es jemals erahnen können. Er gibt uns, ohne daß es von uns vorauszusehen wäre und ohne daß wir darauf ein Recht hätten.

Das Wesen der biblischen „gratuité" ist dieser Primat Gottes, die Entdeckung, daß er uns mit seiner Liebe schon immer bedingungslos zuvorgekommen ist.[64] Dies ist ein Eckpfeiler: der Mensch kann sich darauf verlassen, daß Gott ihn aus Liebe befreit und rettet. Aus dieser Erfahrung läßt sich jedoch kein Anspruch auf weitere Zuwendung ableiten. Der zweite Eckpfeiler der biblischen „gratuité" ist das Erbarmen Gottes, das uns unverdient geschenkt ist und das darauf drängt, weitergegeben zu werden.[65]

Die westliche Kultur gibt wenig Raum für diese „gratuité", die Gegenhaltungen des Zweck- und Vertragsdenkens sind verbreiteter. Die erste Antwort des Menschen auf diese erfahrene „gratuité" ist der Lobpreis Gottes, wie er in den Psalmen ausgedrückt ist.

„Ich will den Herrn allezeit preisen; immer sei sein Lob in meinem Mund. Meine Seele rühme sich des Herrn; die Armen sollen es hören und sich freuen." (Ps 34,2–3) Dieser Lobpreis wächst aus einem Dasein, das sich verdankt weiß und das danach drängt, den Dank auszudrücken.

Magdeleine hat in ihrer Zerbrechlichkeit ganz aus dem Erbarmen Gottes gelebt. Alles, was sie weiterzugeben hatte, war ihr geschenkt und sie wußte, daß sie sich auf Gottes Erbarmen verlassen konnte.

In der Beobachtung basiskirchlicher Lebensgemeinschaften in Frankreich beschreibt Michael Gmelch die „gratuité" als wesentliche Dimension. „Die Gemeinschaften wissen: Nur wenn wir uns Räume zweckfreier Zeit reservieren, ohne direkte Funktion, können wir unsere Identität bewahren und neu finden."[66]

Für Gemeinden, in deren Mittelpunkt eine reiche Fülle an Aktivitäten steht, stellt sich die Frage: „Müssen wir nicht die gleiche Phantasie, Kreativität und Kraft, die wir für so viele Aktivitäten im Dienste der Gemeinde einsetzen, ebenso einbringen in den einen wichtigen Dienst des Lobpreises Gottes und des Sichversammelns im Namen des Herrn?"[67]

Auf der Suche nach einer garantierten Form, diesem zweckfreien Lobpreis Gottes Raum zu geben, auf der Suche nach einer „Spiritualität für die Gemeinde“, hat in Stuttgart die Gemeinde St.Maria in der Tagzeitenliturgie einen Weg gefunden, diesem Lobpreis Raum zu geben. „Die dreimalige Versammlung zur Feier der Tagzeitenliturgie ist ein Eintauchen in die vielen Generationen von Beterinnen und Betern von Jahrhunderten.“[68]

*Menschen entdecken den Reichtum des Gotteslobs in den verschiedenen Religionen*

*„Man ist beeindruckt von dem religiösen Gespür, das sich hier zeigt, von der Größe und der Würde dieser Architektur, die ganz dem Gottesdienst geweiht ist. Von welchem Glauben mußten jene bewegt sein, die sie im Lauf der Jahrhunderte entworfen und realisiert haben. Und heute immer noch, all diese Menschen, die Gott im Gebet wirklich verehren.“*[69]

Diese Betroffenheit angesichts einer Moschee ist typisch für die Sensibilität, die Kleine Schwester Magdeleine für jede Religion aufgebracht hat. Beim Begräbnis weist Pater Voillaume auf eine besondere ökumenische Sensibilität hin, die ihr nicht nur wegen ihrer Demut gegeben war, sondern deshalb, weil sie in jeder Person den besten Teil, die Wahrheit, sehen konnte.[70] Darin hatte Kleine Schwester Magdeleine ein ähnliches Gespür wie Bruder Karl, der sich auf seiner Forschungsreise in Marokko vom Gebet der Muslime bewegen ließ.

Besonders geprägt war Kleine Schwester Magdeleine durch Gebet und Liturgie der Ostkirchen. Ihnen hat sie sich nahe gefühlt und von ihnen hat sie sich in ihrem Gotteslob anregen lassen. Inmitten dieser Kirchen wollte sie gegenwärtig sein im Gebet und in der Freundschaft.[71] Von ihren Formen des Gotteslobes und ihren Gottesvorstellungen ließ sie sich durchdringen. „Im Osten sind die charakteristischen Züge des Gottesbildes die Barmherzigkeit und die »Philantropia«, die Freundschaft, Liebe zu den Menschen.“[72] Eine der klassischen Formeln der Gottesanrede im liturgischen Gebet lautet: „Gütiger und menschenfreundlicher, mitleidiger und vielerbarmender Herr, groß im Erbarmen und reich an Güte, Vater der Erbarmung und Gott allen Trostes.“[73]

Auf der Suche nach einer Tagzeitenliturgie für die Gemeinde haben die Apostolischen Mönche von Aix-en-Provence eine Form gefunden, die auch von der orientalischen Tradition der Orthodoxie inspiriert ist. Der Dominikaner Frère André Gouzes versuchte, möglichst viel aus der reichen Tradition der liturgischen Formen in das „Chorgebet des Volkes Gottes" zu integrieren.[74]

Auf der Suche nach dem ökumenischen Dialog könnte immer mehr im Vordergrund stehen, die Größe des einen Gottes gemeinsam zu loben und einander an der Vielfalt des Gotteslobes Anteil haben zu lassen. Unterschiede und dogmatische Abgrenzungen müssen dadurch nicht übergangen oder nivelliert werden. Aber sie werden dann nicht mehr an erster Stelle stehen.

### *Menschen loben Gott in der Banalität des Alltags*

*„Es entspricht unserer Berufung, daß unser Gebet nach der Arbeit durch Müdigkeit, Lärm und anderes mehr gekennzeichnet ist. Alles, was auf den ersten Blick für ein kontemplatives Beten ungünstig scheint, wird für uns zu einem wirklichen Weg des Gebetes."*[75]

Die Lebenssituation, die tägliche Arbeit der Kleinen Schwestern führt sie immer wieder an die Armseligkeit ihres Gebetslebens, an die eigene Begrenztheit. Ein Tag am Fließband zwingt zur Bescheidenheit und oft genug zum Eingeständnis, daß sich in einem Stoßgebet bei der Arbeit, in einem aufmerksamen Gespräch mit der Arbeitskollegin das tägliche Gebet erschöpfen muß. Darin teilen die Kleinen Schwestern die Situation vieler, die aufgrund ihrer Lebensumstände ihre Unfähigkeit zum Beten gar nicht mehr wahrnehmen.

In der Banalität des Alltags beten heißt, den Moment zum Gebet zu nützen, der uns gegeben ist, nämlich den Augenblick der Gegenwart. Hier ist die Nahtstelle, an der wir ja oder nein sagen können. „Ohne Unterlaß beten heißt sicherlich nicht, in ständiger Anspannung immerfort an Gott zu denken ... Es heißt vielmehr, von seinem Wort bewohnt sein, auf diese Stimme in uns lauschen und darauf achten, was sie uns sagt."[76] Nicht gegen oder trotz der Armut des Alltags gilt es zu beten, sondern sie als den besonderen Ort des Gebets zu sehen. „In äußerster Armut wird alles, was einem kontemplativen Leben scheinbar widerspricht, zum Gebet: der Mangel an Zeit und an Raum, die ständige Verfügbarkeit und Ablenkung, die Müdigkeit, die Krankheit und die Mutlosigkeit."[77]

Dagegen besteht heute oft die Gefahr, die Zeiten des Gebets auf bestimmte „Hoch-Zeiten", jenseits des Alltags zu verlegen. Aus solchen besonderen Zeiten des Gebets kann das Gebet des Alltags zwar wieder Kraft bekommen, aber schließlich ist eben der Alltag der Ort, an dem das Gebet in unser tägliches Leben eindringen kann. So können die Kleinen Schwestern zur Ermutigung werden, nach neuen, einfachen Formen eines geistlichen Lebens zu suchen. Zur Ermutigung auch für die vielen Engagierten in der Kirche, die aufgrund echter oder vermeintlicher Erwartungen sich nach außen zu spirituellen Hochleistungen trainieren, innerlich jedoch an der eigenen Leere leiden. Sie brauchen die Ermutigung, die mühsamen Umstände des eigenen Betens wahrzunehmen und einander an der Mühe des Alltags und der Arbeit teilhaben zu lassen. Aus dieser Ermutigung können Formen der Spiritualität wachsen, die nicht als Fremdkörper im eigenen Leben empfunden werden, sondern dieses durchdringen.

## *4. Umwandlung des Menschen*

Durchdrungen von der Gegenwart Gottes und bereit, sich auf einen Weg mit ihm einzulassen, werden Menschen von Grund auf verwandelt. Ihr Leben beginnt, mit all seinen Wunden und Mühen zu heilen. In ihren Haltungen werden sie durchsichtig für das Heil, das Gott in ihnen bewirkt hat, und sie lassen los von jenem gottlosen Verhalten, das Gottes Heilungsprozeß verhindert.

Am Beginn der Ordensgeschichte lebt Magdeleine bereits jene Haltungen, die auf eine zwar verborgene, aber eindeutige Weise davon erzählen, daß Gott es war, der ihr Leben vollkommen durchdrungen und verwandelt hat.

### *„Geheilte“ Menschen entdecken die „Heiligkeit“ in jeder Schwester und jedem Bruder*

*„Christus, unser Gott, ist wahrer Mensch: scheue Dich nicht davor, ganz und gar »Mensch« zu sein.“*[78]

Die veränderte Blickrichtung eines Menschen, der sich in Gott verwurzelt hat, läßt ihn die Menschen immer mehr als Geheimnis entdecken. Kleine Schwester Magdeleine hatte einen grenzenlosen Respekt vor der Würde und Heiligkeit jedes einzelnen Menschen.

Dieser Respekt gilt vor allem den Geschundenen, den Zukurzgekommenen. Indem diese Menschen „gesehen“ und wahrgenommen werden, bekommen sie Ansehen trotz ihrer „Unansehnlichkeit“. Das gläubige Subjektwerden, so Paul M. Zulehner, braucht „Räume der Begegnung für die Unansehnlichen, die Übersehenen“.[79]

Menschen, die von der Kleinen Schwester Magdeleine angesehen wurden, konnten erfahren: „Du hast mehr Möglichkeiten, als du ahnst, ganz zu schweigen von den ungeahnten Möglichkeiten Gottes mit dir.“[80]

Dieser Respekt galt auch den Menschen, die sich ihr entgegenstellten. So versuchte sie bis zum Schluß, den Visitator, dem offensichtlich jedes Verständnis für die Fraternität fehlte, respektvoll zu behandeln – und gleichzeitig das eigene Geheimnis nicht zu verraten: „Der Auftrag lautet, zutiefst das zu sein, was man sein möchte, und das zu leben, was man leben möchte.“[81]

Mit ihrem besonderen Gespür für das Geheimnis des Lebens und ihrem Respekt für jeden einzelnen Menschen hatte Magdeleine auch eine außergewöhnliche Kenntnis der Person jeder einzelnen Kleinen Schwester. Es war, „als ob sie Anteil hätte am Blick Jesu für jede einzelne“.[82] So kann René Voillaume bei der Beerdigung über sie sagen: „Diese Kenntnis war ganz tief, es war eine Kenntnis der Seele. Mehr als einmal habe ich mir schon gesagt, daß eine solche Kenntnis nur ein ganz außergewöhnliches Geschenk des Heiligen Geistes sein konnte.“[83]

Mit diesem besonderen Blick für das Geheimnis des Menschen ist Kleine Schwester Magdeleine zur „Mystagogin“ geworden. Durch ihren liebevollen und respektvollen Umgang kam sie mit den Menschen vor das Geheimnis ihres Lebens. „Gemeint ist dabei nicht so sehr das Mysterium Gottes in sich, sondern das Leben des Menschen, das am Geheimnis Gottes insofern teilhat, als jede Lebensgeschichte stets Gottes reuelose Liebesgeschichte mit diesem Menschen ist.“[84]

In unseren Gemeinden wissen die Hauptamtlichen oft sehr wenig vom Leben der Gemeindemitglieder, wissen diese auch sehr wenig voneinander. „Zielgruppen“[85] im Blick zu haben, mag in der Planung pastoraler Aktivitäten hilfreich sein, verführt jedoch zur Vereinfachung. Die Gefahr ist groß, Bedürfnisse zu konstruieren, die hypothetisch bleiben, weil die „Zielgruppe“ sie so niemals formuliert hat. Es geht darum, „mystagogische Kompetenz“ zu fördern, also die Kompetenz, „Menschen vor jenes Geheimnis zu führen, das ihr Leben im Grunde immer schon ist: Das Geheimnis der Geschichte Gottes mit jeder und jedem einzelnen“.[86]

*In Gott verwurzelte Menschen lassen ihre Verbissenheit in gelassene Hartnäckigkeit verwandeln*

*„Es ist so wohltuend, sich sagen zu können:»Beruhige Dich! Gott ist der Herr der Ereignisse, Du bist in seinen väterlichen und zärtlichen Händen, ängstige Dich nicht, rege Dich nicht auf...«."*[87]

Magdeleines Verwurzelung in Gott gibt ihr jene Gelassenheit und Konsequenz, die beide notwendig sind, um ein Ziel zu erreichen. Was die Gelassenheit angeht, hat sie bei den Nomaden gelernt. „Die Nomaden beunruhigen sich nicht, das kann ich euch versichern! Wenn sie nicht in drei Tagen am festgelegten Ort ankommen, dann eben in acht. Und wenn sie kein Kamel finden, um die Strecke zu machen, dann warten sie. »Gott ist der Herr«, sagen sie sich. Also, Kleine Schwestern, solltet ihr etwa nicht den Glauben eines Moslems haben!..."[88]

Magdeleine hat nie ein Ziel aus den Augen verloren, das ihr wichtig war. Aber sie hat auf den Moment, den Kairos gewartet, an dem die Realisierung möglich wurde, ohne zu taktieren. Darin ist sie ganz Schülerin Bruder Karls: „Wenn man einmal ausgezogen ist, um etwas zu tun, darf man nie zurückkommen, ohne es getan zu haben." Beide Haltungen, Gelassenheit und Hartnäckigkeit, haben ihre Wurzeln in einer lebendigen Beziehung zu Gott, die darum weiß, daß alles in Seiner Hand liegt und daß doch der ganze Einsatz des Menschen gefragt ist.

*Von Gott „geheilte" Menschen können gottlose Absicherungen loslassen*

*„Nazaret kann sich nicht auf allzuviele Sicherheiten stützen."*[89]

Um Gottes willen aus den Absicherungen des Lebens wegzugehen und sich der Fremdheit eines Milieus, eines Landes, einer Sprache auszusetzen, verweist auf Gott als der einzigen „Sicherheit".

Als Kleine Schwester Magdeleine aus allen Sicherheiten ihres Lebens wegging, um sich der Fremdheit eines Milieus, eines Landes, einer Sprache auszusetzen, konnte sie dies nur tun in einer Hoffnung, die sich radikal an Gott festmachte. An einem Gott, der in Leben, Tod und Auferstehung Jesu Christi alle angstmachenden Unsicherheiten ihrer Macht beraubt hat.

Das Bedürfnis nach Absicherung steckt in jedem Menschen. Viele würden ohne ein Minimum an Sicherheit zerbrechen. Ihnen lebensnotwendige Sicherheiten wegzunehmen, kann nicht das Ziel sein. Problematisch ist jedoch, wenn unsere Gesellschaft diesen Drang nach Absicherung fördert und suggeriert, daß es gegen jede Angst eine Ab- oder Versicherung gibt. Es ist gottlos und unmenschlich, den Aberglauben der Sicherheit im Menschen am Leben zu erhalten.

Eine Kirchengemeinde hat die Aufgabe, von diesem Aberglauben zu befreien. Wichtig wäre, nicht das menschliche Grundbedürfnis nach sicherem Leben zu desavouieren, sondern auf jenen Grund zu verweisen, „der allein Sicherheit für die Menschen und die ganze Welt zu gewährleisten vermag, eine Sicherheit, die die Menschen eben nicht produzieren können, sondern geschenkt bekommen".[90]

Manche absichernde Entscheidung gegen Projekte, deren konkrete Gestaltung im voraus wenig greifbar, planbar ist, scheinen von jenem Geist der gottlosen Absicherung regiert, der sich schon längst in allen Lebensbereichen breit gemacht hat. „Eine Kirche, die die »Sicherheitsgesellschaft« bloß verdoppelt, vermag den Menschen keine Verheißung mehr zu geben."[91]

Wir können unser Leben nicht absichern und müssen dies auch nicht, weil Gott unsere „Sicherheit" ist. Es gilt, sich gegen die Praxis der gottlosen Absicherungen zu wehren und die Haltung eines radikalen, eines mystischen Gottvertrauens einzuüben.

### *Mystische Menschen halten mit einem „Lächeln" die Hoffnung auf Heilung und Heiligung wach*

*„Seid für jene ein Lächeln, die leiden und denen ihr all ihr Leiden wegnehmen wollt: für die Kranken, die Aussätzigen, die Gefangenen, für die, die in den Fabriken leiden, die an ihrem Körper, ihrem Herzen, ihrer Seele leiden. Ihr braucht für sie nur eines zu sein: ein kleiner Sonnenstrahl, der in ein dunkles und eisiges Zimmer dringt, um es zu erhellen und zu wärmen …"*[92]

Die Kleinen Schwestern wollen keine „heile Welt" vorgaukeln, sondern die Hoffnung auf eine „geheilte Welt" am Leben erhalten. Dieses Lächeln ist keine Frage der Physiognomie, sondern eine innere Haltung, die sich gegen die Verzweiflung wehrt und an das Leben glaubt. Als Vorbild sieht Kleine Schwester Magdeleine einen lächelnden Jesus vor sich, der auf den Straßen von Galiläa voller Güte und Zärtlichkeit unterwegs war.

Magdeleines Lebensgeschichte kennt genug Erfahrungen von Schwere und Schmerz. Und viele Situationen, in denen die Kleinen Schwestern jeden Tag leben, lassen eigentlich jedes Lächeln erfrieren. Die Situationen könnten eher Resignation, Verzweiflung auslösen. Deshalb steckt keine weltfremde Naivität dahinter, wenn Magdeleine ihren Schwestern empfiehlt, „leicht“ zu sein, zu „lächeln“. Aber die Menschen, mit denen sie leben, brauchen keine resignierten Schwestern um sich, auch keine, die verbissen sich über alles ärgern und unzufrieden werden. Sie brauchen jemanden, der mit ihnen die Schwere, das Leiden und die Tränen ernst nimmt und doch einen Blick hat für die Schönheit des Lebens.

Magdeleine möchte mit dieser Haltung der Leichtigkeit durchlässig werden für den, der die Schwere auffängt und verwandelt. Das setzt eine große Wachsamkeit voraus für das Leid der Menschen und eine große Intimität mit dem, der es verwandeln kann. Erst aus dieser wissenden Wachsamkeit heraus kann ein Lächeln entstehen, das ahnen läßt, mit welchem „Lächeln“ Gott die Menschen ansieht. Würden die Kleinen Schwestern sich mit einer kritisch-distanzierten Lebensweise dem „gewöhnlichen“ Leben entziehen, wären sie für bestimmte Kreise schwer zugänglich. Sie würden damit auch vielen einen Zugang zu Gott verbauen.

Gemeinden, die eine hektisch-verbissene Geschäftigkeit ausstrahlen, sind vor allem für einfache Leute unzugänglich. Wer nicht die Kraft und das Interesse hat, die gleiche Geschäftigkeit zu entfalten, findet keinen Raum. Der Versuch, auf ganz menschliche Weise zugänglicher zu werden, wird in den Gemeinden einiges an kreativer, befreiender Kraft ermöglichen.

### *In Gott verwurzelte Menschen dürfen zu „Kindern Gottes“ werden*

*„Ich bin wie ein kleines Kind, die Hand in der Hand seines Vaters. Er wird mit mir machen, was er will, im Frieden und in Freude.“*[93]

Kleine Schwester Magdeleine mußte um diesen Aspekt ihrer Spiritualität immer wieder kämpfen, mußte Mißverständnisse ausräumen. Den Kleinen Schwestern sagt sie, sie sollen sich wehren gegen Aussagen wie: „»Die Spiritualität der Krippe kann leicht zur Kinderei werden. Die Spiritualität des Kreuzes ist männlicher und läßt nicht so viel Raum für Illusionen …« oder »Die Spiritualität der

Krippe paßt nicht zu jedem« …“[94] Solche Aussagen spiegeln, wie wenig der Geist der Kindschaft verstanden wird.

Von Anfang an, seit der Zeit des Noviziats bei den Weißen Schwestern, ist für Magdeleine das Geheimnis der Geburt Jesu wesentlich.

Die Haltung des Kindes gilt es, immer neu einzuüben, da die Versuchung, der eigenen Macht und Stärke mehr zu trauen als Gott, im Menschen immer lebendig ist: „…wir müssen bis zum Tod immer wieder in sie hineintauchen… denn selbst eine Viertelstunde vor dem Tod sind wir noch versucht, ihr zu entkommen und so zu handeln »wie die Großen«.“[95]

Jürgen Moltmann spricht davon, daß die „Mystik des alltäglichen Lebens“ vermutlich die tiefste Mystik sei: „Der Schlüssel zu diesem Geheimnis ist die Kindlichkeit und das Erstaunen oder, wie es in der Frömmigkeit früher hieß: die Einfalt.“[96]

In einer „kindlichen Haltung“, mit dem Blick auf den im Kind menschgewordenen Gott, wird Raum geschaffen für eine sehr intime und doch einfache Begegnung mit Gott. Im Kind, das die Arme ausstreckt, werden die eigenen Leistungen unerheblich. Es geht darum, sich für diesen entgegenkommenden Gott zu öffnen, ihn aufzunehmen. Angesichts dieses Kindes wird offensichtlich, daß grundsätzlich jede und jeder von dieser mystischen Berührung ergriffen sein kann, daß „Mystik“ also nicht nur etwas für ganz wenige ist.

„Wer in Gott einwurzelt, in Ihm eintaucht, mit Ihm mystisch eins wird, wird befähigt und ermächtigt, »Kind Gottes« zu werden (vgl. Joh 1,12). Typisch für das »Kind Gottes« ist das bedingungslose Vertrauen in Gott, nicht aber infantiles Aufgeben von Eigenständigkeit, Würde und Freude an einem eigenen Willen.“[97]

Wer den Mut hat, „Kind“ zu sein, ist entlastet davon, perfekt, vollkommen sein zu müssen. Rolf Zerfaß beschreibt den „Perfektionismus“ als Wurzel der weitverbreiteten Kooperationsschwierigkeiten in den Gemeinden. „Die wenigsten Priester durchschauen, daß solcher Perfektionismus eine Gestalt der Angst ist: Sie versuchen, alles unter Kontrolle zu behalten, damit das Chaos sie nicht überflutet.“[98]

### *In Gott verwurzelte Menschen werden „beweglich“*

*„Als Kleine Schwester Jesu wirst Du die Vorschriften des Ordenslebens immer der Weisung des Evangeliums unterordnen: die Liebe steht über jeder Regel. Sie selbst ist die oberste Regel, das große Gebot Jesu.“*[99]

Mit dem Stichwort „souplesse“ (Beweglichkeit) will Magdeleine ihren Kleinen Schwestern eine Haltung nahebringen, deren Ziel es ist, der eigenen Liebesfähigkeit mehr zuzutrauen als irgendwelchen Vorschriften. Darin war sie gewiß auch durch die Ostkirchen geprägt, die eine große Weite im Blick auf Normen und Gebote haben.[100]

Magdeleine hält durchaus etwas von Regeln und Leitlinien. Sie ist unentwegt dabei, an den Konstitutionen zu arbeiten, in Briefen und Tagebuchaufzeichnungen das Wesentliche der Berufung festzuhalten – aber im Einzelfall relativiert sich alles unter den Augen der Liebe. Eine solche Einstellung verlangt von jeder Kleinen Schwester ein Höchstmaß an Beweglichkeit, um sich den wechselnden Umständen des Lebens anzupassen. Man hat entschieden, sich an eine bestimmte Regelung zu halten, und am folgenden Tag zerstört etwas Unvorhergesehenes alle schönen Pläne. „Wenn Ihr nicht beweglich bleibt, habt Ihr nichts von dem verstanden, was mir über alles wichtig ist: Gehorsam in Hingabe, in Liebe und in Sanftmut.“[101]

Vermutlich wäre es manchmal einfacher, sich auf bestimmte Regeln zu fixieren, als immer in dieser Beweglichkeit zu bleiben und sich auf Ausnahmen neu einstellen zu müssen. Gelegentlich tut es einfach gut, eine bestimmte Regel erfüllt zu haben. Die Kleinen Schwestern möchten dieser Versuchung widerstehen und ganz in der von Magdeleine vorgeschlagenen Linie bleiben.

„Wenn man liebt, macht man eine Sache nicht nur, um sich »vorschriftsmäßig« zu verhalten, man macht sie aus Liebe. Wir haben oft die Vorschriften erstarren lassen, indem wir vergessen haben, daß »die Liebe über allen Regeln steht«. Kleine Schwester Magdeleine sagt es uns immer wieder: »Beweglichkeit, Beweglichkeit … Ausnahme, Ausnahme …«.“[102]

Das Gemeinschaftsleben braucht grundlegende Vereinbarungen, die nicht immer neu getroffen werden können. Der einzelne Mensch, die einzelne Situation ist jedoch immer wieder größer, umfassender, und sprengt die grundsätzlich richtige und gute Vereinbarung.

Konsequenz dieser Beweglichkeit ist nicht Unordnung und Chaos, sondern der Versuch, jede Situation, die sich nicht mühelos aufgrund von vorgegebenen Regeln leben läßt, in Liebe zu sehen und dann Entscheidungen zu treffen.

## 5. Verkündigung

Menschen, die sich auf diese Liebesgeschichte mit Gott eingelassen haben, erfahren in sich den Wunsch, weiterzuerzählen, was sie gehört haben, was sie mit ihren Augen gesehen, was sie geschaut und was ihre Hände angefaßt haben (vgl. 1 Joh 1,1). Sie wollen von dem erzählen, der in ihr Leben getreten ist, um es zu verwandeln, und der danach sucht, mit seiner Liebe im Menschen anzukommen, wie er es in Jesus von Nazaret getan hat. In einer Zeit, in der die Inflation der Worte das Weitererzählen erschwert, ist es notwendig, mit dem ganzen Leben von dieser Beziehung zu Gott zu erzählen. Im Bemühen, mit dem eigenen Leben und nicht nur mit Worten die Frohe Botschaft zu verkünden, hat Magdeleine für sich und die Kleinen Schwestern ganz konsequent nach Formen gesucht, die von allen Menschen verstanden und selber praktiziert werden können.

### *Menschen, die Gott begegnet sind, wollen davon erzählen*

*„Mach dich bereit, auf die grenzenlose und alle umfassende Liebe des Herzens Christi zu antworten. Geh bis ans Ende der Welt, um diese Liebe dorthin zu tragen. Ruf das Evangelium in die Welt, »nicht mit Worten, sondern mit Deinem Leben selbst«."*[103]

Magdeleine betont, wie wichtig es ist, sich bewußt zu machen, was es bedeutet, daß Gott sich im Evangelium die Mühe gemacht hat, zu uns zu sprechen. Er hat es getan, damit die Menschen aus seinen Worten leben, aus seinen Worten, die „Geist und Leben" sind.[104] Diese Worte sind für die Kleinen Schwestern grundlegend. Sie gilt es, mit dem Leben zu ergründen. „Vertieft Euch in die Worte des Evangeliums und Ihr werdet sehen, welches innere Licht Jesus Euch geben wird. Seine Worte werden zu unserem »Leben« … Es sind die Worte Gottes. Sie bergen in sich die gehaltvollste Nahrung, die es gibt."[105] Was diese Ausrichtung auf das Evangelium betrifft, versteht sich Kleine Schwester Magdeleine ganz als Schülerin von Bruder Karl, der bereit war, für das Evangelium „bis ans Ende der Welt zu gehen und bis zum Jüngsten Tag zu leben".[106]

Wichtig ist es, das Evangelium zu einem Stück des eigenen Lebens zu machen, sich hineinzugraben und darin Jesus zu begegnen und ihm ähnlich zu werden. Diese innere Vertrautheit wird dann zum Impuls, loszuziehen und den großen Schatz weiterzugeben. Es drängt danach, das Evangelium „hinauszuschreien“. Der Hauptakzent liegt dabei immer auf dem Leben. Die Worte des Evangeliums werden sozusagen in Leben verwandelt und nicht mehr als Worte, sondern als Leben weitergegeben.

In der Praxis der Gemeinden steht häufig die Auslegung des Wortes im Vordergrund. Oft finden die, die berufsmäßig dazu bestellt sind, das Evangelium auszulegen, keine Kraft mehr dazu. Zwischen dem Wort und dem eigenen Leben besteht kein Gleichgewicht, weil es in erster Linie für andere ausgelegt werden muß. Es drängt sie nicht mehr danach, das Evangelium hinauszuschreien. Diese Frage muß sich heute manche Gemeinde ernsthaft stellen lassen: „Reden die Gemeinden zwar viel von Gott, leben aber nicht aus seinem Geist? Dann wären die Gemeinden wie Wegweiser, die einen Weg zeigen, ohne ihn zu gehen; und es wäre nicht überraschend, würden dann die Menschen sagen: Was zählt schon euer Wort, wenn ihr euch selbst nicht daran haltet?“[107]

### *Menschen verkündigen das Evangelium durch „Freundschaft“*

*„Unser Apostolat wird immer das Apostolat der Freundschaft bleiben. »Man tut Gutes nicht durch das, was man sagt oder tut, sondern durch das, was man ist«(Bruder Karl)“.*[108]

Kleine Schwester Magdeleine begreift sich ganz aus ihrer Bezogenheit auf Gott. Weil alle Menschen auf ihn hingeordnet sind, ist eine Gleichheit gegeben, die in der menschlichen Freundschaft keine Aufteilung in Gebende und Empfangende mehr duldet. Die Freundschaft wird dann zu jener Haltung, in der Menschen für Gottes Zärtlichkeit transparent werden.

So in der Haltung der Freundschaft, der Liebe und Zärtlichkeit zu leben, daß eine Liebe zu Christus geweckt wird, das ist die Form des „Apostolats“, die Magdeleine ihren Kleinen Schwestern nahezubringen versucht. Deshalb betont sie auch immer wieder, daß es gilt, die menschliche Freundschaft nicht zu zerstören oder abzuwerten, daß sie vielmehr ein Weg ist, die Liebe zu Christus wachsen zu lassen.

Wer in der Haltung der Freundschaft kommt, wer als Freund/in kommt, ohne Anmaßung, etwas bringen, verändern oder überzeugen zu müssen, wird freundschaftlich aufgenommen. Die Haltung einer liebevollen, absichtslosen Zuwendung vermeidet vorschnelle Funktionalisierung. Die Menschen zu lieben ist für die Kleinen

Schwestern der erste und wichtigste Grund, irgendwohin zu gehen. Es ist der Grund, den kleinsten Stamm am Ende der Erde zu suchen und mit ihm zu leben.

Jede Freundschaft, die absichtslos dem andern gilt, die personale Begegnung von Ich und Du ist, verweist auf jenen Gott, der uns in Jesus in seiner „Du-Haftigkeit" begegnet ist. Deshalb gibt es einen inneren Zusammenhang zwischen der Freundschaft zu einem Menschen und der Freundschaft zu Gott, deshalb ist „in der christlichen Mystik eine mystische Freundschaft zwischen den Menschen nicht nur möglich, sondern vielleicht sogar von der Sache her angestoßen".[109]

Zu den Menschen einfach aus Freundschaft zu gehen, steht gegen ein weit verbreitetes funktionales oder statistisches Denken.[110] Vielleicht ließe sich von da aus eine „Seelsorge der Freundschaft" entwickeln, die sich nicht als Betreuung oder gar als Bevormundung des anderen begreift, sondern als „Begleitung, d.h. als der Versuch, an seiner Seite zu bleiben, wie Gott verheißen hat, an unserer Seite zu bleiben".[111] Als Begleitung, deren Ziel es ist, Freundschaft zu stiften und in der Freundschaft transparent zu werden für Gott, der sich zum Freund aller Menschen gemacht hat.

### *In der Gastfreundschaft werden Menschen zum Zeugen für das Evangelium*

*„Sie (die Kleinen Schwestern) sollen immer gastfreundlicher werden für alle, die an ihre Tür klopfen, sie sollen niemanden in ihrem Viertel leiden lassen, ohne ihm zu Hilfe zu eilen ..."*[112]

"Accueil", wörtlich Empfang, Aufnahme, setzt voraus, offen zu sein für jeden, der kommt, so wie er ist, an seinem Leben Anteil zu nehmen und bereit zu sein, am eigenen Leben teilhaben zu lassen.

„Die Voraussetzungen für »accueil« ... sind Ehrlichkeit in der Begegnung, Empathie für die augenblickliche Lage des anderen, die Fähigkeit, offene oder versteckte Not wahrzunehmen, und der Mut, sich solidarisch auf die Situation fremder Menschen einzulassen."[113]

Michael Gmelch, der basiskirchliche Lebensgemeinschaften in Frankreich untersucht hat, entdeckt dort und insgesamt in der kirchlichen Szene Frankreichs „accueil" als pastorale Schlüsselkategorie und weist auf die „inkarnatorische Dimension" hin: „Wo ein Klima der Gastfreundschaft, der Einfühlung und Güte anzutreffen ist, soll deutlich bezeugt werden, daß Gott wirklich in dieser Welt da ist und die Menschen begleitet.“[114]

Einen Raum der Gastfreundschaft zu schaffen, ist immer ein potentieller Raum der Theophanie. „Vergeßt die Gastfreundschaft nicht; denn durch sie haben einige, ohne es zu ahnen, Engel beherbergt.“ (Hebr 13,2)

Mit ihrer Gastfreundschaft wollen die Kleinen Schwestern eine Nähe Gottes erfahrbar machen, die jedem gilt. Gastfreundlich können sie für andere zur Gotteserfahrung werden – gleichzeitig werden sie selbst beschenkt: „Die Reisenden, die Gäste sollen bei euch mit der größten Liebenswürdigkeit behandelt werden. Entsprechend der Regel von Bruder Karl von Jesus: »Wir müssen mit einer großen Liebe, einem großen Respekt, einer großen Freude und einem zärtlichen Eifer jeden bei uns aufnehmen, wer immer zu uns kommt; jeden Menschen, wer immer er auch sei ... jeden ... jeden, jeden ... Indem wir sie aufnehmen, empfangen wir Jesus!« ...“[115]

Was die Kleinen Schwestern leben, ohne daraus ein pastorales Konzept für sich zu machen, entwickelt Rolf Zerfaß in seiner „Seelsorge als Gastfreundschaft“.[116]

Gastfreundschaft entspricht dem Leben der frühen Kirche, die diese Gastfreundschaft als „alternativen Lebensstil“ (Röm 12,13) praktiziert hat. Sie ist die Praxis jenes neuen Milieus, das entsteht, wo die Gottesherrschaft Platz greift. Da die Gastfreundschaft immer auf Gotteserfahrung hin offen ist, stellt sie für die frühe Kirche „eine Sozialform frühchristlicher Hoffnungsspiritualität dar“.[117]

In einer Zeit, in der die Welt in Bewegung gekommen ist, in der die Menschen oft abgetrennt von ihrer Vorgeschichte und so auch oft von ihrem Gott leben, wird eine Kultur der Gastfreundschaft für die christlichen Gemeinden immer wichtiger. Die vielen „Kirchenfremden“, die heute zum Normalfall geworden sind, brauchen Orte, an denen sie absichtslos dasein dürfen. Heute „ist es wichtiger denn je, einzusehen, daß es zum Wesen christlicher Spiritualität gehört, unsere Mitmenschen in unserer Welt willkommen zu heißen, ohne ihnen die Übernahme unseres Glaubensstandpunktes, unserer Weltanschauung oder unseres Gebarens als Bedingung für Liebe, Freundschaft und Betreuung aufzunötigen“.[118]

*„Wohnungen“ werden zum Ort der Verkündigung*

*„Das Leben der Armen teilen, in denselben Häusern wohnen, von derselben Nahrung leben wie sie, einfache Kleidung tragen, die Verkehrsmittel benutzen, die ihnen zur Verfügung stehen, sich im Krankenhaus genauso wie sie behandeln lassen, wie Arme begraben werden.“*[119]

Gott, der mitten unter den Menschen Wohnung genommen hat, wird für die, die sich von ihm berühren lassen, zur Einladung, die Lebensräume der Menschen zu teilen und mitzuwohnen. Wenn im Alten Testament vom Wohnen Gottes gesprochen wird, ist gesagt, daß Gott trotz seines „Wohnens“ im Himmel seinem Volk nahe ist, sei es in der Wüstenwanderung oder nach der Landnahme. „Ich werde mitten unter den Israeliten wohnen und ihnen Gott sein. Sie sollen erkennen, daß ich der Herr, ihr Gott bin, der sie aus Ägypten herausgeführt hat, um in ihrer Mitte zu wohnen, ich, der Herr, ihr Gott“ (Ex 29,45–46).

Das „Wohnen“ Gottes unter den Menschen hat im hebräischen Denken eine wichtige Bedeutung, was sich am Begriff „shekinah“ gut zeigen läßt: „Der hebr. Begriff shekinah muß – statt mit Gegenwart – mit Wohnung übersetzt werden. Er bezeichnet die Tatsache, daß Gott an einem bestimmten Ort wohnt. Dort hat er seine Wohnung. Während Gegenwart die Frage des Ortes offen läßt und keine Bindung und keinen Vorzug festlegt, setzt Wohnung die Tatsache voraus, daß man sich für einen bestimmten Ort entschieden hat, um an ihm zu wohnen.“[120] Gott hat in der Inkarnation eine sehr konkrete Form gewählt, bei den Menschen zu „wohnen“: „Und das Wort ist Fleisch geworden und hat unter uns gewohnt ...“ (Joh 1,14) Als die Jünger Jesus nach seinem Wohnen fragten, antwortete er ihnen: „Kommt und seht! Da gingen sie mit und sahen, wo er wohnte, und blieben jenen Tag bei ihm ...“ (Joh 1,39).

Das menschliche Miteinander-Wohnen hat eine ganz besondere Bedeutung, weil es Nähe möglich macht, die durch keinen gelegentlichen Besuch hergestellt werden kann. Die gleichen Räume zu bewohnen, die gleichen Treppen zu gehen, den gleichen Mietverträgen ausgeliefert zu sein, schafft eine andere Möglichkeit, „angstfrei“ bei den Menschen zu sein. Und es schützt vor der Versuchung, sich von denen zu distanzieren, die den gleichen Wohnblock mitbewohnen. Wohnungen sind Orte, an denen Menschen nach einem anstrengenden Arbeitstag aufatmen können, an dem sie „bei sich“[121] sein dürfen. Orte auch, an dem sich Familientragödien abspielen – auf jeden

Fall Orte, an denen man die Menschen jenseits ihrer geschäftlichen Funktion treffen kann.

Interessant ist in diesem Zusammenhang, wie Charles de Foucauld darum gerungen hat, einen Namen zu finden, der für seine „Wohnung“ das zum Ausdruck bringt, was er als „Bruder aller Menschen“ leben möchte.[122]

Das Wohnen der Kleinen Schwestern mitten unter den Menschen kann als Ver“ortung“ einer konkreten Option gesehen werden, als Versuch, ein Ort für Hoffnungsworte zu sein. „Entscheidend sind nicht Hoffnungsworte, sondern Hoffnungsorte. Diese Hoffnungsorte sind Lebensräume, in denen Frauen und Männer, junge und alte, unter den Augen Gottes leben (lernen) können, wo sie sich vor Gott und daher voreinander sehen lassen können vor jeder Leistung und trotz aller Schuld: In solcher Begegnung wird Hoffnung erfahrbar.“[123]

Es steckt sicher eine tiefe Weisheit in der Entscheidung der Kleinen Schwestern, in den gleichen bescheidenen Wohnungen zu wohnen wie die ganz einfachen Menschen.[124]

# II.
# Thesen zu einer „Politischen Kultur“

## *1. Bewußtseinsbildung*

Der erste Schritt zu einer politischen Kultur ist, ein Bewußtsein zu bekommen von der Not der Menschen, „intim“ zu werden mit den vielen sichtbaren und verborgenen Leidensgeschichten.

Bewußtseinsbildung ist nötig, „um die Opfer der Unterdrückung und die ihr zugrunde liegenden »Strukturen« kennenzulernen“.[125]

„Bewußtseinsbildung vollzieht sich nicht durch Information, noch sondern durch Eintauchen in die Welt der Opfer. „»Immersion«, Leitwort vieler Basisgemeinden auf den Philippinen, geschieht auch in europäischen Gemeinden, die in der Art Gottes Aug und Ohr, ja intim werden wollen mit dem Leid der Unterdrückten und Armgemachten.“[126] Was Magdeleine von der Not der Menschen wußte, war immer dieses innere Wissen, das aus der Berührung mit den Menschen wachsen konnte.

### *Im solidarischen Teilen von Lebenssituationen geschieht Bewußtseinsbildung*

*„Wenn ihr wüßtet, wie schmerzlich es ist, mitten in einem solchen Elend zu leben, und in welche Gewissenskonflikte man kommt! Man würde am liebsten alles hergeben und wie der Kleine Bruder Karl von Jesus arm sein wie die Allerärmsten."*[127]

Im solidarischen Teilen von Lebenssituationen ist es möglich, „intim" mit den Leidensgeschichten der Menschen zu werden. Eine Betroffenheit wächst, durch die eine gleichgültige Distanz überwunden werden kann. Die Annäherung an Leidensgeschichten ist jedoch untrennbar verbunden mit der Erfahrung, auch hilflos zu sein angesichts des Leides, mit dem man sich vertraut gemacht hat. Der Anspruch, das Leid heilen, bewältigen zu wollen, muß notwendigerweise scheitern. Sehr oft besteht der Versuch zu „helfen" nur noch darin, mit auszuhalten, nicht davonzulaufen. „Man kann das Leid nicht anders berühren als mit gekreuzigten Händen."[128]

Die Kleinen Schwestern wählen mit ihrem Leben freiwillig die Nähe zu Menschen, die unfreiwillig in mühsame Lebenszusammenhänge gestellt sind. Mit dieser Lebensweise können sie zum lebendigen Protest werden gegen ungerechte Lebensumstände. In solche Situationen hineingestellt, wird das Evangelium zum Impuls, sich kompromißlos zu solidarisieren.[129]

Gelegentlich wird diese Form der Solidarität als tapferes, aber letztlich unfruchtbares Mit-Durchhalten mißverstanden. Weil die Bedingungen sich offensichtlich durch das Mitleben nicht verändern, erscheint es sinnlos. Es geht jedoch darum zu glauben, daß die Erlösung nicht erst jenseits der Bedingungen stattfindet, sondern inmitten des Elends, dort, wo Menschen leben müssen.[130]

Diese Solidarität macht keineswegs Halt vor der Notwendigkeit, an konkreten Veränderungen mitzuwirken: „In einer besonderen Solidarität mit den Nachbarn des Viertels oder des Dorfes und den Arbeitern, mit denen sie ihr Leben teilen, beteiligen sich die Kleinen Schwestern an ihren Bemühungen, die oft so unmenschlichen Bedingungen zu verändern."[131] Doch sie verwirklicht sich vor allem in der Ohnmacht, etwas verändern zu können. Weil jede Solidarität unvermeidbar in sich den Aspekt der Armut trägt[132], kann die Frage nach der Effektivität nicht das entscheidende Kriterium sein. Denn die eigentliche Fruchtbarkeit der Solidarität ist die Solidarität selbst.

„Angesichts derer, die schuldlos leiden, haben wir keine andere

Antwort als Jesus, der geliebte Sohn, der Schuldlose, der in seine Todesangst die Agonie der Hingerichteten, der Verurteilten, der ganzen Welt hineingenommen hat. Darin und in der Erwartung des Ostermorgens liegt all unsere Hoffnung.“[133]

Das solidarische Teilen von Lebenssituationen schafft ein Bewußtsein, das aus der Berührung mit dem Leben wächst und den ganzen Menschen erfaßt. In unserer „Informationsgesellschaft“ besteht die Chance, aber auch die Gefahr, sich mühelos Informationen aus aller Welt und auf allen Gebieten zu beschaffen, deren Fülle sich jedoch nicht mehr verarbeiten läßt. Weil diese Informationsflut nicht verkraftbar ist, ist es notwendig, sich innerlich abzuschirmen. Auch in den Gemeinden ist die Versuchung groß, bei einer Information stehen zu bleiben, sich vor einer wirklichen Betroffenheit zu schützen. Solidarisches Teilen von Lebenssituationen zerbricht diese intellektuelle Distanz, wie vor allem die lateinamerikanischen Befreiungstheologen erfahren haben. „Das Engagement der Christen für die Erniedrigten und Beleidigten dieser Welt gründet nicht nur auf einer kritischen Analyse der Wirklichkeit und auch nicht allein auf der Stringenz der theologischen Reflexion über die sozioanalytischen Daten, sondern auch auf einer Praxis und Mystik von Solidarität und Identifikation mit den Unterdrückten.“[134] Es braucht Gemeinschaften, die helfen, den intellektuellen Schutzwall überflüssig zu machen, um von der Not der Menschen nicht nur zu „wissen“, sondern ein Bewußt-“sein“ zu bekommen, das die ganze Person durchdringt.

*Menschen, die an den „Grenzen“ mitleben,*
*bekommen einen neuen Blick für die „Mitte“*

*„Dorthin gehen, wo kein Mensch hingehen würde ... zu den verirrten Schafen ... zu denen, die keinen Hirten haben. Können wir also die »Kleinen« im Stich lassen, für die sich niemals jemand interessieren wird, wo der Herr sie uns doch auf ganz besondere Weise anvertraut hat? ...“*[135]

Weil Magdeleine immer den einzelnen Menschen in seiner Würde und seinem Reichtum gesehen hat, konnte einer nie zu wenig sein, als daß es sich nicht lohnen würde, zu ihm zu gehen. Es ging ihr um die, die wirklich sonst keiner sieht und die von sich aus auch nicht kommen. Sie galt es, nicht nur wahrzunehmen, sondern sich sogar auf die Suche nach ihnen zu machen, auch um den Preis, dafür bei den Angesehenen nicht präsent zu sein. Hinter Gefängnismauern, hinter trennenden Grenzen, an den Rändern der Städte leben Menschen, die von sich aus keine Möglichkeit haben, auf die andere Seite zu kommen. Sie sind auf die angewiesen, die freiwillig zu ihnen kommen.

Kritisch anzufragen wäre eine oft selbstverständliche Höherbewertung dessen, was als die „Mitte" angesehen wird. Dahinter steht die Sicht dessen, der sich selbst in der Mitte ansiedelt und den eigenen Standpunkt zum Maß der Beurteilung nimmt. Im „Mittelpunkt" stehen, zur „Kerngemeinde" zu gehören, scheint mit besonderen Privilegien verbunden zu sein. Daneben ist bemerkenswert, daß Jesu Leben sich zu einem sehr geringen Teil im „Zentrum", in Jerusalem, abgespielt hat. Nazaret liegt wirklich am Rande des Geschehens: „Nazaret ist ein Dorf, das weder in der Menschheitsgeschichte ..., noch in der Heilsgeschichte, in der Geschichte Gottes im Alten Testament, eine besondere Rolle spielt."[136]

Rolf Zerfaß unterscheidet das „Zentrum des Kreises Gemeinde" und die „Peripherie", der ganz besondere Bedeutung zukommt. Sie ist „in der Perspektive des kommenden Reiches Gottes kein Randbereich, sondern die eigentliche Einbruchstelle, der Ort, an dem Menschen leben und leiden, fallen und aufstehen; wo die Krüppel und die Lahmen, die Bettler und die Armen leben, denen das Evangelium gilt und für die die Gemeinde Jesu da ist".[137]

Es ist also nicht beliebig, ob wir dorthin gehen, wo scheinbar die „Peripherie" ist. Am Ende wird gerade das die entscheidende Frage sein, denn: „Ich war fremd und obdachlos, und ihr habt mich aufgenommen ... Ich war im Gefängnis, und ihr seid zu mir gekommen." (Vgl. Mt 25,31 ff)

*Der Weg in die „Fremde" schafft ein neues Bewußtsein für die Situation des Fremden*

*„In einem Jahrhundert, in dem der Gewalt auf der ganzen Welt freier Lauf gelassen wird, wo die Einwanderer – gleichbedeutend mit »Fremde« – so zahlreich sind, und wo aus politischen, ökonomischen und sozialen Gründen ihr Kommen weder gewünscht noch akzeptiert wird, wird es mehr denn je notwendig, das Wort »Fremder« aus unserem Vokabular zu streichen.*

*Wenn die Kleinen Schwestern es benützten, wäre es besonders grausam, denn ihre Berufung ist es, an der universellen Einheit und Liebe zu arbeiten, indem sie möglichst oft in einem anderen Land als dem ih-*

*rigen leben und sich so gut wie möglich unter verschiedene Nationalitäten und Rassen mischen – also »Fremde« in einem fremden Land ...*“[138]

Weil die Kleinen Schwestern oft am eigenen Leib erfahren, was es bedeutet, in der Fremde als Fremde behandelt zu werden, sind sie sensibel für die Menschen, die unter noch mühsameren Bedingungen in die Fremde ziehen müssen. „...die Fraternität muß immer »an den Grenzen«, »außerhalb der Mauern« leben ... Aus der Perspektive des Ordenslebens ist dies etwas Neues, jedoch etwas Neues, das mit dem Evangelium ganz im Einklang ist.“[139]

Kleine Schwester Magdeleine erinnert daran, daß der Fremde, der heute oft den Beiklang „unerwünscht“ hat, einmal der „geheiligte Gast“, der „Geliebte Gottes“ war.[140]

Selber in die Fremde zu gehen, schafft ein neues Bewußtsein für den, der gezwungen ist, als Fremder um Aufnahme zu bitten. Das Volk Israel war von dieser Erfahrung geprägt. Weil Israel selbst das Fremdendasein in Ägypten erfahren hat, ist es aufgefordert, den Ausländer gerecht zu behandeln. Grundlegend ist, selbst die Erfahrung der Fremde, der Ohnmacht zu kennen und sie zum Ausgangspunkt des eigenen Verhaltens zu machen. Wer glaubt, sein gesichertes Leben als persönliches Vorrecht gegen „Eindringlinge“ verteidigen zu müssen, wehrt Erfahrungen des eigenen Fremdseins ab. Er wird sich auch auf Reisen in fremde Länder Rechte herausnehmen, die ihm nicht zustehen.

Rolf Zerfaß spricht von einer „Seelsorge aus der Position der Ohnmacht“.[141] Sie begreift sich „nicht vom gesicherten Grund und Boden (der eigenen Kirche, des eigenen Pfarrhauses) aus, sondern als Fremdling, angewiesen auf die Gastfreundschaft der anderen“.[142] Wenn gläubige Menschen, wenn Seelsorger/innen in dieser Haltung erfahrbar werden, können sich Einstellungen grundlegend ändern. An diesen Veränderungen des Bewußtseins mitzuarbeiten, gehört zu den vornehmsten Aufgaben jedes Christen.

„Die Christen sollten mit an vorderster Stelle bei denen sein, die sich dafür einsetzen, daß die Mentalität der Menschen sich mehr öffnet für all jene, die aus anderen Ländern kommen und Verständnis, wirksame Hilfe, Gerechtigkeit, Frieden und Liebe suchen.“[143]

Dieser Anspruch wird in einer internationalen Ordensgemeinschaft leichter zu verwirklichen sein als innerhalb einer Gesellschaft, die eigentlich für Fremde verschlossen ist. Hier wie dort wird jedoch in gleicher Weise an menschlichen Grenzen gerührt, die nur überwunden werden, indem Menschen weltweite Zusammenhänge nicht nur wahrnehmen, sondern auch ihre eigene Verflochtenheit erkennen.

## 2. *Optionen – Aufgeben der Neutralität*

"Wer in Gott eintaucht, kann gar nicht anders, als in seiner Art für die Armgemachten und Unterdrückten zu optieren."[144] Der theologische Impuls für diese Option eines in Gott Verwurzelten liegt darin, daß auch Gott „optiert".

Auch wenn Lösungsmöglichkeiten konkret nicht immer gesehen werden, sollte kein Zweifel darüber bestehen, wo Christen stehen. Eine Sicht, die sich der Welt der Armen stellt, führt zwangsläufig zu einer Option. Magdeleine versuchte immer wieder, ihre Option zu erläutern – am eindrücklichsten geschieht dies durch ihr Leben, das in sich schon eine klare Option ist.

### *Optionen nehmen die Konkretheit und Begrenztheit des Lebens ernst*

*„Den Armen und den kleinen Leuten den Vorrang in unserem Leben einräumen, denn jede Geste der Güte und Liebe für den Geringsten unter den Seinen richtet sich an Jesus selbst."*[145]

Den Anspruch, „allen alles sein zu wollen", leben die Kleinen Schwestern sehr konkret, indem sie versuchen, den Arbeitern eine Arbeiterin, den Nomaden eine Nomadin, den Zigeunern eine Zigeunerin zu sein. Wenn Kleine Schwester Magdeleine von der Fraternität als einer „Arbeiter-Kongregation" spricht, die der Klasse der Armen und der Arbeiter angehört, dann drückt sich darin ein für Ordensleute ungewöhnliches Bewußtsein der Klassenunterschiede und eine klare Option aus.[146]

Korrektur und Maßstab für die eigene Option ist die „Option Jesu". So betonen die Kleinen Schwestern, daß es wichtig ist, „immer wieder auf die Optionen Jesu zurückzukommen: Ablehnung jeder Form von Macht, Vorläufigkeit in allem, was unsere Lebensweise betrifft, und der Wunsch, als Schwache an der Seite des Schwachen zu bleiben."[147]

Optionen haben immer etwas mit konkreten Menschen und Anliegen zu tun, und solange pastorale Konzepte zu allgemein und zu großflächig angelegt sind, ist für konkrete einzelne Anliegen die Sicht verstellt. Gefragt ist das Bemühen, den pastoralen Blick brennpunktartig zu verdichten und damit eine größere Nähe zu den „Brennpunkten“ des Lebens zu bekommen.

„Wer die Welt mit den Armgemachten anschaut, verbündet sich mit diesen, um mit ihnen zusammen Unrecht einzudämmen. Dabei ist es keineswegs immer einfach, genau zu wissen, auf welchem praktisch-politischen Weg Unrecht vermindert werden kann. Doch wenn Christen in den Gemeinden auch nicht immer wissen, wie der Weg aussieht, sie sollten keinen Zweifel daran lassen, auf wessen Seite sie stehen: auf der Seite der Unterdrückten, Entrechteten und Armgemachten.“[148]

Optionen machen das Engagement konkret, weil sie konkreten Menschen gelten. Und sie sind das ehrliche Eingeständnis, daß wir begrenzt sind. Sie verlassen sich darauf, daß Gott allein alles kann. Sie sind jedoch auch Ausdruck dafür, daß es nicht beliebig ist, auf wessen Seite sich Christen stellen.

### *Die Option für die Armen setzt ein reiches menschliches Potential frei*

*„Wir könnten in so vielen Bereichen von den Armen lernen: ihre einfache Sprache, die Herzlichkeit ihrer Gastfreundschaft, das Geschenk der Zeit, den Geist des Teilens, die Solidarität, die Verfügbarkeit … Sie geben einem niemals das Gefühl, sehr beschäftigte Leute zu sein und alles zu wissen.“*[149]

Im Wissen um die Personalität jedes Menschen geht Kleine Schwester Magdeleine zu den Menschen. Sie weiß, daß auch der Ärmste in sich etwas hat, das er gerne verschenken möchte und das auf einen wartet, der sich beschenken läßt. Sie will als Freundin, als Nachbarin, als Arbeitskollegin kommen, nicht als Überlegene, die großzügig ihr Almosen in Form von Zeit oder Geld oder Wissen verschenkt. Es geht in erster Linie darum, den anderen liebevoll und respektvoll in seinem Reichtum wahrzunehmen und sich beschenken zu lassen.

In den Gemeinden sind die gefragt, die mit besonderen Gaben das Gemeindeleben lebendiger machen, die eine bunte Vielfalt von Kreativität einzubringen haben. Ausgehend von einem bestimmten Gemeindeideal, in dem möglichst für alle Interessen ein „Kreis“ vorhanden sein muß, sind also jene „angesehen“, die besondere „Kompetenz“ mitbringen. Menschen, die sich wenig artikulieren können, die wenig gelernt haben und bisher kaum eine Chance hatten, sich zu „profilieren“, kommen dabei weniger oder gar nicht in den Blick. Josef Fischer und Paul M. Zulehner sprechen vom „ungehobenen Kirchenschatz“, von den „vielen brachliegenden Berufungen zumal jener, die in den Augen der Welt die kleinen Leute, in den Augen Gottes aber besonders geschätzt sind“[150]

Daß die Unauffälligen etwas von ihrem Reichtum geben können und daß die Auffälligen sich auch gerne beschenken lassen möchten, wird zu wenig gesehen. Die „Aktivisten“ des Gemeindelebens können ihrer Bedürftigkeit zu wenig Raum geben, können zu wenig von dem reden, was sie nicht können, nicht wissen. Sie verlieren das Bewußtsein, daß man auch ihnen noch etwas schenken kann, und daß auch sie die Sehnsucht haben, beschenkt zu werden. Die Bedürftigkeit der Starken gibt den Kleinen, Unbemerkten eine Chance, etwas von ihrem verborgenen Reichtum weiterzugeben und zum Subjekt ihrer eigenen Geschichte zu werden.

*Die Option „für“ wird nicht zwangsläufig zur Option „gegen“*

*„Kleine Schwestern, ich bitte Euch, liebt alle ... die Reichen und die Armen ... die Großen und die Kleinen.“*[151]

Magdeleine riskiert mit ihren Optionen, mißverstanden zu werden. Doch belegt sie durch konkretes Leben, daß ihre Option zwar klar und eindeutig ist, jedoch niemanden zum Feind macht. Ein anschauliches Beispiel sind die Gründungen in Israel, die einerseits im Milieu der Israelis, andererseits im Milieu der Palästinenser zu finden sind – wobei die Kleinen Schwestern jeweils eine sehr eindeutige Option leben und die Spannung innerhalb der Gemeinschaft schmerzlich wahrnehmen. Partei ergreifen, sich *für* jemanden oder für eine Sache zu engagieren, wird oft damit gleichgesetzt, *gegen* etwas oder jemanden zu sein. Die Kleinen Schwestern haben diesbezüglich von den Südkirchen gelernt: „Denn ihnen geht es nicht nur darum, daß die Unterdrückten befreit werden, sondern eben auch die Unterdrücker. Befreiung ist unteilbar. Schließt sie die Unterdrücker aus, kann es zu keiner dauerhaften und vor allem nicht zu einer gewaltfreien Befreiung der Armen kommen.“[152]

Magdeleine möchte zwar zu dem „anstößigen Leben“ stehen, jedoch niemand unnötig provozieren oder verletzen. Daß die Kleinen Schwestern Anstoß erregen, läßt sich allerdings nicht vermeiden. Innerhalb von Kirchengemeinden wird nicht selten ängstlich vermieden, sich deutlich hinter ein Anliegen zu stellen, solange es auch Gegner des Anliegens gibt. Im konkreten Engagement für das einzelne Anliegen wird das mögliche Mißverständnis, gleichzeitig gegen etwas anderes zu optieren, eher hypothetisch. Im Einzelfall muß es auch riskiert werden.

### *3. Vielfalt von Standpunkten*

“Eine von vielen Gemeinden und deren Verantwortlichen verbreitete Sorge ist, daß die »legitime Vielfalt« von Standpunkten die Einheit der Gemeinde zerreißt, und sie schließen daraus, daß um des innergemeindlichen Friedens willen politische Themen aus dem Gemeindealltag, insbesondere aus dem Gottesdienst auszuklammern seien.“[153] Die Angst vor dieser möglichen Vielfalt führt oft zur Entscheidung, sich lieber nicht zu engagieren.

Die Universalität der Kleinen Schwestern führt trotz gemeinsamer Option zwangsläufig zu unterschiedlichen Standpunkten. Sie wissen darum und bemühen sich, dies ehrlich wahrzunehmen und das Leiden daran zuzulassen. In erster Linie sehen sie jedoch den Reichtum, der in dieser Vielfalt liegt.

#### *In der Vielfalt des Engagements konkretisiert sich die Suche nach Einheit*

*„Es ist manchmal schwierig, seine Verschiedenheiten zu bejahen und dieselbe Berufung zu leben. Dann ist es gut, sich daran zu erinnern, daß diese Unterschiede von der Verschiedenheit der Lebensumstände und Kulturen herrühren.“*[154]

Als Kleine Schwester Magdeleine erkannt hat, daß die Gemeinschaft eine „universelle“ Berufung hat, gibt es prinzipiell keine Menschengruppe mehr, die vom Engagement der Kleinen Schwestern ausgeschlossen wäre. Dieser weite Blick ist eine Chance der Gemeinschaft, birgt jedoch auch die Gefahr, am eigenen Anspruch zu scheitern. Dieser Gefahr nicht zu erliegen, setzt den Mut voraus, die Universalität im konkreten Engagement festzumachen und diese auf das Gesamtanliegen zu beziehen. Die besondere Hingabe an die Völker des Islam, an die Arbeiter, die Nomaden, an aussterbende Indianerstämme widerspricht der Einheit nicht, sondern macht sie konkret. Es entsteht eine fruchtbare Spannung zwischen Einheit und Universalität. Das Anliegen der gesamten Gemeinschaft, die Einheit zu leben, muß sich in der Universalität konkret verwirklichen. Und diese Verwirklichung in der Universalität muß sich auf das Anliegen der Einheit zurückbinden lassen.

Oft wirkt es in unseren Gemeinden befremdend, wenn von einer „Option für die Armen" die Rede ist und gleichzeitig ein konkretes Engagement für die Randgruppen der Gemeinde mit dem Blick auf das „Ganze" der Gemeinde scheitert. Aus Angst, die ganze Gemeinde könnte von einem solchen Engagement schockiert sein, die „Einheit" könnte gestört werden, bleibt es oft bei Worten, die sicher ernst gemeint sind, aber letztlich keine Gestalt bekommen.[155]

Einzelne Gemeindemitglieder kommen in Konflikt wegen ihres politischen Engagements. „Einheit läßt sich in einer solchen Lage aber nicht durch »Entpolitisierung« erreichen. Es geht nicht an, um der Einheit willen Kirchenmitglieder von jenem Engagement abzubringen, zu dem sie um des Evangeliums willen verpflichtet sind."[156] Vielfalt und Einheit sind nicht als Gegensatz zu sehen. Der Mut zum konkreten Engagement ist vielmehr als Dienst am Ganzen zu begreifen.

*Eine Vielfalt von Kulturen respektvoll wahrzunehmen, relativiert die Überlegenheit einzelner Kulturen*

*„Es geht immer um die Begegnung von Kulturen: die Kultur dessen, der das Evangelium bringt, und die lokale Kultur.[157] ... Die Leute haben eine Kultur, eine Religion, sie haben Überzeugungen, mit vielen annehmbaren Elementen. Wir können uns nicht als die anbieten, die die einzigen Repräsentanten Gottes sind. Er ist schon längst da."*

Von Anfang an war es für Kleine Schwester Magdeleine wichtig, daß es keine trennende Mauer zwischen den verschiedenen Nationalitäten und Kulturen gibt. „Ich wollte beweisen, daß es mit Jesus und wegen seines Evangeliums möglich war, in einer großen geschwisterlichen Liebe Kleine Schwestern aus allen Ländern und aus allen Rassen zusammenzubringen ..."[158] Damit wendet sich Kleine Schwester Magdeleine gegen die Ansicht vieler Ordensgemeinschaften, es sei unmöglich, im gleichen Haus Deutsche mit Französinnen, Koreanerinnen mit Japanerinnen, Europäerinnen mit Afrikanerinnen gemeinsam leben zu lassen. „Es handelt sich um einen historischen Prozeß, nicht nur allein um einen kulturellen, sondern auch um einen ökonomischen, politischen, sozialen, psychologischen ...

Es ist eine Konfrontation zweier Kulturen, zweier Religionen, und die Veränderungen vollziehen sich auf zwei Seiten. Wir müssen akzeptieren, daß die anderen für uns Propheten sind ... Das ist eine gegenseitige Bereicherung und Herausforderung.“[159]

Die Kleinen Schwestern leben sowohl innerhalb der Fraternität wie auch mit den Nachbarn in einer bunten Vielfalt von Kulturen. Sie erleben diese oft als mühsame Herausforderung, jedoch auch als Bereicherung.

Die partnerschaftliche Begegnung von Menschen unterschiedlicher Kulturen relativiert die Ängste vor der Fremdartigkeit des anderen und läßt gleichzeitig die Ehrfurcht vor der Unantastbarkeit jedes einzelnen Menschen wachsen. Dieser innere Prozeß ist Voraussetzung dafür, daß die Menschen aufhören, Macht übereinander auszuüben.

Eine Vielfalt von Standpunkten, Kulturen, Biographien zu bejahen, läßt das Bewußtsein wachsen, daß jedem Menschen das gleiche Recht auf Leben und Würde zukommt. Es braucht Räume, Orte, an denen es möglich wird, miteinander in diesem Bewußtsein zu reifen.

In diesem Prozeß der Akkulturation sind die Kleinen Schwestern einen weiten und ehrlichen Weg gegangen. Ihr Bemühen war es, die Fraternität in großem Respekt vor anderen Kulturen in die jeweiligen Länder einzupflanzen. Solange dies durch die französischen Kleinen Schwestern geschah, garantierten sie durch ihre Kultur die Einheit, und auch die Kleinen Schwestern, die in den Ländern eintraten, wurden durch diesen französischen Stil geprägt. Mit der Bereitschaft zur Inkulturation der Fraternität mußten die Kleinen Schwestern die Dominanz der französischen und der europäischen Prägung verlieren. Dies setzt eine neue Qualität des Respektes vor der Andersartigkeit der Kulturen voraus. Ein Respekt ist gefragt, der bereit ist, die andere Kultur nicht nur gelten zu lassen, sondern ihr den Vorrang zu geben. Das Bemühen um Inkulturation relativiert die Hierarchie der Kulturen. Daraus erwächst ein Bewußtsein, das für die westlichen Gesellschaften in ihrer Überlegenheit notwendig wird, angesichts der gegenwärtig weltweiten Bewegung von ganzen Völkergruppen und der Veränderung von politischen Systemen. Auf dem Weg, die Überlegenheit der eigenen Kultur zu relativieren, hat die Kirche heute einen ihr ganz eigenen und wesentlichen Beitrag zu leisten, im Sinne von Gal 3,28: „Es gibt nicht mehr Juden und Griechen, nicht Sklaven und Freie, nicht Mann und Frau; denn ihr alle seid »einer« in Christus Jesus.“

*Politische Konfliktfelder bergen in sich den Weg des Heils*

*„Man muß akzeptieren, daß wir schweigen sollen, um nicht schon an der Grenze wieder zurückgeschickt zu werden. Wenn man hier ist, kann man wenigstens mit den Menschen leiden und ihnen das zeigen.“*[160]

Kleine Schwester Magdeleine stößt immer wieder auf Situationen, die ausweglos erscheinen. Ein direktes politisches Engagement würde nichts ändern. Anstatt vor solchen Situationen zu resignieren, macht sie sich mit ihren Kleinen Schwestern den Konflikt zu eigen.

Dem Haß verfeindeter Stämme und Dörfer, getrennter Rassen und Schichten stellt sie sich, indem Kleine Schwestern auf beiden Seiten mitleben. So wächst neben dem Haß eine lebendige Brücke der Freundschaft. Die Bereitschaft, sich in dieser Weise einem Konflikt zu stellen, setzt voraus, das Anderssein der anderen Seite nicht sofort abzuwehren und sich selbst anfragen zu lassen. „Wer sich auf einen Konflikt aktualisierend einläßt, stellt in Frage und wird in Frage gestellt.“ Dies bleibt nicht ohne Konsequenz, denn: „In der Frage verläßt jemand die Position der Stärke. Er gibt die Position des Habens - sei es die Position der vitalen Macht oder der Macht der Ideen und der unbefragten Trends - auf.“[161]

Weil Gott nicht mit einer heilen, sondern einer erlösungsbedürftigen Menschheit eine Partnerschaft eingeht, ist das Wahrnehmen von Konflikten eine Chance, diese Partnerschaft in den unterschiedlichsten menschlichen Erfahrungen zu leben. „Der zwischenmenschliche Konflikt ist eine der Situationen, in denen Heiligung und Heilung der zwischenmenschlichen Beziehungen geschehen kann. Der Mensch ist fähig zu unmittelbarer Begegnung, weil jeder Mensch im Auf-ein-ander-Zugehen Partner der Liebe Gottes ist.“[162]

Diese Sicht des Konflikts mag für den, der in ihn verstrickt ist, oft schwer nachzuvollziehen sein. Es braucht dann Menschen, die von außen kommend bereit sind, aus der Kraft ihrer Gottesverwurzelung in das Spannungsfeld des Konfliktes hineinzugehen. Dem Konflikt nicht auszuweichen, sondern ihn zum Ort des Heiles werden zu lassen, gehört zu den Grundelementen einer politischen Kultur der Gemeinden.

## 4. Kultur des Handelns

“Christliche Gemeinden werden handeln. Die Aktionen, die von ihr als ganzer oder von Gruppen in ihr gesetzt werden, sind der Gewaltlosigkeit Jesu verpflichtet. Ziel gewaltloser Aktionen ist die Überwindung von Unrecht und nicht der Kampf gegen den Gegner ...“[163]

Bei den Kleinen Schwestern ist in der Regel immer ein Handeln gemeint, das sich mit bestehenden Initiativen solidarisiert, diese jedoch nicht selber organisiert oder in die Wege leitet.

*In Christus verwurzelt werden die Menschen zu Gottes „Friedens-bewegung“*[164]

*„Es wäre so schön, wenn die Kleinen Schwestern ein Element des Friedens und der Freundschaft für die beiden verfeindeten Dörfer von Hermel und Ras wären.“*[165]

Kleine Schwester Magdeleine wird mit ihren Kleinen Schwestern in sehr konkreter Weise zur „Friedensbewegung“, indem sie Anteil hat an jener Bewegung, die insgesamt sich dafür stark macht, daß das Leben „ganz“ wird. In einzelnen Ländern kann es auch zu einem konkreten Engagement innerhalb der Friedensbewegung kommen, wie z.B. der Initiative der „Ordensleute für den Frieden“.[166]

Kleine Schwester Annie sieht diesbezüglich auf ihrer Reise durch Nordeuropa ein großes Defizit bei den Christen: „Leider sind es nur selten die Christen, die in zukunftsweisenden Bewegungen engagiert sind, obwohl in den letzten Jahren kleine Gruppen und vor allem junge Leute das Bedürfnis haben, ihren Glauben in Solidarität und Gerechtigkeit zu leben.“[167] Für die Fraternität der Kleinen Schwestern zieht sie die Konsequenz: „Ich glaube, daß der neu einzuschlagende Weg der europäischen Fraternitäten in der Begegnung mit allen Menschen guten Willens liegt, egal, welche politische Meinung sie vertreten.“[168]

Die Kleinen Schwestern nehmen damit Anteil an der friedenspolitischen Aufgabe der Kirche, „Friedensort zugunsten der Menschheit zu sein“.[169] Wenn sie in dem verwurzelt sind, der selbst der Friede ist, können sie nicht anders als an seiner Friedensbewegung teilhaben, denn: „Christus ist unser Friede.“ (Eph 2,14)

*Für Menschen, die in Gott verwurzelt sind, wird Politik zur Kunst des „Un-Möglichen"*

*„Es stimmt, daß die Unmöglichkeit dieses Unternehmens die ganze Kühnheit meines Glaubens geweckt hatte und daß ich den Herrn gebeten hatte, einzugreifen. Da es unmöglich war, war es seine Angelegenheit, und noch nie hat er mir etwas verweigert, wenn ich ihn mit diesem Glauben gebeten habe."*[170]

Magdeleines „politisches Handeln" ist kein parteipolitisches Taktieren und bewegt sich nicht in einem abgesteckten Rahmen. Nicht das Maß ihrer eigenen Möglichkeiten ist entscheidend, sondern die Möglichkeiten dessen, den sie als den „Meister des Unmöglichen" bezeichnet. Für den, der glaubt und liebt, ist alles möglich. Unmögliche Situationen, unbegreifbare Grenzen, unüberwindbare Hindernisse werden ihr zur Herausforderung, weil es immer um konkrete Menschen geht, die daran leiden.

Wenn ansonsten von der Politik als der „Kunst des Möglichen" gesprochen wird, dann ist damit ausgesagt, daß Politik zunächst einmal sich „im Rahmen von gegebenen Möglichkeiten bewegt"[171]. Damit ist zwar positiv ausgesagt, daß eine defiziente Wirklichkeit auf die sie übersteigende Möglichkeit hin verbessert werden soll, doch sind die Grenzen klar abgesteckt.[172]

Magdeleines Art, „politisch" zu sein, steht in einer großen Spannung zur sogenannten „Realpolitik" eines Berufspolitikers. Es ist richtig, daß auch diese „Kunst des Unmöglichen" nicht an einer sachlichen Auseinandersetzung mit Strukturen und Zwängen vorbeikommt. So ist es auch für die Kleinen Schwestern unerläßlich, mit Sachkompetenz zu handeln.

Als 1953 die Kleinen Schwestern versuchen, in Marokko unterm Zelt eine Fraternität zu gründen, betont Magdeleine, daß sie vorhat, sich aus der Politik herauszuhalten. Da Marokko in dieser Zeit noch unter französischem Protektorat stand, mußten die französischen Behörden die Erlaubnis geben, daß die Kleinen Schwestern unterm Zelt leben dürfen. Obwohl die Behörden dies verhindern möchten, sind sie vom Auftreten Magdeleines einfach entwaffnet. Mögliche Einwände werden von ihr schon von vornherein entkräftet. Sie versichert im Gespräch mit dem zuständigen Generalgouverneur, daß sie sich keinesfalls in die Politik einmischen wird.[173]

Indem sie sich jedoch bereits mit den Berbern und deren Stammeshäuptlingen im Gespräch geeinigt hat und sich auf deren Einverständnis berufen kann[174], unterläuft sie das, was politisch eigentlich „möglich“ ist. Politisch wird sie nicht dadurch, daß sie das politische System auf seine Defizite hin anklagt, sondern indem sie sich mutig nach vorne wagt und schließlich mit Einverständnis des Systems ihre Ideen durchsetzt.

In Marokko sind die Behörden von diesem Vorgehen so überrascht, daß Magdeleine mühelos ihre Vorhaben verwirklichen kann. Ihre Versicherung, sich nicht in die Politik einmischen zu wollen, ist keineswegs vorgetäuscht. Ihr Interesse ist es nicht, politische Systeme zu verändern, sondern dem Armen zu begegnen. Um das zu erreichen, geht sie jeden nur denkbaren Weg und schöpft jede „Un-Möglichkeit“ aus. Dadurch wird sie immer wieder in einem hohen Maß politisch. Ihre Art, politisch zu sein, ist die Kunst, sich nicht mit dem „Möglichen“ abzufinden.

Die Sachzwänge eines Berufspolitikers lassen ihn vielleicht wirklich nur in der begrenzten „Kunst des Möglichen“ virtuos sein. Eine Gemeinde muß sich diesen Sachzwängen nicht unterwerfen und kann ihre Phantasie in der „Kunst des Unmöglichen“ entfalten, weil sie sich auf den „Meister des Unmöglichen“ verlassen kann. Wenn es ihr gelingt, dies mit Sachkompetenz zu tun, wird ihr Handeln jenen Armen zugute kommen, die dort keine Fürsprecher haben, wo man sich nur im Rahmen des Möglichen bewegt.

### *In ihrem Einsatz für mehr Gerechtigkeit werden Christen zu „Schulen“ der Gewaltlosigkeit*

*„...gegen die Schwarzen, die die Pygmäen mißhandeln, habe ich den gleichen Zorn wie gegen die Weißen, die die Schwarzen mißhandeln ... Es gehört zu meinen wichtigsten Ideen, nicht zu akzeptieren, daß die Kleinen von den Großen zermalmt werden ...“*[175]

“Gewaltlosigkeit ist die Übersetzung eines Wortes, das Gandhi verwendete: AHIMSA (non-violence), d.h. (für Gerechtigkeit) kämpfen, ohne zu verletzen. Damit ist das Zurückweisen von Gewalt in all ihren Formen als Mittel für die Durchsetzung von Gerechtigkeit gekennzeichnet.“[176] Gegen dieses Zurückweisen der Gewalt setzt Ghandi einen zweiten, positiven Begriff: Satyagraha, die „Kraft der Wahrheit, Kraft der Gerechtigkeit und der Liebe“.[177]

Angesichts von Gewalt zornig zu werden, ist naheliegend. Die Reaktionen sind entweder Gegengewalt oder Passivität. Die dritte Haltung, die der aktiven Gewaltfreiheit, ist nur möglich, wenn der

Gewalt als Mittel der Konfliktlösung in konkreten Schritten die Liebe entgegengesetzt wird. Gewaltfreies Handeln setzt innere Umkehr und einen „konkreten Einsatz zur Bewältigung ungerechter Strukturen und Gesetze" voraus.[178] Gewaltlosigkeit ist ein Lernprozeß, in den es gilt, bewußt hineinzugehen.

Die Kleinen Schwestern auf den Philippinen haben sich in diese „Schule" der Gewaltlosigkeit begeben und ihre Nachbarn daran teilhaben lassen. „Wir haben einige unserer Freunde von der gewaltlosen Befreiungsbewegung in unser Viertel eingeladen, die dann unseren Nachbarn die gewaltlose Methode zeigten, wie man mit den Autoritäten verhandelt, wie man mit ihnen ständig im Gespräch bleibt, ohne den Mut zu verlieren ..."[179] Hineingenommen in den Prozeß der Gewaltlosigkeit konnten die Kleinen Schwestern sich den Weg der Revolution auf den Philippinen zu ihrem eigenen machen. „Unsere gewaltlose Revolution, die sicherlich auch anderen Ländern in der sogenannten »Dritten Welt« Hoffnung gegeben hat, wird oft mit dem Auszug des Volkes Israel aus der ägyptischen Gefangenschaft verglichen."[180]

Das Beispiel der Philippinen läßt ahnen, was es heißen könnte, wenn Gemeinschaften zu „Schulen der Gewaltlosigkeit" werden.

## *5. Anstößigkeit politischen Handelns*

"Gemeinden, die eine solche politische Kultur entwickeln, werden damit zu rechnen haben, daß sie in ihrer Tätigkeit mit Aufmerksamkeit oder Repression verfolgt werden."[181]

Obwohl Kleine Schwester Magdeleine den Dialog mit allen gesucht und die offene Provokation vermieden hat, wurde ihr Leben doch immer wieder zum Anstoß.

*In der Solidarität mit denen, die in der Illegalität leben müssen, geraten Christen selber in die Illegalität*

*„Wir vertrauen Bruder Karl diese heikle Gründung im Elendsviertel an. Es geht darum, sich dort einzurichten, wo man legalerweise nicht das Recht hat zu bauen. Sollten wir dafür eine Berechtigung bekommen, würden wir in aller Öffentlichkeit ein Privileg in Anspruch nehmen und wir würden die, die uns schon so sehr lieben, verletzen."*[182]

In den Elendsvierteln von Algier, wo die Leute illegalerweise wohnen, indem sie einfach über Nacht ihre Hütte aufstellen, können die Kleinen Schwestern sich auch auf diese Weise niederlassen. Ähnlich in den Elendsvierteln von Lissabon: „Wir müssen illegal bauen mit dem Risiko, unser Haus von der Polizei zerstören zu lassen - so wie es all den Armen um uns herum auch ergeht. Die Vernünftigen halten den Einwand der Illegalität entgegen. Aber wir könnten niemals in diesen armen Vierteln leben, wenn wir nicht genauso handeln würden wie die andern. Und wir würden nie wissen, was es bedeutet, wie sie zu leben, wenn wir nicht dieser totalen Unsicherheit und der ständigen Bedrohung, vertrieben zu werden, ausgesetzt wären.“[183]

Mit einem anderen Akzent gingen die Gebrüder Berrigan in die Illegalität, als sie 1980 zwei Atomsprengköpfe beschädigten und dafür eingesperrt wurden. Diese „prophetische Friedenshandlung“ soll das amerikanische Volk wachrütteln und ist gleichzeitig das Bemühen, vor sich selber ehrlich zu bleiben.[184] Kleine Schwester Magdeleine sucht den Weg in die Illegalität nicht als öffentliches Zeichen, sondern um des einzelnen Menschen willen, der in der Illegalität leben muß.

Die Möglichkeiten, mit Absicht oder zwangsläufig in die Illegalität zu geraten, sind vielfältig. Wo Lebenschancen ungerecht verteilt sind, geraten die Zukurzgekommenen sehr leicht dorthin und damit auch die, die sich solidarisch auf ihre Seite stellen. Eine Gemeinde, die ängstlich darauf achtet, einen unauffälligen, abgesteckten Rahmen nicht zu verlassen, muß sich die Frage stellen, auf welcher Seite sie steht. Es geht nicht darum, etwas zu leben, was zur Überforderung wird, sondern sich immer wieder ehrlich die Frage nach dem eigenen Standpunkt zu stellen.

*Wer sich auf die Seite derer stellt, die sich gegen Unterdrückung wehren, ist „unerwünscht“*

*„Ich spürte, wie das Prinzip der Fraternität verurteilt wurde – jenes Prinzip, das wir niemals aufgeben werden – arm unter den Armen zu leben, auch wenn wir daran leiden und daran sterben werden.“*[185]

Die Kleinen Schwestern geraten, vor allem in der Anfangsphase, immer wieder in Situationen, in denen sie unerwünscht sind. Unerwünscht von kirchlicher und von staatlicher Seite. Kirchliche Amtsträger hatten Angst, daß durch die Kleinen Schwestern ein Kirchenbild vermittelt wird, das dem ihrigen widerspricht. Oder sie waren besorgt, mit gesellschaftlichen Gruppen in Zusammenhang gebracht zu werden, von denen sie sich lieber distanzierten.

Von staatlicher Seite gab es in einzelnen Fällen die Befürchtung, die herrschende Politik könnte durch das Verhalten der Kleinen Schwestern in Frage gestellt werden.

Zu einem massiven Eingriff staatlicherseits kam es bei den Kleinen Schwestern, die mit den Tapirapes leben. Großgrundbesitzer und Regierung machten Druck auf die Tapirapes, ihr Land zugunsten einer Gesellschaft für Zuchtvieh herzugeben. Angesichts des Widerstands der Tapirapes, die das Land zum Überleben benötigen, wird von seiten der Regierung auch auf die Kleinen Schwestern Druck ausgeübt. Es wird ihnen der Vorwurf der Aufwiegelung gemacht. Der apostolische Nuntius bekommt von der F. U. N. A. I.[186] ein Schreiben, in dem es heißt, die Kleinen Schwestern seien „unerwünscht".[187] Überhaupt ist die Kirche, die sich auf die Seite der Tapirapes stellt, einer intensiven, schrecklichen Propaganda ausgesetzt.[188]

In einem Brief an den Nuntius schreiben die Kleinen Schwestern: „Selbstverständlich teilen wir solidarisch die Sorgen und den Kampf unserer indianischen Brüder, wie das indianische Anliegen insgesamt."[189]

Maßstab des eigenen Handelns kann es nicht sein, keinen Anstoß zu erregen. Der Maßstab ist eine Liebe, die sich ohne Bedingung auf die Seite der Ungeliebten, Unerwünschten stellt. In der letzten Konsequenz ist diese radikale Form der Solidarität immer ein Weg zum Kreuz.

*Wer sich mit Menschen ohne Ansehen an einen Tisch und unter ein gemeinsames Dach begibt, riskiert das eigene Ansehen*

*„Die Sünder sollten sich an unseren Tisch setzen können, ohne sich schämen zu müssen."*[190]

Als die Kleinen Schwestern begannen, mit den Zigeunern zusammenzuleben, mußten sie sich gefallen lassen, als „Kommunisten-Schwestern" beschimpft zu werden. Als sie den Antrag stellten, im Gefängnis mitzuleben, unter denselben Bedingungen wie die Frauen dort, wurden sie einfach nicht verstanden. Mit den Arbeitern die Fabrikarbeit zu teilen, wurde als Mißachtung der „geistlichen Würde" betrachtet.

Daß Gefangenen, Prostituierten, Obdachlosen ... eine eigene

Würde zukommt, daß es sich um Menschen handelt, die Sehnsucht nach Anerkennung haben, die ganz persönlich ihnen gilt und nicht Ausdruck eines Mitleids ist, ist keine verbreitete Auffassung. Ihnen so zu begegnen, daß sie sich nicht ihres ohnehin mühsamen Lebens schämen müssen, muß erst noch gelernt werden. Voraussetzung wäre, sich ihrem Leben angenähert zu haben, ihnen auf einer gemeinsamen menschlichen Ebene zu begegnen, ohne Angst, die eigene, bessere und angesehenere Position zu riskieren oder bei anderen Anstoß zu erregen. Es wird nicht möglich sein, Kompromisse zu schließen und sich so anzunähern, daß das eigene Ansehen geschützt bleibt.

Erst wenn die Menschen diese Ängste um das eigene Ansehen überwunden haben, können sie zu „Asylstätten für die vielen Niedergedrückten, Entrechteten und Erfolglosen“[191] werden. Diesen Anspruch, zu „Asylstätten“ zu werden, kann nur jene Gemeinde einlösen, die die Anstößigkeit einer solchen politischen Option bewußt in Kauf nimmt.

Auch Jesus konnte sich nicht unbeobachtet denen zuwenden, die ihn am dringensten gebraucht haben. „Alle Zöllner und Sünder kamen zu ihm, um ihn zu hören. Die Pharisäer und die Schriftgelehrten empörten sich darüber und sagten: Er gibt sich mit Sündern ab und ißt sogar mit ihnen.“ (Lk 15,1–2)

Die Angesehenen können es nicht dulden, daß einer aus ihren Reihen sich die Hände „schmutzig“ macht. Denn ihre bessere Stellung lebt aus der Abgrenzung, die den „Sündern“ alles Schlechte zuschiebt und die eigenen Abgründe nicht wahrhaben will. „Ihr Pharisäer! Ihr haltet zwar Becher und Teller außen sauber, innen aber seid ihr voll Raubgier und Bosheit. Ihr Unverständigen! Hat nicht der, der das Äußere schuf, auch das Innere geschaffen?“ (Lk 11,39–40)

# III. Zusammenfassung

## *1. Die Kleinen Schwestern im Spannungsfeld von „Mystik – Politik"*

Die Darstellung der Ordensgeschichte und die Grundidee „Kontemplativ mitten in der Welt" haben gezeigt, daß das Leben der Kleinen Schwestern im Kontext jener Suchbewegung zu sehen ist, die unter dem Modell von „vita activa und vita contemplativa" ausführlicher dargestellt wurde. Die Dynamik der als „Faszinationsformel" beschriebenen Formulierung „Je mystischer wir Christen sind, desto politischer werden wir sein" durchformt ihr Leben.

Von Anfang an hat Kleine Schwester Magdeleine dem noch immer weit verbreiteten Dualismus zwischen weltlich und geistlich, zwischen göttlich und menschlich zu widerstehen versucht. „Indem ich Fraternitäten verschiedener Formen geschaffen habe, wollte ich die beiden Aspekte unserer Berufung zusammenbringen, die auf den ersten Blick widersprüchlich erscheinen: die große Sehnsucht, dem Allerheiligsten ganz nahe zu sein und gleichzeitig so in der Welt zu sein, wie der Sauerteig im Ganzen."[192]

Gerade am Anfang waren die Kleinen Schwestern Anfragen ausgeliefert, die jener Versuchung entsprangen, die beiden Dimensionen auseinanderzunehmen. Als die Gemeinschaft entstand, war die Vorstellung, daß „Kontemplative" nicht klausuriert leben, ungewohnt. Die Alternative, entweder kontemplativ oder mitten in der Welt zu leben, entsprach den verbreiteten Vorstellungen. Kleine Schwester Magdeleine erlebte diese Widerstände, sie hat jedoch ihrer Intuition getraut und die kühne Idee Realität werden lassen. Sie wollte zusammenbringen, was nach menschlichem Ermessen nicht zusammengeht: die konkrete Realität und die Erfahrung Gottes.[193]

Für das Leben der Kleinen Schwestern zeigt sich, daß dort, wo Menschen sich bemühen, im Spannungsfeld von „Mystik und Politik" zu leben, dies nicht nur ein inhaltliches Programm ist. Es wird vielmehr zu einer umfassenden Bewegung, die das ganze Leben durchformt, zu einer Kraftquelle, um sich auch in andere lebensstiftende Spannungen hineinzubegeben.

„Mystik und Politik" wird zu einer zugespitzten „Formel" für ein Leben, das bewußt in jene Gegensätze und Spannungen hineingeht, von denen das Leben immer geprägt ist, und die nur umgangen werden können um den Preis, das Leben als Ganzes nicht ernstzunehmen. „Mystik und Politik" wird zur Kritik an den vorschnellen Vereinfachern, an den scharfen Polemikern. Und sie wird zum Plädoyer für alle, die klar Stellung beziehen können, ohne die Gegenposition aus dem Auge zu verlieren. Es gehört zum täglichen Leben der Kleinen Schwestern, sich immer neu auf spannungsvolle Zusammenhänge einzulassen: die Situation eines Landes und der jeweiligen Ortskirche, die eigene Lebensgeschichte, die Botschaft des Evangeliums und das Charisma der Fraternität.

Ihr Bemühen ist es, Mystik und Politik nicht durch ein Nebeneinander oder Übereinander in jene Polarität zu bringen, die sich zwangsläufig zur Einseitigkeit entwickeln muß. Die Aktion ist nicht getrennt von der Kontemplation als deren Vorbereitung oder Frucht, sie ist vielmehr der Ort der Gottesbegegnung.[194] Als kontemplative Ordensgemeinschaft suchen die Kleinen Schwestern die Nähe zur Welt, zu den Menschen, indem sie den banalsten und ärmsten Alltag teilen und ihre Kontemplation mit diesem Alltag verweben. Sie teilen Wohnsituation, Lebensstil, Arbeit, die Situation des Marginalisiertseins, und setzen ihre Spiritualität zwangsläufig diesen Lebensumständen aus. Sie schaffen sich Räume der Stille und des Gebetes und bleiben doch darin stets bezogen auf den Alltag und nehmen diesen in ihre Betrachtung hinein.

Was sich in unseren Gemeinden oft in „Militant-Engagierte", Weltzugewandte einerseits und in „Religiös-Kontemplative", Verinnerlichte andererseits spaltet, versuchen die Kleinen Schwestern als Spannung auszuhalten.

Sie kennen die Gefahr, im Alltag Gebet und Arbeit, Betrachtung und Kampf voneinander zu trennen, und bemühen sich, dieser Versuchung zu widerstehen. Sie sind für die Suche nach einer Praxis der Kirche zwischen Mystik und Politik nicht deshalb besonders geeignet, weil sie in vollkommener Weise in diesem Spannungsverhältnis leben. In ihrem Ringen um diese Spannung und im Scheitern werden sie in ihrer Menschlichkeit erfahrbar.

Die Herausforderung, zwei Realitäten zusammenzubringen, die scheinbar nicht zusammengehen, bleibt als nie ganz erfüllte Herausforderung immer offen. Sie berührt jenes Geheimnis, das uns in der Menschwerdung Gottes begegnet und unser Begreifen übersteigt. In diesem theologischen Kontext bleibt beides wahr und unvermeidbar: die Suche nach Einheit, Verwobenheit und die Gefahr der Einseitigkeit. In dieser Spannung leben auch die Kleinen Schwestern.

Was einleitend unter dem „Sündenfall der Spiritualität ins Politische" beschrieben wurde, läßt sich bei ihnen nicht beobachten. Weil im Vordergrund kein politisches Konzept steht, sondern der Mensch in seiner Gebrechlichkeit und in seiner Gebrochenheit, entgehen sie der Gefahr einer direkten Verzweckung ihrer mystischen Erfahrung für politische Ideen. Die Ohnmacht des Kindes in der Krippe von Betlehem eignet sich nicht zu gewaltsamen Veränderungen und zur Durchsetzung großer politischer Konzepte.

Einer „Auflösung hin zum Mystischen", einem Rückzug in die Innerlichkeit begegnet die Gemeinschaft durch ihr Bemühen, *in* der Welt zu sein. Dem individuellen Rückzug der einzelnen Kleinen Schwester ins Mystische steht das kritische Korrektiv der Gemeinschaft gegenüber.

Im Leben der Kleinen Schwestern wird die *Einheit* von Mystik und Politik, von Kontemplation und Aktion sichtbar. Es gibt keine Gewichtung, keine Bevorzugung der beiden Dimensionen. Spürbar wird die Suche nach Durchdringung und das Bemühen, sprachliche Umschreibungen dafür zu finden. „Ihr drückt es verschieden aus, aber es ist immer wieder die gleiche Idee: »der Sauerteig«, »im Herzen der Massen«, »Zeugen Jesu Christi unter die Menschenmenge gemischt«, »das Evangelium durch das ganze Leben hinausschreien« in alle Milieus. Das ist eines der charakteristischen Merkmale: die christliche Erfahrung zurückzubringen mitten in die menschliche Realität und mitten ins Leben."[195]

Sie vermischen sich als „Sauerteig" mit den Menschen. Sorgfältig geben sie darauf acht, daß sie die eigene Kraft des Säuerns dabei nicht verlieren, daß sie ihrer Berufung treu bleiben, jedoch ohne Berührungsängste.

## *2. „Mystik und Politik": Als „Kontemplative mitten in der Welt"*

Die Begriffe Mystik und Politik kommen in den vorliegenden Texten der Kleinen Schwestern selten in expliziter Weise vor. Das gelebte Leben, nicht ein begrifflich-spekulatives System steht im Vordergrund. Nicht die Suche nach denkerischer Balance zwischen beiden Polen ist gefragt, sondern das konkrete, alltägliche Bemühen, diese Balance zu leben.

In den Schriften der Kleinen Schwester Magdeleine kommt der Begriff Mystik gar nicht vor, was den Ausführungen im ersten Kapitel dieser Arbeit entspricht: die großen Mystiker/innen würden sich selbst niemals als solche bezeichnen. Damit kann die Behauptung von Joachim Seyppel bestätigt werden, daß es der „Mystik" eigen ist, sich weniger rationalistisch zu definieren, als vielmehr erzählend beschreiben zu lassen.[196] Eine Definition wird immer begrenzter sein als das beschriebene Leben.

Und doch leben die Kleinen Schwestern mystisch, wenn damit eine Verbundenheit mit jener göttlichen Wirklichkeit gemeint ist, die Christus uns nahe gebracht hat. Sie begegnen dieser Wirklichkeit besonders in dem kleinen Kind von Betlehem und in dem verborgenen Leben Jesu von Nazareth. Sie leben mystisch, wenn damit eine besondere Hinwendung zur eucharistischen Wirklichkeit ausgesagt ist – bei den Kleinen Schwestern nicht nur in der Eucharistiefeier, sondern auch in der eucharistischen Anbetung. Und sie leben mystisch, wenn damit eine unfaßbare, unsagbare Weise der Gottesbegegnung gemeint ist, eine Gottesbegegnung, die in jenem kindlichen Vertrauen gründet, mit dem sich jemand blind an der Hand nehmen läßt, um sich ganz der Führung Gottes zu überlassen.

Von Politik spricht Kleine Schwester Magdeleine eigentlich nur, um darauf hinzuweisen, daß sie sich nicht in die Politik einmischen möchte. So bei ihrer Reise in den Osten: „Wir gehen in jedes Land mit einer großen Liebe und haben absolut keine Lust, zu urteilen oder uns in die Politik einzumischen ... Wir sind nur arme kleine Leute ..."[197] Was sie nicht will, ist ein politisches Handeln im engeren Sinn, das durch Stellungnahmen und Agitation auf Mißstände aufmerksam macht und Systeme auf ihre Mängel festnagelt. Im Hintergrund stehen bei ihrer Reise in den Osten sicher auch die Erfahrungen mit einer Politik des „Kalten Krieges". Den politischen Gegner zu verteufeln und ihn nur als bedrohlichen Feind zu sehen, widerspricht ihrer Haltung zutiefst. In dieser Weise will sie sich auf jeden Fall aus der Politik heraushalten. Sie versucht vielmehr, sich die Spielregeln des politischen Systems vertraut zu machen und im vorgegebenen Spielraum den Menschen zu begegnen und so das politische System zu unterlaufen.

Sie sucht lieber nach Berührungspunkten als nach Trennendem. Daß sie sich zur „Arbeiterklasse" dazugehörig fühlt, verbindet sie auch mit den Kommunisten und soll ihnen zeigen, daß sie als Freundin kommt. So bittet sie Mgr de Provenchères auf ihrer Reise in den Osten, ihr eine Bescheinigung zu schicken, in der bestätigt wird, daß sie die Gründerin einer Arbeiter-Kongregation ist, die der sozialen

Klasse der Arbeiter angehört und unter denselben Bedingungen lebt wie eine Arbeiterfamilie.[198]

Die ausführlichste Reflexion über die politische Dimension innerhalb der Berufung der Kleinen Schwestern findet sich auf dem fünften Generalkapitel[199]: „Manchmal hat man vor diesem Wort Angst, wenn man dabei an einen Kampf um die Macht denkt oder an eine Partei, der man sich bedingungslos anschließen muß. Der Bereich der Politik ist aber in Wirklichkeit viel weiter und betrifft uns irgendwie alle. Wir sind verpflichtet, gegen eine politische Macht, die die Menschenrechte nicht achtet, im Namen der Gerechtigkeit und Freiheit vorzugehen, und zwar auf der Ebene der alltäglichen zwischenmenschlichen Beziehungen."[200]

Die Kleinen Schwestern sehen dabei sehr klar, daß sie sich mit einem solchen Engagement auch in die Gefahr begeben, mißverstanden zu werden. Diese mögliche Gefahr legitimiert jedoch nicht, sich herauszuhalten. „Es ist ein Gebiet, wo man manchmal, wie die heilige Theresia von Avila sagte, eher mitgehen muß, auch wenn man dabei schmutzige Füße bekommt, als nicht zu gehen, um sie sauber zu behalten. Sich unter dem Vorwand heraushalten, daß nichts rein ist, bedeutet, daß wir einer im Aufbau begriffenen neuen Welt und Gesellschaft gegenüber abseits stehen. Wenn die Christen außerhalb dieser Bewegung bleiben, können die Folgen viel schwerwiegender sein."[201]

Auch in den am 25. Dezember 1988 approbierten Konstitutionen finden sich – ohne das Wort „politisch" ausdrücklich zu benützen – sehr klare Aussagen, die in die gleiche Richtung gehen. „Unter bestimmten Umständen und nach sorgfältiger Unterscheidung im Gebet und in Gemeinschaft werden sie nicht zögern, sich auch sehr konkret mit denen zu engagieren, die wegen ihrer Rasse, ihren sozialen Bedingungen oder wegen ihres Glaubens unterdrückt werden, und sie werden bis zum Äußersten ihren Durst nach Gerechtigkeit mit ihnen teilen."[202]

Ihr „politisches Engagement" verstehen die Kleinen Schwestern also in einem weiten Sinn. Auch das einfache Bemühen, solidarisch „mit durchzuhalten", kann zum politischen Engagement werden.

Ihr Leben, ihr Dasein, ihre Option für die Zukurzgekommenen ist zwangsläufig ein politisches Dasein. Indem sie sich Leidensgeschichten annähern, „intim" mit ihnen werden, geschieht Bewußtseinsbildung. Ihre dadurch gewonnene Optik wird für sie zur Option, bleibt jedoch innerhalb der gesamten Fraternität für eine

Vielfalt von Standpunkten und damit auch für eine bunte Kultur des Handelns offen.

„Politisch" sein zu wollen, ist nicht ihr erstrangiges Interesse. Daß sie es zwangsläufig sind und im Einzelfall auch sein müssen, geschieht nicht unter der Hand, sondern sehr bewußt und in den letzten Jahren immer ausgeprägter. Im Vordergrund steht jedoch stets der konkrete, einzelne Mensch und kein „politisches Programm", dem man sich unterwirft.

Auf der Suche nach einer Kirche im Spannungsfeld von „Mystik und Politik" finden sich im Leben der Kleinen Schwestern eine Fülle von Wegweisungen für eine „Kultur der Mystik" und eine „politische Kultur". Dennoch: am Ende dieser Arbeit müssen die beiden Begriffe, die an ihrem Anfang gestanden sind und sie motiviert haben, ersetzt werden. In der Formulierung „Kontemplativ mitten in der Welt" haben die Kleinen Schwestern die ihnen gemäße Formulierung gefunden, um diese beiden Dimensionen auszudrükken. Im folgenden wird nun auch diesen Begriffen der Vorzug gegeben.

„Kontemplativ mitten in der Welt" zu leben, entspricht dem, was bei der begrifflichen Umschreibung als zentral für diese Spannung beschrieben wurde, dem Bemühen um die Verwobenheit, das Ineinander beider Dimensionen. Gleichzeitig geben die Dimension der „Kontemplation" und die der „Welt" akzentuiert die beiden Pole an, die auch in der Verwobenheit nicht ineinander aufgehen dürfen.

„Kontemplativ mitten in der Welt" lebt jede Kleine Schwester zunächst in ihrem persönlichen Leben und jede Fraternität an ihrem jeweiligen Ort. Gleichzeitig lebt die Gemeinschaft als Ganze diesen Anspruch und bewahrt damit die einzelne Kleine Schwester vor einer möglichen Überforderung. Sie gesteht damit zu, daß einzelne an diesem Anspruch scheitern könnten und daß die ganze Fülle erst dann gelebt werden kann, wenn es möglich wird, Prioritäten zu setzen. In diesem Zusammenhang sind auch die verschiedenen Formen von Fraternitäten zu sehen. Die Arbeiterfraternität oder die Anbetungsfraternität, die Fraternität bei den Zigeunern oder im Zirkus, die Fraternität bei den Nomaden oder bei den Tapirapes – jede trägt ihren Teil dazu bei, an einem konkreten Ort, mitten in der Welt, kontemplativ zu leben. So entsteht innerhalb der ganzen Fraternität eine Vernetzung, die gleichzeitig eine große Vielfalt zuläßt und doch immer wieder auf ein gemeinsames Ideal rückbindet. Diese Vernetzung, solange sie lebendig gelebt wird, gewährleistet, daß die Fraternität ihrem Einheitsideal treu bleibt, als „Kontemplative mitten in der Welt zu leben".

## *3. Als Frauen „kontemplativ mitten in der Welt“*

Am Schluß wird noch einmal die Frage gestellt, welche Bedeutung es für die vorliegende Arbeit hat, daß sie sich bewußt in den Kontext der Suche nach einer feministischen Theologie gestellt hat. Mit der Darstellung und Reflexion der Entstehung eines Frauenordens in unserem Jahrhundert wird jenes Bemühen der feministischen Theologie aufgegriffen, „Gotteslehrerinnen“ in den Blickpunkt zu rücken und sie als Lehrerinnen unseres Glaubens zu entdecken.

Kleine Schwester Magdeleine soll hier nicht in einen feministischen Kontext gepreßt werden, in dem sie sich selber gar nicht gesehen hat. Obwohl sie sehr wach die Bewegungen innerhalb der Kirche verfolgt hat, findet man in ihren Schriften keine Auseinandersetzung mit der feministischen Theologie. Sie gehört einer Generation von Frauen an, für die sich die Frage nach einer feministischen Theologie in dieser Weise nicht gestellt hat.

Da der Orden seine starke Prägung in Frankreich bekommen hat und die ganze erste Generation der Kleinen Schwestern im wesentlichen Französinnen waren, sind einige Bemerkungen zur Situation der feministischen Theologie in Frankreich aufschlußreich.[203] Denn Magdeleine war doch auch ganz Kind ihres Landes.

Marie-Thérèse van Lunen Chenu stellt im Blick auf die feministische Theologie fest, daß man in Frankreich nur „ein paar seltene Exemplare“ dieser „neuen Pflanze“ findet, die man hier als exotisch empfindet, obgleich sie in anderen Ländern üppig wächst.[204] Darin kann ein Mangel an Theorie oder ein Mangel an weiblichem Bewußtsein gesehen werden, doch weist Marie-Thérèse van Lunen Chenu auf eine für ausländische Beobachter weniger offensichtliche, jedoch sehr lebendige Tradition einer sehr realen Gemeinschaft der Geschlechter hin. „Die Manifestationen des üblichen Sexismus (so, wie er sich im alltäglichen Leben privat und gesellschaftlich ausdrückt) haben hier, bis auf Ausnahmen, nicht zu den strengen Trennungen, zu den harten und verfestigten Urteilen geführt, wie man sie woanders sieht.“[205]

Die wichtigsten und von offizieller Seite am meisten unterstützten Arbeiten von Frauen bemühen sich um eine „Theologie der Weiblichkeit“, deren Tendenz hingeht zu einer Theologie des Bündnisses beider Geschlechter. „Sie schließt Elemente der Kritik am Patriarchat nicht aus. Aber sie leugnet nicht nur jede Beziehung zum Feminismus, sondern sie stellt sich ihm entgegen.“[206]

Es gibt zwar zahlreiche Arbeiten von Frauen, die so beschaffen sind, daß sie woanders das Etikett „feministische Theologie" bekommen würden, die sich selbst jedoch nicht als solche ausgeben. So gibt es Versuche, eher von einer „Theologie der Frauen" oder von „entpatriarchalisierter Theologie" zu sprechen.

Diesen Ansätzen geht es darum, nicht nur die männlichen hermeneutischen Modelle, sondern auch die feministischen zu kritisieren. Es gibt in Frankreich ein großes Mißtrauen gegenüber absoluten feministischen Ansätzen, die als in sich geschlossene Theologie „patriarchale Theologie" umdreht und sie damit nur reproduziert.

So formuliert van Lunen Chenu für ihre eigene Position: „Wir sind näher daran, ich jedenfalls, die Fehler des Patriarchats für die Frauen *und* für die Männer zu erkennen, für die Ganzheit der Menschheit, für die Achtung vor ihrer dialektischen Triebfeder der Zweigeschlechtlichkeit, als zu erforschen, welchen vergessenen oder vernachlässigten Schatz die Frauen im allgemeinen wiederfinden könnten."[207]

Neben dieser Prägung durch die französische Herkunft ist als zweiter wesentlicher Einfluß in dieser Frage die Verbindung zur Ostkirche zu sehen. Obwohl die Tradition der Ostkirche im Blick auf die Frauen insgesamt ambivalent ist, stellt Anne Jensen die These auf, „daß das östliche Christentum in manchen Traditionen seiner Theologie weniger patriarchalisch geprägt ist als der christliche Westen".[208]

In der Ostkirche gibt es keine Theologie, die explizit eine schöpfungsmäßige Unterordnung der Frau unter den Mann behauptet. Wenn Gott als der „Freund der Menschen" in der Liturgie angerufen wird, dann entdeckt sie darin eine Nähe zur feministischen Theologie, die „auf der Suche nach neuen Metaphern für Gott und unsere Beziehung zu Gott die Kategorie des »Freundes« und der »Freundschaft« neu entdeckt hat".[209] Schließlich sieht sie ein frauenfreundliches Kirchenverständnis in der Ikone der Deesis symbolisiert: „Die Orthodoxie repräsentiert die Kirche in ihrer Beziehung zu Christus in der Ikone der Deesis: Christus auf dem Thron – gleichsam außerhalb des »sexistischen« Bereiches; neben ihm die Theotokos und Johannes der Täufer als die Kirche in der Gestalt eines Mannes und einer Frau."[210]

Kleine Schwester Magdeleine hat diese frauenfreundliche Dimension der Ostkirche in vielen Begegnungen und Freundschaften, im Feiern der Liturgie und im Kennenlernen des Ritus lebendig erfahren und sich davon prägen lassen.

In diesem Kontext ist Kleine Schwester Magdeleine mit ihrem Beitrag für eine Kirche zu sehen, in der Frau und Mann partnerschaftlich prägend sind. Partnerschaftlich war Magdeleine in dem Sinn, daß sie sich ihres Frau-Seins bewußt war und damit selbstverständlich die Kirche herausgefordert hat, ohne daraus jemals einen Gegensatz zu den Männern zu konstruieren.

Magdeleine spricht immer wieder von der „Rolle als Frau". Es ist ihr ein großes Anliegen, daß die Kleinen Schwestern sich dieser Rolle bewußt sind und daß sie sich darin an Maria orientieren.

Maria nimmt in der Spiritualität Magdeleines eine wichtige Rolle ein. Das Jesuskind hat sie zu seiner Mutter geführt, „er ist es, der mich begreifen ließ, daß er seine Mutter braucht, um seine Gnade in Strömen über die Kleinen Schwestern auszugießen".[211] Deshalb will sie die Noviziate unter ihren Schutz stellen: „Ich weiß nicht, wie es geschehen ist, aber ganz sanft, nach und nach hat das Jesuskind mich zu seiner Mutter geführt ... Und er hat von mir verlangt, alle Noviziate unter den Schutz seiner Mutter zu stellen an den größten Wallfahrtsorten: Lourdes, Fatima, Banneux, bald Mariazell in Österreich ... und Roças Novas in Brasilien ..."[212]

Andererseits ist es jedoch auch Maria, die einen Zugang zu ihrem Sohn schenkt. Die Kleinen Schwestern sollen „aus ihren Händen das Jesuskind empfangen, ihn bei sich behalten und durch die ganze Welt tragen mit seiner Botschaft der bescheidenen und vertrauensvollen Hingabe, der Einfachheit und der Armut, der Zärtlichkeit und des Friedens, der Freude und der Liebe ..."[213]

An Maria macht Magdeleine auch immer wieder fest, was sie als „Rolle der Frau" ansieht. „Ich wünschte, daß Ihr sie anschaut, um Eure Rolle als Frau besser zu begreifen, zurückhaltend, im Hintergrund, solange man Euch nicht braucht. Aber wenn ein Dazwischentreten notwendig wird, sofort gegenwärtig, wie Maria auf der Hochzeit von Kana ... Auch sollt Ihr wie sie beim Kreuz stehen, ein Halt für die Leidenden, für die Sterbenden ..., denn eine Frau sieht besser, was den andern fehlt, eine Mutter hat mehr Geduld, mehr Mut, sich dem Leiden zu stellen."[214]

Für Magdeleine ist Maria Vorbild in ihrer Weiblichkeit. Sie ärgert sich, wenn die Kleinen Schwestern sich männlich-burschikos geben und wenn ihnen die Zurückhaltung und Diskretion abgeht, die das Leben Mariens geprägt hat: „Es fehlt ihnen etwas für die Rolle der Frau sehr Wichtiges, ein Gespür zu vermitteln für feine Unterschiede, für Zartheit. Deshalb bitte ich Euch, nicht aus dieser Rolle zu fallen. Manche Kleinen Schwestern sind stolz, wenn man ihnen sagt, sie hätten ein burschikoses Benehmen. Ihr Äußeres hat etwas sehr Lautes an sich. In den Ländern des Orients schockiert eine solche Haltung und sie hilft uns nicht, unsere Rolle als Frau zu finden."[215]

Sie wünscht sich, daß ihre Kleinen Schwestern sich von der mütterlichen Zärtlichkeit Marias umgeben lassen, daß sie von ihr die Geheimnisse der Liebe lernen und sich helfen lassen, die „Dienerin des Herrn" zu sein, und daß sie in ihr die „wahre Rolle der Frau" finden, die darin besteht, „sich in der ganzen Fülle hinzugeben und sich gleichzeitig völlig zurückzunehmen und zu vergessen."[216]

Wenn die Auseinandersetzung mit ihrem Frausein auch in einem eher traditionellen Sinn geschieht, so hat sie mit einer hartnäckigen und liebevollen Intuition sowie mit einem klaren und betroffenen Verstand viele wichtige Türen geöffnet. Mit einem weiten Blick für die Not von Frauen hat sie sich mit den Prostituierten und den Gefangenen gerade neben die Frauen gestellt, die ansonsten kein Ansehen besitzen. Den vielen ängstlichen und ausgebeuteten Frauen am Arbeitsplatz hat sie durch die Solidarität der Schwestern eine Ahnung von ihrer Menschenwürde zurückgegeben.

Die Suche nach „Ganzheit", der Schmerz über die Halbierung der Menschenwürde, das Leiden an menschenunwürdigen Grenzen und an willkürlich eingegrenzten Lebensmöglichkeiten, hat Magdeleines Leben eine Dynamik gegeben, die durch keinen Widerstand zu bremsen war. Es sei denn durch ein Ereignis, das ihr als göttliches Zeichen Einhalt gebot. Sie hat in extremer Weise versucht, im Dialog zu bleiben. Diese Bereitschaft zum Dialog hat sie eigentlich nie aufgegeben, auch nicht in so aussichtslosen Gesprächssituationen wie der apostolischen Visitation oder im Gespräch mit Würdenträgern, die nicht bereit waren, die Gemeinschaft in ihrer Diözese aufzunehmen. Als einfache Frau, ohne offizielle Autorität, ist sie auf diese Männer zugegangen, klug und bereit zu verstehen, wo es nach menschlichem Ermessen eigentlich nichts mehr zu verstehen gab. Als Kleine Schwester „von-gar-nichts" konnte sie eigentlich nichts verlieren und deshalb alles riskieren. Mit einer ausgesprochenen Klarheit und Konsequenz hat sie verwirklicht, was ihr Auftrag war. Richtiger gesagt: Sie hat geschehen lassen, daß es sich durch sie verwirklicht.

Besonders auffallend für die Gründungsgeschichte der Kleinen Schwestern ist die Tatsache, daß der entsprechende männliche Weg, die Kleinen Brüder, bereits seit sechs Jahren existiert hat und daß Magdeleine die ersten Schritte doch ganz ohne Prägung durch die

Kleinen Brüder ging. Daß sich so ihre eigene Intuition entfalten konnte, daß sie neben diesem zunächst klausurierten männlichen Zweig von Anfang an den ausdrücklichen Bezug zur Welt gelebt hat, ist außergewöhnlich. Genau genommen darf hier eigentlich nicht von einem „Zweig" geredet werden, da beide Gemeinschaften unabhängig voneinander ihre Ausprägung gesucht haben und auch heute jeweils eigenständig existieren. Daß es später zu einer Annäherung gekommen ist und René Voillaume die Spiritualität der Kleinen Schwestern immer wieder angeregt hat, ist ein Zeichen für jene ganzheitliche Haltung Magdeleines, die es nicht nötig hatte, sich von den Männern abzugrenzen.

Im Blick auf die feministische Theologie könnte es für diese befreiend sein, wenn sie in ähnlicher Weise die größten Kühnheiten unter den Augen der Kirche mutig leben und sich weniger über versperrte Wege ärgern würde. Vielleicht ist es gerade das besondere Privileg der Frauen, mit einer tiefen Verwurzelung in Gott, mutig das zu leben, was die Männer sich nicht getrauen.[217]

Die Thematisierung der Frauenfrage innerhalb der feministischen Theologie und die Selbstreflexion müßte zunehmends hinter einem selbstverständlicheren und unnachgiebigen Dasein und Handeln zurücktreten, um so auf wirksame Weise als Frauen die Kirche zu prägen, so wie es Magdeleine mit ihren Kleinen Schwestern getan hat. Die Praxis der Kleinen Schwestern könnte zum kritischen Korrektiv auf dem Weg zu einer „weiblicheren Kirche" werden, jedoch nicht in der Weise, daß das Lob der Mystikerin automatisch zur Kritik an der Feministin wird – wie es gelegentlich im Vergleich von großen Mystikerinnen und feministischen Theologinnen geschieht.[218] Für eine Kirche, die „kontemplativ mitten in der Welt" sein will, bringen die Kleinen Schwestern auch weibliche Dimensionen sehr ausgeprägt ein.

Andererseits könnte es für die Kleinen Schwestern spannend werden, sich noch expliziter die Frage zu stellen, was eine „Option zugunsten von Frauen" bedeutet. Sie könnten noch bewußter versuchen, sich in diesen Prozeß der Suche nach der eigenen Rolle als Frau einzureihen, schwesterlich-solidarisch mitzugehen und sich ausdrücklicher zu „Anwältinnen"[219] der Frauen zu machen. Vielleicht wäre es ihnen möglich, sich neben jene Schwestern zu stellen, deren Verletzungen durch die Kirche zu tief sind, als daß ihr Engagement frei wäre von Anklagen und Abgrenzungen. Dies soll jedoch nur ganz vorsichtig angedeutet sein, wissend, daß hier statt „Anwältinnen" richtiger das Wort „Freundinnen" stehen müßte, das dem

Charisma der Kleinen Schwestern eher entspricht. Aber warum sollen Freundinnen nicht gelegentlich zu Anwältinnen werden?

### *4. Als Ordensgemeinschaft „kontemplativ mitten in der Welt"*

Am Beginn der Darstellung der Ordensgeschichte wurde die Frage gestellt, welchen Beitrag eine Ordensgemeinschaft zur Überwindung der Spaltung von „Mystik und Politik" leisten kann, da es gerade ein durch Thomas von Aquin und seine Wirkungsgeschichte geprägtes und heute noch immer lebendiges Ordensideal ist, das diese Kluft verfestigt hat.

Noch immer begegnet man nicht selten der Auffassung, Ordensleute seien innerhalb der Kirche ein besonders hervorgehobener Stand. Die Nicht-Ordensleute ärgern sich über die Zweistufigkeit der christlichen Berufung oder nehmen sie als Alibi, Nachfolge zu delegieren. Die Suche nach einer christlichen Spiritualität orientiert sich oft an klösterlichen Idealen und leidet daran, letztlich immer zurückzubleiben. Die Gefahr, sich als „normaler" Christ dann resigniert mit Wenigem zufrieden zu geben, sich selbst zu vertrösten, ist groß.

Die Entscheidung zum Ordensleben wird heute noch weitgehend als ein Versuch zur persönlichen Heiligung verstanden. Auch der Aspekt der asketischen Ausrichtung spielt noch eine Rolle. Mag er in der Entscheidung einzelner für das Ordensleben weitgehend im Hintergrund stehen, so dürfte das Ordensleben mit seinem Verzicht auf Karriere, Macht, Besitz und Familie von außen gesehen sehr asketisch wirken. Oft geradezu als völlig unverständliche und aus der Sicht des Genießers bedauernswerte Askese und Weltverneinung.

Dieser eher abwehrenden und von Unverständnis geprägten Haltung steht heute nicht selten eine überschwengliche Idealisierung entgegen. Aus der Sicht eines in Hektik und Zwängen gefangenen Menschen erscheint das Ordensleben als „Insel der Seligen". Die seit Jahren begehrten Angebote von „Kloster auf Zeit" werden dankbar aufgegriffen, um in die Banalität und Zerrissenheit des eigenen Lebens etwas von diesem besonderen Weg hereinzuholen, ohne selber deshalb verbindlicher zu leben. Die Kluft, die zwischen den „zwei Wegen" des christlichen Lebens empfunden wird, läßt sich jedoch durch solche Versuche nicht überwinden. Oft wird sie noch verstärkt, weil man die „zwei Welten“ im Alltag des eigenen Lebens nicht zu vermitteln vermag.

Was das Konzil als allgemeine Berufung zur Heiligkeit in der Kirche formuliert hat, war eigentlich ein „Schlußstrich unter die Theorie der beiden Wege, des Weges der Gebote und des Weges der Vollkommenheit (der Räte)“.[220]

Nicht mehr das Ordensleben ist das Maß der Vollkommenheit, dem sich der »in der Welt« lebende Christ anzunähern hätte. Auf dem Weg zur Verwirklichung dieser neuen Sicht sind jedoch viele »in der Welt« lebende Christen überfordert, weil das alte Ideal noch zu mächtig weiterwirkt. Um ihm zu widerstehen, bedarf es nicht nur der Ermutigung an die Nicht-Ordensleute. Es braucht auch mehr Ordensleute, die die alte Orientierung umdrehen und sich mit ihrem Leben den »in der Welt« Lebenden annähern, um zu „Alltagsnonnen“ und „Alltagsmönchen“ zu werden.[221] Da ein jahrhundertelang tradiertes Ideal der Vollkommenheit und Heiligkeit den Ordensstand von einem „zweitrangigen“ Weg getrennt hat, kann diese Trennung am wirkungsvollsten überwunden werden, wenn Ordensleute von sich aus beginnen, diese Kluft zu überwinden.

So können die Kleinen Schwestern als Impuls für eine Kirche gesehen werden, deren spirituelles Ideal noch stark durch mönchische Ideale geprägt ist und die sich auf die Suche macht nach einer Vielfalt von Berufungen zur Heiligkeit.

Wie mühsam dies war, zeigt die Ordensgeschichte der Kleinen Schwestern, deren Suche nach einer Nähe zum Leben der Menschen oft auf Unverständnis oder Ablehnung gestoßen ist. Magdeleine war mit einer Vorstellung von Ordensleben konfrontiert, an der sie gemessen wurde und der sie nicht entsprach. Sie dachte viel über ihr Verständnis von Ordensleben nach und versuchte, es gegen Angriffe und Mißverständnisse zu verteidigen. Manchmal mußte sie sich mit ihren Schwestern geradezu gegen den Vorwurf wehren, daß sie gar keine richtigen Ordensleute seien. „Wir sind wirklich Ordensfrauen, selbst wenn wir in traditioneller Hinsicht gar nicht den Anschein erwecken.“[222]

In einem Interview vom 28.2.1983 macht Kleine Schwester Magdeleine deutlich, warum es für sie schwer gewesen wäre, sich einer bestehenden Ordensgemeinschaft anzuschließen: „Die Kongregationen dieser Epoche, die alle bewundernswert sind, schienen mir nicht für mich gemacht zu sein, weil ich von einem ganz einfachen Leben träumte, das sich ganz unter die Menschen mischt und gleichzeitig in einer Vertrautheit mit dem Herrn ist, die sich nicht im Gebet erschöpft, sondern die Arbeit und die täglichen Kontakte einschließt... ein kontemplatives Leben mitten in der Welt, wie wir heute sagen, um uns zu definieren.

In allen Kongregationen gab es zu jenem Zeitpunkt sehr strenge Regeln der Klausur: eine Ordensfrau durfte nur ganz selten das Kloster verlassen, und sie konnte allein nicht weggehen, vor allem hier in Rom nicht."[223]

Sie will andere Ordensgemeinschaften nicht in Frage stellen, aber sie sucht nach einer anderen Konzeption, die versucht, auf die veränderten Bedürfnisse der Zeit eine Antwort zu geben. „Das Wesentliche unserer Berufung ist es, das Leben und das Leiden der Armen zu teilen. Und das größte Leiden des Armen ist nicht die materielle Härte seines Arbeiterlebens, sondern zu sehen, daß er nicht verstanden wird, daß man ihn vergißt und oft mißachtet. Seine Not, sein Leiden interessieren niemanden, und es hat bis in unser Jahrhundert gedauert, bis es Ordensfrauen möglich geworden ist, sich unter die Armen zu mischen, um mit ihnen das Leiden zu teilen."[224] Die Sorge, daß das Wesentliche der Berufung verraten wird, bewegt Magdeleine sehr, zumal man ihr voraussagt, daß es nicht gelingen wird, an der Armut festzuhalten.[225]

Das Festhalten an manchen Eigenheiten dieses Weges soll in der nötigen Zurückhaltung und Bescheidenheit geschehen. Nach außen ist es zwar wichtig, mit Klarheit und Deutlichkeit davon zu reden, aber die Kleinen Schwestern sollen für ihr eigenes Leben nicht der Versuchung verfallen, ihren Weg als etwas „Außergewöhnliches" zu betrachten.

Auf den Straßen und in den Fabriken sind sie aufgefallen und für alle zur Provokation geworden, denen es darum ging, die „geistliche Würde" nicht zu verletzen. Vor allem kirchliche Amtsträger, die klare Einteilungen von verschiedenen Ordenswegen kannten und nicht bereit waren, sie aufzugeben, reagierten schockiert. Auch die einfachen Leute waren zunächst irritiert. Die Arbeiter vermuteten, an ihrer Arbeitsstelle nun Predigten über sich ergehen lassen zu müssen, doch merkten sie schnell, daß das gemeinsame Menschsein im Vordergrund stand. Diese Sicht des Ordenslebens gibt Magdeleine den Kleinen Schwestern von Anfang an mit auf den Weg: „Wichtiger als Dein Dasein als Ordensfrau ist Dein Dasein als Mensch und Christ."[226] Im Teilen der Lebens- und Arbeitsbedingungen erfahren die Kleinen Schwestern ihre Kolleginnen und Kollegen als die, die ihr Christsein auf ganz einfache und doch alltäglich-konsequente Weise praktizieren und sie damit reich beschenken. Bekannte Muster werden aufgebrochen, indem auch die einfachen Leute zu „geistlichen Lehrern“ für Ordensleute werden können.

In diesem Zusammenhang bekommen auch die evangelischen Räte eine größere Weite. Sie sind nicht mehr wie im klassischen Ideal vorrangig Mittel zum eigentlichen Ziel des Ordenslebens, der Kontemplation, sondern bekommen eine soziale Dimension.[227] Gerade die evangelischen Räte, die mit dazu beigetragen haben, den Ordensstand als besonderen herauszuheben,[228] könnten dazu helfen, die Trennung der beiden „Stände“ zu überwinden.

Diese Zweiteilung widerspricht nicht nur dem Anliegen der evangelischen Räte, sondern auch unserem menschlichen Suchen. Wer nämlich versucht, die menschlichen Grundhoffnungen und Urwünsche nach einem einmaligen Namen, nach Ansehen und Zuwendung, nach Wachstum, Freiheit und Macht, nach Verwurzelung, Beheimatung und Besitz ernstzunehmen, entdeckt einen inneren Zusammenhang mit den evangelischen Räten. Das Sehnen des menschlichen Herzens ist so maßlos, so unersättlich, daß es durch Menschen, durch Macht, durch Besitz niemals restlos gestillt werden kann und daß wir auch im Verkosten und Genießen der Gaben immer deren Relativität und Vergänglichkeit vor Augen haben.

Der Umgang mit unseren Urwünschen kann so zur Auslegung unseres Glaubens werden. Anders formuliert „- da der christliche Umgang mit Zuwendung, Macht und Besitz genau das Thema der überlieferten evangelischen Ratschläge ist – werden die evangelischen Räte zu inneren Momenten christlichen Glaubens: und zwar nicht nur einiger weniger Christen, sondern aller, die Christen sein wollen.“[229]

Auf diesen inneren Zusammenhang hat Kleine Schwester Magdeleine im Grünen Heft schon sehr früh hingewiesen, wenn sie dort schreibt: „Du darfst Dich nicht darauf beschränken, in Dir die Tugenden von Armut, Keuschheit und Gehorsam zu pflegen: Sie müssen in den natürlichen menschlichen Tugenden ihr Fundament haben, sonst werden sie unnatürlich und verkrampft.“[230] Es braucht *mitten* in den Gemeinden Menschen, die in „verrückter“ Weise eine irdische Befriedigung, Beruhigung ihrer Urwünsche zurückstellen, oft bis an die Grenze des Erträglichen, damit für alle die Sehnsucht nach einer letzten Erfüllung unserer Wünsche in Gott nicht eingeebnet wird. „Sie halten für alle Christen (und damit für alle Menschen) in Erinnerung, daß die vergänglichen Gaben zwar gut sind, daß aber die Erfüllung des maßlosen Sehnens des Menschen Gott selbst sein wird.“[231]

Als „Alltagsnonnen“, die auf anschauliche Weise in Erinnerung halten, daß Gott selbst das tiefste Sehnen des Menschen trösten und stillen will, können die Kleinen Schwestern gesehen werden. Sie leben damit nicht etwas grundsätzlich anderes als die „Weltchristen“, sondern erinnern als „Orte gelebter Gottessehnsucht“[232] daran, daß wir alle von der einen Suche erfüllt sind, und daß diese Sehnsucht zu kostbar ist, um allzuschnell vergessen zu werden. „Nicht nur Ordensleute sind »gottgeweiht«, sondern jeder Mensch und jeder Glaubende ist Gott geweiht, in seiner Sehnsucht auf Gott aus.“[233]

Indem die Kleinen Schwestern mit ihrem kontemplativen Leben von den Menschen aus der Nähe erfahren werden können, wird ihr Leben zu einem wichtigen Beitrag, die Kluft zwischen den Menschen mit Gelübden und den »Weltchristen« zu verkleinern. Indem sie von sich aus auf die Menschen zugehen, eröffnen sie ihnen einen Weg, sich in der gleichen unersättlichen Sehnsucht nach Gott gemeinsam auf den Weg zu machen. Die beiden Wege der Gebote und der Räte können so zu *einem* Weg werden.

## *5. „Kontemplativ mitten in der Welt“ – weil Gott Mensch geworden ist*

Eine Theologie der Spiritualität der Kleinen Schwestern muß noch geschrieben werden. Theologische Grundzüge wurden jedoch an der Beschreibung der Ordensgeschichte und des Leitmotivs sichtbar.

Mit „Betlehem“ und „Nazaret“ sind zentrale Orte aus dem Leben Jesu benannt, die zum Schlüssel für die gesamte Spiritualität werden. Im Kindsein und im verborgenen Leben Jesu von Nazaret kommt uns seine Menschheit und Menschlichkeit besonders nahe. Es sind dies nicht die Zeiten des öffentlichen Wirkens und der Wunder, es sind jedoch beides ganz besondere Zugänge zum „Skandal“ und zum Geheimnis der Menschwerdung Gottes. Somit läßt sich dieser Skandal und dieses Geheimnis als theologische Mitte der Spiritualität der Kleinen Schwestern benennen. Dies soll im folgenden skizziert werden.[234]

Durch den Blick auf die Menschwerdung Gottes, durch den Blick auf den Menschen Jesus wird eine Bejahung und Bestätigung des Menschen ausgedrückt, die nicht mehr revidierbar ist. Mit der Bejahung des Menschen wird in die Mitte des Glaubens etwas Begrenztes gestellt, etwas, das uns mit dem Leiden, der Trennung und der Ungerechtigkeit des Menschen konfrontiert. Carlos Palacio drückt es so aus: „Den Menschen Jesus in die Mitte stellen bedeutet, den Widerspruch in die christliche Erfahrung hereinzunehmen. Wenn Jesus zum Skandal wird, dann deshalb, weil er begrenzt, konkret ist."[235]

Die Einheit von Gott und Mensch trägt in die christliche Erfahrung eine unwiderrufliche Spannung, eben jene Spannung, die aus dem Bemühen resultiert, zwei absolut verschiedene Realitäten, die Gottes und die des Menschen, zusammenbringen zu wollen. „Passion de l'unité" drückt aus, daß diese Einheit gleichzeitig etwas mit Leiden und mit Leidenschaft, mit Notwendigkeit und mit Unmöglichkeit zu tun hat. Kontemplation bedeutet dann, diesen Skandal, dieses Geheimnis und dieses Paradox des Christentums anzuschauen, zu betrachten.[236]

Carlos Palacio sieht das „Besondere" der Fraternität der Kleinen Schwestern gerade darin, daß sie diesen Skandal, dieses Paradox nicht ausklammert, sondern in Erinnerung behält und durch ihr Leben ausdrückt. „Es scheint mir sehr wichtig, das Besondere der Fraternität gerade in dieser Hinsicht zu erklären, denn sie trägt die Form eines paradoxen Lebens. Dieses Besondere und dieses Paradox zu bewahren ist vielleicht der beste Dienst, den die Fraternität der Kirche von heute leisten kann."[237]

Die Fraternität kann der Kirche helfen, diese paradoxe Mitte der christlichen Erfahrung wiederzufinden. Es geht darum, in einer Kirche, in der Mystik und Politik, Gott und Mensch auseinanderzudriften drohen, durch das „gelebte Paradox" einer versuchten Einheit den inneren Zusammenhang deutlich zu machen, ohne das Paradoxe zu entschärfen.

Drei verschiedene Dimensionen der Inkarnation bringen dieses „Paradox" in der Spiritualität der Kleinen Schwestern besonders zum Ausdruck.

### *Inkarnation als Prozeß*

Wichtig am Geschehen der Inkarnation ist, es nicht punktuell, sondern als Weggeschehen zu begreifen. Gott *wird* in Jesus Mensch. Das bedeutet, daß auch Jesus einen Prozeß des Wachsens, des Lernens durchlebt. Der Prozeß der Inkarnation trägt in Jesu Erfahrung etwas Paradoxes hinein, denn er lebt in einer konkreten religiösen, sozialen, politischen Situation, in der er immer wieder ganz konkret für *einzelne* Partei ergreift, und doch will er für *alle* da sein.[238]

Auf diesem Weg gibt es verschiedene Etappen, deren Sinn immer neu zu erschließen ist. Jesus erfährt Gott auf unterschiedliche Weise in den Armen seiner Mutter, in Nazaret, mit den Pharisäern oder am Kreuz. Der Sinn dieser vielen Etappen erschließt sich erst in der Totalität seines Lebens, also nach Ostern.[239]

Es gilt, bis ans Ende der Realität zu gehen, um dort auf ihren Sinn zu stoßen. Im Blick auf das ganze Leben hat jede Etappe ihre bestimmte Funktion. Die verschiedenen Etappen interpretieren sich gegenseitig und sind der Schlüssel zum gesamten Leben.

### *Inkarnation als Solidarität*

Solidarität beginnt mit einem Schritt weg von sich selbst, mit einem Exodus. Indem Jesus sich ganz entäußert (Phil. 2,6–11), ist er in diese Bewegung der Solidarität hineingegangen, die sich die Bedingung des anderen zu eigen macht: „Er war Gott gleich, hielt aber nicht daran fest, wie Gott zu sein, sondern er entäußerte sich und wurde wie ein Sklave und den Menschen gleich. Sein Leben war das eines Menschen; er erniedrigte sich und war gehorsam bis zum Tod, bis zum Tod am Kreuz."

Die Gestalt eines Sklaven anzunehmen, bedeutet für Jesus, freiwillig in eine Situation der Rechtlosigkeit hineinzugehen. Was für Jesus gegolten hat, gilt auch für den Menschen: „Jede Solidarität beginnt mit einem Verlassen seiner selbst."[240] Diese Solidarität führt zwangsläufig in die Krise, weil es eine Solidarität mit denen ist, die unter schlechten Bedingungen leben. Damit ist immer auch eine schmerzliche Form des Selbstverlustes verbunden.

„Sich zu solidarisieren trägt die Krise in unsere Existenz, weil es um die Option für eine Situation geht, in der man sich auf jeden Fall verlieren wird und wo man in sich die Widersprüche der Situationen erfährt, die man auf sich genommen hat."[241]

Auf die Frage nach der Effektivität lassen sich keine meßbaren Ergebnisse vorzeigen. Denn diese Solidarität trägt unvermeidbar den Aspekt der Armut, der Nicht-Effektivität in sich. So hat auch Jesus sich selbst jeder Fähigkeit und Macht, uns effektiv zu helfen, entledigt. Er hat uns nicht auf wunderbare Weise aus unserem Elend geführt, sondern hat selbst unsere Armut durchlebt. Damit hat er den Blick dafür geweitet, unsere Armut auch auf andere Weise zu leben. Die „Effektivität" der Solidarität liegt also in der gelebten Solidarität selbst, nicht in meßbaren und greifbaren Veränderungen.

„Die Fruchtbarkeit der Solidarität ist die Solidarität selbst. Sie hat uns erlöst, indem sie in unsere menschliche Armut und in unser Elend die Hoffnung trägt, daß die Mühe sich doch lohnt."[242]

Daß er unsere Armut durchlebt hat und uns hilft, sie auf neue Weise zu leben, dies ist eine „Effektivität" ganz anderer Art. Erst wenn sie zur Wirkung gekommen ist, wird es möglich, auch nach anderen konkreten Formen der Effektivität zu suchen. Aber ohne diese „erste Effektivität, die oft sehr geheimnisvoll und ohne Resultat ist, hat die Suche nach einer anderen Effektivität keinen Sinn".[243]

### *Inkarnation als Offenbarung*

Auch dieser Aspekt der Inkarnation führt uns zunächst in die Krise, denn was Jesus uns von Gott und vom Menschen offenbart, stellt unsere ganzen Vorstellungen von Gott und Mensch in Frage.

„Der Ausgangspunkt des christlichen Glaubens ist immer der Mensch Jesus. Es gibt keinen anderen Zugang: der Mensch ist die Tür, und das ist der Skandal."[244]

Jesus ist ganz wie wir Mensch, und er ist doch mehr. Er hat eine menschliche Erfahrung gelebt, die sich an den äußersten Grenzen dessen bewegt, was von einem Menschen gelebt werden kann.

„Der menschliche Glaube hat begriffen, daß diese menschliche Fülle nur in dem Maße möglich war, als Gott selbst diese Erfahrung gemacht hat. Er hat begriffen, daß dieses menschliche Leben von Gott ist, daß es Gott gehört. So läßt sich die Fülle des Lebens Jesu nicht in zwei Etagen aufteilen, eine menschliche und eine darüberliegende göttliche. Denn die göttliche Fülle in Jesus ist gerade diese Art, wie er seine menschliche Existenz gelebt hat. Und doch läßt sie sich nicht auf eine menschliche Erfahrung reduzieren."[245]

In Jesus entdecken wir eine Weise, als Mensch zu leben, die uns dazu zwingt, immer bis ans Ende unserer menschlichen Möglichkeiten zu gehen. Denn Gott offenbart sich, indem er ganz unsere Bedingungen angenommen hat. Auf eine solche Weise menschlich sein, kann allein Gott – wie Leonardo Boff es ausdrückt.

Weil Gott sich im Menschen und als Mensch auf einen Prozeß eingelassen hat, weil er sich mit ihm solidarisiert und sich geoffenbart hat, darf der Mensch sich in seiner Sehnsucht nach Gott ausstrecken. Jeder, der sich in diesem in die Widersprüchlichkeit hineingegangenen und zum Skandal gewordenen Gott verwurzelt, wer ihn zu seiner Lebensmitte macht, der kann nicht anders, als für den durch die Menschwerdung Gottes geheiligten Menschen Partei zu ergreifen, um sich für ein menschenwürdiges Leben zu engagieren. Und dieses Engagement, diese Liebe muß allen Menschen gelten, weil Gott für alle Mensch geworden ist. Es ist eine „universelle Liebe", die in der Liebe Gottes ihren Grund haben muß, weil sie sonst zur Überforderung wird. Sie führt an die eigene Begrenztheit, weil die Herausforderungen immer größer sind als die eigenen Möglichkeiten. Aber diese universelle Liebe, mit der Magdeleine alle Menschen lieben möchte, ist nicht nur auf die Möglichkeiten des eigenen Herzens angewiesen. Sie lebt aus den Möglichkeiten der Liebe Jesu. Ihm kann sie sich mit ihrer Sehnsucht nach einer „universellen Liebe" im Gebet überlassen:

„Einmal mehr, Jesus, spüre ich in der Tiefe meines Wesens Dein Handeln, Deine Gegenwart. Ich habe Zeit gebraucht, um zu begreifen, auf welchem neuen Weg Du mich durch Deine Hand führen willst – ich habe Zeit gebraucht, weil ich nicht klar gesehen habe – um mich war es nur dunkel und doch hatte ich meine Hand in der Deinen, ein solches Vertrauen … Und dann hast Du mich in die Fülle des Lichtes geführt – in das Licht Deiner universellen Liebe, und das, was mir kein Mensch hätte begreiflich machen können, habe ich in einer Sekunde begriffen. Und dann hast Du Deine Hand zurückgenommen, denn ich war am Ziel.

In diesem Licht und diesem Feuer der Liebe ist mein armes Herz fast zersprungen, um all die Menschen annehmen zu können – alle, ohne irgendeine Ausnahme – die Russen, die Chinesen, die Kommunisten, alle, die Alten, die Kleinen, die Kranken, die Geknickten – Und ich habe keine Sekunde gezögert, ich war nicht versucht zu sagen: »Herr, mein Herz ist zu klein, ich kann nicht«, denn ich wußte genau, daß es nicht nur mein menschliches Herz sein würde, das sie liebt, sondern mein Herz mit dem Deinen, o Jesus."[246]

# ANHANG

# I.
# Anmerkungen

## *0. Anmerkungen zum Teil „Vorbemerkungen"*

[1] In der Annäherung an Mystikerinnen und Mystiker ist man mit der Schwierigkeit konfrontiert, ihrer „Mystik" eigentlich nie unmittelbar begegnen zu können, d.h. die „Unterscheidung zwischen Mystik als ursprünglicher Erfahrung und Mystologie (bzw. Mystographie) als Reflexion in einem bestimmten Kategorialsystem und Reden und Schreiben darüber (eventuell auch ohne die ursprüngliche Erfahrung)" darf nicht übersehen werden. Vgl. dazu Balthasar, Zur Ortsbestimmung christlicher Mystik, 50. Davon noch zu unterscheiden ist die „Mystagogie" als „theoretisch-praktische Hinleitung zur Erfahrung von Mystik unter Lenkung solcher, die der Erfahrung schon teilhaft geworden sind." Ebd.

[2] Kreuz, Mystik und Politik am Beispiel Teresas von Avila.

[3] Stellvertretend seien hier einige Frauen unseres Jahrhunderts genannt: *Lea Ackermann* (* 1937), Missionsschwester und Bildungsreferentin bei MISSIO, München. Sie lebt und arbeitet in Kenia mit Frauen in der Elendsprostitution und mit gefährdeten Mädchen. Zu ihrem Projekt in KIM aktuell 22 (3/1987), erhältlich über: KIM-Zentrale, Weningstr. 35, D-8070 Ingolstadt. S. dazu: Ackermann, Warum wird eine Ordensfrau zur »Männlichkeit« erzogen? – *Dorothy Day* (1897–1980), Schriftstellerin, radikale Sozialreformerin, Pazifistin, glühende Sozialistin, dann christliche Radikale. Sie gründete die Zeitung «Der katholische Arbeiter« und verschiedene Hospize für Arme in zahlreichen amerikanischen Städten. Die Folgen der Verelendung, wie Prostitution, Alkoholismus, Verrohung, hatte sie vielfach im Krankenhaus, im Gefängnis, in den Slums erlebt. S. dazu: Day, The Long Loneliness. – Forest, Dorothy Day – Das Maß ist die Liebe. – *Madeleine Delbrêl* (1904–1964), Sozialarbeiterin in Ivry, einer kommunistischen Hochburg, in der sie als profilierte Katholikin das Gespräch und auch die Freundschaft mit ihren kommunistischen Nachbarn gesucht hat. Sie begründete die Gemeinschaft in der Rue Raspail, in der heute noch Gefährtinnen von ihr leben. Dazu z. B. in: Boismarin, Madeleine Delbrêl. Ein Leben unter Christen, die Christus nicht kennen. – Delbrêl, Wir Nachbarn der Kommunisten. – *Simone Weil* (1909–1943), Philosophin, Fabrikarbeiterin, Links-Syndikalistin ... Ohne sich als religiös Suchende zu verstehen, hat sie doch tiefe mystische Erfahrungen gemacht. Obwohl sie Sehnsucht nach der Taufe hatte, blieb sie bewußt an der Schwelle der Kirche. S. dazu: Weil, Schwerkraft und Gnade. – Simone Weil. Aufmerksamkeit für das Alltägliche. – Simone Weil. Philosophie-Religion-Politik. (Dort auch Bibliographie bis 1984). – *Mireille Nègre* (*1942), zunächst Tänzerin an der Opéra in Paris, dann Karmelitin und schließlich „missionarische Tänze-

rin", die den Menschen durch den Tanz Gott bringen möchte. S. dazu: Nègre, Ich tanze Gott für dich.

[4] Mit bürgerlichem Namen: Magdeleine Hutin.

[5] Denn Kirchenlehrer zeichnen sich durch vier Merkmale aus: „Rechtgläubigkeit der Lehre, Heiligkeit des Lebens, hervorragende wissenschaftliche Leistung, ausdrückliche Anerkennung durch die Kirche." LThK VI, 230.

[6] So Rahner, anläßlich Teresas Proklamation zur Kirchenlehrerin. In: Herbstrith, Teresa von Avila. Frau und Kirchenlehrerin, 233.

[7] Gössmann, Das Menschenbild der Hildegard von Bingen und Elisabeth von Schönau, 25/26

[8] Ebd., 26.

[9] So wurde Caterina von Siena durch das Ordenskapitel der Dominikaner zu Pfingsten 1374 veranlaßt, nach Florenz zu kommen, da es Zweifel an ihrer Rechtgläubigkeit gab. – Teresa von Avilas erstes großes Werk, ihre „Vida", war schon zu Lebzeiten Gegenstand der Inquisition. Als 1588, sechs Jahre nach Teresas Tod, ihre Schriften gedruckt wurden, kam es wieder zu Anklagen bei der Inquisition. – Die Begine Marguerite Porète wurde wegen einer mystischen Schrift 1310 in Paris als Häretikerin verurteilt und zusammen mit ihrer Schrift verbrannt. – Ein Abschnitt über „Häresieverdacht" in: Mein Herz schmilzt wie Eis am Feuer, 22–24. – Vgl. dazu auch Schweitzer, Von Marguerite von Porète (+1310) bis Mme. Guyon (1717).

[10] Dinzelbacher, Frauenmystik im Mittelalter.

[11] Ebd.,15.

[12] Vgl. dazu Halkes, Caterina von Siena, 103.

[13] Manuskript Escorial 4,1. Zitiert nach: Teresa von Avila, »Ich bin ein Weib und obendrein kein gutes«, 34.

[14] Vida 40, 8–10. Ebd., 33.

[15] Diese Unterschiede sollen nicht geleugnet werden, sie sind für die vorliegende Arbeit jedoch nicht von Interesse. Auf eine Aussage von Alain de Libera, „daß aus philosophisch-rationaler Sicht der Unterschied von Männer-und Frauenmystik zu schwinden scheint", fragt sich Sudbrack, ob es nicht der männliche Blick ist, „der feinere Nuancen und subtilere Unterschiede dem großen Systementwurf opfert." In: Sudbrack, Literaturbericht – Tendenzen in der Erforschung der Mystik, 70.

[16] Sudbrack, Mystik. Selbsterfahrung – kosmische Erfahrung – Gotteserfahrung, 29.

[17] Ders., Wege zur Gottesmystik.

[18] Seyppel, Mystik als Grenzphänomen und Existential, 130.

[19] Ebd., 139.

[20] Ebd.

[21] Sudbrack, Wege zur Gottesmystik, 17/18. – Seyppel geht sogar so weit, daß er das Gelingen der Untersuchung an die Frage nach einem persönlichen Bekenntnis des Untersuchenden knüpft: „Der Untersuchende ist nicht mehr Teiler, er wird selbst zum Teil des Untersuchten. Als Teil des Untersuchten muß er sich selbst mit in die Untersuchung miteinbeziehen (will er des Objektes nicht verlustig gehen), und zwar in der Frage: Glaubst Du, daß Christus als Allegorie verstanden werden darf, oder glaubst Du, daß er realistisch verstanden werden muß." Seyppel, Mystik als Grenzphänomen und Existential, 138.

[22] Auer, Wortprotokoll II, 242.

[23] „...ohne inhaltliche »Wesensbestimmung« zu geben, können wir darauf hin-

weisen, daß sich dieses Mystische - formal - da zeigt, wo zwei Bereiche aneinander stoßen bzw. ineinander übergehen, d.h. als Grenze oder Überwindung von Grenze." Seyppel, Mystik als Grenzphänomen und Existential, 145.
[24] Mieth, Gotteserfahrung und Weltverantwortung, 25.
[25] Ders., Wie können Mystik und Politik füreinander brauchbar werden? 15.
[26] Ebd.
[27] Seyppel, Mystik als Grenzphänomen und Existential, 111.
[28] Historique I, 269.
[29] Historique II, 475.
[30] Vgl. dazu II., 0. im Dritten Teil dieses Werkes: „Quellen und Literatur"

## *1. Anmerkungen zum Ersten Teil*

[1] Sudbrack, Das Klima des Hasses und des Todes verweigern, 97.
[2] Frère Roger, Kampf und Kontemplation.
[3] Légaut, Summe meines Lebens - Innerlichkeit und Engagement.
[4] Metz, Zeit der Orden? Zur Mystik und Politik der Nachfolge.
[5] Wartenberg-Potter, Wir werden unsere Harfen nicht an die Weiden hängen.
[6] Vgl. dazu Weismayer, Leben in Fülle, 10-14 und 80-115.
[7] Vgl. Mit der Jugend Gott suchen.
[8] Beschlüsse der Diözesansynode Rottenburg-Stutgart 1985/86, 100.
[9] Die folgende zusammenfassende Darstellung stützt sich auf: Mieth, Die Einheit von vita activa und vita contemplativa. - Ders., Meister Eckart. Einheit in Wirken und Sein. - Balthasar, Aktion und Kontemplation. - Coreth, »In actione contemplativus«. - Viller / Rahner, Aszese und Mystik in der Väterzeit.
[10] Vgl. dazu Mieth, Die Einheit von vita activa und vita contemplativa, 30, Anm.8.
[11] Ebd., 32/33.
[12] Ebd., 33.
[13] Ebd., 38.
[14] Ebd., 39.
[15] Ebd., 40.
[16] Ebd., 43.
[17] Für eine weitere Auseinandersetzung mit einzelnen Etappen dieser christlichen Integrierung steht die „Geschichte der abendländischen Mystik" von Ruh in Aussicht. Der erste von fünf geplanten Bänden „Die Grundlegung durch die Kirchenväter und die Mönchstheologie des 12. Jahrhunderts" ist 1990 erschienen.
[18] Vgl. dazu Mieth, Die Einheit von vita activa und vita contemplativa, 45ff.
[19] Ebd., 51.
[20] Ebd., 67.
[21] Ebd.
[22] Ebd., 68.
[23] Ebd., 40.
[24] Ebd., 70.
[25] In diesem Zusammenhang ist zu beachten, daß Origenes wohl der erste ist, der auf die Unterscheidung zwischen dem beschaulichen und dem tätigen Leben die Episode des Evangeliums von Martha und Maria anwandte: Maria als Symbol des kontemplativen Lebens, Martha als Symbol des tätigen Lebens. Vgl. dazu Viller / Rahner, Aszese und Mystik in der Väterzeit, 78.

[26] Coreth, »In actione contemplativus«, 59.
[27] Bei Origenes synonym mit „theoria".
[28] Vgl. Mieth, Die Einheit von vita activa und vita contemplativa, 70, Anm. 139.
[29] Viller / Rahner, Aszese und Mystik in der Väterzeit, 68.
[30] Balthasar, Aktion und Kontemplation, 248.
[31] Mieth, Die Einheit von vita activa und vita contemplativa, 71.
[32] Vgl. ebd., 73.
[33] Ebd., 72.
[34] Ebd., 73.
[35] Ebd., 316.
[36] Mieth, Die Einheit von vita activa und vita contemplativa, 84.
[37] Ebd., 88.
[38] Ebd., 92.
[39] Ebd., 111.
[40] Ebd., 112/113.
[41] Ebd., 320.
[42] Vgl. dazu Coreth, »In actione contemplativus«, 62.
[43] Ebd., 63.
[44] Jelich, Kirchliches Ordensverständnis im Wandel, 14.
[45] Vgl. dazu Mieth, Die Einheit von vita activa und vita contemplativa, 320/321, Anm.316–323.
[46] Coreth, »In actione contemplativus«, 64.
[47] Balthasar, Aktion und Kontemplation, 248.
[48] Mieth, Meister Eckhart - Einheit im Sein und Wirken, 61/62.
[49] Balthasar, Aktion und Kontemplation, 257.
[50] Mieth, Die Einheit von vita activa und vita contemplativa, 117.
[51] Ders., Meister Eckhart - Einheit im Sein und Wirken, 64.
[52] Ders., Die Einheit von vita activa und vita contemplativa, 228/229.
[53] Ebd., 230.
[54] Diese Sicht ist hinsichtlich der Bewertung des aktiven Lebens bemerkenswert, wenn auch Meister Eckharts Deutung der Maria / Martha Perikope exegetisch fragwürdig ist.
[55] Mieth, Die Einheit von vita activa und vita contemplativa, 231.
[56] Ders., Meister Eckhart - Einheit im Sein und Wirken, 61.
[57] Vgl. dazu Coreth, »In actione contemplativus«.
[58] Rahner, Die ignatianische Mystik der Weltfreudigkeit, 346.
[59] Stierli, Ignatius von Loyola, »Gott suchen in allen Dingen«, 110.
[60] Coreth, »In actione contemplativus«, 65.
[61] Ebd.
[62] Ebd., 66.
[63] Ebd., 55.
[64] Balthasar, Aktion und Kontemplation, 245.
[65] Messalianer (syr.: Betende) sind Anhänger einer sekten-bildenden enthusiastisch-spiritualistischen Bewegung, die um 350 in Syrien auftritt. Ihre Lehre ist ein manichäisch beeinflußter aszetischer Dualismus, der die erlebbare Einwohnung des Teufels auch im getauften Menschen zu überwinden lehrt durch das in beständigem Gebet erreichte mystische Erfaßtsein von der Gnade.
[66] Seit 1163 geläufigster und treffendster Name der größten mittelalterlichen Sekte. Ihr Grundgedanke ist der unversöhnliche Gegensatz zwischen der Seele des Reinen und der von Gott abgefallenen bösen Welt. Jede Berührung mit der

Welt (Ehe, Geschlechtsverkehr, Fleischgenuß, Eid, Arbeit, Krieg, Mord) ist gleichermaßen sündhaft, und jeder Sünder erweist sich als Geschöpf Satans.

[67] Mieth, Mystik, 155.

[68] Vgl. dazu Sudbrack, „Das Klima des Hasses und des Todes verweigern", 99.

[69] Mieth, Mystik, 156.

[70] Koch, Kurskorrektur, 172.

[71] Mieth, Mystik, 156.

[72] Boff, Die Befreiungstheologie post Ratzinger locutum, 297.

[73] „Wir können die innere Leere nicht einfach mit Gott füllen, wie manche es sich in einer Art kostenloser Spiritualität erträumen, wir müssen erst äußerlich leer werden von all dem, was uns überfüllt." Sölle, Das Fenster der Verwundbarkeit, 40

[74] Vgl. dazu Sudbrack, Die vergessene Mystik. – Ders., Mystik. Selbsterfahrung – Kosmische Erfahrung – Gotteserfahrung, vor allem 113–132. – Ders., Neue Religiosität.

[75] Galilea, Die Befreiung als Begegnung zwischen Politik und Kontemplation, 389.

[76] Nell-Breuning, Marxismus – zu leicht genommen, 90. Nell-Breuning plädiert dafür, genau zu unterscheiden, was mit „marxistisch" gemeint ist, und weist hin auf die in „Quadragesimo anno" gemachte Unterscheidung von verwerflichem Klassenkampf, der geprägt ist durch Haß und Neid, und einem entgifteten Klassenkampf, der zum Aufbau einer klassenfreien Gesellschaft geboten ist.

[77] Sölle auf diese Frage: „Können wir es uns leisten, Marx zu ignorieren in einer Zeit, in der jedem aufmerksamen Beobachter des Elends in der Dritten Welt klar sein sollte, daß der Kapitalismus den Hunger weder stillen konnte noch stillen wird?" Sölle, Das Fenster der Verwundbarkeit, 48.

[78] Mieth, Mystik, 155.

[79] Mieth, Gotteserfahrung und Weltverantwortung, 177.

[80] Ergänzend zu der hier verarbeiteten Literatur sei noch auf zwei neu erschienene Werke verwiesen: Sudbrack, Mystische Spuren. Auf der Suche nach der christlichen Lebensgestalt, Würzburg 1990. – Gottes Nähe. Religiöse Erfahrung in Mystik und Offenbarung. Festschrift zum 65.Geburtstag von J.Sudbrack, hg. v. Imhof, Würzburg 1990.

[81] Als Reaktion darauf, jedoch auch aus Interesse an der eigenen mystischen Tradition, gibt es seit Ende der Siebzigerjahre neue Reihen zu christlichen Mystikerinnen und Mystikern. So z.B.: „Gotteserfahrung und Weg in die Welt" im Walter Verlag, Olten (bisher 9 Bände). – "Klassiker der Meditation" im Benziger Verlag, Zürich (bisher 19 Bände). Daneben gibt es eine zunehmende Zahl an neuaufgelegten klassischen oder neuen Anthologien, so z.B.: Christliche Mystiker, hg. v. Ruhbach / Sudbrack, München 1989. – Der mystische Strom – Von Paulus bis Pascal, hg. v. Karrer, Salzburg 1986. – Deutsche Mystik, hg. v. Gnädinger, Zürich 1989.

[82] Steggink, Mystik – Wortgebrauch und Theoriebildung, 13–37.

[83] Ebd., 13.

[84] Ebd. Steggink führt Beispiele aus dem journalistischen Bereich an: „Der Filmregisseur Werner Herzog »watet im mystischen Urschlamm«. Ein Fernsehfilm von Slawomir Mrozek ist »mystischer Klimbim«. Ein Fernsehspiel führt eine »mystisch verquaste Parabel« auf, und in einem Roman wird »allerlei mystisch-religiöser Klimbim« entdeckt." Ebd.

[85] Ebd., 15.

[86] Kontaktadresse: W. Böhme, Klauprechtstr. 2, D-7500 Karlsruhe.
[87] Batlogg, Der Christ von morgen – ein Mystiker? 41.
[88] Fast jede Ausführung über Mystik beginnt mit dem „Eingeständnis, daß unmöglich ist, Mystik mit eindeutigen Worten zu umreißen" – oder einer ähnlichen Aussage. Vgl. Sudbrack, Mystik: Selbsterfahrung – Kosmische Erfahrung – Gotteserfahrung, 18.
[89] Seyppel, Mystik als Grenzphänomen, 113.
[90] Ebd., 143. Vgl. auch Mystique, Dictionnaire de spiritualité, col.1893: „Il n'y a pas »une« mystique: la recherche, la reconnaissance, le rapport avec le mystère varient suivant les hommes, le substrat socio-culturel de leur existence, leurs traditions religieuses ..."
[91] „...les introductions et annotations visent surtout à discerner les sources et les influences, puis à »décrire« la doctrine sous ses divers aspects plutôt qu'à la systématiser." Ebd., col. 1890.
[92] Bouyer, »Mystisch«, 58.
[93] Ebd., 58/59.
[94] Bouyer, »Mystisch«, 59.
[95] Ebd., 60.
[96] Balthasar, Zur Ortsbestimmung christlicher Mystik, 42.
[97] Bouyer, »Mystisch«, 64.
[98] Ebd., 65.
[99] Ebd., 66.
[100] Ebd., 70.
[101] Diese dritte Wortbedeutung findet sich vor allem beim Pseudo-Areopagiten häufig.
[102] Bouyer, »Mystisch«, 72.
[103] Balthasar, Zur Ortsbestimmung christlicher Mystik, 39.
[104] Ebd., 52–57.
[105] Ebd., 57–71.
[106] Balthasar weist auch darauf hin, „daß eine vollkommene Entflechtung von gottsuchender nichtchristlicher und von gottgeschenkter christlicher Mystik nicht gelingt noch gelingen kann." Ebd., 66. – Mit dieser Abgrenzung von „gottsuchender" und „gottgeschenkter" Mystik setzt er jedoch bereits eine Unterscheidung, der noch näher nachzugehen wäre. Balthasar schägt vor, von einer „Analogie" zwischen christlicher und nichtchristlicher Mystik zu sprechen. Vgl. dazu auch Figl, Mystik im Dialog der Weltreligionen.
[107] Weismayer hebt noch besonders die biblische Rückbindung hervor: „Christliche Mystik ist untrennbar verbunden mit dem meditierenden und betenden Umgang mit der Schrift – wo diese Kommunikation mit dem Gott Israels, mit dem Gott und Vater unseres Herrn Jesus Christus, einen hohen Grad der Intensität und Vertrautheit erreicht, wo der Betende zur Ruhe kommt und darin – wenn auch nur für kurze Zeit – verweilen kann, da ereignet sich Kontemplation, da geschieht mystische Erfahrung im christlichen Verständnis." Ders., Was ist Mystik? 353.
[108] Mieth, Mystik, 153.
[109] Der Hinweis auf die Größe der Erfahrung ist oft auch verbunden mit einem Insistieren auf unhinterfragbarer Erfahrung, was notwendigerweise verschlossen und undialogisch wird. Insofern kann die „endgültige Kriteriologie" nicht in der Intensität der Erfahrung liegen. Vgl. dazu Sudbrack, Mystik, 286.
[110] Weismayer, Was ist Mystik? 358. – "Der Maßstab, an dem der Christ (der

Mensch überhaupt) in Gottes Gericht gemessen wird, ist seine Gottes- und Nächstenliebe und nicht der Grad seiner religiösen Erfahrung." Balthasar, Zur Ortsbestimmung christlicher Mystik, 66.

[111] Sudbrack sieht diese „Kriterien" jedoch auch in ihrer Relativität: „Da Mystik in ihrer Spitze immer etwas Vollpersönliches ist, wird man keine letztgültige Kriteriologie erstellen können." Ders., Mystik, 288.

[112] Ebd.

[113] „... un élargissement du concept même de mystique. Celui-ci n'est plus réservé aux niveaux supérieurs de la contemplation; il s'applique à tout homme qui participe au mystère du Christ." „Mystique", col.1890.

[114] Sudbrack, Mystik: Selbsterfahrung – Kosmische Erfahrung – Gotteserfahrung, 19.

[115] Rahner, Mystik – Weg des Glaubens zu Gott, 24.

[116] „Les docteurs mystiques souligenent que ces phénomènes sont une rançon de notre »faiblesse«." „Mystique", col. 1898.

[117] Rotzetter, Plädoyer für eine prophetisch-politische Spiritualität, 14.

[118] Mieth, Gotteserfahrung und Weltverantwortung, 30.

[119] Schneider, Politik, Sp. 2166.

[120] Ebd.

[121] Ebd.

[122] Vgl. dazu Mieth, Politische Ethik, Vorlesungsmanuskript, 4.

[123] Mieth, „Politik", 198.

[124] Vgl. Mieth, Politische Ethik, Vorlesungsmanuskript, 5.

[125] Seeber, Politik, 357.

[126] Mieth, Politische Ethik, Vorlesungsmanuskript, 6.

[127] Schillebeeckx, Weil Politik nicht alles ist, 51.

[128] So auch „Gaudium et spes", 75: „Wer dazu geeignet ist oder sich dazu ausbilden kann, soll sich darauf vorbereiten, den schweren, aber zugleich ehrenvollen Beruf des Politikers auszuüben, und sich diesem Beruf unter Hintansetzung des eigenen Vorteils und materiellen Gewinns widmen."

[129] Zulehner, Mystik und Politik, 414.

[130] Mieth, Politik, 199.

[131] Ebd.

[132] Damit stellt Zulehner sich in die Tradition der katholischen Soziallehre: „Wer Politik in der Tradition der katholischen Soziallehre versteht als ein sich Starkmachen zugunsten einer gerechteren Verteilung von Lebenschancen in der einen Welt, der wird in diesem Sinn Gott selbst »politisch« nennen." Ders., Pastoraltheologie Bd. 2, 117.

[133] Zulehner, Das Gottesgerücht, 63.

[134] Vgl. Märzinger, Das Verschwinden der himmelschreienden Sünden.

[135] Vgl. Balthasar, Aktion und Kontemplation, 245.

## *2. Anmerkungen zum Zweiten Teil*

[1] Vgl. dazu: Der Christ von morgen – ein Mystiker? Hg. v. Böhme / Sudbrack.

[2] Rahner, Frömmigkeit früher und heute, 22.

[3] Ebd., 25.

[4] Ebd., 26/27.

[5] Vorgrimler, Karl Rahner. Politische Dimensionen, 58. Vgl. auch Rahner, Über die Einheit von Nächstenliebe und Gottesliebe. Ders., Die ignatianische Mystik der Weltfreudigkeit.
[6] S. dazu Metz, Zeit der Orden – Zur Mystik und Politik der Nachfolge. Ders., Glaube in Geschichte und Gesellschaft.
[7] Metz, Zeit der Orden, 42ff.
[8] Ebd., 45.
[9] Ebd., 58.
[10] Metz, „Politische Theologie" in der Diskussion, 268.
[11] Ebd.
[12] „Was Carl Schmitt »Politische Theologie« nannte, war nichts anderes als die Theorie der staatsnotwendigen »Politischen Religion«." Moltmann, Die Politik der Nachfolge Christi, 20.
[13] Metz, „Politische Theologie" in der Diskussion, 274.
[14] Ebd., 275.
[15] Ebd., 277.
[16] Seeber, Was will die „politische Theologie"?, 31.
[17] Wulf, Die Orden gefragt und nicht gefragt, 299.
[18] Ebd., 300.
[19] S. dazu Mystik und Politik – Theologie im Ringen um Geschichte und Gesellschaft.
[20] Sölle, Eine Erinnerung um der Zukunft willen, 16.
[21] Oudenrijn, Ein Brief nach langer Zeit, 257.
[22] Ebd., 258.
[23] Gutiérrez, Theologie der Befreiung.
[24] Ebd., 213.
[25] Ebd., 214.
[26] Füssel, Theologie der Befreiung, 205.
[27] S. dazu Verlautbarungen des Apostolischen Stuhls, Nr. 57 und Nr. 70. – Eine vorläufige Bilanz in der Auseinandersetzung um die Befreiungstheologie zieht Boff in seinem Aufsatz „Die Theologie der Befreiung post Ratzinger locutum". Er macht darin deutlich, daß die päpstlichen Verlautbarungen auch positive Elemente enthalten, jedoch zu sehr geprägt sind durch die Perspektive einer reichen Kirche in reichen Ländern.
[28] Verlautbarungen des Apostolischen Stuhls, Nr.57, VI, 3.
[29] Ebd., Nr. 57, VI, 4.
[30] Ebd., Nr. 57, IX, 6.
[31] Ebd., Nr. 57, IX, 3.
[32] Gutiérrez, Theologie der Befreiung, 192.
[33] Ebd., 194/195.
[34] Ebd., 190–196.
[35] Ders., Aus der eigenen Quelle trinken.
[36] Moltmann-Wendel, Das Land, wo Milch und Honig fließt, 71/72.
[37] Wacker, Feministische Theologie, 355.
[38] Ein Aufarbeiten der feministisch-theologischen Literatur ist im Rahmen dieser Arbeit nicht möglich. Eine detaillierte Gliederung von Einzelthemen und eine umfassende Bibliographie (ca. 2000 Titel und 60 Zeitschriften) bis 1988 ist zu finden in: Bibliographie zur Feministischen Theologie. Vgl. auch Ahl, Selbstbilder – Gottesbilder. Dies., Was gewesen ist, was sein soll.
[39] Halkes, Suchen, was verloren ging, 19. So auch Sölle: „Wir müssen lernen, daß

wir nicht wählen müssen zwischen der Kontemplation und dem Handeln. Niemand hat das Recht, uns diese Wahl aufzuzwingen." Dies., Das Fenster der Verwundbarkeit, 107.

[40] Ebd., 18.

[41] Ebd., 19.

[42] Wartenberg-Potter, Wir werden unsere Harfen nicht an die Weiden hängen, 9.

[43] Ebd., 74. In unseren Breiten entstehen in traditionellen Formen liturgische Hilfen. So z. B. A. Reuschel, All unsere Quelllen entspringen in dir. Frauengottesdienste, Düsseldorf 1989.

[44] Gotteslehrerinnen, 12.

[45] Vgl. Frauenmystik im Mittelalter.

[46] „Caterina war sicher keine Feministin, wenn wir darunter verstehen: eine Frau, die die Strukturen von Kirche und Gesellschaft verändern will, damit gerechtere Verhältnisse entstehen und jeder Mensch zu seinem/ihrem Recht kommen kann." Halkes, Caterina von Siena, 101.

[47] Komm, lies mit meinen Augen. Biblische und theologische Entdeckungen von Frauen aus der Dritten Welt, hg. von Pobee und v. Wartenberg-Potter, Offenbach 1987.

[48] Mananzan, Theologie aus dem Blickwinkel asiatischer Frauen. In: Handbuch Feministische Theologie, 51–60.

[49] Welch, Gemeinschaften des Widerstandes und der Solidarität. Eine feministische Theologie der Befreiung. Freiburg/Schweiz 1988.

[50] Zulehner, Pastoraltheologie Bd. 2, 84f.

[51] Ebd., 86.

[52] Ebd.

[53] Ebd.

[54] Ebd.

[55] Ebd., 87.

[56] Vgl. ebd., 88.

[57] Ebd., 89.

[58] Zur „Kultur der Koinonia" s. ebd., 92–115. Sie wird hier nicht näher dargestellt, weil sie im folgenden der Arbeit explizit nicht mehr vorkommt. Implizit ist der Aspekt der Gemeinschaft mit Christus, in der die Gemeinschaft mit Gott erschlossen ist und die Gemeinschaft der Menschen untereinander in der „Kultur der Mystik" und der „politischen Kultur" als notwendige Voraussetzung enthalten.

[59] Vgl. dazu ebd., 116ff.

[60] Vgl. Zulehner, Pastoraltheologie Bd. 2, 118–122 und ders., Das Gottesgerücht, 92–93.

[61] Vgl. dazu im ersten Teil unter II. 2. „Politik im weiteren Sinn".

[62] Ders., Pastoraltheologie Bd.2, 118.

[63] Ebd., 119.

[64] Ebd.

[65] Ebd., 121.

[66] Ebd., 122.

[67] Galilea, Die Befreiung als Begegnung zwischen Politik und Kontemplation, 389.

[68] Beschlüsse der Diözesansynode Rottenburg-Stuttgart 1985/86, 100.

[69] Dieser Unkenntnis wurde in den letzten Jahren durch einige Mystik-Tagungen begegnet. Besonders erwähnt seien hier die Mystik-Tagungen der Diözese Rot-

tenburg-Stuttgart zur „Frauenmystik im Mittelalter" und zur „Theologia mystica". Vgl. Frauenmystik im Mittelalter. – "Eine Höhe über die nichts geht".
[70] Kasper, Wortprotokoll (WP) I, 290
[71] Tiefenbacher, WP I, 301.
[72] Zulehner, WP I, 315.
[73] Knoblauch, WP I, 294.
[74] Thieringer, WP II, 245.
[75] Ders., WP I, 320.
[76] Ebd.
[77] Thieringer, WP II, 227.
[78] Krauth, WP II, 236.
[79] Redies, WP I, 312.
[80] Hegele, WP II, 230.
[81] Krauth, WP II, 236.
[82] Thieringer, WP I, 320.
[83] Vgl. dazu Bleistein / Zulehner, Mit der Jugend Gott suchen, 79/80.
[84] Hegele, WP , 230/231.
[85] Zulehner, WP I, 314.
[86] Bei der Bitte um klare Definition des Begriffs Politik standen bei einzelnen Synodalen diese konkreten Auseinandersetzungen im Hintergrund: „Viele Konflikte mit manchen kirchlichen Jugendverbänden rühren daher, daß es hier zu Unklarheiten gekommen ist." Kasper, WP I, 290.
[87] Auer, WP II, 242/243.
[88] Ebd.
[89] Mieth, WP II, 230.
[90] Ders., WP II, 238.
[91] Ebd.
[92] Hildebrand, WP II, 237.
[93] Schmitt, WP II, 242.
[94] Frère Roger, Kampf und Kontemplation, 9.
[95] Nach Stökl, Taizé, 216.
[96] Zit. bei Stökl, Taizé, 215/216.
[97] „Das Unverhoffte gestalten", zit. bei Stökl, Taizé, 222.
[98] Vgl. dazu CiG, 42/90, 20.
[99] Hier wären eine ganze Reihe kirchenamtlicher Verlautbarungen zu aktuellen und in höchstem Maße politischen Themen zu erwähnen, so z. B. die Hirtenschreiben der deutschen Bischöfe: Zukunft der Schöpfung – Zukunft der Menschheit, 1980. – Zu Fragen der Stellung der Frau in Kirche und Gesellschaft, 1981. – Pastorale Anregungen zum Problem der Arbeitslosigkeit, 1982. – Gerechtigkeit schafft Frieden, 1983 u. a. Oder von Papst Johannes Paul II.: Enzyklika „Laborem Exercens", 1981. – Apostolisches Schreiben „Familiaris Consortio", 1981. – Enzyklika „Sollicitudo rei socialis", 1987 u. a.
[100] Das Verhalten der Gesellschaft auf politisches Handeln der Kirche scheint mir jedoch komplexer und weniger einheitlich als dies von Koch behauptet wird: „Christlicher Glaube und politische Verantwortung werden heute im gesellschaftlichen Bewußtsein radikal voneinander getrennt und hermetisch voneinander abgeschirmt." Koch, Kurskorrektur, 33.
[101] Ders., 55. So auch Zulehner, der auf die politische Aussagekraft des Schweigens der Wiener Kirchenleitung zu bedeutenden Fragen der heutigen Menschheit (wie Umwelt, Friede, Frauen) hinweist: „Daß eine derart vermeintlich

unpolitisch-spirituelle Kirchenpraxis hochpolitisch ist, geht aus dem Applaus der Rechten und der wachsenden Besorgnis liberaler und sozialdemokratischer Kreise hervor." Ders., Die Pluralismusangst in der Kirche, 522.

102 In einer Zeit, in der politisch aufgeschlossene Jugendliche aus den Jugendverbänden ihre Anliegen nicht mehr selbstverständlich bei den C-Parteien finden, ist hinter dem Anliegen der politischen Enthaltsamkeit auch ein klares Interesse zu vermuten: „Wenigstens politische Neutralisierung soll erreicht werden, wenn schon Gefolgschaft in der nächsten Zeit nicht mehr zu erhoffen ist." Zulehner, Mit der Jugend Gott suchen, 86.

103 Abgesehen davon, ob es für die Kirche überhaupt möglich ist, sich „unpolitisch" zu verhalten, muß auch die Frage nach der „Christlichkeit" der C-Parteien gestellt werden, denn in ihren Entscheidungen, so Koch, „erweisen sich die heutigen »C«-Parteien vielfach als primär »bürgerlich« und gerade nicht »christlich« orientiert". Koch, Kurskorrektur, 172.

104 „Daß die Friedensbewegung weder aus den Gewerkschaften noch aus den Studentenorganisationen hervorgegangen ist, sondern oftmals – zumindest in der Bundesrepublik und in den Niederlanden – aus Teilen der evangelischen Kirche, ist schlichte Tatsache." Sölle, Das Fenster der Verwundbarkeit, 55.

105 Haas, Konziliarer Prozeß, 506–508.

## *3. Anmerkungen zum Dritten Teil*

1 Nicht näher eingegangen wird auf die Frage, ob nicht in der Tat die „Zeit der Orden" vorbei ist, ob stattdessen die Zeit der Laienbewegungen angebrochen ist. So macht Cordes (Mitten in unserer Welt) den Neuanfang in einer Reihe von Ortskirchen am „Phänomen der geistlichen Aufbrüche", der sogenannten „Movimenti" fest. Er beobachtet „in Begegnungen mit qualifizierten Mitgliedern von Bewegungen, daß diese ihren Glauben radikaler leben als das Gros der Christen."(17) Allerdings räumt er ein, daß erste Eindrücke „eine gewisse Weltflucht"(26) vermuten lassen. Zulehner macht auf die Gefahr aufmerksam, die neuen Bewegungen wegen ihrer zentralen Organisation und ihrer erklärten Papsttreue dazu zu verwenden, „den Zentralismus der Kirche auszubauen und die Ortskirchen auszubooten". Ders., Gottgeweiht, 42, Anm.3.

2 Vgl. Boff, Zeugen Gottes in der Welt, 23.

3 Metz, Zeit der Orden, 10. – Wulf bemerkt dazu: „Mögen sie es sein, und sie waren es oft, aber kann man das machen oder sogar programmieren?" Ders., in: Die Orden auf der Suche nach ihrem Ort, 61.

4 Lohfink, Die Orden als Gottes Kirchentherapie, 31.

5 Ebd., 42.

6 Ebd.

7 Ebd., 43.

8 Zulehner / Haas, Damit die Kirche lebe, 41 ff.

9 Vgl. Wulf, Was erwartet die Kirche von den kontemplativen Orden in unserer Zeit? 151.

10 Fleer, Taizé – eine Herausforderung, 73.

11 Ebd., 73/74.

12 Als Ziele des Ordenslebens nach Thomas von Aquin faßt Jelich folgende fünf zusammen: „(1) Die Ordensleute gelten in der Kirche als ein besonders hervorge-

hobener Stand ... (2) Im Mittelpunkt steht die Sorge um die persönliche Heiligung ... (3) Das gesamte Ordensleben ist stark aszetisch ausgerichtet ... (4) Dem »Gott allein« entsprechen Weltentsagung und Weltverneinung ... (5) Apostolische und caritative Tätigkeit können mit dem Ordensleben verbunden werden, sind aber in der Grundausrichtung des Ordenslebens nicht voll integrierbar ..." Jelich, Kirchliches Ordensverständnis im Wandel, 17–20.

[13] Annus Sacer, Ansprache Papst Pius' XII. vom 8. 12. 1950, 1452, in: Rohrbasser u.a., Heilslehre der Kirche, 934.

[14] Lumen Gentium, Überschrift des fünften Kapitels.

[15] Lumen Gentium 43.

[16] Perfectae caritatis 7, 321.

[17] Gemeinsame Synode der Bistümer in der BRD, 2.1.6.

[18] Ebd., 3.1.3.

[19] Ebd.

[20] Zulehner, Mystik und Politik, 412.

[21] „Gott wünscht sich etwas in der menschlichen Geschichte. Er hat, wenn dieses Bild erlaubt ist, Träume. Er träumt von Dingen, die unter uns zustande kommen sollten. Seine Träume haben immer etwas mit gerechter und geglückter menschlicher Gesellschaft zu tun. Daran hätte er Freude." Lohfink, Kirchenträume, 31/32.

[22] Zulehner, Gottgeweiht, 29.

[23] Wulf meint, es käme nie zu jener „Schocktherapie", „weil radikale Nachfolge des armen und gehorsamen Herrn als Solidarität mit den Armen, Hilflosen, Einsamen und Gedemütigten auf leisen Sohlen geht". Ders., Die Orden gefragt, 302.

[24] Zulehner, Pastoraltheologie Bd.2, 85, Anm.221.

[25] Für die Geschichte der Ordensgründung soll ein Zahlenüberblick helfen, sich zu orientieren. Man findet ihn unter Anhang II. Namen und Orte, die für die Ordensgemeinschaft von Bedeutung sind, findet man unter Anhang III erklärt.

[26] Mgr de Provenchères an die Kleinen Schwestern, Lettres I, 9.

[27] Historique I („Du Sahara au monde entier") und Historique II (D'un bout du monde à l'autre).

[28] Bulletin Vert.

[29] Hier noch als Bulletin „Notre-Dame des Nomades" erschienen.

[30] Grünes Heft, 21.

[31] Mgr de Provenchères, Vorwort in Règle de vie.

[32] Lettres VII, 470.

[33] Historique I, 9.

[34] Ebd., 126.

[35] Ebd., 7.

[36] Ebd., 15.

[37] Lettres I, 20.

[38] Ebd., 28.

[39] Ebd., 67.

[40] Ebd.

[41] Historique II, 272.

[42] Ab 1943 lebte die Mutter zusammen mit den Kleinen Schwestern im Tubet, dem ersten Mutterhaus in Frankreich, in dem auch heute noch Eltern von Kleinen Schwestern leben.

[43] Historique I, 37.

[44] Grünes Heft, 28/29.

[45] S. dazu Historique I, 35–37.
[46] Ebd., 40.
[47] Ebd., 136.
[48] Lettres VIII, 876.
[49] Ebd., 877.
[50] Ebd., 878.
[51] Historique I,12.
[52] Ebd., 13.
[53] Lettres VII, 469.
[54] Historique I, 272.
[55] Ebd., 236.
[56] Historique II, 162.
[57] Ebd., 177.
[58] Lettres VII, 476.
[59] Lettres I, 67.
[60] Historique I, 11.
[61] Ebd., 13.
[62] Ebd.
[63] Ebd., 17.
[64] Ebd., 18.
[65] Ebd., 18.
[66] Ebd., 15.
[67] Ebd., 105.
[68] Vgl. ebd., 126
[69] Ebd., 11.
[70] Ebd., 363.
[71] Historique II, 305.
[72] Historique I, 258.
[73] Bei den Kleinen Schwestern und den Kleinen Brüdern wird Charles de Foucauld „Bruder Karl" (von Jesus) genannt. Diese Bezeichnung wird im folgenden weitgehend übernommen.
[74] In Algerien läßt sich Suzanne Garde mit einigen Krankenschwestern nieder, die sich als „Laienmissionarinnen" verstanden und weder staatlich noch kirchlich gebunden waren. – In Tunesien gibt es eine ähnliche Gruppe, die vom Erzbischof von Karthago und Tunis gegründet wurde: „Infirmières de Notre Dame de Carthage". – Zur gleichen Zeit beginnen Père Blanc Camille de Chatouville und Père Albert Peyriguère in der algerischen Sahara, bei Ghardaïa. Sie leben nach der Regel von 1899, sind jedoch aus gesundheitlichen Gründen gezwungen, bald wieder aufzuhören. Sie erkennen, daß diese Regel nicht lebbar ist. Vgl. dazu „Trois foyers sont allumés", in: Lafon, La famille spirituelle, 36–38.
[75] Historique II, 12.
[76] Ebd., 321.
[77] Ebd., 325.
[78] Ebd., 176.
[79] Ebd., 170.
[80] Ebd., 174.
[81] Vgl. dazu: Klein, Tanz ins Abenteuer der Wüste. Six, Charles de Foucauld – Bruder aller Menschen; Ders., Charles de Foucauld, in: Grosse Mystiker.
[82] Historique I, 19.
[83] Ebd., 25.

[84] Ebd., 18.
[85] Ebd., 28, Anm.1.
[86] Ebd., 46.
[87] Ebd.
[88] Ebd., 51.
[89] Ebd., 19
[90] Ebd., 52.
[91] Ebd., 55.
[92] Lettres I, 68.
[93] Historique I, 56.
[94] Vgl. ebd., 56.
[95] Ebd., 58.
[96] Six, Charles de Foucauld, in: Große Mystiker, 314.
[97] Voillaume, Frère Charles de Jésus, 68.
[98] Ebd., 73/74.
[99] Es gibt daneben bereits eine Frauengemeinschaft, die „Kleinen Schwestern vom Herzen Jesu", die im August 1933 in Montpellier gegründet wurde und sich treu an die Regel Bruder Karls vom Mai 1902 hält.
[100] Historique I, 49
[101] Ebd., 88.
[102] Ebd., 147.
[103] Historique I, 181.
[104] Vom 20.3. – 4.5.1952.
[105] Historique II, 173.
[106] Historique I, 65.
[107] Vgl. Anhang III.
[108] Historique I, 67.
[109] Ebd., 80.
[110] Vgl. ebd., 100.
[111] Historique II, 115.
[112] Historique I, 214.
[113] Vgl. ebd., 87.
[114] Ebd., 87.
[115] Ebd., 87.
[116] Ebd., 87.
[117] Vgl. ebd., 134.
[118] Ebd., 140.
[119] Ebd., 143.
[120] Ebd., 145.
[121] Ebd., 149/150.
[122] Ebd., 89.
[123] Ebd., 96.
[124] Ebd., 124.
[125] Ebd., 125.
[126] Ebd., 139.
[127] Ebd., 139.
[128] Ebd., 153.
[129] Ebd., 155.
[130] Ebd., 170.
[131] Ebd.,172.

[132] Lettres III, 165.
[133] Historique I, 183.
[134] Pte Sr Magdeleine, Pour le cinquantenaire, 2.
[135] Vgl zu dieser Audienz Historique I, 185–186.
[136] Ebd., 186.
[137] Ebd., 186.
[138] Ebd., 187.
[139] Vgl. Lettres III, 166.
[140] Ebd., 166.
[141] Vgl. Lettres VII, 570.
[142] Historique I, 220
[143] Ebd., 220.
[144] Ebd., 225.
[145] Vgl. Anhang III.
[146] Historique I, 319.
[147] Ebd., 219/220.
[148] Vgl. dazu im dritten Teil unter III. 1. „Anbetungsfraternität – Ort des Gebets".
[149] Historique I, 357.
[150] Ebd., 230/231.
[151] Vgl. ebd., 370.
[152] Ebd., 292.
[153] Lettres III, 340.
[154] Historique I, 292/293.
[155] Ebd., 371.
[156] Vgl. Historique II, 223.
[157] Vgl. ebd., 223.
[158] 1961 haben die Kleinen Schwestern Fraternitäten in allen Riten. Vgl. dazu Lettres III, 610.
[159] Lettres III, 339.
[160] Lettres II, 458.
[161] Vgl. Lettres III, 608.
[162] Historique II, 224.
[163] In einem Gespräch am 10. Februar 1966 spricht sie erstmals von dieser Idee, die sie schon seit den Jahren 1942–1944 mit sich herumträgt.
[164] Vgl. Lettres VIII, 773.
[165] Ebd.
[166] Ebd., 774/775.
[167] Ebd., 777.
[168] Ebd., 778.
[169] Lettres I, 520.
[170] Ebd., 500.
[171] Vgl. ebd., 521.
[172] Lettres I, 526.
[173] Vgl. zu diesen Stichworten Historique II, 26–29.
[174] Historique II, 75.
[175] Ebd., 76.
[176] Ebd., 76.
[177] Ebd.
[178] Ebd., 82.
[179] Vgl. ebd., 152.

[180] Ebd., 182.
[181] Ebd., 206.
[182] Vgl. ebd., 183.
[183] Ebd., 74.
[184] Ebd., 169.
[185] Historique I, 352/353.
[186] Historique II, 131.
[187] Historique I, 237.
[188] Vgl. ebd., 239
[189] Ebd., 244.
[190] Ebd., 296.
[191] Historique II, 486.
[192] Ebd., 504.
[193] Ebd., 114.
[194] Vgl. ebd., 218.
[195] Von 1952 bis 1988 findet die Feier der ewigen Gelübde tatsächlich am Grab von St. Peter statt. Seit 1988 werden sie in den verschiedenen Ländern gefeiert.
[196] Historique II, 97.
[197] Ebd., 105.
[198] Vgl. ebd., 105.
[199] Vgl. ebd., 189.
[200] Vgl. ebd., 296.
[201] Ebd., 383.
[202] Vgl. ebd., 386.
[203] Ebd., 191.
[204] Vgl. ebd., 314.
[205] Ebd., 52.
[206] Vgl. ebd., 202.
[207] Ebd., 202.
[208] Ebd., 293.
[209] Ebd., 293.
[210] Ebd., 294.
[211] Ebd., 27, Anm.1.
[212] Ebd., 45.
[213] Ebd., 340.
[214] Ebd., 338.
[215] Ebd., 335.
[216] Ebd., 343.
[217] Ebd., 344.
[218] Ebd., 345, Anm.1.
[219] Vgl. ebd., 275.
[220] Vom 30.8. – 18.9.1954.
[221] „Regardantes", Frauen, die zeitweilig mit den Kleinen Schwestern leben, um die Fraternität kennenzulernen.
[222] In diese Zeit im Tubet fällt auch das erste Generalkapitel. Zum Zeitpunkt des Generalkapitels gehören der Gemeinschaft 351 Kleine Schwestern an.
[223] Historique II, 414.
[224] Vgl. ebd., 425/426.
[225] Vom 15.4.–29.5.1955.
[226] Vgl. dazu Historique II, 462–463.

[227] Ebd., 476.
[228] Lettres III, 82.
[229] Ebd.
[230] Historique II, 492.
[231] Lettres II, 432.
[232] Lettres III, 71.
[233] Ebd., 74.
[234] Vgl. ebd., 301.
[235] Lettres III, 80.
[236] Ebd., 100.
[237] S. dazu Lettres VI, „Mon premier voyage en Chine populaire".
[238] Pte Sr Magdeleine, Au cinquantenaire, 5.
[239] Quelques temoignages, 20.
[240] Lettres VI, 610.
[241] Vgl. Lettres III, 239.
[242] Ebd., 252.
[243] Vgl. ebd., 246.
[244] Ebd., 246/247.
[245] Lettres III, 260.
[246] Ebd., 249.
[247] Ebd., 260.
[248] Lettres III, 263.
[249] Ebd., 269/270.
[250] Ebd., 280.
[251] Vgl. ebd., 285.
[252] Ebd.
[253] Vgl. ebd., 286.
[254] Ebd.
[255] Ebd., 312.
[256] Ebd., 320.
[257] Ebd., 327.
[258] Eine schmerzliche Konsequenz der Visitation erreicht die Kleinen Schwestern am 4. März 1961: Sie werden ab jetzt nicht mehr der Kongregation für die Ostkirche, sondern der Religiosenkongregation unterstellt.
[259] Lettres III, 322.
[260] Lettres VI, 608.
[261] Vgl. ebd., 609.
[262] Lettres III, 612.
[263] Vgl. dazu Lettres III, 610–612.
[264] Ebd.
[265] Vgl. Lettres VII, 480.
[266] Grünes Heft, 12.
[267] Historique I, 90.
[268] Diaire 87/88, 54.
[269] Historique II, 47/48.
[270] Ebd., 205.
[271] Ebd., 304.
[272] Historique I, 346.
[273] Historique II, 41.
[274] Historique I, 279.

275 Ebd., 290.
276 Ebd., 236.
277 Ebd., 341.
278 Vgl. ebd., 291.
279 Ebd., 291.
280 Ebd., 291.
281 Lettres III, 334.
282 Vgl. Lettres VII, 483.
283 Vgl. Diaire 87/88, 56.
284 Lettres VII, 482.
285 Vgl. dazu Lafon, La famille spirituelle, 58–60.
286 Lettres III, 468.
287 Ebd., 483.
288 Ebd., 485.
289 Ebd., 540.
290 Vgl. Lettres III, 473.
291 Père Moussali, Algerien, „La vision de l'Islam ajourd'hui".
292 Père Amaladoss, Indien, „L'inculturation de la foi et du charisme".
293 Père Palacio, Brasilien, „Approfondir les bases christologiques de notre vocation".
294 Développement de la Fraternité, Diaire 87/88, Annexe 8, 90.
295 Ebd., 93.
296 Ebd., 94.
297 Ebd., 103/104.
298 Vgl. „Inculturation, 6ᵉᵐᵉ Chapitre, 6, Anm.1.
299 Ebd., 12.
300 Vgl. „Acculturation", ebd., 6, Anm.1.
301 Ebd., 11.
302 Ebd., 6.
303 Ebd., 7.
304 Ebd., 12.
305 Quelques témoignages, 21.
306 Voillaume, Au cours de la messe d'adieu, 1.
307 Quelques témoignages, 24.
308 Ebd., 1, Cardinal Pironio.
309 Ebd., 2, Père Alexandre Men, ami orthodoxe.
310 Ebd., 2, Père Xavier Solokowski, polonais.
311 Ebd.,13, Fadila d'El Abiodh.
312 Voillaume, Au cours de la messe d'adieu, 3.
313 Quelques témoignages, 24.
314 Lettres VI, 606.
315 Grünes Heft, 33.
316 Ebd. 34
317 Historique I, 46
318 Lettres I, 338/339.
319 Quelques témoignages, 22.
320 4ème Chapitre, 7 - 13.
321 Ebd. 8.
322 In: Constitutions, première partie.
323 Grünes Heft, 33.

[324] Ebd. 35.
[325] Ebd. 36.
[326] Ebd. 34.
[327] Vgl. 4ème Chapitre, 7.
[328] Ebd.
[329] 6ème Chapitre, 2.
[330] 4ème Chapitre, 8.
[331] Ebd. 7.
[332] Historique II, 512
[333] Grünes Heft, 40–41.
[334] Grünes Heft, 45.
[335] Ebd., 45.
[336] „Habe nur Einen zum Vorbild: Jesus. Such Dir kein anderes." Grünes Heft, 22.
[337] Ebd., 24
[338] Ebd., 24.
[339] Ebd., 20.
[340] Historique I, 135.
[341] Historique II, 512/513.
[342] Ebd, 512.
[343] Ebd., 514.
[344] Historique I, 139.
[345] Historique II, 69.
[346] Grünes Heft, 50.
[347] Historique II, 89/90.
[348] Grünes Heft, 30–31.
[349] „Pauvreté évangélique", Constitutions, 39–44.
[350] Ebd., 14.
[351] Constitutions, 39.
[352] Ebd., 40.
[353] Constitutions, 40.
[354] Historique I, 345
[355] Constitutions, 40.
[356] 5. Generalkapitel, 35.
[357] „Chasteté consacrée", Constitutions, 45–46.
[358] Ebd., 45.
[359] Ebd., 46.
[360] 5. Generalkapitel, 30.
[361] Ebd.
[362] Ebd. 31.
[363] Ebd. 31.
[364] „Obéissance par amour", Constitutions, 47.
[365] Grünes Heft, 11.
[366] Constitutions, 50.
[367] Ebd., 48.
[368] Ebd.
[369] Historique II, 374.
[370] Ebd., 175.
[371] Constitutions, 51.
[372] Grünes Heft, 25.
[373] Historique II, 476/477.

[374] Grünes Heft, 2.
[375] 4ème Chapitre, 9.
[376] Vgl. Historique I, 216
[377] Historique II, 477
[378] Ebd., 234.
[379] Lettres I, 283.
[380] 5ème Chapitre, 56
[381] Ebd., 56
[382] Ebd., 8.
[383] Eucharistie, Brot des Lebens, 54 (Mit einem Zitat aus Voillaume, Lettres aux fraternités I, 65).
[384] Règle de Vie, Art. 234.
[385] 5ème Chapitre, 52.
[386] Brief vom 11. 10. 1950, Historique II, 68/69.
[387] Ebd., 69.
[388] Historique I, 332.
[389] 4ème Chapitre, 9.
[390] Ebd.
[391] 5ème Chapitre, 52.
[392] Historique I,16.
[393] Ebd., 25.
[394] Historique I, 351.
[395] Historique II, 299.
[396] Vgl. ebd., 169.
[397] Vgl. ebd., 299/300.
[398] Vgl. ebd., 341.
[399] Ebd., 206.
[400] Historique I, 386.
[401] Vgl. Historique II, 26.
[402] Vgl. z. B. Historique I, 18.
[403] Vgl. z. B. ebd., 352.
[404] Vgl. z. B. ebd., 352.
[405] Vgl. z. B. Historique II, 26.
[406] Vgl. z. B. ebd.
[407] Historique I, 81.
[408] Historique II, 396.
[409] Historique I, 11.
[410] Vgl. ebd., 27.
[411] Vgl. ebd., 41.
[412] Ebd., 51.
[413] Ebd., 56.
[414] Vgl. ebd., 383/384.
[415] Vgl. ebd., 16.
[416] Ebd., 142.
[417] Ebd. 349.
[418] Ebd., 93.
[419] Vgl. ebd., 130.
[420] Historique II, 26.
[421] Ebd., 26.
[422] Historique I, 303.

[423] Historique II, 513.
[424] Ebd., 475.
[425] Historique I, 197.
[426] Grünes Heft, 21.
[427] Vgl. Historique II, 374.
[428] Grünes Heft, 22.
[429] Ebd., 405.
[430] „se faire l'un d'eux"
[431] „se donner à fond sans entraves"
[432] „s'incorporer"
[433] Grünes Heft, 4/5.
[434] Historique I, 354.
[435] 1970 wurde dieser Ausweis abgeschafft.
[436] Historique I, 329.
[437] Grünes Heft, 23
[438] Historique II, 254.
[439] Lettres I, 282.
[440] Historique I, 413.
[441] Vgl. ebd., 294.
[442] Ebd. 322.
[443] Historique II, 280.
[444] Historique I, 105.
[445] Ebd., 147.
[446] Ebd., 219.
[447] Grünes Heft, 16.
[448] Historique I, 406.
[449] Ebd., 232.
[450] Vgl. ebd., 233.
[451] Ebd., 232.
[452] 5. Generalkapitel, 6.
[453] Interessant ist in diesem Zusammenhang ihre Haltung in der Frage der Arbeiterpriester. Nachdem das Experiment durch einen Erlaß Roms abgebrochen wurde, entstand innerhalb der französischen Kirche große Unruhe. Obwohl sie sich mit den Arbeiterpriestern verbunden fühlt, ist es ihr doch wichtig, der Kirche die Treue zu halten und Angriffe auf die Person des Papstes nicht zuzulassen. Gleichzeitig will sie jedoch nicht, daß die Arbeiterpriester von denen mit Vorwürfen überschüttet werden, die sich selbst herausgehalten und nichts zur Lösung der anstehenden Fragen beigetragen haben. Vgl. dazu Historique II, 354.
[454] CGT = Confédération Générale de Travailleurs.
CFTC = Confédération Française de Travailleurs Chrétiens.
[455] Historique I, 233.
[456] Ebd., 233, Anm.1.
[457] Vgl. Historique II, 41.
[458] Constitutions, 78.
[459] Grünes Heft, 35.
[460] 5. Generalkapitel, 2/3.
[461] 6$^{ème}$ Chapitre, 2–5.
[462] Ebd., 3.
[463] Ebd., 4.
[464] Ebd.

465 Grünes Heft, 33.
466 Vgl. ebd., 9.
467 Vgl. dazu auch im dritten Teil II. 4. Die Kleinen Schwestern vom Evangelium.
468 Historique II, 121.
469 Ebd., 108.
470 Vgl. ebd., 322.
471 Ebd., 108.
472 Historique I, 273/274.
473 In Indien geht sie sogar so weit, die Mitarbeit in einem Missionskrankenhaus abzulehnen, um in einem staatlichen Krankenhaus mitzuarbeiten. Sie will nicht mit kirchlichen Ämtern und Funktionen identifiziert werden.
474 Historique II, 462.
475 Ebd., 321.
476 Ebd., 321.
477 „devoir d'évangélisation", 4ème Chapitre, 23.
478 Historique II, 312.
479 4ème Chapitre, 23.
480 Vgl. Palacio, Fondements christologiques, 5/6.
481 „Témoignage de vie", 4ème Chapitre, 26.
482 Vgl. Historique II, 463.
483 Lettres III, 314.
484 Vgl. Historique II, 507.
485 Historique I, 209
486 5. Generalkapitel, 9/10.
487 Grünes Heft, 5/6.
488 Historique II, 177.
489 Grünes Heft, 6.
490 Ebd.
491 Vgl. Historique I, 339.
492 Historique II, 420.
493 Ebd., 319.
494 Ebd., 268.
495 Ebd., 269.
496 Vgl. dazu Brief von Mgrde Provenchères vom 4.6.1954, Historique II, 391.
497 Ebd., 237.
498 Ebd., 294.
499 Vgl. ebd., 365.
500 Ebd., 397.
501 Vgl. Historique I, 295.
502 Historique II, 121.
503 Ebd., 176.
504 Ebd., 354.
505 Ebd., 438.
506 Historique I, 295.
507 Ebd., 295.
508 Vgl. Historique II, 354/355.
509 4ème Chapitre, 36.
510 Ebd.,108.
511 Historique I, 354.
512 4ème Chapitre, 35.

[513] 5. Generalkapitel, 55.
[514] 6ème Chapitre, 14.
[515] Historique I, 346.
[516] Ebd., 30.
[517] Ebd., 261.
[518] Historique II, 79.
[519] Ebd., 300.
[520] Ebd., 135.
[521] Grünes Heft, 28.
[522] Historique I, 414.
[523] Vgl. 5ème Chapitre, 19.
[524] Historique I, 414.
[525] Grünes Heft, 27.
[526] 5. Generalkapitel, 18.
[527] 5ème Chapitre, 65.
[528] Grünes Heft, 26.
[529] Historique I, 340.
[530] Ebd., 336.
[531] Historique II, 108.
[532] Ebd., 280.
[533] Historique I, 353.
[534] Ebd., 266.
[535] Lettres VII, 490.
[536] Historique II, 338.
[537] Vgl. Historique I, 410.
[538] Ebd., 127.
[539] Vgl. ebd., 242
[540] Ebd., 128.
[541] Vgl. Historique II, 143.
[542] Historique I, 331.
[543] Ebd., 270.
[544] Vgl. ebd., 261.
[545] Ebd.
[546] Historique II, 135/136.
[547] Ebd.,333.
[548] Grünes Heft, 16.
[549] Historique II, 151.
[550] Ebd., 455.
[551] Ebd., 322.
[552] Ebd., 370.
[553] Ebd., 171.

## *4. Anmerkungen zum Vierten Teil*

[1] Zulehner, Pastoraltheologie Bd. 2, 13.
[2] Zur Gliederung der beiden Abschnitte orientiere ich mich an dem, was Zulehner als „Kultur der Mystik“ und als „Politische Kultur“ beschreibt, vgl. im zweiten Teil unter I. 5.

[3] Da diese Thesen die gesamte Arbeit umgreifen, werden z. T. auch Zitate angeführt, die im Text bereits zitiert wurden.
[4] Manches an Beobachtungen und Impulsen wird bekannt vorkommen, denn alle Christen, die sich in verschiedenen Formen „vernetzen“, sind auf einer vergleichbaren Suche. Es kann nicht das Anliegen sein, die Form der Nachfolge der Kleinen Schwestern gegen andere Suchbewegungen innerhalb der Kirche abzugrenzen.
[5] Zulehner benennt vier Gründe, warum „Seelsorge“ heute in der Kirche ein Randdasein fristet: a) Seelsorge wird auf Wortverkündigung eingeengt. b) Seelsorge wurde zur ausschließlichen Domäne des Klerus, und die therapeutischen Dienste wurden von der „eigentlichen Seelsorge“ abgetrennt. c) Die die „eigentliche Seelsorge“ tragenden Priester sind weitgehend nicht bereit, an ihrer seelsorglich-therapeutischen Kompetenz ausreichend zu arbeiten. d) Die „Überwertigkeit der Gemeindeidee“ birgt die Gefahr in sich, den einzelnen Menschen der Gemeinde zu opfern. Vgl. Zulehner, Pastoraltheologie Bd. 2, 125–127.
[6] Zerfaß, Menschliche Seelsorge, 79.
[7] Ebd., 85.
[8] Constitutions, 2.
[9] Palacio, Fondements christologiques, 20.
[10] Lettres III, 270.
[11] Ebd., 82.
[12] Zulehner u. a., „Sie werden mein Volk sein“, 89/90.
[13] Ebd., 89.
[14] Lettres III, 334.
[15] Lettres VI, 608/609.
[16] Lettres I, 20.
[17] Zulehner u. a., „Sie werden mein Volk sein“, 89.
[18] Ebd., 85.
[19] Lettres I, 67.
[20] Ebd., 68.
[21] Ebd.
[22] Ebd., 22.
[23] Lettres I, 36.
[24] Zulehner u. a., „Sie werden mein Volk sein“, 90.
[25] Ebd., 91.
[26] Vgl. dazu ebd., 91–98.
[27] Historique II, 455.
[28] Lettres VII, 491.
[29] Historique I, 105.
[30] Zerfaß, Menschliche Seelsorge, 61.
[31] Ebd., 98–111. Zerfaß bezieht sich dabei auf das Buch von Nouwen, The wounded healer, New York 1979.
[32] Ebd., 104.
[33] Historique II, 321.
[34] Voillaume, Mitten in der Welt, 39/40.
[35] Lettres I, 121.
[36] Nachrichten 1982, 29.
[37] 4ème Chapitre, 33.
[38] Zerfaß, Menschliche Seelsorge, 14.
[39] Ebd., 31.

[40] Historique I, 11.
[41] Lettres I, 121.
[42] Ebd., 99.
[43] Ebd., 72.
[44] Constitutions, 80.
[45] Lettres I, 122.
[46] Vgl. Zerfaß, Menschliche Seelsorge, 43.
[47] Vgl. Funke, Die persönliche Qualität des Seelsorgers und die Vermeidung von Überforderungen, 238.
[48] Bulletin Vert, 25.
[49] Constitutions 67, 65.
[50] 5. Generalkapitel, 40/41.
[51] Begleitet wurde die Entstehung dieser Gemeinschaft durch die „Apostolischen Mönche" in Aix-en-Provence, die 1978 durch Erzbischof Charles de Provenchères als monastische Gemeinschaft innerhalb der Ortskirche Aix-Arles kanonisch errichtet wurde.
[52] Die Fraternität der Apostolischen Mönche, Nr.14.
[53] Lettres VII, 492.
[54] Historique II, 31.
[55] Lettres III, 272.
[56] Constitutions, 13.
[57] Eucharistie, Brot des Lebens, 52.
[58] Ebd.
[59] Ebd., 54.
[60] Historique I, 353.
[61] Lettres I, 126/127.
[62] Beten mit Bruder Karl, 13.
[63] Ebd., 18.
[64] Vgl. Marangon, Gratuité, 4.
[65] Vgl. ebd., 4.
[66] Gmelch, Gott in Frankreich, 167.
[67] Arnold, Kommt, laßt uns jubeln vor dem Herrn, 14.
[68] Ebd., 11.
[69] Historique I, 272.
[70] Père Voillaume, Au cours de la messe d'adieu, 3.
[71] Lettres III, 611.
[72] Jensen, Wie patriarchalisch ist die Ostkirche? 142.
[73] Ebd., 143.
[74] „Durch die Jahrhunderte sind in der Kirche die vielfältigsten musikalischen Ausdrucksformen entstanden: der gregorianische Melismus, der byzantinische Fauxbourdon, das Rezitativ, das Volkslied, die Kantilation, die Psalmodie u. v. a." Bourgeois, Das Chorgebet des Volkes Gottes, 18.
[75] 5ème Chapitre, 52.
[76] Beten mit Bruder Karl, 20.
[77] Ebd., 21.
[78] Grünes Heft, 23.
[79] Zulehner, Pastoraltheologie Bd.2, 93.
[80] Zerfaß, Menschliche Seelsorge, 86.
[81] Palacio, Fondements christologiques de notre vocation, 5/6.
[82] Voillaume, Au cours de la messe d'adieu, 2.

[83] Ebd., 2.
[84] Zulehner, Pastoraltheologie Bd.2, 165.
[85] Zerfaß im Blick auf die wachsende Durchorganisierung der Seelsorge, die das seelsorgliche Handeln den Gesetzmäßigkeiten des modernen Marktes unterwirft: „ ...das eigentliche Problem besteht aber darin, daß die Zielgruppenarbeit die Gettobildung, zu der die komplexe Gesellschaft tendiert, nicht durchbricht, sondern kirchlicherseits bestätigt und verfestigt.“ Zerfaß, Menschliche Seelsorge, 38.
[86] Zulehner, Pastoraltheologie Bd.2, 188.
[87] Lettres I, 130.
[88] Ebd., 118.
[89] 6ème Chapitre, 3.
[90] Mette, Das Risiko der Sicherheit, 78.
[91] Ebd.
[92] Historique II, 490.
[93] Historique I, 142.
[94] Lettres III, 139.
[95] Ebd., 139/140.
[96] Moltmann, Theologie der mystischen Erfahrung, 65.
[97] Zulehner, Gottgeweiht, 32.
[98] Zerfaß, Menschliche Seelsorge, 42.
[99] Grünes Heft, 25.
[100] „Hier ist die Lehre von der sogenannten Oikonomia entwickelt worden, das Prinzip, daß nicht immer und in jedem Fall am Buchstaben des Gesetzes (der »Akribia« im orthodoxen Sprachgebrauch) festgehalten werden muß, ja unter Umständen nicht festgehalten werden darf: Das größere Gut ist immer die Verwirklichung des göttlichen Heilswillens in der Lebenssituation des einzelnen.“ Jensen, Wie patriarchalisch ist die Ostkirche? 142.
[101] Historique I, 124.
[102] 4ème Chapitre, 8.
[103] Grünes Heft, 4.
[104] Lettres I, 147.
[105] Ebd., 148.
[106] Grünes Heft, 4. Vgl. dazu Frère Charles – »Ecrits spirituels«, 229.
[107] Zulehner, Pastoraltheologie Bd.2, 90.
[108] 5. Generalkapitel, 9/10.
[109] Sudbrack, Mystik als Erfahrung menschlicher und göttlicher Freundschaft, 162/163. Vgl. auch Haas, Freundschaft nicht nach Schema F.
[110] Oft geht es in unseren Gemeinden vorrangig um Statistiken, um ein Engagement in Gruppen und Kreisen. Es wird von den erwünschten 100% ausgegangen und dann sind es eben „nur“ 30%, 20% oder noch weniger. Denn die Anzahl, Größe und Vielfalt der verschiedenen Gruppen wird als Indiz für die Lebendigkeit einer Gemeinde angesehen.
Vgl. Zulehner, Denn du kommst unserem Tun mit deiner Gnade zuvor ... 23.
[111] Zerfaß, Menschliche Seelsorge, 99.
[112] Lettres VII, 481.
[113] Gmelch, Gott in Frankreich, 93.
[114] Ebd., 150.
[115] Lettres I, 115.
[116] Zerfaß, Menschliche Seelsorge, 11–32.

[117] Ebd., 20.
[118] Nouwen, Der dreifache Weg, 92.
[119] Grünes Heft, 16.
[120] Lagrange, zit. in: Gutiérrez, Theologie der Befreiung, 174, Anm. 4.
[121] Vgl. den frz. Ausdruck für „zu Hause sein“: „être chez soi“.
[122] Vgl. dazu Chatelard, Charles de Foucauld, 4.
[123] Zulehner, Hoffnungsworte für Hoffnungsorte, 2.
[124] Daß heute noch viele Pfarrer in unzugänglichen, funktionalen „Pfarrburgen“ leben, nimmt ihnen manche kostbare Chance der Begegnung. „Pfarrhäuser sind kalte Löcher. Wenn man die Türe aufmacht, weht einem feuchte Kälte entgegen. Und von da soll Wärme für die Gemeinde ausgehen?“ Zerfaß, Menschliche Seelsorge, 71.
[125] Zulehner, Pastoraltheologie Bd.2, 118.
[126] Ebd.
[127] Lettres I, 100.
[128] 4. Generalkapitel, 33.
[129] Vgl. Constitutions, 5.
[130] „Nicht morgen, nicht nächstes Jahr, nicht wenn alles Elend dieser Welt aus ihr hinweggenommen ist, beginnt die Erlösung, sondern inmitten dieses Elends, genau dort, wo wir stehen.“ Zerfaß, Menschliche Seelsorge, 106.
[131] Constitutions, 5/6.
[132] Vgl. im vierten Teil unter III. 5. „Kontemplativ mitten in der Welt“ - weil Gott Mensch geworden ist. Dort den Abschnitt über Inkarnation als Solidarität.
[133] 4. Generalkapitel, 33.
[134] Boff, Aus dem Tal der Tränen, 193.
[135] Vgl. Historique II, 97.
[136] Marangon, Nazareth, 1.
[137] Zerfaß, Menschliche Seelsorge, 75.
[138] Lettres VIII, 779.
[139] Palacio, Fondements Christologiques, 4.
[140] Vgl. Lettres VIII, 779.
[141] Zerfaß, Menschliche Seelsorge, 94.
[142] Ebd., 95.
[143] Lettres VIII, 782.
[144] Zulehner, Pastoraltheologie Bd.2, 117.
[145] Grünes Heft, 18.
[146] Vgl. Palacio, Fondements christologiques, 5.
[147] 6ème Chapitre, 3.
[148] Zulehner, Pastoraltheologie Bd.2, 118/119.
[149] Vgl. 4ème Chapitre, 29.
[150] Zulehner, Pastoraltheologie Bd.2, 171.
[151] Lettres I, 295.
[152] Zulehner, Pastoraltheologie Bd.4, 270.
[153] Zulehner, Pastoraltheologie Bd.2, 120.
[154] 5. Generalkapitel, 57.
[155] „Die religiös verbrämte Sorge um die kirchliche Einheit und die verfrühte Bemühung um Integration, Versöhnung und allseitige Offenheit einer Kirche oberhalb (lies:außerhalb) der Klassenunterschiede lassen es nicht weiter kommen als zu abstrakten, folgenlosen, unpraktischen Appellen an die Nächstenliebe, an die

persönliche, aber nur private Hilfeleistung und Caritas." Wiederkehr in: Wir Kirchenträumer, 170.
[156] Zulehner, Pastoraltheologie Bd.4, 295.
[157] Diaire 87/88, 49.
[158] Lettres VII, 485.
[159] Diaire 87/88, 49.
[160] Historique II, 293.
[161] Haskamp, Mit Konflikten leben, 331.
[162] Ebd., 340.
[163] Zulehner, Pastoraltheologie Bd.2, 121.
[164] Vgl. ders., Kirche – Gottes Friedensbewegung auf Erden.
[165] Historique II, 52.
[166] Vgl. Haas, Aus Mystik erwächst Politik.
[167] Nachrichten 1982, 26.
[168] Ebd.
[169] Zulehner, Pastoraltheologie Bd.4, 175.
[170] Vgl. Historique II, 396.
[171] Mieth, Politik, 199.
[172] „Erst mit der Bejahung des Rahmens der gegebenen Möglichkeiten – die in der Demokratie freisteht – erhält die Politik die ihr eigene Sachgerechtigkeit." Ebd., 200.
[173] Historique II, 259.
[174] Vgl. ebd., 258.
[175] Historique II, 105.
[176] Goss-Mayr, in: Nachrichten 1987, 35.
[177] Dies., Die Gewaltlosigkeit Jesu – ein Kraft, die Frieden schafft, 12.
[178] Ebd., 18.
[179] Nachrichten 1987, 34.
[180] Ebd., 33.
[181] Zulehner, Pastoraltheologie Bd.2, 122.
[182] Historique II, 144.
[183] Ebd. 215.
[184] Einer der Brüder: „»Ich versuche hundert verschiedene Mittel und Wege. Bürgerlicher Ungehorsam ist einer davon. Darum kreist alles. Ohne solche Aktionen könnte ich mich nicht ernst nehmen, dann wäre ich ein freischwebender, liberaler Jesuit. Ich könnte keine sogenannte religiöse Friedensbewegung ernst nehmen, die bürgerlichen Ungehorsam nicht ernst nimmt«." Zit. bei Zulehner, Pastoraltheologie Bd. 4, 283.
[185] Historique II, 134/135.
[186] Staatliche Organisation zur Verteidigung der Eingeborenen, die sich jedoch zugunsten der Gesellschaft für Zuchtvieh einsetzte.
[187] „Für die F. U. N. A. I. und die Leute der Fazenda sind wir für den Widerstand der Tapirapes verantwortlich." Nachrichten 1982, 71.
[188] Vgl. Lettres VI, 696.
[189] Lettres VI, 692.
[190] Historique I, 340.
[191] Zulehner, Pastoraltheologie Bd. 2, 115.
[192] Lettres III, 272.
[193] Vgl. Palacio, Fondements, 50.
[194] „Das Engagement des Christen ist nichts Zusätzliches, nichts Abgeleitetes,

sondern es ist die Sache selbst." Vgl. Mieth, Einheit von vita activa und vita contemplativa, 64.

[195] Palacio, Fondements, 3

[196] „Mystik als Existential ist uns gegeben, ohne daß es sich doch rationalistisch ohne weiteres definieren läßt; wir können es beschreiben, ohne uns auf Spekulationen über Ursprung usw. einlassen zu müssen." Seyppel, Mystik als Grenzphänomen und Existential, 143.

[197] Lettres III, 88.

[198] Ebd.

[199] 5. Generalkapitel, 13–16.

[200] Ebd., 13.

[201] Ebd., 16.

[202] Constitutions, 6.

[203] Ich beziehe mich dabei auf van Lunen Chenu, Feministische Theologie in Frankreich.

[204] Ebd., 79.

[205] Ebd., 80.

[206] Ebd., 89.

[207] Ebd., 90.

[208] Jensen, Wie patriarchalisch ist die Ostkirche? 130.

[209] Ebd., 144.

[210] Ebd.

[211] Historique II, 491.

[212] Ebd., 316.

[213] Ebd., 516.

[214] Ebd., 317.

[215] Ebd., 175.

[216] Ebd., 515.

[217] So wie es der Vertreter des Patriarchen Athenagoras im Blick auf den Versuch, ökumenische Gemeinschaften zu bilden, ausdrückt. Vgl. dazu Lettres VIII, 775.

[218] Mystikerinnen und Feministinnen werden gelegentlich in einen Gegensatz gebracht, der eine gegenseitige positive Herausforderung erschwert, etwa in solchen Aussagen: „Verglichen mit dem Verhalten mancher feministischer Gruppen heute mutet Teresas Verhalten in ihrer Zeit eher bescheiden an, ist m. E. doch von einer viel größeren Tiefe." Und dann: „Sie hat somit eine spirituelle Dimension entdeckt, nach der viele der feministischen Gruppen von heute erst auf der Suche sind, falls sie überhaupt auf der Suche danach sind!" Dobhan, Teresa von Avila und die Emanzipation der Frau, 218 und 218/219.

[219] In dem Sinn wie es Zulehner formuliert: „Frauenorden können eine klare Option zugunsten von Frauen treffen. Sie können ihre Option biblisch begründen: alle Frauen sind untereinander Schwestern, nicht nur Ordensfrauen. Gerade sie, die Ordensfrauen, beruft Gott bevorzugt, Anwältinnen ihrer Schwestern zu sein." Ders., Gottgeweiht, 39.

[220] Weismayer, Leben in Fülle, 193.

[221] Zulehner, Leibhaftig glauben, 81.

[222] Historique II, 41.

[223] Lettres VII, 475.

[224] Historique II, 332.

[225] Vgl. ebd., 281.

[226] Grünes Heft, 23.

[227] „Jungfräulichkeit, Gehorsam und Armut sind also »Werke« (Jakobusbrief), an denen der Glaube Gestalt gewinnt (sie sind also nicht Werke der Selbsterlösung, sondern Fahrzeuge, die Glauben als tatsächlich gelebt »er-fahr-bar« machen)." Zulehner, Leibhaftig glauben, 91.
[228] „Wenn heute von Ehelosigkeit, Machtlosigkeit und Besitzlosigkeit die Rede ist, denken die meisten an Ordensleute (Frauen und Männer) und Weltpriester (Männer). Dies ist Auswirkung der fatalen Zweiteilung der Christen in radikalvollkommene und bürgerlich-durchschnittliche." Ebd., 81.
[229] Zulehner, Leibhaftig glauben, 12.
[230] Grünes Heft, 28.
[231] Zulehner, Leibhaftig glauben, 93.
[232] Zulehner, Gottgeweiht, 36.
[233] Ebd.
[234] Ich stütze mich dabei auf einen von Palacio während des letzten Generalkapitels gehaltenen Vortrag über das christologische Fundament der Berufung der Kleinen Schwestern: Palacio, Fondements christologiques de notre vocation.
[235] Ebd., 12.
[236] Vgl. ebd., 14.
[237] Ebd.
[238] Vgl. ebd., 17.
[239] Vgl. ebd., 18.
[240] Ebd., 22.
[241] Ebd., 24.
[242] Ebd., 26.
[243] Ebd.
[244] Ebd., 28.
[245] Ebd., 28/29.
[246] Pte Soeur Magdeleine, La Ste Baume – 26 juillet 1946, persönliche Notiz.

# II.
# Chronologie einer Abenteuergeschichte mit Gott

| | |
|---|---|
| 26.4.1898 | Geburt von Marie-Magdeleine Elisabeth HUTIN in Paris, Montparnasse (XIV. Bezirk). |
| 18.7.1909 | Erstkommunion in einem Ordensinternat in Nantes. |
| 18.7.1910 | Firmung in der Kirche Notre-Dame in Dax. |
| 1912–1913 | Besuch einer höheren Schule in San Sebastian (Spanien). |
| 1913–1916 | Besuch einer höheren Schule in San Remo (Italien). |
| 1918–1928 | Zeit der Krankheit (Rippenfellentzündung), die die Erfüllung des Wunsches, ins Kloster zu gehen, verhindert. |
| 1928 – 1936 | Direktorin einer Privatschule in Nantes. |
| 1935 | Magdeleine spürt heftige Schmerzen in der linken Schulter. Diese werden im folgenden Jahr so stark, daß sie all ihre Aktivitäten aufgeben muß. |
| Mai 1936 | Der Arzt empfiehlt Magdeleine, möglichst schnell in ein absolut |

| | |
|---|---|
| | trockenes Klima zu gehen, da ihre Arthritis schnell voranschreitet. Dies ist für ihren geistlichen Begleiter Abbé Chancerelle, der ihre Abreise nach Afrika seit sieben Jahren verhindert, das Zeichen, sie gehen zu lassen. |
| 6. 10. 1936 | Unfähig, selber die Koffer zu tragen, geht sie mit ihrer Mutter und ihrer Gefährtin Anne in Marseille auf das Schiff nach Algier. Dort treffen sie sich mit Abbé Declercq, dem Pfarrer von Boghari, einem kleinen Dorf, 150 km von Algier entfernt. |
| 15. 10. 1936 | Sie lassen sich in einem moslemischen Viertel nieder. In einem ärmlichen Haus richten sie sich ein für die Krankenversorgung. Sie öffnen eine Nähstube und teilen Suppe für die Armen aus. |
| März 1938 | Die Aktivitäten von Boghari haben dermaßen überhandgenommen, daß es nicht möglich ist, ein kontemplatives Leben zu führen. Magdeleine und ihre Gefährtin machen eine Wallfahrt nach El Goléa, um mehr Klarheit zu bekommen. Bei ihrer Rückkehr erfährt sie, daß eine andere Gemeinschaft bereit wäre, die Einrichtungen von Boghari zu übernehmen. Sie sieht darin das Zeichen, Boghari zu verlassen. |
| Sept. 1938 | Magdeleine beginnt mit Anne bei den Weißen Schwestern ein Noviziatsjahr. Mgr Nouet bittet sie, in dieser Zeit an den Konstitutionen zu arbeiten. Damit ist die Gründung der Kongregation beschlossen. |
| 8. 9. 1939 | Magdeleine und Anne legen bei den Weißen Schwestern ihre Gelübde ab. Von da an wird dieser Tag als Geburtstag der Fraternität gefeiert. In Touggourt-Sidi Boujnan, einem Ort in der Wüste, gründen sie inmitten von Zelten die erste Fraternität. |
| 10. 12. 1940 | Das erste Noviziat bei den „Soeurs de Jésus-Réparateur“ in Ste Foy-les-Lyon wird mit fünf Novizinnen eröffnet. |
| 25. 12. 1940 | Der Erzbischof von Aix-en-Provence, Mgr de la Villerabel, bietet den Kleinen Schwestern das Haus in Le Tubet an. |
| August 1941 | Die fünf Novizinnen werden den Dominikanerinnen von Tourelles anvertraut. Das Noviziat ist jetzt im Tubet, dem ersten Mutterhaus. |
| 8. 9. 1942 | Kleine Schwester Magdeleine legt im Tubet ihre ewigen Gelübde ab. |
| 8. 10. 1943 | Mère Henri-Dominique, die die Novizinnen begleitet hat, kehrt zu ihren Dominikanerinnen zurück. Die Fraternität der Kleinen Schwestern Jesu muß nun auf eigenen Füßen stehen. |
| Dez. 1944 | Erster Besuch in Rom und „Spezialaudienz“ bei Papst Pius XII., nachdem Magdeleine versehentlich in Grenoble von der französischen Armee verhaftet worden war. |
| 1940–1945 | In diesen Jahren „durcheilt“ Magdeleine Frankreich, um in fast 600 Versammlungen über Charles de Foucauld und über die Fraternität zu sprechen und die nötigen Mittel für den Aufbau der Fraternität in Touggourt und im Tubet zu bekommen. |
| Juli 1946 | In Magdeleine ist die Gewißheit gereift, daß die Gemeinschaft „universell“ sein soll. Damit gibt sie die Idee einer exklusiven Hingabe an die Völker des Islams schweren Herzens auf. In Aix-en-Provence wird die erste Arbeiterfraternität eröffnet. |
| 1947 | Die Fraternität wird Kongregation diözesanen Rechtes. Erstmals werden die ewigen Gelübde in Rom abgelegt. |

| | |
|---|---|
| Dez. 1948 | Die Kleinen Schwestern werden der melkitischen Kirche und ihrem Ritus unterstellt. |
| 1949 | Die Fraternität feiert ihren zehnten „Geburtstag“. Es gibt inzwischen etwa 75 Kleine Schwestern in dreizehn Gemeinschaften. Die Fraternität wird der Kongregation für die Ostkirche unterstellt. |
| 25.12.1949 | Kleine Schwester Magdeleine übergibt die Aufgabe der Generalverantwortlichen an die Kleine Schwester Jeanne. |
| Bis 1952 | Erste Ausdehnungsphase der Gemeinschaft, vor allem im Nahen Osten und Afrika. Das „Grüne Heft“ (Bulletin Vert), die für die Fraternität grundlegende Schrift, erscheint. Erste Tour durch Europa, durch Südamerika und durch Nordamerika. |
| 1952–1953 | Erste Reise nach Indien, Vietnam und Tibet. |
| 1953–1954 | Reise durch die ganze Welt („Tour du monde“), mit der Kleinen Schwester Jeanne und teilweise mit René Voillaume. |
| Sept. 1954 | Erstes Generalkapitel der Kleinen Schwestern Jesu im Tubet. |
| 1957 | Dank der Trappisten in Rom, Tre Fontane, kann dort das erste internationale Noviziat beginnen. Im Juli reist Kleine Schwester Magdeleine hinter den „Eisernen Vorhang“, mit der Absicht, dort für immer zu bleiben, kommt jedoch kurze Zeit später wieder zurück. |
| Dez. 1959 | Beginn der Apostolischen Visitation. |
| Januar 1961 | Ende der Apostolischen Visitation. |
| Dez. 1963 | Zweites Generalkapitel |
| 1964 | Die Fraternität wird „päpstlichen Rechtes“ und verlegt ihre Generalfraternität nach Rom. |
| 1970 | “Spezialkapitel“ (Chapitre spécial d’aggiornamento et de fidélité au fondateur). Kleine Schwester Annie wird bei dieser dritten Kapitelsversammlung als Generalverantwortliche gewählt, mit ihr acht Ratschwestern aus acht Ländern. |
| 1976 | Viertes Generalkapitel |
| 1979 | Erster Versuch, das Theologiestudium in die einzelnen Regionen zu verlegen und nicht mehr nur in Toulouse und in Rom zu studieren. Kleine Schwester Magdeleine reist nach China. |
| 1981 | Fünftes Generalkapitel, auf dem Kleine Schwester Carla als Generalverantwortliche gewählt wird. |
| 1982 | Der neue Text der Konstitutionen erscheint. |
| 1987 | Sechstes Generalkapitel. Kleine Schwester Iris-Mary wird als Generalverantwortliche gewählt. |
| 28.12.1988 | Endgültige Approbation der Konstitutionen. In diesem Jahr machen die Kleinen Schwestern erstmals ihre ewigen Gelübde nicht in Rom, sondern in den verschiedenen Regionen. |
| 8.9.1989 | Fünfzigjähriges Jubiläum der Fraternität. |
| 6.11.1989 | Tod der Kleinen Schwester Magdeleine. |

# III.
# Übersicht über Namen und Orte

*Assekrem* — Ebene auf 2700 m Höhe im Mittelpunkt des Hoggarmassivs. Charles de Foucauld baute sich dort ein Häuschen und hoffte – vergebens –, Kontakt mit den Nomaden zu bekommen. Er lebte dort gut fünf Monate, um die Sprache zu studieren. Die Kleinen Schwestern und Brüder benützen das Häuschen noch als Einsiedelei.

*Bazin, René* — Französischer Schriftsteller. Er schrieb die erste Biographie über Charles de Foucauld.

*Beni Abbès* — Algerische Oase nahe der marokkanischen Grenze. Charles de Foucauld lebte dort gut zwei Jahre.

*Boghari* — Dorf in der Nähe von Algier. Aufbau einer Krankenstation, Nähstube und Verteilung der Armensuppe in den ersten beiden Jahren in Algerien.

*Bordj* — Kleine Befestigung, Fort.

*Declercq, Abbé* — Pfarrer von Boghari, als Magdeleine mit Anne nach Algerien kommt

*El Abiodh* — Erste Gründung der Kleinen Brüder Jesu. Seit März 1950 ständige Fraternität der Kleinen Schwestern für das Noviziat und für die Vorbereitungszeit auf die ewigen Gelübde.

*El Goléa* — Grab von Bruder Karl.

*Foucauld, Charles de* — Lebte vom 5. Sept. 1858 – 1. Dez. 1916. Bei den Kleinen Schwestern unter dem Namen „Petit Frère Charles de Jésus“ oder „Frère Charles de Jésus“ (Bruder Karl). Der Familienname wird nicht mehr verwendet, weil er zum einen für eine bestimmte soziale Schicht steht, zum andern in Frankreich gelegentlich für kolonialistische Kampagnen verwendet wurde. Er selbst hat seine Vergangenheit, sein Milieu und seinen Namen aufgegeben, um ganz zu Jesus zu gehören.

*Hoggar* — Arabische Verfälschung des Wortes Ahaggar. Oasengruppe im Kern des Tuareg-Gebietes.

*In Salah* — 700 km nördlich von Tamanrasset gelegene Oase. Charles de Foucauld ließ dort einkaufen.

*Mercier, Mgr* — Bischof für die Sahara, Nachfolger von Mgr Nouet, der sich aus gesundheitlichen Gründen zurückziehen mußte.

*Nouet, Mgr de* — Apostolischer Präfekt für die Sahara.

*Provenchères, Mgr de* — Erzbischof von Aix-en-Provence, Nachfolger von Mgr de la Villerabel. Im Juni 1984 gestorben.

*Sidi-Boujnan* — Dorf, an dessen Rand die erste Fraternität (Touggourt) in der Wüste gegründet wurde.

*Tamanrasset* — Ort, an dem Bruder Karl getötet wurde.

*Touggourt* — Erste Fraternität in der Wüste, nachdem Anne und Mag-

| | |
|---|---|
| | deleine am 8.9.1939 ihre Ordensgelübde abgelegt hatten (Sidi-Boujnan). |
| *Tuareg* | Hamitischer, den Berbern zugehöriger Volksstamm in der westlichen Sahara zwischen Timbuktu und Tripolitanien. Die Tuareg sind Nomaden und Mohammedaner. |
| *Tubet* | Erstes Mutterhaus der Kleinen Schwestern Jesu, errichtet im Jahr 1941, 3 km von Aix-en-Provence entfernt. |
| *Villerabel, Mgr de la* | Erzbischof von Aix-en-Provence. 1950 gestorben. |
| *Voillaume, René* | Gründer der Kleinen Brüder Jesu und der Kleinen Brüder vom Evangelium. Die Bischöfe Mercier und Provenchères nennen ihn den „Interpreten der Gedanken von Bruder Karl und seinen Vertreter". |
| *Zauïa* | Lokalsitz einer mohammedanischen Ordensbruderschaft. |
| *Zribas* | Eine Art von Hütten, die aus den Stämmen und Ästen der Palmen, meist ohne Dach, gemacht sind. |

# IV.
# Literaturverzeichnis

Die im Literaturverzeichnis verwendeten Sigel wurden nach dem IATG (Siegfried Schwertner, Internationales Abkürzungsverzeichnis für Theologie und Grenzgebiete, Zeitschriften, Serien, Lexika, Quellenwerke mit bibliographischen Angaben, Berlin – New York 1974) gebildet.

## *1. Quellen und Literatur der Kleinen Schwestern Jesu*

Da es bisher keine Veröffentlichungen über die Kleinen Schwestern gibt und auch von den Quellentexten sehr wenig publiziert ist, sei zur Orientierung noch einmal auf die Ausführungen vom dritten Teil „Quellen und Literatur" verwiesen.
Die für den ordensinternen Gebrauch maschinenschriftlich vervielfältigten Texte sind durch ein * gekennzeichnet.

### *Texte der Kleinen Schwester Magdeleine*

A la SUITE du FRERE CHARLES de JESUS, le „PETIT FRERE UNIVERSEL". La Fraternité des Petites Soeurs de Jésus, Aix-en-Provence 1952, (Bulletin Vert). Deutsche Übersetzung: Die Fraternität der Kleinen Schwestern Jesu von Bruder Karl von Jesus, September 1945, (Das Grüne Heft).

Kleine Schwester Magdeleine von Jesus, Von der Sahara in die ganze Welt – Die

Kleinen Schwestern Jesu auf den Spuren des Bruder Karl von Jesus (Charles de Foucauld), München 1983.
Petite Soeur Magdeleine de Jésus, *Diaire* de Pte Sr Magdeleine de Jésus bzw. *Journal* de route en secteurs est. (Von 1939 - 1989 insgesamt 91 Bände) *.
Dies., Du Sahara au monde entier - Les Petites Soeurs de Jésus sur les traces du Frère Charles de Jésus, Paris 1981 (Historique I).
Dies., D'un bout du monde à l'autre - dans la lumière du tout petit de Béthléem, Paris 1983 (Historique II).
Dies., Lettres 1936–1950, Rom 1984 (Lettres I).
Dies., Lettres 1950–1957, Rom 1985 (Lettres II).
Dies., Lettres 1957–1965, Rom 1986 (Lettres III).
Dies., Lettres 1965–1973, Rom 1987 (Lettres IV).
Dies., Lettres 1973–1979, Rom 1987 (Lettres V).
Dies., Lettres 1979–1983, Rom 1988 (Lettres VI).
Dies., Lettres 1983–1986, Rom 1989 (Lettres VII).
Dies., Lettres 1986–1989, Rom 1989 (Lettres VIII).
Dies., Pour le cinquantenaire de notre fondation, lettre pour les petites soeurs, Regelsbrunn 1989 *.
Dies., Règle de vie de la Fraternité des Petites Soeurs de Jésus (du Frère Charles de Jésus), Roma 1983, (Règle de vie).

## *Texte aus dem Leben der Gemeinschaft*

Beten mit Bruder Karl, Kleine Schwester Annie für das Treffen der Verantwortlichen der Novizinnen, Tubet 1984 *.
Chapitre 1970 - Les Conclusions du Chapitre, Rome 1970 (3ème Chapitre) *.
Chapitre 1975/76 - A toutes les Petites Soeurs de Jésus, Rome 1975/76 (4ème Chapitre) *. Deutsche Übersetzung: Kapitel 1975/1976 - An alle Kleinen Schwestern (4. Generalkapitel) *.
Chapitre 1981 - A toutes les Petites Soeurs de Jésus, Rome 1981 (5ème Chapitre) *. Deutsche Übersetzung: Kapitel 1981 - An alle Kleinen Schwestern (5. Generalkapitel) *.
Chapitre 1987 - A toutes les Petites Soeurs de Jésus, Rome 1987 (6ème Chapitre) *.
Chemins de Prière à la Fraternité - Témoignages, Rome 1984 *.
Constitutions de la Fraternité des Petites Soeurs de Jésus (du Frère Charles de Jésus), Rome 1982. Deutsche Übersetzung: Satzungen der Fraternität der Kleinen Schwestern Jesu (von Bruder Karl von Jesus), Dezember 1982 *.
Constitutions de la Fraternité des Petites Soeurs de Jésus (du Frère Charles de Jésus), Congregatio pro Religiosis et institutis saeculabribus 25. 12. 1988, Roma 1989.
DECLERCQ, abbé, Historique de Boghari (1936–1938), écrit en 1962, Annexe 10, 79–86 in: Diaire de Pte Sr Magdeleine de Jésus, du 1er Janvier au 11 Juin 1988 *.
Développement de la Fraternité depuis le dernier Chapitre de septembre 1981. Rapport de Petite Soeur Carla de Jésus, in: Diaire de Pte Sr Magdeleine de Jésus du 11 août 1987 au 1er janvier 1987, Annexe 8, 89–111 (Diaire 1987/88) *
Eucharistie - Pain de Vie, Petites Soeurs de Jésus, Centre Etudes - Rome 1986. Deutsche Übersetzung: Eucharistie - Brot des Lebens, Kleine Schwestern Jesu, Studienzentrum Rom, 1986 *.

Fünfzig Jahre Kleine Schwestern Jesu, 1939 – 1989 *, hg. von den deutschsprachigen Kleinen Schwestern zum 50-jährigen Jubiläum, München 1989.
Geist der Kindschaft ... Weg zum Reich Gottes, Kleine Schwester Annie von Jesus, 1986 *.
Jesus von Nazareth nachfolgen – Ausarbeitung der theologischen Grundlagen unserer Berufung als Kleine Schwestern, ausgearbeitet von Kleiner Schwester Julienne für das Treffen der Verantwortlichen der Novizinnen, Tubet 5.–13.3.1984 *.
MARANGON, Père, BETHLEEM, journées de retraite avant le Chapitre, Rome 1987 *.
Ders., La Contemplation, journées de retraite avant le Chapitre, Rome 1987 *.
Ders., FIDELITE, journées de retraite avant le Chapitre, Rome 1987 *.
Ders., GRATUITE, journées de retraite avant le Chapitre, Rome 1987 *.
Ders., NAZARETH, journées de retraite avant le Chapitre, Rome 1987 *.
Ders., SOLIDARITE, journées de retraite avant le Chapitre, Rome 1987 *.
Nachrichten der Kleinen Schwestern Jesu von 1979, 1980, 1982, 1984, 1985, 1986, 1987 *, hg. von den deutschsprachigen Kleinen Schwestern für den Freundeskreis.
Nouvelles des fraternités, Petites Soeurs de Jésus, 16/1990 *.
PALACIO, Carlos, FONDEMENTS CHRISTOLOGIQUES de notre VOCATION, (au cours du Chapitre général, Rome/Tre Fontane 1987) *.
Quelques témoignages reçus au sujet de Petite Soeur Magdeleine de Jésus*.
VOILLAUME, René, Au cours de la messe d'adieu à Petite Soeur Magdeleine de Jésus, Rome – Tre Fontane, 10 novembre 1989 *.
Ders., Frère Charles de Jésus, source de notre idéal religieux, in: Diaire de Pte Sr Magdeleine de Jésus du 11 août 1987 au 1er janvier 1988, Annexe 7, 65–77 (Diaire 1987/88) *.

## *Literatur zur Spiritualität der Familie Charles de Foucauld*

CHATELARD, Antoine, Charles de Foucauld – frère universel, Text für den ordensinternen Gebrauch *
Charles de FOUCAULD, Die Geistlichen Schriften, Wien-München 1963.
Ecrits spirituels de Charles de FOUCAULD, apôtre des Touareg, préface de René Bazin, Paris [11]1947.
KLEIN, Karl, Tanz ins Abenteuer der Wüste. Das Leben des Charles de Foucauld, Freiburg 1981.
Kontemplation und Evangelisierung – Vom Generalkapitel der Kleinen Schwestern vom Evangelium, in: Mitten in der Welt 93 (1985), 58–64.
LAFON, Michel, La famille spirituelle de Charles de Foucauld – Vivre Nazareth aujourd'hui, Vitry-sur-Sein 1985.
SIX, Jean-François, Charles de Foucauld – Bruder aller Menschen, Freiburg 1977.
Ders., Charles de Foucauld, in: G.Ruhbach / J.Sudbrack (Hg.), Große Mystiker: Leben und Wirken, München 1984.
VOILLAUME, René, Evangile, politique et violence – Lettre du père Nr. 32, Rom 1972 *.
Ders., Mitten in der Welt, Freiburg 1960.

## 2. Literatur zu „Mystik – Politik“

BAIER, Walter, Theologie der Mystik: für den christlichen Normal- oder Ausnahmefall? in: EuA, 57(1981), 416–426.

BATLOGG, Andreas, Der Christ von morgen – ein Mystiker? Tagung der Gesellschaft der Freunde christlicher Mystik, in: GuL 62(1989) 41–44.

BALTHASAR, Hans Urs von, Christliche »Mystik« heute, in: Der Weg zum Quell, 11–51.

Ders., Aktion und Kontemplation, in: Verbum Caro – Skizzen zur Theologie I, Einsiedeln 1960, 245–259.

Ders., Jenseits von Kontemplation und Aktion? In: ders., Pneuma und Institution, Einsiedeln 1974, 288–297.

Ders., Zur Orstbestimmung christlicher Mystik, in: Grundfragen der Mystik, 37–71.

BAUMGARTNER, Charles, „Contemplation“, Conclusion générale. In: Dictionnaire de spiritualité, Bd. II, Paris 1953, col. 2171–2193.

BLANK, Josef, Gnosis und Agape – zur christologischen Struktur paulinischer Mystik, in: Grundfragen christlicher Mystik, 1–15.

BOLDT, Johannes, Johannes v.Kreuz – Gotteserfahrung und Weg in die Welt, Olten [2]1984.

BONHOEFFER, Dietrich, Widerstand und Ergebung, München 1951.

BOUYER, Louis, Mystisch – Zur Geschichte eines Wortes, in: Das Mysterium und die Mystik, 57–75.

BRUNNER, August, Der Schritt über die Grenzen – Wesen und Sinn der Mystik, Würzburg 1972.

BUDER, Walter, Mystik – Ereignis radikaler Menschlichkeit? – Ein theologischer Versuch anhand Simone Weils Leben und Werk, Thaur 1990.

Das Mysterium und die Mystik, Beiträge zur Theologie der christlichen Gotteserfahrung, hg. v. J. SUDBRACK, Würzburg 1974.

Der Christ von morgen – ein Mystiker? Hg. v. W. BÖHME / J. SUDBRACK, Würzburg, Stuttgart 1989.

Der Weg zum Quell – Teresa von Avila 1582–1982, hg. v. J. KOTSCHNER, Düsseldorf 1982.

CORETH, Emerich, „In actione contemplativus“, in: ZKTh 76(1954), 56–82.

Deutsche Mystik, hg. v. L. GNÄDINGER, Manesse Bibliothek der Weltliteratur, Zürich 1989.

«Eine Höhe, über die nichts geht». Spezielle Glaubenserfahrung in der Frauenmystik? Hg. v. M. SCHMIDT / R. BAUER, Stuttgart 1986.

FIGL, Johann, Mystik im Dialog der Weltreligionen, in: ZM 72(1989), 14–27.

FISCHER, Klaus P., Gotteserfahrung. Mystagogie in der Theologie Karl Rahners und in der Theologie der Befreiung, Mainz 1986.

Frauenmystik im Mittelalter, Wissenschaftliche Studientagung der Akademie der Diözese Rottenburg-Stuttgart. Hg. v. P. DINZELBACHER und D. BAUER, Ostfildern 1985.

GALILEA, Segundo, Die Befreiung als Begegnung zwischen Politik und Kontemplation, in: Conc. 10(1974), 388–395.

Ders., Das religiöse Erwachen und die Befreiungsbewegungen in Lateinamerika, in: Conc. 8(1973), 667–671.

Gottes Nähe. Religiöse Erfahrung in Mystik und Offenbarung. Festschrift zum 65. Geburtstag von Josef Sudbrack, hg. v. P.IMHOF, Würzburg 1990.

GREINACHER, Norbert, Politik, in: Gemeindepraxis in Grundbegriffen, 342–353.

Grundfragen christlicher Mystik, Wissenschaftliche Studientagung, Theologia Mystica, hg. v. M. SCHMIDT/D. BAUER, Stuttgart 1987.

Grundfragen der Mystik, hg. v. W. BEIERWALTES u.a., Einsiedeln 1974.

Christliche Mystiker, Texte aus zwei Jahrtausenden, hg. v. G. RUHBACH u. J. SUDBRACK, München 1989.

Große Mystiker: Leben und Wirken, hg. v. G. RUHBACH u. J. SUDBRACK, München 1984.

Ders., Aus der eigenen Quelle trinken, Spiritualität der Befreiung, München 1986.

Ignatius von Loyola. »Gott suchen in allen Dingen«, hg. v. J. STIERLI, Olten 1981.

HAAS, Johannes, Aus der Mystik erwächst Politik. Pilgerweg der Ordensgemeinschaften in Österreich, in: Entschluß 3(1988), 34–37.

Karl Rahner: Politische Dimensionen des Christentums, ausgewählte Texte zu Fragen der Zeit, hg. v. H. VORGRIMLER, München 1986.

KOCH, Kurt, Kurskorrektur – Der Skandal des unpolitischen Christentums, Freiburg 1989.

KREUZ, Ulrike, Mystik und Politik am Beispiel Teresas von Avila, Diplomarbeit der Katholisch-theologischen Fakultät, Linz 1985.

LEGAUT, Marcel, Summe meines Lebens – Innerlichkeit und Engagement, Limburg 1980.

MASSNING, Otwin, Politik, in: Handbuch philosophischer Grundbegriffe Bd.4, hg. v. H. KRINGS/H. M. BAUMGARTNER München 1973, 1087–1106.

Mein Herz schmilzt wie Eis am Feuer. Die religiösen Frauenbewegungen des Mittelalters in Porträts, hg. v. J. THIELE, Stuttgart 1988.

METZ, Johann B., Zeit der Orden – Zur Mystik und Politik der Nachfolge, Freiburg 1977.

Mieth, Dietmar, Die Einheit von vita activa und vita contemplativa in den deutschen Predigten und Traktaten Meister Eckharts und bei Johannes Tauler – Untersuchungen zur Struktur des christlichen Lebens. Regensburg 1969.

Ders., Gotteserfahrung und Weltverantwortung. Über die christliche Spiritualität des Handelns, München 1982.

Meister Eckhart. Einheit im Sein und Wirken, Texte christlicher Mystiker, hg. v. D. MIETH, München 1985.

Ders., Mystik, in: Neues Handbuch theologischer Grundbegriffe 3, 151–163.

Ders., Politik, in: B. STOECKLE, Wörterbuch christlicher Ethik, Freiburg 1975, 198–202.

Ders., Politische Ethik. Nicht-autorisiertes Skriptum der Vorlesung vom Sommersemester Tübingen 1986.

Ders., Theologie zwischen Mystik und Politik, in: Glaubenspraxis, hg. v. J. Reikerstorfer, Wien 1981, 67–81.

Ders., Wie können Mystik und Politik füreinander brauchbar werden? Impulsreferat am BAKEB-Seminar, in: bakeb-informationen 2(90), 14–20.

MOLTMANN, Jürgen, Die Politik der Nachfolge Christi gegen christliche Millenniumspolitik, in: Mystik und Politik, 19–31.

Ders., Gotteserfahrungen. Hoffnung, Angst, Mystik, München 1979.
MOMMAERS, Paul, Was ist Mystik? Frankfurt 1979.
Mystik Bd. 1, Ihre Struktur und Dynamik, hg. v. O. STEGGINK, Düsseldorf 1983.
Mystik Bd. 2, Ihre Aktualität, hg. v. O. STEGGINK, Düsseldorf 1984.
Mystik und Politik. Theologie im Ringen um Geschichte und Gesellschaft, Johann Baptist Metz zu Ehren, hg. v. E. SCHILLEBEECKX, Mainz 1988.
Mystique, in: Dictionnaire de spiritualité, col. 1889–1984.
OUDENRIJN, Frans van den, Ein Brief nach langer Zeit, in: Mystik und Politik, 255–262
Rahner, Karl, Die ignatianische Mystik der Weltfreudigkeit, in: Schriften zur Theologie, Band III, Einsiedeln $^{3}$1959, 329–348.
Ders., Frömmigkeit früher und heute, in: Schriften zur Theologie, Band VII, Einsiedeln $^{2}$1971, 11–31.
Ders., Über die Einheit von Nächstenliebe und Gottesliebe, in: GuL 38(1956), 168–185.
ROTZETTER, Anton, Plädoyer für eine prophetisch-politische Spiritualität. Mystik im Alltag der Welt, in: GuL 59(1986), 6–19.
RUH, Kurt, Geschichte der abendländischen Mystik Band I. Die Grundlegung durch die Kirchenväter und die Mönchstheologie des 12. Jahrhunderts, München 1990.
SCHILLEBEECKX, Edward, Weil Politik nicht alles ist. Von Gott reden in einer gefährdeten Welt, Freiburg 1978.
SCHNEIDER, H., Politik, in: Katholisches Soziallexikon Sp. 2163–2172.
SCHUTZ, Frère Roger, Kampf und Kontemplation – Auf der Suche nach Gemeinschaft mit allen, Freiburg, $^{6}$1983.
SCHWEITZER, Franz-Josef, Von Marguerite von Porète (+1310) bis Mme Guyon (+1717): Frauenmystik im Konflikt mit der Kirche, in: Frauenmystik im Mittelalter, 256–274.
SEEBER, David, Politik und Kirche, in: Handwörterbuch religiöser Gegenwartsfragen, hg. v. U. RUH u.a., Freiburg 1986, 357–362.
Ders, Was will die »politische Theologie«?, in: Diskussion zur »politischen Theologie«, 26–37.
SEYPPEL, Joachim, Mystik als Grenzphänomen und Existential, in: J. SUDBRACK, Das Mysterium und die Mystik, 111–155.
SÖLLE, Dorothee, Das Fenster der Verwundbarkeit, Theologisch-politische Texte, Stuttgart 1987.
Dies., Eine Erinnerung um der Zukunft willen, in: Mystik und Politik, 13–19.
STEGGINK, Josef, Teresa von Avila – Frau und Mystikerin, in: Der Weg zum Quell, 90–128.
SUDBRACK, Josef, „Das Klima des Hasses und des Todes verweigern." Zum Thema Spiritualität und politisches Handeln, in: GuL 57(1984), 96–110.
Ders., Die vergessene Mystik und die Herausforderung des Christentums durch New Age, Würzburg 1988.
Ders., Literaturbericht – Tendenzen in der Erforschung der Mystik, in: GuL 59(1986), 65–76.
Ders., Mystik, in: Handwörterbuch religiöser Gegenwartsfragen, hg. v. U. RUH u.a., Freiburg 1986, 284–288.
Ders., Mystik als Erfahrung menschlicher und göttlicher Freundschaft, in: Christliche Innerlichkeit 24(1988), 159–167.

Ders., Mystische Spuren. Auf der Suche nach der christlichen Lebensgestalt, Würzburg 1990.
Ders., Mystik. Selbsterfahrung – kosmische Erfahrung – Gotteserfahrung. Mainz 1988.
Ders., Neue Religiosität – Herausforderung für die Christen, Mainz 1987.
VILLER, Marcel / RAHNER, Karl, Aszese und Mystik in der Väterzeit: ein Abriß der frühchristlichen Spiritualität, unveränderte Neuausgabe, Freiburg, 1989.
Von der Sprengkraft der Mystik: am Beispiel Hildegard Burjans, hg. v. P. M. ZULEHNER / A. HELLER, Innsbruck, Wien 1989.
WEISMAYER, Josef, Was ist Mystik?, in: GuL 61(1988), 348–358.
Wissenschaftliche Studientagung, Theologia Mystica in Weingarten vom 7.–10. November 1985, hg. v. M. Schmidt / R. BAUER, Stuttgart 1987.
WULF, Friedrich, Falsche Innerlichkeit, in: GuL 24(1951), 93–98.
ZULEHNER Paul M., Visionsbedarf in der Kirche, in: Wir sind Kirche – sind wir Kirche? 336–349.
Ders., Mystik und Politik, in: GuL 62(1989), 405–415.

## *3. Sonstige Literatur*

ACKERMANN, Lea, Warum wird eine Ordensfrau zur »Männlichkeit« erzogen? In: Nennt uns nicht Brüder, 181–187.
Dies., „Eine Chance für Cassady" – Ausbildung und Arbeit für Mädchen und Frauen. Projekt SOLWODI in Mombasa / Kenya, in: KIM aktuell 22 (3/1987).
AHL, Ruth, Selbstbilder – Gottesbilder, in: Christ in der Gegenwart 39(1989), 317–318.
Dies., Was gewesen ist, was sein soll, in: Christ in der Gegenwart 43(1989), 357–358.
ARNOLD, Peter, Auf der Suche nach einer Spiritualität für die Gemeinde, in: Ders., Kommt, laßt uns jubeln vor dem Herrn, 11–15.
Ders., Kommt, laßt uns jubeln vor dem Herrn – Chorgebet des Volkes Gottes, Stuttgart 1989
BEYER, Rolf, Die andere Offenbarung. Mystikerinnen des Mittelalters, Lübbe 1989.
BIBLIOGRAPHIE zur feministischen Theologie, Stand 1988. Hg. von der ökumenischen Zeitschrift »Schritte ins Offene«, Zürich 1988. Zu beziehen: Schritte ins Offene, Postfach, Ch-5603 Staufen.
BOFF, Leonardo, Aus dem Tal der Tränen ins Gelobte Land. Der Weg der Kirche mit den Unterdrückten, Düsseldorf 1982.
Ders., Zeugen Gottes in der Welt. Ordensleben heute, Zürich, 1985.
Ders., Die Theologie der Befreiung post Ratzinger locutum, in: Mystik und Politik, 287–321.
BOISMARIN, Christine de, Madeleine Delbrêl. Ein Leben unter Menschen, die Christus nicht kennen, München 1986.
CORDES, Paul Josef, Mitten in unserer Welt. Kräfte geistlicher Erneuerung, Freiburg 1987.
DAY, Dorothy, The Long Loneliness, New York 1952.
DELBREL, Magdeleine, Wir Nachbarn der Kommunisten, Einsiedeln 1975.

Die Fraternität der Apostolischen Mönche - Status und Charisma der Fraternität, Stuttgart 1989 (maschinenschriftlich vervielfältigt). Zu beziehen: Fraternität der Apostolischen Mönche, Fangelbachstraße 22, D-7000 Stuttgart 1.

Diskussion zur »politischen Theologie«, hg. v. H.Peukert, Mainz 1969.

ECKHART, Elisabeth, Spiritualität im Kontext des Feminismus. Die Frage nach der Identität von Frauen in Kirche und Gesellschaft, Diplomarbeit der Katholisch-theologischen Fakultät Wien, 1987.

EICHER, Peter, Theologie der Befreiung im Gespräch, München 1985.

FISCHER, Josef, Über das Gottvorkommen in der heutigen Kirche. Wider den ekklesialen Atheismus, in: Nur der Geist macht lebendig, 29-37.

FLEER, Bärbel, Taizé - eine Herausforderung. Der Anspruch christlicher Orden in Theorie und Praxis, Essen 1988.

FOREST, Jim, Dorothy Day - Das Maß ist die Liebe. Die Biografie von Dorothy Day, Zürich 1989.

Frère Daniel Bourgeois, Das Chorgebet des Volkes Gottes, in: Kommt und laßt uns jubeln vor dem Herrn, 17-25.

FUNKE, Dieter, Die persönliche Qualität des Seelsorgers und die Vermeidung von Überforderungen, in: Diak.21(1990), 236-244.

FÜSSEL, Kuno, Theologie der Befreiung, in: Neues Handbuch theologischer Grundbegriffe 4, 200-211.

GERL, Hanna-Barbara, Die bekannte Unbekannte. Frauen-Bilder in der Kultur- und Geistesgeschichte, Mainz 1988.

GMELCH, Michael, Gott in Frankreich. Zur Glaubenspraxis basiskirchlicher Lebensgemeinschaften, Würzburg 1988.

GÖSSMANN, Elisabeth, Das Menschenbild der Hildegard von Bingen und Elisabeth von Schönau vor dem Hintergrund der frühscholastischen Anthropologie. in: Frauenmystik im Mittelalter, 24-47.

Gotteslehrerinnen, hg. v. L.SCHOTTROFF / J.THIELE, Stuttgart 1989.

GUTIERREZ, Gustavo, Theologie der Befreiung, München 1973.

HAAS, Johannes, Freundschaft nicht nach Schema F, Franz von Sales - ein „Genie der Freundschaft“, in: Christliche Innerlichkeit 24(1988), 182-191.

Ders., Frühling der Kirche. Papst Johannes XXIII. und das Konzil der Jugend, in: GuL 57(1984), 294-306.

Ders., Konziliarer Prozeß, in: Anzeiger für die Seelsorge 12(89), 506-508.

HALDER, Alois, Aktion und Kontemplation, in: CGG 8, 1980, 71-98.

HALKES, Catharina J. M., Suchen, was verloren ging. Beiträge zur feministischen Theologie, Gütersloh 1985.

Dies., Caterina von Siena, in: Gotteslehrerinnen, 85-104.

Handbuch feministischer Theologie, hg. v. Ch. SCHAUMBERGER / M. MAASSEN, Münster 1986.

HASKAMP, Reinhold, Mit Konflikten leben, in: Seminar Spiritualität 3, 321-340.

HERBSTRITH, Waltraud, Theresa von Avila. Frau und Kirchenlehrerin, in: Orien. 45(1981), 233-235.

JELICH, Georg, Kirchliches Ordensverständnis im Wandel. Untersuchungen zum Ordensverständnis des 2.Vatikanischen Konzils in der dogmatischen Konstitution über die Kirche „Lumen gentium“ und im Dekret über die zeitgemäße Erneuerung des Ordenslebens „Perfectae caritatis“, (EthSt 49), Leipzig 1983.

JENSEN, Anne, Wie patriarchalisch ist die Ostkirche?, in: US 40(1985), 130-145.

KASPER, Walter, Kirche als Communio, in: ders., Theologie und Kirche, Mainz 1987.
KAUFMANN, Franz-Xaver / METZ, Johann B., Zukunftsfähigkeit: Suchbewegungen im Christentum, Freiburg 1987.
KEHL, Medard, Gemeinde und politisches Handeln, in: StZ 201(1983), 770–778.
Komm, lies mit meinen Augen. Biblische und theologische Entdeckungen von Frauen aus der Dritten Welt, hg. v. J. POBEL und B. v. WARTENBERG-POTTER, Offenbach 1987.
Mein Herz schmilzt wie Eis am Feuer. Die religiösen Frauenbewegungen des Mittelalters in Porträts, hg. v. J. Thiele, Stuttgart 1988.
LOHFINK, Norbert, Die Orden als Gottes Kirchentherapie. Biblische Überlegungen zur Not der Kirche und zur Not vieler Orden, in: Ordenskorrespondenz 27(1986), 31–54.
Ders., Kirchenträume – Reden gegen den Trend, Freiburg 1982.
LUNEN CHENU, Marie-Thérèse van, Feministische Theologie in Frankreich: Reichtum, Grenzen und Unausgesprochenes, in: Handbuch feministische Theologie, 79–93.
MARTIN, Gerhard Marcel, Mystik im Horizont Praktischer Theologie, in: US 43(1988), 51–60.
MÄRZINGER, Doris, Das Verschwinden der himmelschreienden Sünden in der europäischen Kirchenpraxis, Diplomarbeit der Katholisch-theologischen Fakultät Wien, 1989.
METTE, Norbert, Das Risiko der Sicherheit – Frieden nur *ohne* Sicherungsmaßnahmen?, in: Diak. 21(1990), 73–78.
METZ, Johann B., Glaube in Geschichte und Gesellschaft. Studien zu einer praktischen Fundamentaltheologie, Mainz [3]1980.
Ders., »Politische Theologie« in der Diskussion, in: Diskussion zur »politischen Theologie«, hg. v. H. PEUKERT, Mainz 1969.
Mit der Jugend Gott suchen – Perspektiven für die kirchliche Jugendarbeit, hg. v. R. BLEISTEIN / P. M. ZULEHNER, München 1987.
Mitten unter den Menschen – Spiritualität, Aufgaben und Probleme der Priester und Ordensleute, hg. v. F. WULF, Düsseldorf 1979.
MOLTMANN-WENDEL, Elisabeth, Das Land wo Milch und Honig fließt. Perspektiven einer feministischen Theologie, Gütersloh 1985.
NEGRE, Mireille, Ich tanze Gott für dich: ein Glaubenszeugnis, Mainz 1985.
NELL-BREUNING, Oswald von, Marxismus – zu leicht genommen, in: StZ 203(1985), 87–91.
Nennt uns nicht Brüder! Frauen in der Kirche durchbrechen das Schweigen, hg. v. N. SOMMER, Stuttgart 1985.
NOUWEN, Henry, Der dreifache Weg, Freiburg, 1984.
Nur der Geist macht lebendig. Zur Lage der Kirche in Deutschland nach 20 Jahren Konzil und 10 Jahren Synode, hg. v. M. ALBUS / P. M. ZULEHNER, Mainz 1985.
Orden als Lebensmodell: Erwartungen – Ansprüche – Tendenzen, hg. v. W. HERBSTRITH, München 1983.
PAUPERT, Jean-Marie, Taizé und die Kirche von morgen, Luzern 1969.
RADFORD RUETHER, Rosemary, Frauenkirche. Neuentstehende feministisch liturgische Gemeinschaften, in: Conc.22 (1986), 275–280.
Dies., Unsere Wunden heilen, unsere Befreiung feiern. Rituale in der Frauenkirche, Stuttgart 1988.

REUSCHEL, Anneliese, All unsere Quellen entspringen in dir. Frauengottesdienste, Düsseldorf 1989.
Seminar Spiritualität 1, Geist und Leib, Theologische und anthropologische Voraussetzungen des geistlichen Lebens, hg. v. A.ROTZETTER, Zürich 1979.
Seminar Spiritualität 2, Geist und Geistesgaben, Die Erscheinungsformen des geistlichen Lebens in ihrer Einheit und Vielfalt, hg. v. A. ROTZETTER, Zürich 1980
Seminar Spiritualität 3, Geist und Welt, Politische Aspekte des geistlichen Lebens, hg. v. A. ROTZETTER, Zürich 1981.
Seminar Spiritualität 4, Geist und Kommunikation, Versuch einer Didaktik des geistlichen Lebens, hg. v. A. ROTZETTER, Zürich 1982.
Simone Weil. Aufmerksamkeit für das Alltägliche, hg. v. O. Betz, München 1987.
Simone Weil. Philosophie-Religion-Politik, hg. v. H. R. Schlette u.a, Frankfurt 1985.
STÖKL, Andreas, TAIZÉ: Geschichte und Leben der Brüder von Taizé, Gütersloh [4]1985.
Teresa von Avila, «Ich bin ein Weib und obendrein kein gutes». Ein Porträt der Heiligen in ihren Texten, hg. v. G. u. Th. SARTORY, Freiburg 1982.
WACKER, Marie-Theres, Feministische Theologie, in: Neues Handbuch theologischer Grundbegriffe 1, 353–360.
WARTENBERG-POTTER, Bärbel von, Wir werden unsere Harfen nicht an die Weiden hängen: Engagement und Spiritualität, Stuttgart 1986.
WEISMAYER, Josef, Leben in Fülle. Zur Geschichte und Theologie christlicher Spiritualität, Innsbruck 1983.
WELCH, Sharon D., Gemeinschaften des Widerstandes und der Solidarität. Eine feministische Theologie der Befreiung, Freiburg/Schweiz 1988.
Wir Kirchenträumer – Basisgemeinschaften im deutschsprachigen Raum, hg. v. W. LUDIN u.a., Olten 1987.
Wir sind Kirche – sind wir Kirche? Hg. v. D. BAUER u.a., Salzburg 1988.
WULF, Friedrich, Die Orden auf der Suche nach ihrem Ort in Welt und Kirche von heute, in: Mitten unter den Menschen, 43–78.
Ders., Die Orden, gefragt und nicht. Zu zwei unterschiedlichen Stimmen, in: GuL 50(1977), 295–303.
Ders., Ordensreform – 20 Jahre nach dem II. Vatikanischen Konzil, Rückschau und Ausblick, in: GuL 59(1986), 358–371.
Ders., Was erwartet die Kirche von den kontemplativen Orden in unserer Zeit?, in: Orden als Lebensmodell, 149–158.
ZERFASS, Rolf, Menschliche Seelsorge. Für eine Spiritualität von Priestern und Laien im Gemeindedienst, Freiburg 1985.
ZULEHNER, Paul M., „Denn du kommst unserem Tun mit deiner Gnade zuvor ...“ Zur Theologie der Seelsorge heute, P. M. Zulehner im Gespräch mit K. Rahner, Düsseldorf [2]1984.
Ders., Das Gottesgerücht. Bausteine für eine Kirche der Zukunft, Düsseldorf [2]1987.
Ders., Gottgeweiht. Zur Berufung der Orden in Gottes Kirche heute, in: Ordensnachrichten 27(1988), 29–48.
Ders., Hoffnungsworte für Hoffnungsorte. Kirche – von der Resignation zur Vision, in: Pädagogische Welt, Beilage zu Heft 3 (1990), 2–8.
Ders., Kirche – Anwalt des Menschen. Wer keinen Mut zum Träumen hat, hat keine Kraft zum Kämpfen, Wien [2]1981

Ders., Kirche – Gottes Friedensbewegung auf Erden, München 1984.
Ders., Leibhaftig glauben. Lebenskultur nach dem Evangelium, Freiburg [3]1983.
Ders., Ordenschristen und ihr prophetischer Dienst. Menschliches im Dienst Gottes und der Menschen, in: GuL 58(1985), 29–41.
Ders., Pastoraltheologie, Bd. 1., Fundamentalpastoral: Kirche zwischen Auftrag und Erwartung, Düsseldorf 1989.
Ders., Pastoraltheologie Bd. 2, Gemeindepastoral: Orte christlicher Praxis, Düsseldorf 1989.
Ders., Pastoraltheologie Bd. 4, Pastorale Futurologie: Kirche auf dem Weg ins gesellschaftliche Morgen, Düsseldorf 1990.
Ders., Die Pluralismusangst in der Kirche. Plädoyer für Unipluralität, in: StZ 112(1987), 516–530.
Ders. / HAAS, Johannes, Damit die Kirche lebe – Zur Berufung von Ordenschristen in Gottes Kirche heute, Freising 1989.

## 4. Dokumente

Beschlüsse der Diözesansynode Rottenburg Stuttgart 1985/86. Rottenburg 1986.
Diözesansynode '85,
Weitergabe des Glaubens an die kommende Generation, Erste Vollversammlung (7.–10.Okt.1985), (Wortprotokoll I).
Diözesansynode '85, Weitergabe des Glaubens an die kommende Generation. Zweite Vollversammlung (24.–28.Febr.1986), (Wortprotokoll II).
Gemeinsame Synode der Bistümer in der Bundesrepublik Deutschland. Beschlüsse der Vollversammlung. Offizielle Gesamtausgabe I, Freiburg 1976.
Verlautbarungen des Apostolischen Stuhls Nr. 57: Instruktion der Kongregation für die Glaubenslehre über einige Aspekte der „Theologie der Befreiung“, 1984.
Verlautbarungen des Apostolischen Stuhls, Nr. 70: Instruktion der Kongregation für die Glaubenslehre über die christliche Freiheit und die Befreiung, 1986.

# Carlo Carretto im Verlag Herder

*Denn du bist mein Vater*
Bekenntnis eines Lebens
176 Seiten, Paperback.
Herderbücherei Band 1741
ISBN 3-451-08741-3

*Denn du bist mein Weg*
Meditation für jeden Tag
Jahreslesebuch
2. Auflage, 400 Seiten, gebunden.
ISBN 3-451-22385-6

*Empfangen und unvergänglich – Unser Leben*
160 Seiten, gebunden.
ISBN 3-451-21594-2

*Ich habe gesucht und gefunden*
5. Auflage, 200 Seiten, Paperback.
ISBN 3-451-19805-3

*In deiner Stadt ist deine Wüste*
Geistliche Erfahrungen
8. Auflage, 152 Seiten, Paperback.
ISBN 3-451-18234-3

*In der Wüste bist du bei mir*
Geistliches Tagebuch 1954–1955
216 Seiten, Paperback.
ISBN 3-451-22377-5

*Und doch ist alles gut*
Zeugnis des Vertrauens
3. Auflage, 144 Seiten, gebunden.
ISBN 3-451-21347-8

*Warum, Herr?*
Erfahrungen der Hoffnung über
das Geheimnis des Leids
4. Auflage, 176 Seiten, Paperback.
ISBN 3-451-20536-X

*Was Franziskus uns heute sagt*
10. Auflage, 160 Seiten, Paperback.
ISBN 3-451-19397-3

*Weil deine Liebe mich treibt*
Geistliche Briefe 1954–1983
216 Seiten, gebunden.
ISBN 3-451-21987-5

*Wo der Dornbusch brennt*
Geistliche Briefe aus der Wüste
144 Seiten, Paperback.
Herderbücherei Band 1769
ISBN 3-451-08769-3

Verlag Herder Freiburg · Basel · Wien